G. Loelscher 1970

Zu diesem Buch

Summerhill wurde 1921 von A. S. Neill in England gegründet. In dieser revolutionären Internatsschule wurden in den Jahrzehnten seitdem Hunderte von Jungen und Mädchen nach den völlig neuartigen Grundsätzen des Schulgründers erzogen. Sein erzieherisches Prinzip: dem Kind bei seiner Entwicklung jede nur mögliche Freiheit zu lassen, die Autorität der Erwachsenen zum Verschwinden zu bringen und Vertrauen zur Grundlage der zwischenmenschlichen Beziehungen zu machen.

In Summerhill ist die Teilnahme am Unterricht freiwillig. Hausarbeiten, Zensuren und Prüfungen gibt es nicht. Die notwendigen Vorschriften und Gesetze zur Sicherheit und Gesundheit der Kinder und zur Ordnung des Gemeinschaftslebens werden von keiner Behörde, keinem Kollegium und keinem Direktor erlassen, sondern in den allgemeinen Schulversammlungen jede Woche demokratisch diskutiert, beschlossen, manchmal wieder aufgehoben oder verbessert. Jedes Mitglied der Schulversammlung stimmt mit einer Stimme ab – der jüngste Schüler ebenso wie alle Lehrer und Neill selber.

Und eine solche Schule soll funktioniert haben? Summerhill besteht fünfzig Jahre. Das pädagogische Experiment ist tatsächlich gelungen. Denn obwohl vorwiegend schwierige Kinder und «Versager» zu Neill gebracht wurden, sind aus der Schule von Summerhill keineswegs verwilderte oder verdorbene Geschöpfe hervorgegangen, sondern durchweg körperlich und seelisch gesunde, tüchtige und schöpferische Menschen.

In diesem Buch erzählt Neill die Geschichte von Summerhill, er schildert das Leben der Kinder in der Schule und seine Erfahrungen mit ihnen. Im zweiten Teil des Buches zieht dieser revolutionäre Erzieher die Summe seiner Gedanken über Kinder und Eltern, Schulen und Lehrer, über Freiheit und Zwang, über die neue Sexualmoral und Lernpsychologie.

Ein herzerfrischendes und ermutigendes Buch. Neill setzt nicht auf den Umsturz der bestehenden Zwangsgesellschaft. Freiheit und Menschlichkeit erhofft er sich nicht von den politischen Institutionen und technischen Fortschritten, sondern von einer neuen Erziehung. Summerhill ist nur ein winziger Anfang. Aber es gibt die Hoffnung, daß diese Schule – Schule machen wird.

Alexander Sutherland Neill wurde am 17. Oktober 1883 in Schottland geboren. Er besuchte die Dorfschule seines Vaters in Kingsmuir. Anschließend arbeitete er als Bürodiener und in einem Textilgeschäft. Sein Universitätsstudium beendete er als M. A. (Master of Arts) und M. Ed. (Master of Education). Neill wurde Lehrer an staatlichen Schulen. Seine Erfahrungen mit dem repressiven Dressursystem der öffentlichen Erziehungsanstalten wurden der Kontrasthintergrund für Neills revolutionäre Pädagogik. 1921 gründete er seine berühmte Internatsschule von Summerhill. Im selben Jahr wurde er Mitbegründer der Internationalen Schule von Dresden-Hellerau.

Neill veröffentlichte zahlreiche Bücher über Kinder- und Jugendpsychologie und über Erziehungsfragen, darunter «The Problem Child» (1926), «The Problem Parent» (1932), «That Dreadful School» (1937), «The Problem Teacher» (1939), «Heart, not Heads» (1945), «The Problem Family» (1948), «The Free Child» (1953), «Freedom – Not License!» (1966).

Im Februar 1971 erschien im Rowohlt Verlag: «Schüler in Summerhill» von Joshua Popenoe, im August 1971 von A. S. Neill im gleichen Verlag «Die grüne Wolke. Den Kindern von Summerhill erzählt». Als rororo-sachbücher liegen ferner vor: «Summerhill: Pro und Contra. 15 Ansichten zu A. S. Neills Theorie und Praxis» (Nr. 6704/6705) sowie A. S. Neill: «Das Prinzip Summerhill: Fragen und Antworten. Argumente, Erfahrungen, Ratschläge» (Nr. 6690).

Alexander Sutherland Neill

Theorie und Praxis der antiautoritären Erziehung

Das Beispiel Summerhill

rororo

Rowohlt

Die Originalausgabe erschien bei Hart Publishing Co., New York, unter dem Titel «Summerhill, A Radical Approach to Child Rearing»
Aus dem Englischen übertragen von Hermann Schroeder *und* Paul Horstrup
Titel der im Szczesny Verlag erschienenen Buchausgabe «Erziehung in Summerhill, das revolutionäre Beispiel einer freien Schule»
Die Wiedergabe der Zeilen aus «The Prophet» von Kahlil Gibran erfolgte mit Genehmigung des Verlags A. Knopf, Inc., New York
Umschlagentwurf Jürgen und Cornelia Wulff

1.– 30. Tausend	Dezember 1969
31.– 60. Tausend	Januar 1970
61.– 90. Tausend	Februar 1970
91.–110. Tausend	Februar 1970
111.–140. Tausend	März 1970
141.–190. Tausend	März 1970
191.–240. Tausend	April 1970
241.–275. Tausend	Mai 1970
276.–325. Tausend	Juni 1970
326.–355. Tausend	Juli 1970
356.–405. Tausend	August 1970
406.–455. Tausend	August 1970
456.–505. Tausend	September 1970
506.–540. Tausend	Oktober 1970
541.–600. Tausend	November 1970
601.–650. Tausend	Januar 1971
651.–700. Tausend	Februar 1971
701.–750. Tausend	März 1971
751.–800. Tausend	Mai 1971
801.–850. Tausend	September 1971

Ungekürzte Ausgabe
Veröffentlicht im Rowohlt Taschenbuch Verlag GmbH, Reinbek bei Hamburg, Dezember 1969

Gesamtherstellung Clausen & Bosse, Leck/Schleswig
Printed in Germany
ISBN 3 499 16707 7

Inhalt

Vorwort von Erich Fromm 11
Einführung 19

I Die Schule Summerhill

Summerhills Ziele 21 Ein Blick auf Summerhill 30 Summerhill-Erziehung gegen Normalerziehung 41 Was wird aus den Summerhill-Absolventen? 45 Privatstunden in Summerhill 51 Selbstregierung 60 Koedukation 71 Arbeit 73 Spiel 76 Theater 79 Tanz und Musik 84 Sport und Spiel 85 Bericht der Schulinspektoren 87 Bemerkungen zum Bericht der Schulbehörde 98 Die Zukunft Summerhills 101

II Kindererziehung

Das unfreie Kind 105 Das freie Kind 113 Liebe und Anerkennung 125 Angst 131 Minderwertigkeitsgefühl und Phantasien 139 Destruktionstrieb 143 Lügen 150 Verantwortung 155 Gehorsam und Disziplin 157 Belohnung und Strafe 164 Sauberkeitserziehung 172 Nahrung 176 Gesundheit und Schlaf 180 Reinlichkeit und Kleidung 182 Spielzeug 185 Lärm 187 Benehmen 188 Geld 193 Humor 194

III Sexualität

Einstellung zur Sexualität 197 Sexuelle Aufklärung 209 Onanie 213 Nacktheit 218 Pornographie 220 Homosexualität 222 Promiskuität, Unehelichkeit und Abtreibung 223

IV Religion und Moral

Religion 226 Moralische Vorschriften 231 Beeinflussung des Kindes 238 Fluchen 240 Zensur 243

V Probleme des Kindes

Grausamkeit und Sadismus 248 Kriminalität 251 Stehlen 254 Jugendkriminalität 259 Heilung des Kindes 266 Der Weg zum Glück 270

VI Probleme der Eltern

Liebe und Haß 275 Verzogene Kinder 279 Macht und Autorität 281 Eifersucht 289 Scheidung 294 Ängstliche Eltern 296 Elterliches Verstehen 301

VII Fragen und Antworten

Allgemeine Fragen 310 Über Summerhill 314 Über Kindererziehung 320 Über Sexualität 330 Über Religion 333 Über Psychologie 335 Über Unterricht 337

Deine Kinder sind nicht deine Kinder. Sie sind die Söhne und Töchter der Sehnsucht des Lebens nach sich selbst.

Sie kommen durch dich, aber nicht von dir, und obwohl sie bei dir sind, gehören sie dir nicht.

Du kannst ihnen deine Liebe geben, aber nicht deine Gedanken, denn sie haben ihre eigenen Gedanken.

Du kannst ihrem Körper ein Heim geben, aber nicht ihrer Seele, denn ihre Seele wohnt im Haus von morgen, das du nicht besuchen kannst, nicht einmal in deinen Träumen.

Du kannst versuchen, ihnen gleich zu sein, aber suche nicht, sie dir gleich zu machen.

Denn das Leben geht nicht rückwärts und verweilt nicht beim Gestern.

Du bist der Bogen, von dem deine Kinder als lebende Pfeile ausgeschickt werden.

. . . .

Laß deine Bogenrundung in der Hand des Schützen Freude bedeuten.

Kahlil Gibran

An Harold H. Hart

Ich hoffe, Sie erhalten ebensoviel Anerkennung (oder Tadel) für dieses Buch wie ich. Sie haben nicht als Verleger gehandelt, sondern als ein Mensch, der das, was Summerhill tut, für richtig hält.

Ihre Geduld hat mich in Erstaunen versetzt. Tausende von Wörtern aus vier meiner früheren Bücher herauszusuchen, zu überarbeiten und mit neuem Material zusammenzustellen, das ist eine mühsame Arbeit.

Bei Ihren Besuchen in unserer Schule erkannten wir als Ihr Hauptinteresse, Amerika von dieser Schule zu erzählen, die Sie gesehen und in Ihr Herz geschlossen hatten. Sie waren hier ein Teil unserer Schule. Sie haben alles gesehen, worauf es ankommt, und mit Recht Nebensächlichkeiten außer acht gelassen, wie zum Beispiel die Unordentlichkeit glücklicher Kinder.

Hiermit ernenne ich Sie zum Ehrenschüler von Summerhill.

A. S. Neill

30. Oktober 1959
Summerhill, Leiston, Suffolk, England

Vorwort von Erich Fromm

I

Im achtzehnten Jahrhundert verkündeten fortschrittliche Denker die Ideen der Freiheit, der Demokratie und der Selbstbestimmung. In der ersten Hälfte des zwanzigsten Jahrhunderts begannen diese Gedanken auf dem Gebiet der Erziehung Früchte zu tragen. Das Hauptprinzip der Selbstbestimmung besteht darin, daß Autorität durch Freiheit ersetzt wird; das Kind lernt, ohne daß Zwang ausgeübt wird, indem an seine Neugier und seine spontanen Bedürfnisse appelliert und auf diese Weise sein Interesse an der Umwelt geweckt wird. Diese Einstellung kennzeichnet den Beginn der fortschrittlichen Erziehung – ein wichtiger Schritt in der Entwicklung der Menschheit.

Die Ergebnisse dieser neuen Methode waren jedoch oft enttäuschend. In den letzten Jahren hat eine wachsende Reaktion gegen die fortschrittliche Erziehung eingesetzt. Heute halten viele Leute die Theorie der fortschrittlichen Erziehung an sich für verfehlt und möchten sie über Bord werfen. Man ruft nach immer mehr Disziplin und fordert sogar die Zulassung der Prügelstrafe in den Schulen.

Zu dieser Reaktion haben wahrscheinlich wesentlich die beachtlichen Erfolge beigetragen, die in Schulen der Sowjetunion erzielt worden sind. Dort werden noch immer die altmodischen autoritären Methoden in ganzer Schärfe angewandt. Zumindest, was das *Wissen* der Schüler betrifft, ist das Ergebnis so, daß man meinen könnte, wir täten besser daran, den Gedanken der Freiheit des Kindes aufzugeben und wieder zu den alten Zwangsmethoden zurückzukehren.

Ist die Idee der Erziehung ohne Zwang falsch? Oder, wenn sie selbst nicht falsch ist, warum hat sie sich in der Praxis nicht sonderlich bewährt?

Ich glaube, der Gedanke, Kindern Freiheit zu geben, war nicht falsch, aber die Idee der Freiheit ist fast immer verfälscht worden. Um dieses Problem richtig behandeln zu können, müssen wir uns zunächst einmal darüber klar werden, worin das Wesen der Freiheit besteht. Zu diesem Zweck müssen wir zwischen *offen zutage tretender Macht* und *anonymer Macht** unterscheiden.

Die offen zutage tretende Macht wird unmittelbar und unverhüllt ausgeübt. Wer sich in einer Machtstellung befindet, sagt ganz offen zu dem ihm Unterworfenen: „Du mußt das tun. Wenn du es nicht tust, werden wir bestimmte Zwangsmaßnahmen anwenden." Die anonyme Macht bemüht sich, den Zwang zu verheimlichen. Sie tut so, als sei sie gar nicht vorhanden, als geschähe alles mit Zustimmung des Individuums. Während der frühere Lehrer zu Johnny sagte: „Du mußt das tun. Wenn du es nicht tust, bestrafe ich dich", sagt der heutige Lehrer: „Das möchtest du doch bestimmt gern tun." Heute besteht die Strafe für Ungehorsam nicht mehr aus Prügeln, sondern darin, daß der Erzieher eine Leidensmiene aufsetzt oder – noch schlimmer – dem Kind das Gefühl gibt, nicht „angepaßt" zu sein, sich nicht wie alle anderen zu verhalten. Wo die unverhüllte Macht physischen Zwang anwendet, bedient sich die anonyme Macht der psychischen Manipulation.

Der Übergang von der unverhüllten Macht des neunzehnten zur anonymen Macht des zwanzigsten Jahrhunderts ergab sich aus den organisatorischen Bedürfnissen unserer Industriegesellschaft. Die Konzentration des Kapitals hat zur Bildung von Mammutunternehmen geführt, die von hierarchisch organisierten bürokratischen Apparaten geleitet werden. Riesige Zusammenballungen von Arbeitern und Büroschreibern halten einen gigantischen Produktionsapparat in Gang, der, wenn er überhaupt funktionieren soll, reibungslos und ununterbrochen laufen muß. Der einzelne Arbeiter wird zu einem kleinen Rädchen in dieser Maschine degradiert. In einer solchen Produktionsorganisation wird der Mensch verwaltet und manipuliert.

Das gleiche gilt für die Sphäre des Verbrauchs, in der der Mensch angeblich seine freie Wahl trifft. Ob es sich nun um den Verbrauch von Lebensmitteln, Textilien, Alkohol, Zigaretten, Filmen oder Fernsehprogrammen handelt, überall ist ein mächtiger Apparat am Werk, der durch Suggestion das Verlangen des Menschen nach immer neuen

* Eine eingehende Studie über das Problem der Macht findet sich in E. Fromm: „Die Furcht vor der Freiheit", Zürich 1945.

Waren zu steigern und dieses Verlangen so zu lenken sucht, daß es der Industrie Profite bringt. Der Mensch wird zum Verbraucher, zum ewigen Säugling gemacht, dessen einziger Wunsch darin besteht, immer mehr und immer „bessere“ Dinge zu konsumieren.

Unser Wirtschaftssystem braucht Menschen, die seinen Geboten gehorchen, Menschen, die widerspruchslos mitmachen, Menschen, die immer mehr Waren verbrauchen *wollen.* Es muß sich Menschen schaffen, deren Geschmack genormt ist, die sich leicht beeinflussen lassen, deren Bedürfnisse im voraus berechnet werden können. Unser System braucht Menschen, die *glauben,* sie seien frei und unabhängig, aber alles tun, was man von ihnen erwartet, Menschen, die sich der Gesellschaftsmaschinerie reibungslos einfügen, die ohne Gewaltanwendung gelenkt, ohne Führer geführt und ohne Ziel dirigiert werden können — es sei denn dem einen, es „gut“ zu machen*. Die Macht ist nicht verschwunden, sie hat auch nicht an Stärke verloren; die offene Macht hat sich lediglich in die anonyme Macht der Überredung und der Suggestion verwandelt. Der Mensch unserer Zeit muß also, wenn er sich anpassen will, die Illusion nähren, alles geschehe mit seiner Einwilligung, obwohl diese in Wirklichkeit durch geschickte Manipulation erzwungen wird. Man erhält seine Einwilligung sozusagen hinter seinem Rücken oder hinter seinem Bewußtsein.

Die gleichen Kunstgriffe werden in der fortschrittlichen Erziehung angewandt. Das Kind wird gezwungen, eine Pille zu schlucken, aber die Pille ist verzuckert. Eltern und Erzieher haben wirkliche nichtautoritäre Erziehung mit *Erziehung durch Überredung und geheimen Zwang* verwechselt. Dadurch ist die fortschrittliche Erziehung verfälscht worden. Sie ist nicht das geworden, was sie sein sollte.

II

A. S. Neills Methode der Kindererziehung ist radikal. Nach meiner Ansicht ist sein Buch von großer Bedeutung, weil es den *wahren* Grundsatz der Erziehung ohne Furcht schildert. In Summerhill verbirgt sich hinter Autorität nicht ein System der Manipulation.

Dieses Buch ist keine Abhandlung über eine Theorie. Es berichtet

* Eine eingehende Studie über den Einfluß unseres Wirtschaftssystems auf die Charakterstruktur des Individuums findet sich in E. Fromm: „Der moderne Mensch und seine Zukunft“, Frankfurt/M. 1960.

über die praktische Erfahrung aus fast 40 Jahren. Der Autor vertritt die Ansicht, daß „Freiheit möglich ist".

Die Grundsätze, auf denen sich Neills System aufbaut, sind einfach und unzweideutig. Ich fasse sie im folgenden kurz zusammen.

1. Neill glaubt fest an „das Gute im Kind". Er ist davon überzeugt, daß das Durchschnittskind weder als Krüppel noch als Feigling noch als seelenloser Roboter geboren wird, sondern alle Voraussetzungen besitzt, das Leben zu lieben und am Leben interessiert zu sein.

2. Das Ziel der Erziehung – ja, das Ziel des Lebens – besteht darin, mit Freude arbeiten und glücklich werden zu können. Nach Neill ist Glücklichsein gleichbedeutend mit „am Leben interessiert sein". Ich würde es so ausdrücken: Glücklichsein heißt, auf das Leben nicht nur mit dem Verstand, sondern mit der ganzen Persönlichkeit zu reagieren.

3. Es genügt nicht, die intellektuellen Fähigkeiten zu entwickeln. In der Erziehung müssen sowohl die intellektuellen wie die emotionalen Kräfte entwickelt werden. In der heutigen Gesellschaft entsteht eine immer größere Spaltung zwischen Intellekt und Gefühl. Der Mensch von heute erfaßt, was er erlebt, in der Hauptsache mit dem Verstand, statt unmittelbar zu begreifen, was sein Herz fühlt, seine Augen sehen und seine Ohren hören. Diese Spaltung zwischen Intellekt und Gefühl hat im modernen Menschen eine fast schizoide Seelenverfassung geschaffen, die es ihm nahezu unmöglich macht, Erfahrungen anders als auf gedanklichem Wege zu machen.

4. Erziehung muß den psychischen Bedürfnissen und Fähigkeiten des Kindes angepaßt sein. Kinder sind keine Altruisten. Das Kind kann noch nicht lieben, wie ein reifer Mensch liebt. Es ist falsch, von einem Kind etwas zu erwarten, was es doch nur heucheln könnte. Altruismus entwickelt sich erst nach Abschluß der Kindheit.

5. Erzwungene Disziplin erregt ebenso wie Bestrafung Angst, und Angst erzeugt Feindseligkeit. Diese Feindseligkeit braucht nicht bewußt und offen zu sein, lähmt aber trotzdem Kraft und Echtheit des Gefühls. Intensive Züchtigung des Kindes ist schädlich und beeinträchtigt die gesunde seelische Entwicklung.

6. *Freiheit ist nicht Zügellosigkeit.* Dieser sehr wichtige Grundsatz, den Neill deutlich herausstellt, besagt, daß beide Seiten Achtung vor dem anderen Menschen haben müssen. Der Lehrer wendet gegen das Kind keinen Zwang an; das Kind darf aber auch nicht gegen den Lehrer Zwang ausüben. Ein Kind hat nicht das Recht, einem Erwachse-

nen lästig zu fallen oder ihn unter Druck zu setzen, nur weil es ein Kind ist.

7. In engem Zusammenhang hiermit steht die Forderung nach wirklicher Aufrichtigkeit des Lehrers. Der Verfasser sagt, in den vierzig Jahren seiner Arbeit in Summerhill habe er nicht ein einziges Mal ein Kind belogen. Der Leser dieses Buches wird sich davon überzeugen können, daß diese Behauptung, die vielleicht prahlerisch klingt, die reine Wahrheit ist.

8. Wenn das Kind sich zu einem gesunden erwachsenen Menschen entwickeln soll, muß es eines Tages die ursprüngliche Bindung an die Eltern oder ihre späteren Stellvertreter in der Gesellschaft aufgeben und völlig selbständig werden. Es muß lernen, als Individuum mit der Welt fertigzuwerden. Es muß lernen, Sicherheit nicht in einer symbiotischen Anlehnung an andere Menschen, sondern durch seine eigene Fähigkeit zu finden, die Welt geistig, emotional und künstlerisch zu erfassen. Es muß all seine Kräfte darauf richten, Übereinstimmung mit der Welt zu finden, und seine Sicherheit nicht in Unterwerfung oder Beherrschung suchen.

9. Schuldgefühle haben vor allem die Funktion, das Kind an die Autorität zu binden. Schuldgefühle behindern die Entwicklung zur Selbständigkeit. Sie schaffen einen Teufelskreis aus Auflehnung, Reue, Unterwerfung und erneuter Auflehnung. Die Schuldgefühle der meisten Menschen in unserer Gesellschaft resultieren weniger aus dem Gewissen als aus dem Gefühl des Ungehorsams gegen die Autorität und der damit verbundenen Angst vor Strafe. Es spielt dabei keine Rolle, ob es sich um körperliche Züchtigung, um Liebesentzug oder darum handelt, daß man sich einfach als Außenseiter fühlen muß.

Alle diese Schuldgefühle erzeugen Angst, und Angst wiederum führt zu Feindseligkeit und Heuchelei.

10. In Summerhill gibt es keinen Religionsunterricht. Das bedeutet jedoch nicht, daß in dieser Schule die humanistischen Werte im weitesten Sinne des Wortes keine Rolle spielten. Neill drückt das kurz und bündig so aus: „Nicht Gläubige und Ungläubige im theologischen Sinne liegen miteinander im Kampf, sondern diejenigen, die an die Freiheit des Menschen glauben, und jene, die diese Freiheit unterdrücken wollen.“ Weiter heißt es bei Neill: „Eines Tages wird eine neue Generation Religion und Mythen unserer Zeit als veraltet über Bord werfen. Wenn dann eine neue Religion entsteht, wird sie mit der

Vorstellung, der Mensch werde in Sünde geboren, gründlich aufräumen. Sie wird Gott verehren, indem sie die Menschen glücklich macht."

Neill steht der heutigen Gesellschaft kritisch gegenüber. Er hebt immer wieder hervor, daß der von unserer Gesellschaft geprägte Mensch ein Massenmensch ist. „Wir leben in einer wahnsinnigen Gesellschaft", und „unsere religiösen Verhaltensweisen sind größtenteils unecht". Es ist nur konsequent, daß der Verfasser Internationalist ist und fest und kompromißlos die Meinung vertritt, Bereitschaft zum Krieg sei ein Atavismus aus der barbarischen Zeit der Menschheit.

Tatsächlich will Neill die Kinder nicht zur Anpassung an die bestehende Ordnung erziehen; er will sie zu glücklichen Menschen machen, zu Männern und Frauen, in deren Wertskala nicht „viel *haben*" und „viel *verbrauchen*", sondern „viel *sein*" an erster Stelle steht. Neill ist Realist. Er weiß, daß die Kinder, die ihm anvertraut sind, zwar nach den Maßstäben unserer Gesellschaft nicht notwendigerweise sehr erfolgreich sein werden, aber doch in seiner Schule ein Gefühl für das Echte erwerben, das sie daran hindern wird, später zu Ausgestoßenen oder hungernden Bettlern zu werden. Neill hat zwischen der völligen Entwicklung des Menschen und seinem vollen Erfolg auf dem „Markt" gewählt. Bei der Verfolgung des gewählten Ziels ist er kompromißlos ehrlich.

III

Die Lektüre dieses Buches hat mich sehr angeregt und ermutigt. Ich hoffe, daß es vielen Lesern ebenso gehen wird. Das heißt nicht, daß ich mit allem, was der Verfasser schreibt, übereinstimme. Die meisten Leser werden Neills Buch nicht als Evangelium betrachten, und ich bin überzeugt, der Autor wäre der letzte, der das erwartet.

Vielleicht darf ich zwei meiner wichtigsten Vorbehalte andeuten. Ich habe das Gefühl, daß Neill die Bedeutung, die Echtheit und die Befriedigung eines intellektuellen Begreifens der Welt zugunsten einer emotionalen und künstlerischen Erfassung unterschätzt. Darüber hinaus sind ihm die Hypothesen Freuds allzusehr letzte Wahrheit; nach meiner Meinung überschätzt er, wie die meisten Freudianer, die Bedeutung der Sexualität. Trotzdem habe ich den Eindruck, Neill ist ein so realistischer Mann und erkennt so genau, was in einem Kind vorgeht, daß diese Kritik sich mehr gegen einige seiner Formulierungen als gegen seine wirkliche Einstellung zum Kind richtet.

Ich betone das Wort „realistisch", weil mir an Neills Methode vor allem auffällt, daß er die Fähigkeit hat zu erkennen, Wirklichkeit und Unwirklichkeit auseinanderzuhalten; er gibt sich nicht den Rationalisierungen und Illusionen hin, auf denen viele Menschen ihr Leben aufbauen und mit denen sie echte Erfahrungen von sich fernhalten.

Neill besitzt den heute selten gewordenen Mut, an das zu glauben, was er sieht, und Realismus mit unerschütterlichem Vertrauen zu Vernunft und Liebe zu verbinden. Er achtet kompromißlos das Leben und das Individuum. Er ist Experimentator und Beobachter und kein Dogmatiker, der ein egoistisches Interesse an dem hat, was er tut. Zu seinen Erziehungsmethoden gehören auch therapeutische Maßnahmen; Therapie ist für ihn aber nicht eine Sache für sich, mit der besondere „Probleme" gelöst werden, sondern einfach der Prozeß, in dem das Kind lernt, vor dem Leben nicht davonzulaufen, sondern mit ihm fertigzuwerden.

Der Leser wird erkennen, daß das Experiment, über das dieses Buch berichtet, in unserer heutigen Gesellschaft zwangsläufig nicht oft wiederholt werden kann: Nicht nur, weil es von einer außerordentlichen Persönlichkeit vom Schlage Neills unternommen werden muß, sondern auch, weil nur wenige Eltern mutig und unabhängig genug sind, mehr an das Glück ihrer Kinder als an ihren „Erfolg" zu denken. Das schmälert aber die Bedeutung dieses Buches in keiner Weise.

Auch wenn es heute in den Vereinigten Staaten keine Schule wie Summerhill gibt, kann dieses Buch für alle Väter und Mütter nützlich sein. Es wird sie dazu anregen, ihre eigenen Erziehungsmethoden zu überdenken. Sie werden feststellen, daß Neills Erziehungsmethoden durchaus nicht – wie viele Leute das tun – höhnisch als ein Verfahren abgetan werden können, das dem Kind die Macht gibt, von der der Lehrer selbst keinen Gebrauch machen darf. Neill besteht auf einem gewissen Gleichgewicht in der Eltern-Kind-Beziehung. *Freiheit ohne Zügellosigkeit* – diese Einstellung könnte einen radikalen Wandel im Leben einer Familie bewirken.

Nachdenkliche Eltern werden bestürzt sein, festzustellen, wieviel Zwang und Gewalt sie bei der Erziehung ihres Kindes ausüben, ohne es zu wissen. Dieses Buch gibt den Wörtern *Liebe, Billigung, Freiheit* neuen Inhalt.

Neill hat tiefe Achtung vor dem Leben und vor der Freiheit und lehnt die Anwendung von Gewalt radikal ab. Kinder, die nach diesen

Methoden erzogen werden, entwickeln die Eigenschaften, die der humanistischen Tradition des Westens immer als Ziel gegolten haben: Vernunft, Liebe, Integrität und Mut.

Wenn all dies in Summerhill möglich ist, muß es auch anderswo möglich sein, *vorausgesetzt, daß die Menschen dafür reif sind.* Wie der Verfasser richtig sagt, gibt es keine problematischen Kinder, sondern nur „problematische Eltern“ und eine „problematische Menschheit“. Ich glaube, Neills Werk ist Saat, die aufgehen wird. In einer neuen Gesellschaft, in der der Mensch und seine Entfaltung im Mittelpunkt aller Anstrengungen stehen, werden Neills Gedanken allgemeine Anerkennung finden.

Einführung

Niemand weiß viel von der Psyche des Menschen. Die Kräfte des menschlichen Innenlebens sind uns noch immer weitgehend verborgen.

Seit die Psychologie von Freuds Genie belebt worden ist, hat sie sich sehr viel weiterentwickelt. Aber noch immer ist sie eine neue Wissenschaft, die die Küste eines unbekannten Kontinents erst einmal kartographiert. In fünfzig Jahren werden die Psychologen sehr wahrscheinlich über unsere heutige Unwissenheit lächeln.

Seit ich von der Pädagogik zur Psychologie des Kindes übergewechselt bin, habe ich mit Kindern aller Art zu tun gehabt, mit Brandstiftern, Dieben, Lügnern, Bettnässern und jähzornigen Kindern. Jahrelange intensive Arbeit in der Kindererziehung hat mich davon überzeugt, daß ich verhältnismäßig wenig über die Kräfte weiß, die das Leben bestimmen. Andererseits zweifle ich nicht daran, daß Eltern, die sich nur mit ihren eigenen Kindern beschäftigt haben, noch viel weniger wissen als ich.

An Eltern richte ich mich deswegen, weil ein schwieriges Kind nach meiner Meinung fast immer durch falsche Behandlung im Elternhaus zu einem schwierigen Kind geworden ist.

Welches ist die Aufgabe der Psychologie? Ich schlage vor: *zu heilen.* Was oder wovon soll sie aber heilen? Ich möchte nicht von meiner Vorliebe für die Farben Orange und Schwarz geheilt werden; auch vom Rauchen oder der Freude an einer Flasche Bier möchte ich mich nicht heilen lassen. Kein Lehrer hat das Recht, einem Kind das Trommeln abzugewöhnen. Heilung des unglücklichen Menschen ist die einzige Heilung, die erlaubt ist.

Ein schwieriges Kind ist ein unglückliches Kind. Es ist im Widerstreit mit sich selbst; daher liegt es auch mit der Welt im Kampf.

Das gleiche gilt für den schwierigen Erwachsenen. Ein glücklicher Mensch hat sich noch nie zum Störenfried hergegeben, Krieg gepredigt oder einen Neger gelyncht. Eine glückliche Frau nörgelt nicht an ihrem Mann oder ihren Kindern herum. Kein glücklicher Mann hat jemals einen Mord oder Diebstahl begangen. Ein glücklicher Chef terrorisiert seine Angestellten nicht.

Verbrechen, Haß, Krieg können auf Unglücklichkeit zurückgeführt werden. Das vorliegende Buch versucht zu zeigen, wie Menschen unglücklich werden, wie ihr Leben dadurch zerstört wird und wie Kinder so erzogen werden können, daß sie nicht unglücklich zu sein brauchen.

Darüber hinaus ist dieses Buch die Geschichte einer Schule – Summerhill –, in der Kinder von ihrem Unglücklichsein geheilt und – noch wichtiger – zu glücklichen Menschen erzogen werden.

I *Die Schule Summerhill*

Summerhills Ziele

Summerhill wurde 1921 gegründet. Die Schule liegt in dem Dorf Leiston in der Grafschaft Suffolk, etwa 150 Kilometer von London entfernt.

Ein Wort über die Schüler in Summerhill. Einige Kinder kommen schon im Alter von fünf Jahren nach Summerhill, andere erst, wenn sie bereits fünfzehn sind. Im allgemeinen bleiben die Schüler bis zu ihrem sechzehnten Lebensjahr hier. Wir haben durchschnittlich etwa fünfundzwanzig Jungen und zwanzig Mädchen in der Schule.

Die Kinder werden in drei Altersgruppen unterteilt: fünf- bis siebenjährige, acht- bis zehnjährige und elf- bis fünfzehnjährige.

In der Regel haben wir eine ganze Reihe von Kindern aus anderen Ländern. Zur Zeit (1960) sind es fünf Schüler aus den skandinavischen Ländern, einer aus Holland, einer aus Deutschland und einer aus Amerika.

Die Schüler sind nach Altersgruppen untergebracht, und jede Gruppe hat eine Hausmutter. Die Kinder der mittleren Gruppe wohnen in Steinhäusern, die älteren in Baracken. Einzelzimmer gibt es nur für ein paar der älteren Schüler. Die Jungen schlafen jeweils zu dritt oder viert in einem Raum, die Mädchen ebenfalls. Die Kinder brauchen keine Budeninspektion über sich ergehen zu lassen, und niemand räumt für sie auf. Sie werden sich selbst überlassen. Niemand sagt ihnen, was sie anzuziehen haben; sie können bei jeder Gelegenheit tragen, was sie wollen.

Zeitungen haben über Summerhill berichtet, als ob dort jeder tun und lassen könne, was ihm gefällt, und es sich bei seinen Schülern um eine Schar Wilder handle, denen Gesetz und Manieren fremd sind.

Ich muß daher versuchen, so wahrheitsgetreu wie möglich über Summerhill zu schreiben. Daß ich dabei etwas voreingenommen bin, ist nur natürlich. Ich will jedoch nicht nur die *Vorzüge,* sondern auch die *Nachteile* Summerhills aufzeigen. Seine Vorzüge sind die Vorzüge gesunder, freier Kinder, deren Leben nicht von Furcht und Haß vergiftet ist.

Es liegt auf der Hand, daß eine Schule, die tatendurstige Kinder an Schreibtische zwingt und sie Dinge lernen läßt, die meistens nutzlos sind, eine schlechte Schule ist. Nur jene unschöpferischen Mitbürger, deren Kinder fügsam und unschöpferisch bleiben sollen, damit sie in eine Gesellschaft passen, deren Erfolgsmaßstab Geld heißt, können eine solche Schule für richtig halten.

Summerhill hat angefangen als ein Experiment. Inzwischen ist es mehr als das. Es ist jetzt eine Schule, die anderen als Beispiel dient; denn Summerhill hat bewiesen, daß Freiheit möglich ist.

Als meine erste Frau und ich die Schule gründeten, hatten wir einen Grundgedanken: *die Schule kindergeeignet zu machen* — nicht die Kinder schulgeeignet.

Ich hatte damals schon viele Jahre an gewöhnlichen Schulen unterrichtet, so daß ich die Methoden solcher Schulen gut kannte. Ich wußte, daß sie falsch waren. Sie waren falsch, weil sie von den Vorstellungen Erwachsener ausgingen, was ein Kind sein und wie es lernen soll. Diese Methoden gingen auf eine Zeit zurück, als die Psychologie noch eine unbekannte Wissenschaft war.

Wir machten uns also daran, eine Schule zu schaffen, in der die Kinder die Freiheit haben sollten, sie selbst zu sein. Um das zu ermöglichen, mußten wir auf alle Disziplinarmaßnahmen, auf Lenkung, suggestive Beeinflussung, auf jede ethische und religiöse Unterweisung verzichten. Man hat uns deswegen tapfer genannt, aber eigentlich bedurfte es dazu keines Mutes. Was dazu wirklich nötig war, besaßen wir: den festen Glauben, daß das Kind kein schlechtes, sondern ein gutes Wesen ist. In den fast vierzig Jahren unserer Arbeit sind wir in diesem Glauben nie wankend geworden, er ist uns vielmehr fast zur endgültigen Überzeugung geworden.

Nach meiner Ansicht ist das Kind von Natur aus verständig und realistisch. Sich selbst überlassen und unbeeinflußt von Erwachsenen, entwickelt es sich entsprechend seinen Möglichkeiten. Logischerweise ist Summerhill eine Schule, in der Kinder mit der angeborenen Fähigkeit und dem Wunsch, Gelehrte zu werden, Gelehrte werden, während jene, die nur zum Straßenkehren geeignet sind, Straßenkehrer werden. Bisher ist jedoch aus unserer Schule noch kein Straßenkehrer hervorgegangen. Ich sage das ohne Snobismus; denn ich sehe eine Schule lieber einen glücklichen Straßenfeger hervorbringen als einen neurotischen Gelehrten.

Wie geht es nun in Summerhill zu? Nun, die Teilnahme am Unterricht ist freiwillig. Die Kinder können zum Unterricht gehen, sie dürfen aber auch wegbleiben – sogar jahrelang, wenn sie wollen. Es *gibt* einen Stundenplan – aber nur für die Lehrer.

Gewöhnlich richtet sich der Unterricht nach dem Alter der Kinder, manchmal aber auch nach ihren besonderen Interessen. Wir haben keine neuartigen Lehrmethoden; wir sind der Ansicht, daß der Unterricht an sich keine große Rolle spielt. Ob eine Schule eine besondere Methode hat, Kindern die ungekürzte Division beizubringen, ist völlig unwichtig, weil die ungekürzte Division – außer für die, die sie lernen wollen – selber ganz unwichtig ist. Ein Kind, das sie lernen *will*, lernt sie jedenfalls – gleichgültig, nach welcher Methode sie gelehrt wird.

Schüler, die im Kindergartenalter nach Summerhill kommen, nehmen von Anfang an am Unterricht teil. Kinder, die von einer anderen Schule zu uns kommen, schwören sich jedoch oft, nie wieder in ein Klassenzimmer zu gehen. Sie spielen, fahren mit dem Fahrrad, stören andere bei der Arbeit, aber sie hüten sich vor der Schulbank. In einigen Fällen dauerte das Monate. Die Zeit der „Genesung" entspricht der Stärke des Hasses, den ihnen die vorige Schule eingegeben hat. Den Rekord hält ein Mädchen, das aus einer Klosterschule kam und bei uns drei volle Jahre nur gefaulenzt hat. Im Durchschnitt dauert es drei Monate, bis ein Kind wieder bereit ist, am Unterricht teilzunehmen.

Wem unsere Vorstellung von der Freiheit fremd ist, der wird sich wahrscheinlich fragen, was für ein Irrenhaus das ist, in dem die Kinder den ganzen Tag spielen, wenn sie mögen. Viele Erwachsene sagen: „Hätte man mich in eine solche Schule geschickt, ich hätte nie etwas getan." Andere meinen: „Diese Kinder werden sich mal schwer im Nachteil fühlen, wenn sie mit anderen konkurrieren müssen, die man zum Lernen angehalten hat."

Dabei fällt mir Jack ein, der uns mit siebzehn Jahren verließ, um in einer Maschinenfabrik zu arbeiten. Eines Tages ließ der Verwaltungsdirektor ihn zu sich rufen. „Sie sind doch der Bursche aus Summerhill", sagte er. „Ich möchte mal gern wissen, was sie jetzt, wo Sie mit Jungen aus anderen Schulen zusammen sind, von Ihrer Schulbildung halten. Angenommen, Sie müßten sich noch mal entscheiden, würden Sie nach Eton oder nach Summerhill gehen?"

„Nach Summerhill natürlich!" sagte Jack.

„Was ist denn in Summerhill besser als in anderen Schulen?"

Jack kratzte sich am Kopf. „Weiß nicht", sagte er langsam. „Ich glaube, man kriegt da das Gefühl eines völligen Selbstvertrauens."

„Ja", sagte der Direktor trocken. „Das habe ich gemerkt, als Sie hier hereinkamen."

„Ach du lieber Gott", lachte Jack. „Entschuldigen Sie bitte, daß ich einen solchen Eindruck auf Sie gemacht habe."

„Nein", sagte der Direktor. „Es hat mir gefallen. Die meisten Menschen fummeln nervös an irgend etwas herum, wenn sie zu mir ins Büro kommen, und man merkt, daß ihnen nicht wohl dabei ist. Sie kamen hier herein wie einer von meinesgleichen. Übrigens, in welche Abteilung möchten Sie gern versetzt werden?"

Die Geschichte zeigt, daß Bildung an sich nicht so wichtig ist wie Charakter und Persönlichkeit. Jack fiel bei der Prüfung zur Universität durch, weil er es haßte, aus Büchern zu lernen. Sein Mangel an Wissen über Lambs Essays oder die französische Sprache hat ihn aber im Leben nicht behindert. Er ist heute ein erfolgreicher Ingenieur.

Trotzdem wird in Summerhill viel gelernt. Eine Gruppe unserer Zwölfjährigen kann vielleicht in Orthographie, Handschrift oder Bruchrechnen nicht mit einer gleichaltrigen Klasse einer anderen Schule konkurrieren. In einer Prüfung dagegen, bei der es auf Originalität ankommt, würden sie die anderen haushoch schlagen.

Arbeiten werden bei uns nicht geschrieben, aber zum Spaß veranstalte ich manchmal eine kleine Prüfung. Dabei habe ich einmal zum Beispiel folgende Fragen gestellt:

Wo liegt Madrid, Thursday Island, gestern, Liebe, Demokratie, Haß, mein Taschen-Schraubenzieher? (Auf die letzte Frage habe ich leider keine Antwort bekommen, die mir weitergeholfen hätte.)

Gib die Bedeutung folgender Wörter an (die Ziffern in Klammern geben die Zahl der Bedeutungen an): Hand (3) ... nur zwei Schüler gaben die dritte Bedeutung richtig an: „Größenmaß für Pferde". Brass

(4) . . . Metall, Backe, hohe Offiziere des Heeres, Gruppe im Orchester. Übersetze Hamlets Monolog „Sein oder nicht sein“ usw. ins Summerhillische.

Solche Fragen sind natürlich nicht ernst gemeint, und die Kinder haben größtes Vergnügen daran. Neulinge schneiden bei diesen „Prüfungen“ im allgemeinen nicht so gut ab wie Schüler, die sich schon in Summerhill akklimatisiert haben – nicht weil sie weniger intelligent wären, sondern weil sie so an ernste Arbeit gewöhnt sind, daß jede Leichtigkeit sie verwirrt.

Soviel über die spielerische Seite unseres Unterrichts. In allen Stunden wird viel gearbeitet. Wenn ein Lehrer aus irgendeinem Grund eine Stunde ausfallen lassen muß, ist das für die Schüler meistens eine große Enttäuschung.

Der neunjährige David mußte wegen Keuchhusten isoliert werden. Er vergoß bittere Tränen und protestierte: „Dann verpasse ich ja Rogers Erdkundestunde.“ David war praktisch seit seiner Geburt in Summerhill. Die Schulstunden waren eine Notwendigkeit für ihn. Er ist jetzt Mathematikdozent an der Londoner Universität.

Vor einigen Jahren wurde auf einer Schulversammlung (von der alle Schulregeln erlassen werden, wobei jeder Schüler und jeder Lehrer eine Stimme hat) vorgeschlagen, ein bestimmter Schüler, der sich etwas hatte zuschulden kommen lassen, solle zur Strafe eine Woche vom Unterricht ausgeschlossen werden. Die anderen Kinder protestierten jedoch gegen diese Bestrafung, weil sie sie für zu hart hielten.

Wir Lehrer in Summerhill hassen alle Prüfungen. Die für die Aufnahme zur Universität vorgeschriebenen Reifeprüfungen sind ein wahres Kreuz für uns. Wir können uns aber nicht weigern, in den hierfür vorgeschriebenen Fächern zu unterrichten. Solange diese Prüfungsvorschriften gelten, müssen wir uns danach richten. Die Lehrer in Summerhill sind daher immer in der Lage, den dafür nötigen Unterricht zu geben.

Allerdings wollen gar nicht viele Schüler diese Prüfungen ablegen – nur die, die zur Universität wollen. Und diesen Schülern scheint es nicht besonders schwerzufallen, die Prüfungen zu bestehen. Meistens fangen sie etwa im Alter von vierzehn Jahren an, sich ernsthaft darauf vorzubereiten, und sie schaffen die ganze Arbeit in rund drei Jahren. Natürlich bestehen sie nicht immer schon beim ersten Anlauf. Wichtiger ist, daß sie es dann noch einmal versuchen.

Summerhill hat wahrscheinlich die glücklichsten Schüler der Welt. Bummelanten gibt es bei uns nicht, und auch Heimweh kommt nur selten vor. Kämpfe ereignen sich nur ganz gelegentlich; Streite gibt es natürlich, aber regelrechte Keilereien, wie wir sie als Jungen ausfochten, habe ich in Summerhill nur selten gesehen. Ich höre selten ein Kind weinen; denn in freien Kindern staut sich nicht so viel Haß an wie bei Kindern, die unter der Knute stehen. Haß erzeugt Haß, und Liebe erzeugt Liebe. Kinder, die geliebt werden, fühlen sich anerkannt, und das ist in jeder Schule sehr wichtig. Wenn man Kinder straft und ausschimpft, dann kann man nicht auf ihrer Seite sein. Summerhill ist eine Schule, in der die Kinder sich anerkannt fühlen.

Natürlich heißt das nicht, daß wir über menschliche Schwächen erhaben sind. Einmal verbrachte ich im Frühjahr Wochen damit, Kartoffeln zu setzen. Als ich dann im Juni feststellte, daß acht Kartoffelpflanzen ausgerissen worden waren, habe ich ein großes Theater gemacht. Trotzdem war das bei mir anders als bei einem autoritären Erzieher. Mir ging es nur um die Kartoffeln; ein autoritärer Lehrer dagegen hätte aus der Sache eine Frage von Gut und Böse gemacht. Von mir bekam der Übeltäter nicht zu hören, man dürfe nicht stehlen. Es ging mir nur um *meine Kartoffeln,* und die sollten gefälligst in Ruhe gelassen werden. Ich hoffe, der Unterschied ist klar.

Um es anders auszudrücken: Ich bin für die Kinder keine Obrigkeit, vor der man Angst haben muß. Ich stehe auf gleicher Stufe mit ihnen, und wenn ich wegen meiner Kartoffeln Krach schlage, dann hat das für sie nicht mehr zu bedeuten, als wenn ein Schüler sich über seinen durchstochenen Fahrradschlauch aufregt. Steht man mit dem Kind auf gleicher Stufe, dann ist gar nichts dabei, mit ihm einen Streit zu haben.

Nun wird man vielleicht sagen: „Das ist ja alles Quatsch. Es kann keine Gleichheit geben. Neill hat zu sagen; er ist stärker und klüger." Das stimmt allerdings. Ich bin Herr im Haus, und wenn die Schule in Brand geriete, würden die Kinder zu mir gelaufen kommen. Sie wissen, daß ich stärker bin und mehr weiß. Das hat aber nichts mehr zu sagen, wenn ich ihnen auf ihrem eigenen Gebiet begegne – auf dem Kartoffelbeet sozusagen.

Als der fünfjährige Billy mir befahl, seine Geburtstagsparty zu verlassen, zu der ich nicht eingeladen war, bin ich sofort gegangen. Billy hätte das genauso gemacht, wenn ich ihn in meinem Zimmer nicht gebrauchen kann. Es ist nicht sehr leicht, dieses Verhältnis zwischen Lehrer und Schüler zu erklären, aber ein Besucher Summerhills weiß, was ich meine, wenn ich das Verhältnis ideal nenne. Man sieht es in der allgemeinen Einstellung zu den Lehrern. Chemielehrer Rudd wird von allen mit dem Vornamen Derek angeredet, und auch die anderen Lehrer lassen sich Harry oder Ulla oder Pam nennen. Mich reden die Schüler mit Neill an, die Köchin mit Esther.

In Summerhill gilt gleiches Recht für alle. Niemand darf sich auf den Konzertflügel stellen, und ich kann auch nicht einfach das Fahrrad eines Jungen benutzen, ohne ihn um Erlaubnis zu bitten. In einer Schulversammlung hat die Stimme eines sechsjährigen Kindes ebensoviel Gewicht wie meine.

Die Neunmalklugen werden nun sagen, in der Praxis zählten ja doch nur die Stimmen der Erwachsenen. „Ehe das sechsjährige Kind seine Hand hebt, wartet es doch bestimmt erst einmal ab, wie Sie stimmen." Ich wollte, es wäre so; denn zu viele von meinen Vorschlägen werden abgelehnt. Freie Kinder lassen sich nicht so leicht beeinflussen. Sie haben eben keine Angst. Und das ist das Beste, was man einem Kind wünschen kann.

Unsere Kinder haben keine Angst vor den Lehrern. Eine unserer Schulvorschriften besagt, daß abends nach zehn auf dem Korridor im Obergeschoß Ruhe herrschen soll. Eines Abends, um elf herum, hörte ich von oben den Lärm einer Kissenschlacht. Ich hatte zu schreiben und wollte Ruhe haben. Also ging ich nach oben, um zu protestieren. Als ich noch auf der Treppe war, hörte ich eilig davontrippelnde Füße. Im Nu war der Flur leer, und es herrschte wieder Ruhe. Plötzlich sagte in die Stille eine enttäuschte Stimme: „Och, das ist ja bloß der Neill", und schon ging der Lärm wieder los. Als ich aber dann sagte, ich sei damit beschäftigt, ein Buch zu schreiben, zeigten die Kinder Verständnis und versprachen, leise zu sein. Sie waren vom Korridor in dem Glauben weggelaufen, der Aufsicht führende Schüler (ein Gleichaltriger) sei ihnen auf den Fersen.

Ich möchte die Bedeutung dieses Mangels an Furcht vor Erwachsenen ganz besonders betonen. Ein neunjähriges Kind kommt ohne weiteres zu mir und erzählt mir, es habe eine Fensterscheibe eingeworfen. Es kommt zu mir, weil es nicht zu befürchten braucht, Zorn oder moralische Entrüstung hervorzurufen. Es muß unter Umständen die Fensterscheibe bezahlen, aber es braucht keine Angst zu haben, ich könne ihm eine Gardinenpredigt halten oder es bestrafen.

Vor einigen Jahren trat einmal die Schülerselbstverwaltung zurück, und niemand war bereit, sich zur Wahl zu stellen. Ich faßte die Gelegenheit beim Schopf und hängte einen Zettel ans Schwarze Brett: „Da keine Regierung da ist, erkläre ich mich hiermit zum Diktator. Heil Neill!“ Schon bald ging das Murren los. Noch am Nachmittag des gleichen Tages kam der sechsjährige Vivien zu mir und sagte: „Neill, ich habe eine Fensterscheibe in der Turnhalle kaputtgemacht!“

Ich winkte ab. „Belästige mich nicht mit solchen Kleinigkeiten!“ sagte ich. Er ging.

Kurz darauf kam er wieder und sagte, er habe jetzt zwei Fensterscheiben eingeworfen. Diesmal wurde ich neugierig und fragte ihn, was das denn solle.

„Ich mag keine Diktatoren“, sagte er. „Und ich will was zu fressen haben.“ (Nachher entdeckte ich, daß die Opposition gegen die Diktatur sich an der Köchin ausgelassen hatte, die daraufhin prompt die Küche zumachte und nach Hause ging.)

„Und was gedenkst du jetzt zu tun?“ wollte ich wissen.

„Noch mehr Fenster kaputtmachen“, war die verbissene Antwort.

„Na, dann mach’ mal weiter“, sagte ich, und er machte weiter.

Als er zurückkam, meldete er, er habe inzwischen siebzehn Fensterscheiben zur Strecke gebracht. „Aber“, fuhr er ernst fort, „ich werde sie alle bezahlen.“

„Wovon?“

„Mit meinem Taschengeld. Wie lange wird das dauern?“

Ich überschlug die Kosten im Kopf und sagte: „Ungefähr zehn Jahre.“

Einen Augenblick lang schaute er finster drein. Dann sah ich, wie sein Gesicht plötzlich strahlte, und er rief: „Ha, ich brauche die Fensterscheiben ja überhaupt nicht zu bezahlen.“

„Und wie ist das mit unserer Vorschrift über Privateigentum?“ fragte ich. „Die Fenster sind mein Privateigentum.“

„Ich weiß, aber die Regel über Privateigentum gibt es jetzt nicht mehr. Die Gesetze werden von der Regierung gemacht, und wir haben ja keine Regierung mehr.“

Vielleicht war es mein verdutztes Gesicht, das ihn dann hinzufügen ließ: „Ich werde die Scheiben aber trotzdem bezahlen.“

Er brauchte sie nicht zu bezahlen. Als ich kurze Zeit später in London einen Vortrag hielt, erzählte ich diese Geschichte. Nachher kam ein junger Mann zu mir und drückte mir einen Geldschein in die Hand. „Für die Fensterscheiben des kleinen Teufels“, sagte er. Noch zwei Jahre später erzählte Vivien von seinen Fensterscheiben und dem Mann, der sie bezahlt hatte. „Der muß schön blöd gewesen sein“, meinte er. „Er kannte mich ja nicht einmal.“

Kinder kommen mit Fremden schneller ins Gespräch, wenn sie keine Furcht kennen. Die Reserviertheit der Engländer ist im Grunde nichts als Angst. Daher sind auch jene am zugeknöpftesten, die das meiste Geld haben. Daß die Schüler in Summerhill so außergewöhnlich freundlich zu fremden Besuchern sind, erfüllt meine Mitarbeiter und mich mit Stolz.

Wir müssen allerdings bekennen, daß viele unserer Besucher für die Kinder interessant sind. Sehr ungern gesehene Gäste sind Lehrer, vor allem ernste Lehrer, die die Schreibarbeiten und Zeichnungen der Schüler sehen möchten. Am willkommensten sind Besucher, die was zu erzählen haben – über Abenteuer und Reisen oder am liebsten über Flugzeuge. Ein Boxer oder Tennisspieler sieht sich in Summerhill sofort im Mittelpunkt des Interesses. Besucher dagegen, die großspurig theoretische Reden halten, finden keine Zuhörer.

Besucher sagen immer wieder, sie könnten in Summerhill Schüler und Lehrer nicht auseinanderhalten. Diese Beobachtung ist richtig; denn in einer Schule, in der die Kinder anerkannt werden, bilden Lehrer und Schüler tatsächlich weitgehend eine Einheit. Es gibt keine Ehrerbietung den Lehrern gegenüber. Lehrer und Schüler bekommen das gleiche Essen. Es gelten für sie die selben Regeln der Gemeinschaft. Die Kinder nähmen es übel, wenn die Lehrer Vorrechte hätten.

Eine Zeitlang hielt ich jede Woche einen Vortrag über psychologische Fragen, der für meine Mitarbeiter bestimmt war. Die Kinder murrten, das sei nicht fair. Also änderte ich den Vortragsplan und stellte es allen Kindern über zwölf frei, sich meine Vorträge anzuhören. Jeden Dienstagabend ist mein Zimmer voll von eifrigen jungen Zuhörern, die nicht etwa stumm dasitzen, sondern frei ihre Meinung sagen. Die Kinder haben mich gebeten, über Fragen wie folgende zu sprechen: Der Minderwertigkeitskomplex, die Psychologie des Stehlens, die Psychologie des Gangsters, die Psychologie des Humors, warum ist der Mensch zum Moralisten geworden?, Onanie, Massenpsychologie, um nur einige zu nennen. Solche Kinder gehen natürlich mit einem breiten Wissen von sich und den anderen ins Leben hinaus.

Besucher, die nach Summerhill kommen, fragen oft: „Wird das Kind nicht später der Schule einen Vorwurf daraus machen, daß sie ihm keinen Musik- oder Mathematikunterricht gegeben hat?“ Die Antwort lautet, daß sich der junge Freddy Beethoven oder Tommy Einstein nicht davon abhalten lassen wird, seine Domäne zu finden.

Daseinszweck des Kindes ist es, sein eigenes Leben zu leben – nicht das Leben, das es nach Ansicht der besorgten Eltern führen sollte oder das den Absichten des Erziehers entspricht, der zu wissen glaubt, was für das Kind am besten ist. Solche Einmischung und Lenkung von Seiten Erwachsener hat lediglich eine Generation von Robotern zur Folge.

Man kann Kinder nicht dazu *zwingen,* ein Instrument zu spielen oder etwas zu lernen, ohne sie damit in einem gewissen Ausmaß zu willenlosen Erwachsenen zu machen. Man macht sie zu Konformisten – eine gute Sache für eine Gesellschaft, die gehorsame Diener an trübseligen Schreibtischen und hinter Ladentischen braucht, die jeden Morgen mechanisch mit dem 8-Uhr-30-Vorortzug in die Stadt fahren, eine Gesellschaft also, die auf den armseligen Schultern des verängstigten kleinen Mannes, des völlig eingeschüchterten Konformisten, ruht.

Ein Blick auf Summerhill

Lassen Sie mich einen typischen Tag in Summerhill schildern. Das Frühstück findet zwischen 8.15 Uhr und 9 Uhr statt. Lehrer und Schüler holen sich ihr Frühstück aus der Küche und bringen es in den Speisesaal. Die Betten sollen vor dem Unterricht gemacht sein, das heißt also vor 9.30 Uhr.

Zu Beginn jedes Tertials wird ein Stundenplan aufgestellt. Der Chemielehrer Derek unterrichtet also etwa am Montag Klasse I, am Dienstag Klasse II usw. Ich unterrichte nach einem ähnlichen Plan Englisch und Mathematik, Maurice Erdkunde und Geschichte. Die jüngeren Schüler (von sieben bis neun) werden in der Regel den größten Teil des Vormittags von einem einzigen Lehrer unterrichtet, sie gehen aber auch in den Raum für Naturwissenschaften oder für Kunst.

Die Schüler brauchen nicht zum Unterricht zu erscheinen. Wenn Jimmy aber montags in die Englischstunde kommt und sich dann erst wieder am Freitag der folgenden Woche dort sehen läßt, halten ihm die anderen Schüler mit Recht entgegen, daß er die Arbeit aufhält, und setzen ihn unter Umständen vor die Tür.

Der Unterricht dauert bis ein Uhr. Die Kleineren essen aber schon um 12.30 Uhr zu Mittag, während die Lehrer und die älteren Schüler erst um 13.30 Uhr zu Tisch gehen. Das Mittagessen muß aus Raumgründen in zwei Abteilungen stattfinden.

Der Nachmittag ist für alle frei. Was die Kinder am Nachmittag alle tun, weiß ich auch nicht. Ich arbeite meistens im Garten, und dabei sehe ich kaum einen der Schüler. Die Kleineren spielen Räuber und Gendarmen. Einige von den Größeren basteln an Motoren und Radios, andere zeichnen oder malen. Bei gutem Wetter treiben die Größeren Sport. Manche basteln in der Werkstatt herum, reparieren ihre Fahrräder, bauen Boote oder setzen Revolver zusammen.

Um 16 Uhr gibt es Tee. Ab 17 Uhr beginnen dann alle möglichen Freizeitbeschäftigungen. Die Kleineren lassen sich gern vorlesen. Die Schüler der mittleren Gruppe arbeiten im Kunstraum; sie malen, machen Linolschnitte und versuchen sich im Korbflechten oder an Lederarbeiten. Auch in der Töpferei ist gewöhnlich eine Gruppe von Schülern eifrig am Werk. Die Töpferei scheint überhaupt morgens und abends zu den beliebtesten Aufenthaltsorten zu gehören. Die ältesten Schüler arbeiten dort ab 17 Uhr. In der Holz- und Metallwerkstatt sind jeden Abend alle Arbeitsplätze besetzt.

Am Montagabend gehen die Schüler ins Kino; das Geld dafür bekommen sie von ihren Eltern. Donnerstags, wenn das Kinoprogramm wechselt, sehen sich die Schüler, die sich zwei Kinobesuche in der Woche leisten können, einen weiteren Film an.

Am Dienstagabend steht für meine Mitarbeiter und die älteren Schüler mein Psychologievortrag auf dem Programm. Die Jüngeren kommen zur gleichen Zeit in verschiedenen Lesegruppen zusammen. Mittwochabend wird getanzt. Für Musik ist gesorgt; denn wir haben einen großen Vorrat an Schallplatten. Die Kinder tanzen alle gut. Einige Besucher haben mir erzählt, daß sie Minderwertigkeitsgefühle bekamen, als sie mit ihnen tanzten. Am Donnerstag ist nichts Besonderes los. Die Größeren gehen dann in Leiston oder Aldeburgh ins Kino. Der Freitagabend ist besonderen Ereignissen wie Theaterproben vorbehalten.

Samstagabend ist der wichtigste Abend in der Woche, denn dann findet die Schulversammlung statt. Im Anschluß daran wird meistens getanzt. In den Wintermonaten werden am Sonntagabend Theaterstücke aufgeführt.

Für die handwerklichen Arbeiten gibt es keinen Stundenplan. Wer gern mit Holz arbeitet, kann anfertigen, was er will; regelrechte Unterrichtsstunden werden in diesem Fach nicht abgehalten. Fast immer wollen die Kinder am liebsten Spielzeugrevolver oder -gewehre, einen Drachen oder ein Boot bauen. Sie sind nicht sehr an komplizierteren Tischlerarbeiten interessiert, und auch die älteren Jungen machen sich kaum an schwierige Sachen heran. Mein eigenes Steckenpferd ist die Herstellung von gehämmerten Messingarbeiten. Die meisten Kinder interessiert das nicht, schließlich bietet eine Messingschale der Phantasie keinen sonderlichen Anreiz.

An einem schönen Tag sind die Räuberjungen von Summerhill oft völlig außer Sichtweite. Sie sind irgendwo weit weg von den Schulgebäuden und schmieden Pläne für ihre tollkühnen Taten. Die Mädchen dagegen sind leicht zu finden. Sie halten sich immer im Haus oder in seiner Nähe auf und entfernen sich nie sehr weit von den Erwachsenen.

Der Kunstraum ist oft voller Mädchen, die entweder malen oder bunte Stoffe verarbeiten. Im großen und ganzen, glaube ich, sind die kleinen Jungen aber schöpferischer. Zumindest höre ich nie einen Jungen sagen, er langweile sich und wisse nicht, was er tun solle, während das bei Mädchen manchmal vorkommt.

Möglicherweise erscheinen mir die Jungen nur schöpferischer, weil die Schule für Jungen besser ausgerüstet ist als für Mädchen. Mädchen von zehn Jahren und darüber können mit Holz und Eisen in einer Werkstatt nicht viel anfangen. Sie haben kein Verlangen danach, an Maschinen, Radioapparaten und elektrischen Geräten herumzubasteln. Sie können Töpfereiarbeiten und Linolschnitte machen, sie können malen und nähen, aber für manche ist das keine genügende Auswahl. Jungen sind genauso scharf aufs Kochen wie Mädchen. Die Theaterstücke, die in Summerhill aufgeführt werden, werden von den Jungen und Mädchen selbst geschrieben. Die Schüler machen auch selbst die Kostüme und stellen die Kulissen her. Die Inszenierung der Stücke besorgen sie ebenfalls selbst. Die Kinder sind im allgemeinen recht gute Schauspieler, weil sie ganz natürlich spielen und es ihnen nicht darum geht, sich wichtig zu tun.

Das chemische Labor ist bei den Mädchen wohl genauso beliebt wie bei den Jungen. Die Werkstatt ist so ungefähr der einzige Ort, der für die Mädchen über neun keine Anziehungskraft hat.

An den Schulversammlungen beteiligen sich die Mädchen nicht so aktiv wie die Jungen. Eine plausible Erklärung dafür habe ich auch nicht.

Bis vor einigen Jahren waren die Mädchen, die zu uns kamen, meistens schon etwas älter. Viele kamen aus Klosterschulen und Internaten, wo sie versagt hatten. Ein Kind, das aus einer solchen Schule kommt, halte ich nie für ein Beispiel wirklich freier Erziehung. Die Eltern dieser Mädchen wußten in der Regel nicht, was Freiheit bedeutet und wie wichtig sie ist. Wenn ihre Tochter in Summerhill von ihrem besonderen Versagen geheilt war, schickten sie sie schnell auf „eine gute Schule, wo sie etwas lernen kann". In den letzten Jahren haben wir jedoch eine ganze Reihe von Mädchen aufgenommen, deren Eltern Summerhill für die richtige Schule halten. Sie sind auch eine feine Bande, voller Feuer, Originalität und Initiative.

In einigen Fällen haben wir Mädchen aus finanziellen Gründen verloren — zum Beispiel, wenn ein Bruder auf eine teure Privatschule geschickt wurde. Die alte Tradition, nach der der Sohn in der Familie mehr gilt als Töchter, stirbt so leicht nicht aus. Wir haben auch schon sowohl Jungen wie Mädchen verloren, weil die Eltern eine eifersüchtige Angst hatten, ihr Kind könne seine Zuneigung vom Elternhaus ab- und der Schule zuwenden.

Summerhill in Gang zu halten ist für uns immer etwas problematisch gewesen. Nur wenige Eltern haben Geduld und Vertrauen genug, ihre Kinder auf eine Schule zu schicken, auf der sie spielen können, statt zu lernen. Eltern denken mit Schrecken an die Möglichkeit, daß ihr Sohn mit 21 Jahren nicht in der Lage sein könnte, selbst sein Brot zu verdienen.

Heute haben wir in Summerhill überwiegend Schüler, deren Eltern ihre Kinder ohne Zwangsmaßnahmen erzogen sehen wollen. Das ist sehr erfreulich; früher schickten mir nämlich nur Eltern ihre Söhne, die fest an den alten Erziehungsmethoden festhielten, und erst, wenn sie nicht mehr ein noch aus wußten. Diese Eltern hielten nicht das Geringste von dem Gedanken, daß Kinder Freiheit genießen sollten, und insgeheim müssen sie uns in Summerhill für halbirre Spinner gehalten haben. Es war sehr schwierig, ihnen etwas zu erklären.

Einmal kam ein Berufsoffizier zu mir, der mit dem Gedanken spielte, seinen neunjährigen Sohn als Schüler bei uns anzumelden.

„Die Schule gefällt mir soweit ganz gut", sagte er. „Ich fürchte nur, mein Sohn könnte sich hier das Onanieren angewöhnen."

Ich fragte ihn, warum ihm das Sorgen mache.

„Weil es ihm sehr schaden wird", antwortete er.

„Es hat doch aber weder Ihnen noch mir geschadet, oder?" fragte ich freundlich.

Er suchte mit seinem Sohn ziemlich schnell das Weite.

Ein anderes Mal hatte ich es mit einer reichen Mutter zu tun. Sie fragte mich eine Stunde lang aus und sagte dann zu ihrem Mann: „Ich kann mich nicht entschließen. Soll ich Marjorie auf diese Schule schikken oder nicht?"

„Quälen Sie sich nicht", sagte ich. „Ich habe schon für Sie entschieden. Ich nehme Ihre Tochter nicht auf."

Das mußte ich ihr natürlich erklären. „Sie halten im Grunde nichts von der Freiheit", begann ich. „Wenn Marjorie zu uns käme, würde ich die Hälfte meiner Zeit damit vergeuden, Ihnen zu erklären, worauf es uns hier ankommt, und überzeugen würde ich Sie doch nicht. Das würde katastrophale Folgen für Marjorie haben, denn sie müßte ständig zweifeln, wer nun eigentlich recht hat, die Schule oder die Eltern."

Am idealsten sind Eltern, die nach Summerhill kommen und sagen: „Das ist die einzig richtige Schule für unser Kind."

Besonders ernst waren die Schwierigkeiten, als wir die Schule gerade eröffnet hatten. Wir konnten nur Kinder aus der Ober- und Mittelklasse aufnehmen, weil wir auf das Geld angewiesen waren. Auf die Hilfe reicher Geldgeber konnten wir nicht hoffen. Am Anfang half uns ein Wohltäter, der nicht genannt werden wollte, ein paarmal aus der Patsche. Später ließ uns ein Schülervater großzügige Hilfe zukommen; er schenkte uns eine neue Kücheneinrichtung, ein Radio, einen Anbau an einem unserer Gebäude, eine neue Werkstatt. Dieser Mann war der ideale Wohltäter; denn er stellte keine Bedingungen und wollte keine Gegenleistung. Er sagte einfach: „Summerhill hat meinen Jimmy genauso erzogen, wie ich es mir vorgestellt hatte." James Shand war nämlich ein echter Freund von Erziehungsmethoden, die dem Kind Freiheit zugestehen.

Wir sind aber noch nie in der Lage gewesen, Kinder armer Eltern aufzunehmen. Das ist bedauerlich, denn so mußten wir unsere Beobachtungen auf Kinder der Mittelklasse beschränken. Manchmal ist es nämlich schwierig, hinter viel Geld und teurer Kleidung noch das wahre Wesen des Kindes zu erkennen. Wenn ein Mädchen weiß, daß es mit 21 Jahren eine beträchtliche Geldsumme erben wird, ist es nicht leicht, dieses Mädchen zum Gegenstand einer Untersuchung über das Wesen des Kindes zu machen. Glücklicherweise hat sich jedoch Reichtum bei den meisten unserer früheren und jetzigen Schüler nicht schädlich ausgewirkt. Alle wissen, daß sie nach der Schulentlassung bald verdienen müssen.

Die Mädchen, die als Reinmachefrauen bei uns arbeiten, kommen morgens aus der Stadt und fahren abends wieder zurück. Diese jungen Mädchen arbeiten schwer, und sie machen ihre Sache gut. In einer freien Atmosphäre, wo niemand sie antreibt, arbeiten sie fleißiger und besser, als wenn sie unter Aufsicht stehen. Diese Mädchen sind in jeder Hinsicht bewundernswert. Daß sie schwer arbeiten müssen, weil sie aus einer armen Familie stammen, während manche unserer Schülerinnen aus bürgerlichen Familien so verwöhnt sind, daß sie ihr Bett nicht selbst machen können, erfüllt mich immer mit Scham. Ich muß allerdings gestehen, daß mir das Bettenmachen ebenfalls verhaßt ist. Die faule Ausrede, die ich dafür vorzubringen pflege, daß ich nämlich so viel andere Dinge zu tun hätte, machte keinen Eindruck auf die Kinder. Sie verhöhnten mich wegen meiner Verteidigung, daß man von einem General nicht verlangen kann, Abfälle aufzusammeln.

Schon mehr als einmal habe ich angedeutet, daß wir Erwachsenen in Summerhill durchaus keine Tugendbolde sind. Wir sind Menschen wie alle anderen, und unsere theoretischen Einsichten geraten oft mit unseren menschlichen Schwächen in Konflikt. In einem normalen Elternhaus machen Vater oder Mutter ein großes Theater, wenn das Kind einen Teller kaputt macht, als wäre der Teller wichtiger als das Kind. Wenn in Summerhill jemand einen Stapel Teller fallen läßt, sage ich nichts, und meine Frau sagt auch nichts. Malheur ist Malheur. Wenn dagegen ein Kind sich ein Buch ausleiht und es draußen im Regen liegen läßt, wird meine Frau sehr ungehalten, denn Bücher bedeuten ihr sehr viel. Mich läßt ein solcher Fall gleichgültig, denn Bücher haben für mich nur wenig Wert. Andererseits wundert sich meine Frau etwas, wenn ich wütend bin, weil ein Schüler mir einen Meißel verdorben hat. Ihr bedeuten Werkzeuge kaum etwas, während sie für mich sehr wertvoll sind.

Unser Leben in Summerhill besteht nur aus Geben. Besucher sind für uns anstrengender als die Kinder, denn auch sie erwarten etwas von uns. Geben mag zwar besser sein denn Nehmen, aber es ist ohne Zweifel aufreibender.

Bei unserer Schulversammlung am Samstag zeigen sich leider Konflikte zwischen Erwachsenen und Kindern. Solche Konflikte sind natürlich, denn in einer aus verschiedenen Altersgruppen bestehenden Gemeinschaft können nicht alle anderen ihre Interessen denen der Kinder opfern, wenn diese nicht völlig verzogen werden sollen. Die Erwachsenen beschweren sich, wenn eine Bande älterer Schüler zu nachtschlafender Zeit laut redet und lacht und sie damit aufweckt. Harry beschwert sich, weil er eine ganze Stunde damit verbracht hat, ein Stück Holz für die Haustür zu hobeln, und einer der Jungen dann, während er beim Mittagessen war, aus dem Brett ein Bücherregal gemacht hat. Ich beklage mich, weil ein paar Jungen meine Lötlampe ausliehen und sie einfach nicht zurückbringen. Meine Frau erbost sich darüber, daß ein paar von den Kleineren nach dem Abendessen zu ihr kamen, weil sie noch Hunger hätten, sich von ihr Marmeladenbrote geben ließen und am folgenden Morgen die Brotstücke auf dem Flur gefunden wurden. Peter berichtet traurig, wie ein paar Schüler sich in der Töpferei mit seinem kostbaren Ton bewarfen. Die Liste ließe sich noch fortführen. Es handelt sich um einen Konflikt zwischen dem Standpunkt der Erwachsenen und der kindlichen Uneinsichtigkeit. Die Auseinandersetzung sinkt jedoch nie auf die persönliche Ebene ab. Niemandem wird etwas nachgetragen. Im übrigen bringen diese Dinge Leben ins Haus. Es ist immer etwas los, und man langweilt sich nie.

Glücklicherweise wachen wir nicht allzu eifersüchtig über unseren Besitz, wenn ich auch zugeben muß, daß es mir wehtut, wenn ein Mädchen mit der besonders teuren Farbe, die ich gerade gekauft habe, ein altes Bett angestrichen hat. Wenn es um meinen Wagen, meine Schreibmaschine, meine Werkzeuge geht, macht sich mein Besitzerstolz bemerkbar. Ich erhebe jedoch keine Besitzansprüche auf Menschen. Wer das tut, sollte nicht Lehrer werden.

Der Verschleiß alles Materiellen ist in Summerhill ganz natürlich. Verhindern ließe er sich nur, wenn man die Kinder in dauernder Angst leben ließe. Der Verschleiß seelischer Energie läßt sich überhaupt nicht vermeiden, denn Kinder stellen Forderungen, die erfüllt werden müssen. Fünfzigmal am Tag öffnet sich die Tür meines Wohnzimmers, und ein Kind kommt herein, um zu fragen: „Gehen wir heute abend ins Kino?", „Warum habe ich heute keine P. S. (Privat-Stunde)?", „Haben Sie Pam gesehen?", „Wo ist Ena?" Das gehört alles zu einem normalen Arbeitstag, und es macht mir in dem betreffenden Augenblick nicht sehr viel aus. Ein richtiges Privatleben haben wir allerdings nicht; das Haus ist eben für eine solche Schule nicht sehr gut geeignet – jedenfalls vom Standpunkt des Erwachsenen aus, denn die Kinder sind immer um uns herum. Am Ende der Schulzeit sind meine Frau und ich daher völlig erschöpft.

Erwähnenswert ist wohl, daß die Lehrer in Summerhill nur selten die Geduld verlieren. Das spricht genauso für die Kinder wie für meine Mitarbeiter. Es ist wirklich ein Vergnügen, diese Kinder um sich zu haben, und man hat nur selten Grund, tatsächlich aus der Haut zu fahren. Ein Kind, das Achtung vor sich selbst haben kann, hegt normalerweise keine Haßgefühle, und es findet auch kein Vergnügen daran, einen Erwachsenen so zu reizen, daß ihm der Kragen platzt.

Eine unserer Lehrerinnen war überempfindlich gegen Kritik. Ihre Schülerinnen zogen sie deswegen auf. Bei den anderen Lehrern gelang ihnen das nicht, weil die einfach nicht darauf reagierten. Aufziehen kann man nur Leute, die auf ihre Würde bedacht sind.

Zeigen die Schüler von Summerhill die gleiche Aggressivität wie andere Kinder? Jedes Kind braucht natürlich ein gewisses Maß an Aggressivität, um sich im Leben durchzuschlagen. Die übertriebene Aggressivität, die man bei unfreien Kindern findet, ist ein übersteigerter Protest gegen den Haß, den man ihnen entgegenbringt. Diejenigen unserer Schüler, die sich aggressiv verhalten, kommen immer aus Elternhäusern, in denen es an Liebe und Verständnis mangelt.

In der Dorfschule, die ich als Junge besuchte, waren blutige Nasen an der Tagesordnung. Aggressivität, die in Schlägereien Ausdruck findet, beruht auf Haß. Wenn Kinder in einer haßfreien Atmosphäre leben, zeigen sie selbst auch keinen Haß.

Daß Freud der Aggressivität eine solche Bedeutung beimessen konnte, liegt wohl daran, daß sie in den Schulen und Elternhäusern tatsächlich existiert. An einem Hund, der an der Kette liegt, läßt sich nicht die Psyche des Hundes allgemein studieren. Man kann auch keine gültigen Theorien über die Psyche des Menschen aufstellen, solange die Menschheit an jener starken Kette liegt, die von Generationen lebensfeindlich gesinnter Menschen geschmiedet worden ist. Soweit ich sehe, tritt Aggressivität in der Freiheit Summerhills nicht so stark auf wie in Schulen, in denen strenge Disziplin herrscht.

Freiheit bedeutet in Summerhill jedoch nicht die Abschaffung des gesunden Menschenverstandes. Wir sorgen in jeder Weise für die Sicherheit der Schüler. Die Kinder dürfen nur in Anwesenheit von Rettungsschwimmern baden, von denen jeder für je sechs Kinder verantwortlich ist. Schüler unter elf dürfen nicht allein auf öffentlichen Straßen radfahren. Diese Bestimmungen sind von den Schülern selbst in der Schulversammlung durchgesetzt worden.

Es gibt jedoch keine Bestimmung, nach der das Klettern auf Bäumen verboten ist. Das Besteigen von Bäumen gehört zum Prozeß der Lebensertüchtigung. Man würde ein Kind zum Feigling erziehen, wollte man ihm alles verbieten, was mit Gefahr verbunden ist. Unsere Schüler dürfen allerdings nicht auf die Dächer steigen, und auch der Besitz von Luftgewehren und anderen gefährlichen Waffen ist nicht gestattet. Jedesmal, wenn wieder Holzschwerter vorübergehend in Mode kommen, stehe ich Todesängste aus. Ich verlange dann immer, daß die Schwertspitzen durch einen Gummi- oder Stoffüberzug gesichert werden; trotzdem bin ich jedesmal froh, wenn die Mode abgeklungen ist. Es ist nicht leicht, eine Grenze zwischen realistischer Vorsicht und Überängstlichkeit zu ziehen.

Lieblingsschüler hat es bei mir noch nie gegeben. Selbstverständlich sind mir manche Kinder lieber als andere, aber es gelingt mir immer, das nicht zu zeigen. Summerhill ist vielleicht gerade teilweise deswegen so erfolgreich, weil die Kinder das Gefühl haben, daß sie alle gleich und mit Achtung behandelt werden. Wenn man in einer Schule eine sentimentale Einstellung zu den Schülern hat, läßt das immer Schlimmes befürchten. Nichts ist leichter, als aus Gänsen Schwäne zu machen oder in einem Kind, das mit Farbe herumkleckst, einen Picasso zu sehen.

In den meisten Schulen, an denen ich unterrichtet habe, war das Lehrerzimmer eine kleine Hölle voller Intrigen, Haß und Neid. In unserem Lehrerzimmer dagegen herrscht eine freundliche Atmosphäre. Gehässigkeiten, wie sie sonst so häufig sind, fehlen hier. Genau wie die Schüler sind auch Erwachsene in einer freiheitlichen Atmosphäre zufrieden und frei von Böswilligkeit. Wenn ein Lehrer neu zu uns kommt, reagiert er manchmal auf die ungewohnte Freiheit ebenso wie die Kinder: Er rasiert sich nicht, bleibt morgens zu lange im Bett, verstößt sogar gegen Bestimmungen der Schule. Glücklicherweise dauert jedoch das Abreagieren von Komplexen bei Erwachsenen viel weniger lang als bei Kindern.

Jeden zweiten Sonntagabend erzähle ich den kleineren Kindern eine Geschichte über ihre eigenen Abenteuer. Das mache ich schon seit Jahren. Dabei nehme ich sie mit in das dunkelste Afrika, auf den Meeresboden und hoch über die Wolken. In einer meiner Erzählungen ließ ich mich sterben und in Summerhill einen sehr strengen Mann namens Muggins das Regiment übernehmen. Muggins machte die Teilnahme am Unterricht zur Pflicht. Wenn ein Kind nur ein Wort sagte, wurde es sofort verprügelt. „Alle Kinder", sagte ich, „gehorchten Muggins' Befehlen, ohne auch nur aufzumucken."

Die drei- bis achtjährigen Kinder wurden ganz böse und sagten: „Das stimmt nicht. Wir sind alle weggelaufen. Wir haben ihn mit einem Hammer umgebracht. Meinst du, wir könnten es bei so einem Kerl aushalten?"

Ich konnte die Kinder schließlich nur zufriedenstellen, indem ich mich selbst wieder ins Leben zurückrief und Muggins zur Tür hinauswarf. Diese Kinder waren zum großen Teil noch sehr klein und noch nie auf einer Schule mit strenger Disziplin gewesen. Ihre wütende Reaktion war daher ganz spontan und natürlich. Eine Welt, in der der Lehrer nicht auf ihrer Seite stand, war für ihre Begriffe schrecklich. Ihre Reaktion war nicht nur auf Summerhill, sondern auch auf ihre Eltern zurückzuführen, die genau wie wir auf ihrer Seite waren.

Als ein amerikanischer Psychologieprofessor Summerhill besuchte, kritisierte er an unserer Schule, daß sie eine Insel sei, die nicht in ein Gemeinwesen passe und daher nicht Teil eines größeren gesellschaftlichen Ganzen sei. Meine Antwort: Was würde wohl geschehen, wenn ich in einer Kleinstadt eine Schule gründete und versuchte, sie zu einem Teil des Gemeinwesens dieses Ortes zu machen? Ein wie hoher Prozentsatz der Eltern würde es billigen, daß den Schülern der Besuch des Unterrichts freigestellt ist? Wieviele Eltern würden mit mir übereinstimmen, daß ihr Kind ein Recht hat zu onanieren? Von Beginn an müßte ich Verrat an meinen Überzeugungen üben.

Summerhill ist tatsächlich eine Insel. Es muß ja eine Insel sein, wenn die Eltern der Schüler in ganz verschiedenen Städten, ja in verschiedenen Ländern wohnen. Da es unmöglich ist, die Eltern aller Schüler in der Stadt Leiston, Suffolk, zusammenzubringen, kann Summerhill nicht Teil des kulturellen, wirtschaftlichen und gesellschaftlichen Lebens von Leiston sein.

Hier muß ich schleunigst hinzufügen, daß Summerhill in Bezug auf die Stadt Leiston keine Insel ist. Wir stehen in vielerlei Beziehungen zu der Bevölkerung der Stadt, und das Verhältnis zwischen ihr und Summerhill ist durchaus freundlich. Im Grunde sind wir jedoch nicht ein Bestandteil der Gemeinde. Es würde mir nie einfallen, den Chefredakteur der Lokalzeitung zu bitten, Berichte über die erfolgreiche Karriere ehemaliger Schüler von Summerhill zu veröffentlichen.

Unsere Schüler kommen öfter zu Sport und Spiel mit den Kindern im Ort zusammen, aber unsere erzieherischen Absichten unterscheiden sich grundlegend von denen der städtischen Schule. Da Summerhill in keiner Weise religiös gebunden ist, unterhalten wir auch keine Beziehungen zu irgendwelchen kirchlichen Organisationen in Leiston. Wenn Summerhill sich in das Gemeinschaftsleben von Leiston einfügte, müßte es seinen Schülern auch Religionsunterricht geben.

Ich glaube ganz bestimmt, mein amerikanischer Freund war sich nicht über die Bedeutung seiner Kritik im klaren. Er wollte doch wohl sagen: Neill lehnt sich lediglich gegen die Gesellschaft auf. Seine Methode kann in keiner Weise dazu beitragen, die Gesellschaft zu einem harmonischen Ganzen zusammenzuschweißen und die Kluft zu überbrücken, die zwischen der Kinderpsychologie und der gesellschaftlichen Unwissenheit auf diesem Gebiet, zwischen dem Leben und der Lebensverneinung, zwischen Schule und Elternhaus besteht. Ich kann darauf nur antworten, daß ich nicht aktiv versuche, die Gesellschaft zu bekehren, sondern sie nur zu überzeugen versuche, daß sie sich von ihrem Haß, ihrem Drang zu strafen und ihrem Mystizismus befreien muß. Ich sage und schreibe zwar, was ich von der Gesellschaft halte, wollte ich aber versuchen, die Gesellschaft aktiv zu reformieren, sie würde mich als öffentliche Gefahr umbringen.

Wenn ich beispielsweise eine Gesellschaftsordnung einführen wollte, in der junge heranwachsende Menschen das Recht hätten, nach eigenem Gutdünken ein ganz natürliches Liebesleben zu führen, würde ich als unmoralisch, als Verführer der Jugend zugrunde gerichtet, wenn nicht sogar ins Gefängnis gesperrt werden. So sehr ich Kompromisse hasse, hier komme ich nicht um einen Kompromiß herum. Ich sehe meine Aufgabe nicht in erster Linie in der Änderung der Gesellschaft, sondern darin, wenigstens einige Kinder glücklich zu machen.

Summerhill-Erziehung gegen Normalerziehung

Nach meiner Überzeugung besteht das Ziel des Lebens darin, glücklich zu werden, das heißt Interesse zu finden. Erziehung muß eine Vorbereitung aufs Leben sein. Unsere Gesellschaft ist auf diesem Gebiet nicht sehr erfolgreich. Unsere Erziehung, unsere Politik, unser Wirtschaftssystem führen zum Krieg. Unsere medizinische Wissenschaft hat mit den Krankheiten nicht aufgeräumt. Unsere Religion hat weder Wucher noch Raub aus der Welt geschafft. Trotz unserer vielgepriesenen humanitären Einstellung billigt die öffentliche Meinung noch immer den barbarischen Jagdsport. Der Fortschritt unseres Zeitalters ist ein Fortschritt der Maschine: Funk und Fernsehen, Elektronik und Düsenflugzeuge. Neue Weltkriege drohen auszubrechen, weil das soziale Gewissen der Welt noch immer primitiv ist.

Stellen wir ein paar unangenehme Fragen! Warum haben Menschen offensichtlich sehr viel mehr Krankheiten als Tiere? Warum hassen und töten Menschen im Krieg, während Tiere das nicht tun? Warum gibt es immer mehr Krebskranke? Warum geschehen so viele Selbstmorde, so viele Sexualverbrechen? Warum gibt es den Haß, der Antisemitismus heißt? Warum werden Neger gehaßt und gelyncht? Warum Bosheit und Verleumdung? Warum gilt alles Sexuelle als obszön und muß für schmutzige Witze herhalten? Warum ist es ein gesellschaftlicher Makel, ein uneheliches Kind zu sein? Warum bestehen Religionen weiter, die schon lange nicht mehr vom Geist der Liebe, der Hoffnung und der Nächstenliebe erfüllt sind? Warum, tausend Warums zu dem gepriesenen Zustand unserer Zivilisation, die es so herrlich weit gebracht hat!

Ich stelle diese Fragen, weil ich von Beruf Lehrer bin, jemand, der mit Kindern umgeht. Ich stelle sie, weil die Fragen, die von den meisten Lehrern gestellt werden, unwichtige Dinge betreffen, Schulangelegenheiten nämlich. Was auf aller Welt soll bei einer Diskussion über Französisch oder antike Geschichte herauskommen? Im Vergleich zu den viel größeren Fragen nach Erfüllung des Lebens, dem inneren Glück des Menschen, sind Schulfächer bedeutungslos.

Wieviel von unserer Erziehung ist wirkliches Tun, durch das die eigene Persönlichkeit sich ausdrücken kann? Handwerkliche Arbeit besteht allzu oft nur in der Herstellung irgendeines belanglosen Gegenstandes unter der Aufsicht eines Fachmannes. Selbst das System der

Maria Montessori, das als Methode des indirekt gelenkten Spiels bekannt ist, stellt nur eine künstliche Art und Weise dar, das Kind durch Tun lernen zu lassen. Schöpferisch ist daran nichts.

Zu Hause muß das Kind sich immerzu etwas beibringen lassen. In fast jeder Familie ist zumindest ein unerwachsener Erwachsener, der nichts Eiligeres zu tun hat, als dem kleinen Tommy zu zeigen, wie seine neue Lokomotive funktioniert. Immer ist jemand zur Stelle, um Baby auf einen Stuhl zu stellen, wenn es irgendwas an der Wand untersuchen möchte. Jedesmal, wenn wir Tommy belehren, wie seine Lokomotive funktioniert, nehmen wir ihm die Freude am Leben, die Freude des Entdeckens, die Freude, ein Hindernis zu überwinden. Schlimmer: Wir geben ihm ein Minderwertigkeitsgefühl und lassen ihn glauben, auf Hilfe angewiesen zu sein!

Eltern sehen nur schwer ein, wie unwichtig der Lernunterricht in der Schule ist. Wie Erwachsene lernen auch Kinder, was sie lernen wollen. Prüfungen, Zensuren und Preise behindern nur die Persönlichkeitsentwicklung. Nur Pedanten behaupten, Bücherwissen sei Bildung.

Bücher sind das unwichtigste Lehrmittel. Das Kind muß natürlich lesen, schreiben und rechnen können, aber darüber hinaus sind Werkzeuge, Sport, Theater, Ton, Farbe und Freiheit wichtiger.

Die meisten Schularbeiten, die die Jugendlichen machen müssen, verschwenden nur ihre Zeit, ihre Energie und Geduld und berauben sie ihres Rechts zu spielen, zu spielen und nochmals zu spielen. Sie erzeugen alte Köpfe auf jungen Schultern.

Bei Vorträgen für Studenten an Universitäten und Pädagogischen Hochschulen bin ich oft über die Unreife dieser mit nutzlosem Wissen vollgepropften jungen Menschen bestürzt. Sie wissen eine Menge, sie glänzen als Dialektiker, sie können die großen Dichter zitieren, aber in ihrer Lebenseinstellung sind viele von ihnen wie Kleinkinder. Man hat ihnen zwar *Wissen* vermittelt, aber nicht erlaubt, zu *fühlen*. Diese Studenten sind lebhaft, freundlich, angenehm, aber irgendwie fehlt etwas – der emotionale Faktor, die Fähigkeit, das Denken dem Fühlen unterzuordnen. Wenn ich zu ihnen spreche, rede ich von einer Welt, die sie nie kennengelernt haben und nie kennenlernen werden. In ihren Lehrbüchern steht nichts vom Charakter des Menschen, von Liebe, von Freiheit und von Selbstbestimmung. So geht das immer weiter: Kopf und Herz bleiben voneinander getrennt; denn Bücherwissen ist der einzige Maßstab dieses Bildungssystems.

Es wird Zeit, die Vorstellungen, die unsere Schulen von der Arbeit der Schüler haben, in Frage zu stellen. Es wird als selbstverständlich angesehen, daß jedes Kind in Mathematik, Geschichte, Erdkunde, Naturwissenschaften, ein bißchen in Kunst und natürlich Literatur unterrichtet werden muß. Man sollte endlich einsehen, daß das Durchschnittskind an all diesen Fächern kein großes Interesse hat.

Das erweist sich bei jedem Schüler, der nach Summerhill kommt, von neuem. Wenn er hört, daß bei uns niemand zu irgendwas gezwungen wird, ruft er: „Hurra, endlich Schluß mit den langweiligen Rechenaufgaben!"

Ich habe nichts gegen das Lernen, aber Spielen ist nach meiner Ansicht wichtiger. Die Schularbeit sollte auch nicht, damit sie den Schülern schmeckt, bewußt mit Spiel gewürzt werden.

Lernen ist wichtig – aber nicht für jeden. Nijinsky konnte seine Schulprüfungen in St. Petersburg nicht bestehen, und es war unmöglich, ihn ohne diese Prüfung in das Staatsballett aufzunehmen. Er konnte einfach nicht lernen, was er für die Prüfung wissen mußte; seine Gedanken waren ganz woanders. Man veranstaltete für ihn also eine Scheinprüfung: die Lösung der Prüfungsaufgaben wurde gleich mitgeliefert. So steht es jedenfalls in einer Nijinsky-Biographie. Welch ein Verlust für die Welt, wenn Nijinsky die Prüfungen tatsächlich hätte bestehen müssen!

Schöpferische Menschen lernen von selbst, was sie lernen möchten, um die Werkzeuge zu haben, nach denen ihre Originalität und ihre Genialität verlangen. Es läßt sich gar nicht ermessen, wieviel schöpferische Kraft im Schulzimmer, wo es nur ums Lernen geht, getötet wird.

Ich erinnere mich an ein Mädchen, das nachts über seinen Geometrieaufgaben weinte. Die Mutter wollte es auf die Universität schicken, aber das ganze Herz des Mädchens hing an der Kunst. Ich war froh, als ich hörte, daß sie die Aufnahmeprüfung für die Universität zum siebtenmal nicht bestanden hatte. Vielleicht ließ die Mutter sie jetzt endlich zum Theater gehen, wie sich ihre Tochter das schon immer gewünscht hatte.

Vor einiger Zeit traf ich in Kopenhagen eine vierzehnjährige Schülerin wieder, die drei Jahre in Summerhill gewesen war und dort perfekt englisch gesprochen hatte. Ich sagte: „Im Englischen bist du doch sicher die beste Schülerin in der Klasse."

Sie zog ein Gesicht und sagte niedergeschlagen: „Nein, ich bin die schlechteste, weil ich keine englische Grammatik kann." Diese Bemerkung gibt wohl den besten Aufschluß darüber, was Erwachsene unter Schulbildung verstehen.

Studenten, die sich nicht für ihr Studienfach interessieren und sich nur unter Druck mit Ach und Krach durch ihre Prüfungen retten, werden dann unschöpferische Lehrer, mittelmäßige Ärzte und unfähige Juristen, obwohl sie möglicherweise gute Techniker oder ausgezeichnete Maurer oder erstklassige Polizisten abgeben würden.

Wir haben festgestellt, daß ein Junge, der erst mit sagen wir fünfzehn Jahren fähig oder bereit ist, lesen zu lernen, in der Regel technisch begabt ist und später ein guter Ingenieur oder Elektriker wird. Ich würde es nicht wagen, irgendwelche dogmatisch-starren Behauptungen über Mädchen aufzustellen, die nie am Unterricht, vor allem nicht an Mathematik- und Physikstunden teilnehmen. Häufig verbringen solche Mädchen viel Zeit mit Handarbeiten, und manche von ihnen werden später Schneiderinnen oder Modeschöpferinnen. Ein absurder Lehrplan, der eine künftige Schneiderin zwingt, sich mit quadratischen Gleichungen und dem Boyleschen Gesetz zu beschäftigen!

Caldwell Cook hat ein Buch mit dem Titel „The Play Way" geschrieben. Darin berichtet er, wie er mit Hilfe des Spiels Englisch unterrichtete. Das Buch ist hochinteressant, voller guter Erkenntnisse und Hinweise. Trotzdem war auch dieses Buch wohl nur ein wenn auch neuartiger Versuch, die alte Theorie zu untermauern, derzufolge Lernen von größter Bedeutung ist. Cook hält Lernen für so wichtig, daß er die bittere Pille mit Spiel versüßen möchte. Die Vorstellung, daß ein Kind seine Zeit vertrödelt, wenn es nicht etwas lernt, ist ein Fluch, der Tausende von Lehrern und die meisten Schulinspektoren blind macht. Vor fünfzig Jahren hieß die Parole: „Lerne durch Tun!" Heute heißt sie: „Lerne durch Spielen." Spiel wird also nur als Mittel zu einem Zweck benutzt. Aber zu was das gut sein soll, ist mir nicht klar.

Welchen Zweck verfolgt ein Lehrer, der gleich die günstige Gelegenheit beim Schopf ergreift, wenn er ein Kind mit Schlamm spielen sieht, und einen Vortrag über die Erosion des Flußbettes hält? Welches Kind interessiert sich schon für Flußerosion? Viele sogenannte Pädagogen glauben, es spiele keine Rolle, was ein Kind lernt, wenn ihm nur *irgendwas* beigebracht wird. Und was kann ein Lehrer auch anderes tun, als irgend etwas zu unterrichten und den Unterricht an sich als die wichtigste Aufgabe der Schule anzusehen, solange unsere Schulen bleiben, was sie sind: Fabriken, in denen Menschenmaterial hergestellt wird?

Wenn ich einen Vortrag vor einer Gruppe von Lehrern halte, beginne ich mit der Bemerkung, daß ich nicht die Absicht hätte, über Lehrstoff, Disziplin und Unterricht zu sprechen. Eine Stunde lang hört mir mein Publikum mit gespannter Aufmerksamkeit zu. Nach dem aufrichtig gespendeten Beifall erklärt dann der Versammlungsleiter, ich sei bereit, Fragen zu beantworten. Mindestens drei Viertel aller Fragen beziehen sich dann aber auf Lehrfächer und Unterrichtsprobleme.

Ich sage das nicht mit Überheblichkeit. Es stimmt mich vielmehr traurig, und ich schreibe es nieder, um zu zeigen, wie die Wände des Klassenzimmers und die gefängnisähnlichen Schulgebäude den Lehrer in seinem Horizont beengen und ihn daran hindern, das Wesen der Erziehung zu erkennen. Er hat es nur mit dem Teil des Kindes zu tun, der über dem Hals sitzt. Der wichtigste Teil des Kindes, sein Gefühlsleben, ist dem Lehrer notgedrungen völlig fremd.

Ich wünschte, unsere jüngeren Lehrer wären etwas rebellischer. Eine bessere Bildung und akademische Grade sind uns keine Hilfe, wenn wir den Übeln unserer Gesellschaft an die Gurgel wollen. Ein gebildeter Neurotiker unterscheidet sich in nichts von einem ungebildeten Neurotiker.

In allen Ländern, ob kapitalistisch, sozialistisch oder kommunistisch, gibt es ein genau durchdachtes Schulsystem. Aber alle wunderbaren Laboratorien und Werkstätten in den Schulen helfen den Johns oder Peters oder Iwans nicht dabei, den seelischen Schaden und die gesellschaftlichen Übel zu überwinden, die durch den Druck der Eltern und Lehrer und den Zwangscharakter unserer Zivilisation erzeugt werden.

Was wird aus den Summerhill-Absolventen?

Die Angst der Eltern vor der Zukunft ist eine schlechte Grundlage für die Gesundheit des Kindes. Merkwürdigerweise zeigt sich diese Angst in dem Wunsch des Vaters, sein Kind solle mehr lernen, als er selbst gelernt hat. Ein solcher Vater ist nicht damit zufrieden, daß Willie Lesen lernt, wann er mag; er leidet an der nervösen Furcht, sein Sohn könne ein Versager werden, wenn er nicht angetrieben wird. Er hat nicht die Geduld, das Kind in dessen eigener Geschwindigkeit gehen zu lassen. „Wenn mein Sohn mit zwölf nicht einmal lesen kann, wie soll er dann im Leben es zu etwas bringen? Wenn er mit achtzehn die Prüfung für die Aufnahme in die Universität nicht bestehen kann, was bleibt ihm dann noch als ein Job als ungelernter Arbeiter?“ Ich habe dagegen gelernt, abzuwarten und zuzusehen, wie ein Kind wenig oder gar keine Fortschritte macht. Nie zweifle ich mehr daran, daß es, wenn man es in Ruhe läßt und ihm keinen Schaden zufügt, schließlich Erfolg haben wird im Leben.

Der Philister kann mir natürlich antworten: „Sie nennen es also einen Erfolg, wenn ein Junge es im Leben bloß zu einem LKW-Fahrer bringt!“ Das Kriterium, nach dem ich den Erfolg eines Menschen beurteile, ist die *Fähigkeit, mit Freude zu arbeiten und ein erfülltes Leben zu führen*. An diesem Maßstab gemessen, sind die meisten Schüler von Summerhill im späteren Leben erfolgreich.

Tom kam als Fünfjähriger zu uns. Er verließ die Schule mit siebzehn, ohne in all den Jahren auch nur ein einziges Mal zum Unterricht gegangen zu sein. Er verbrachte viel Zeit in der Werkstatt, wo er alles Mögliche anfertigte. Seine Eltern dachten mit Furcht und Schrecken an seine Zukunft. Tom zeigte nie das geringste Verlangen, lesen zu lernen. Als er neun Jahre alt war, entdeckte ich ihn eines Abends dabei, wie er im Bett „David Copperfield“ las.

„N'Abend“, sagte ich. „Wer hat dir denn das Lesen beigebracht?“

„Ich selbst.“

Ein paar Jahre später kam er einmal zu mir und fragte: „Wie zählt man ein Halb und zwei Fünftel zusammen?“ Ich erklärte es ihm. Dann fragte ich, ob er noch mehr wissen wolle. „Nein, danke“, war die Antwort.

Später arbeitete er in einem Filmstudio als Kamerajunge. Als er noch in der Ausbildung war, traf ich eines Tages zufällig seinen Chef bei einem Abendessen und fragte ihn, wie Tom sich mache.

„Der beste Junge, den wir bisher gehabt haben“, erhielt ich zur Antwort. „Er geht nicht, er läuft. Er ist einfach nicht aus dem Studio wegzukriegen. Sogar das ganze Wochenende verbringt er da.“

Dann hatten wir einen Jungen namens Jack. Er konnte einfach nicht Lesen lernen. Niemand konnte es ihm beibringen. Selbst als er um Unterricht im Lesen bat, wollte es nicht gelingen: aus irgendeinem unerfindlichen Grund war Jack völlig außerstande, ein b von einem p und ein l von einem k zu unterscheiden. Als Jack mit siebzehn die Schule verließ, konnte er immer noch nicht lesen.

Heute ist Jack ein ausgezeichneter Werkzeugmacher. Er redet furchtbar gern über Metallarbeit. Er hat inzwischen Lesen gelernt, aber soweit ich weiß, liest er in der Hauptsache Artikel über technische Dinge, manchmal allerdings auch psychologische Bücher. Ich glaube nicht, daß er jemals einen Roman gelesen hat. Sein Englisch ist jedoch grammatisch völlig einwandfrei, und er besitzt eine bemerkenswert gute Allgemeinbildung. Ein Amerikaner, der Summerhill besuchte und nichts über Jack wußte, sagte: „Der Bursche ist aber helle!"

Ein anderer Fall: Diane. Sie war ein angenehmes Mädchen. Sie ging zwar zum Unterricht, war aber nicht sonderlich daran interessiert. Geistige Arbeit gefiel ihr nicht. Lange war ich mir nicht darüber klar, was aus ihr mal werden würde. Als sie Summerhill im Alter von sechzehn Jahren verließ, hätte jeder Schulrat gesagt, ihre Schulbildung sei aber recht dürftig. Heute führt Diane in London neuartige Kochmethoden vor. Sie macht ihre Sache außerordentlich gut und, was noch wichtiger ist, sie ist *glücklich* dabei.

Eine Firma, bei der einer unserer Jungen sich um eine Stelle bewerben wollte, verlangte von allen Stellenbewerbern, daß sie zumindest die Aufnahmeprüfung für ein College bestanden hatten. Ich schrieb an den Firmenchef: „Robert hat zwar keine einzige Prüfung gemacht, weil er keinen akademischen Kopf hat. Er hat aber Mumm." Robert bekam die Stelle.

Als die dreizehnjährige Winifried zu uns kam, erzählte sie mir, alle Fächer seien ihr verhaßt. Sie schrie vor Freude, als ich ihr sagte, sie könne tun und lassen, was sie wolle. „Wenn du keine Lust hast, brauchst du überhaupt nicht in die Schule zu kommen", ließ ich sie wissen.

Also machte sie sich daran, das Leben zu genießen, und das gelang ihr auch – ein paar Wochen lang. Dann fiel mir auf, daß sie sich langweilte.

„Ich möchte irgendwas lernen", sagte sie eines Tages zu mir. „Ich langweile mich zu Tode."

„Gut", meinte ich. „Was willst du lernen?"

„Weiß ich nicht."

„Ich auch nicht", sagte ich und ging.

Es vergingen Monate, bis sie erneut zu mir kam. „Ich möchte die Aufnahmeprüfung fürs College machen, und deswegen möchte ich Stunden bei Ihnen nehmen."

Sie arbeitete jeden Vormittag mit mir und anderen Lehrern, und zwar fleißig. Sie bekannte, daß sie sich für das, womit sie sich zu beschäftigen hatte, nicht sehr interessierte; aber das Ziel interessierte sie. Winifried hatte sich selbst gefunden, weil ihr erlaubt worden war, sie selbst zu sein.

Es ist interessant zu wissen, daß freie Kinder Freude an Mathematik, Erdkunde und Geschichte finden. Freie Kinder wählen aus den Fächern nur die aus, für die sie sich interessieren. Den größten Teil ihrer Zeit verbringen sie mit anderen Dingen, die ihnen Spaß machen: Holzschnitzen, Metallarbeit, Malen, Lesen, Theaterspielen, Wachträume ausspinnen, Jazzplatten anhören.

Der achtjährige Tom kam alle paar Minuten in mein Zimmer und fragte: „Was soll ich jetzt mal tun?" Niemand konnte ihm sagen, was er tun sollte.

Ein halbes Jahr später brauchte man nur in Toms Zimmer zu gehen, wenn man ihn suchte. Dort fand man ihn dann immer in einem Meer von großen Papierbogen. Stundenlang beschäftigte er sich damit, Landkarten herzustellen. Eines Tages kam ein Professor von der Universität Wien nach Summerhill. Tom lief ihm über den Weg, und er stellte ihm einen Haufen Fragen. Nachher sagte er zu mir: „Ich wollte den Jungen mal etwas in Erdkunde prüfen, aber er kannte Orte, von denen ich noch nie was gehört hatte."

Ich muß aber auch von den Versagern erzählen. Die fünfzehnjährige Barbel, eine Schwedin, war etwa ein Jahr bei uns. Während dieser ganzen Zeit fand sie nichts, das sie interessiert hätte. Sie war schon zu alt, als sie nach Summerhill kam. Zehn Jahre lang hatten Lehrer alle Entscheidungen für sie getroffen. Als sie dann zu uns kam, hatte sie schon keine eigene Initiative mehr. Sie langweilte sich. Glücklicherweise war sie reich und hatte ein Leben in Luxus vor sich.

Ein anderes Mal hatten wir zwei jugoslawische Mädchen, Schwestern im Alter von elf und vierzehn. Die Schule interessierte sie nicht. Die meiste Zeit verbrachten sie damit, auf kroatisch rüde Bemerkungen über mich zu machen, die mir jemand anders leider übersetzte. Es wäre ein Wunder gewesen, wenn aus diesen beiden Mädchen bei uns etwas geworden wäre; denn die einzige Sprache, die uns gemeinsam war,

war die Sprache der Kunst und der Musik. Ich war sehr froh, als die Mutter ihre beiden Töchter wieder abholte.

In langen Jahren ist uns aufgefallen, daß Jungen, die Ingenieure werden wollen, sich nicht die Mühe machen, die Zulassungsprüfung für das Universitätsstudium abzulegen. Von der Schule gehen sie sofort zu einer praktischen Ausbildung. Sie wollen erst einmal das Leben kennenlernen, bevor sie auf die Universität gehen. Einer reiste als Schiffssteward um die Welt. Zwei andere arbeiteten auf einer Kaffeeplantage in Kenia. Wieder ein anderer fuhr nach Australien, und einer kam sogar bis nach Britisch-Guayana.

Derrick Boyd ist ein typisches Beispiel dafür, wie eine freie Erziehung den Unternehmungsgeist fördert. Er kam als Achtjähriger nach Summerhill und verließ die Schule mit achtzehn, nachdem er gerade die Zulassungsprüfung für die Universität bestanden hatte. Er wollte gern Arzt werden, aber zu der betreffenden Zeit konnte sein Vater es sich finanziell nicht leisten, ihn studieren zu lassen. Derrick beschloß daher, sich in der Zwischenzeit die Welt anzusehen. Er fuhr nach London und versuchte, im Hafen Arbeit zu finden, irgendeine Arbeit, und sei es als Heizer, aber man sagte ihm, es gäbe schon zu viele arbeitslose Matrosen. Traurig fuhr er wieder nach Hause.

Kurz darauf erzählte ihm ein Schulkamerad von einer Engländerin in Spanien, die einen Chauffeur suchte. Derrick nahm die Gelegenheit beim Schopfe, fuhr nach Spanien, baute der Dame ein Haus oder einen Anbau zu ihrem Haus, chauffierte sie durch ganz Europa, und dann begann er sein Universitätsstudium. Die Engländerin erklärte sich bereit, einen Teil der Studienkosten zu übernehmen. Nach zwei Jahren bat sie ihn, sein Studium für ein Jahr zu unterbrechen, damit er sie nach Kenia fahren und dort ein Haus für sie bauen könne. Derrick tat das und schloß sein Medizinstudium schließlich in Kapstadt ab.

Larry war etwa zwölf, als er zu uns kam. Mit sechzehn bestand er die Aufnahmeprüfung für die Universität. Danach ging er nach Tahiti, um auf einer Plantage zu arbeiten. Weil er dort schlecht bezahlt wurde, nahm er eine Stelle als Taxifahrer an. Später fuhr er weiter nach Neuseeland, wo er alle möglichen Arbeiten verrichtete und unter anderem auch wieder ein Taxi fuhr. Dann immatrikulierte er sich an der Universität Brisbane. Vor einiger Zeit besuchte mich ein Dekan dieser Universität, der mir voll Bewunderung von Larry erzählte. „Während der Semesterferien“, sagte er, „fahren die anderen Studenten nach

Hause, aber Larry hat als ungelernter Arbeiter in einer Sägemühle geschuftet.“ Jetzt hat Larry eine Arztpraxis in Essex.

Einige andere ehemalige Schüler haben allerdings wenig Unternehmungsgeist gezeigt. Aus naheliegenden Gründen kann ich über diese Fälle nicht schreiben. Unsere erfolgreichen Schüler kommen immer aus Häusern, die in Ordnung sind. Derricks, Jacks und Larrys Eltern stimmten völlig mit den Prinzipien Summerhills überein, und diese Jungen brauchten sich nie die konfliktreiche Frage zu stellen: Wer hat Recht, die Eltern oder die Schule?

Hat Summerhill Genies hervorgebracht? Nein, das war bisher noch nicht der Fall. Ein paar schöpferische Menschen vielleicht, die noch nicht berühmt sind, einige hervorragende Künstler, einige gute Musiker, noch keinen Schriftsteller, soweit ich weiß, einen ausgezeichneten Möbeldesigner, mehrere Schauspieler und Schauspielerinnen, ein paar Naturwissenschaftler und Mathematiker, die vielleicht eines Tages neue Entdeckungen machen werden. Gemessen an der verhältnismäßig kleinen Zahl von Schülern in Summerhill – jeweils etwa fünfundvierzig –, sind relativ viele unserer Kinder in schöpferische Berufe gegangen.

Ich habe allerdings immer gesagt, daß eine Generation freier Kinder noch nicht sehr viel beweist. Sogar in Summerhill haben manche Kinder ein schlechtes Gewissen, wenn sie nicht genügend Schularbeiten gemacht haben. In einer Welt, in der Prüfungen das Tor zu manchen Berufen sind, kann das gar nicht anders sein. Im übrigen gibt es bei den meisten Kindern irgendeine Tante Maria, die entsetzt ausruft: „Was, du bist elf Jahre alt und kannst noch nicht mal richtig lesen!“ Das Kind hat ein unbestimmtes Gefühl, daß die gesamte Umwelt außerhalb der Schule für Arbeit und gegen Spielen ist.

Allgemein läßt sich sagen: Die Methode der freien Erziehung führt bei Kindern unter zwölf fast mit Sicherheit zum Erfolg. Bei denen über zwölf dauert es dagegen lange, bis sie sich von einer Erziehung erholen, die sie unselbständig gemacht hat.

Privatstunden in Summerhill

Früher bestand meine Hauptarbeit nicht im Unterrichten, sondern darin, „Privatstunden“ zu geben. Die meisten Kinder brauchten keine psychologische Aufmerksamkeit, da waren jedoch immer ein paar Kinder, die gerade von einer anderen Schule zu uns gekommen waren, und die „Privatstunden“ sollten sie schneller an das Leben in Freiheit gewöhnen. Ein Kind, das innerlich verkrampft ist, kann diese Anpassung nicht vollziehen.

Die P. S. bestanden aus einer zwanglosen Unterhaltung am Kamin. Ich rauchte meine Pfeife dabei, und der Schüler konnte, wenn er mochte, ebenfalls rauchen. Die Zigarette diente oft dazu, das Eis zu brechen.

Einmal forderte ich einen vierzehnjährigen Jungen auf, zu mir zu kommen und sich etwas mit mir zu unterhalten. Er war gerade erst nach Summerhill gekommen, und zwar direkt von einer typischen Privatschule. Da mir auffiel, daß seine Finger vom vielen Rauchen ganz gelb waren, hielt ich ihm mein Zigarettenpäckchen hin. „Dankeschön“, sagte er stotternd, „ich rauche nicht, Sir.“

„Nimm eine, du verdammter Lügner“, sagte ich lächelnd. Er nahm eine. Ich wollte zwei Fliegen mit einer Klappe schlagen. Für diesen Jungen war ein Schulleiter ein finsterer, moralinsaurer Disziplinarbeamter, den es so oft wie möglich zu hintergehen galt. Indem ich ihm eine Zigarette anbot, zeigte ich ihm, daß ich nichts gegen sein Rauchen hatte, und indem ich ihn einen verdammten Lügner nannte, stellte ich mich mit ihm auf eine Stufe. Gleichzeitig attackierte ich seinen Autoritätskomplex, indem ich ihm zu erkennen gab, daß auch ein Schulleiter ungezwungen und mit lachendem Gesicht fluchen kann. Ich wünschte, ich hätte das Gesicht des Jungen bei dieser ersten Unterhaltung photographieren können.

Der Junge war von seiner vorigen Schule heruntergeworfen worden, weil er gestohlen hatte. Ich sagte zu ihm: „Ich höre, du bist ein alter Gauner. Wie kann man am besten die Eisenbahn ums Fahrgeld betrügen?“

„Ich habe noch nie versucht, die Bahn zu betrügen, Sir.“

„Oh“, sagte ich, „du bist aber nicht auf Draht. Du mußt das auf jeden Fall mal probieren. Ich kenne da verschiedene Tricks.“ Und ich nannte ihm ein paar. Er sperrte Mund und Nase auf. Offensichtlich war er in ein Irrenhaus geraten. Der Schulleiter gab ihm Tips, wie man ein besserer Gauner werden kann! Jahre später erzählte mir der Junge, diese erste Unterhaltung sei der größte Schock seines Lebens gewesen.

Welche Kinder brauchen nun P. S.? Darauf kann ich am besten mit einigen Beispielen antworten.

Die Kindergärtnerin Lucy kommt zu mir und sagt, Peggy sei sehr unzufrieden und habe keinen Gemeinschaftssinn. „Gut", sage ich, „sagen Sie ihr, sie soll mal zu einer P. S. kommen." Peggy kommt also in mein Wohnzimmer.

Sie setzt sich hin und erklärt: „Ich will keine P. S. P. S. sind blöd."

„Völlig richtig", stimme ich ihr zu. „Zeitverschwendung. Wir machen auch keine."

Sie überlegt einen Augenblick und sagt dann: „Vielleicht eine ganz kleine." Inzwischen hat sie sich auf meinen Schoß gesetzt. Ich frage sie nach ihrem Vati und ihrer Mutti und vor allem nach ihrem kleinen Bruder. Ihr Bruder sei ein richtiger Blödmann, erklärt sie.

„Bestimmt", sage ich. „Meinst du, daß deine Mutti ihn lieber mag als dich?"

„Sie mag uns beide gleich gern", antwortet sie schnell und fügt dann hinzu: „Das sagt sie jedenfalls."

Manchmal kommt die Unzufriedenheit eines Kindes aus einem Streit mit einem anderen Kind. Öfter jedoch ist ein Brief von Zuhause die Ursache, etwa einer, in dem steht, daß die Schwester oder der Bruder eine neue Puppe oder ein Fahrrad bekommen hat. Am Ende der P. S. zieht Peggy ganz zufrieden von dannen.

Mit Neuankömmlingen war es nicht so einfach. Einem elfjährigen Schüler, der zu uns kam, hatten die Eltern erzählt, die kleinen Kinder würden vom Arzt gebracht. Es kostete schon viel Mühe, dieses Kind von seiner Angst und von all den Lügen zu befreien, die ihm eingetrichtert worden waren. Natürlich hatte dieses Kind Schuldgefühle, weil es onanierte, und um es glücklich zu machen, mußte man ihm dieses Schuldgefühl nehmen.

Die kleineren Kinder brauchten meist keine regelmäßigen P. S. Die idealen Voraussetzungen für regelmäßige P. S. sind gegeben, wenn das Kind *selbst* darum bittet. Bei den älteren Schülern kam das des öfteren vor, bei den kleineren nur in seltenen Fällen.

Der sechzehnjährige Charlie hatte gegenüber seinen gleichaltrigen

Schulkameraden einen furchtbaren Minderwertigkeitskomplex. Ich fragte ihn, wann dieses Minderwertigkeitsgefühl am stärksten sei, und er antwortete, beim Baden, weil sein Penis viel kleiner sei als der aller anderen Jungen. Ich erklärte ihm, woher seine Angst käme. Er war das jüngste von sieben Kindern. Die anderen sechs waren alle Mädchen und bedeutend älter als er. Zwischen ihm und seiner jüngsten Schwester lag ein Zwischenraum von zehn Jahren. Der Vater war tot, und der ganze Haushalt war weiblich. Die großen Schwestern hatten das Kommando. Charlie identifizierte sich daher, um auch Macht haben zu können, mit dem weiblichen Element.

Nach etwa zehn P. S. kam Charlie nicht mehr zu mir. Auf meine Frage antwortete er mir strahlend: „Brauch' keine P. S. mehr. Meiner ist jetzt genauso groß wie Bert seiner."

Bei der kurzen therapeutischen Behandlung ging es aber noch um mehr. Charlie war gesagt worden, er werde durch die Onanie als Mann impotent werden. Die Furcht vor der Impotenz hatte bei ihm physische Folgen. Wenn ich Charlie heilen konnte, so lag das also auch an der Beseitigung seines Schuldgefühls und der Auslöschung der albernen Lüge über die Impotenz. Ein paar Jahre später wurde Charlie aus Summerhill entlassen. Er ist jetzt ein Prachtkerl, zufrieden und gesund, und wird es im Leben zu was bringen.

Sylvia hatte einen sehr strengen Vater, der sie nie lobte. Im Gegenteil, er kritisierte und nörgelte den ganzen Tag an ihr herum. Ihr einziger Wunsch war, die Liebe ihres Vaters zu gewinnen. Sie vergoß bittere Tränen, als sie mir in ihrem Zimmer davon erzählte. Ihr Fall war sehr schwierig. Eine Analyse der Tochter hätte den Vater nicht geändert. Sylvias Probleme konnten erst gelöst werden, wenn sie alt genug war, sich vom Elternhaus freizumachen. Ich sagte ihr, daß sie in Gefahr sei, nur um ihrem Vater zu entkommen, den falschen Mann zu heiraten.

„Wieso falsch?", fragte sie.

„Einen Mann wie dein Vater, einen, der dich sadistisch behandelt."

Sylvias Fall war traurig. In Summerhill war sie freundlich, hatte Gemeinschaftssinn und tat niemandem etwas. Zu Hause war sie angeblich unausstehlich. Ohne Zweifel hätte sich nicht die Tochter, sondern der Vater einer Psychoanalyse unterziehen sollen.

Ein weiterer unheilbarer Fall war die kleine Florence. Sie war ein uneheliches Kind, wußte das aber nicht. Nach meiner Erfahrung weiß jedes uneheliche Kind unbewußt, daß es unehelich ist. Florence jedenfalls fühlte zweifellos, daß da irgendein Geheimnis war. Ich sagte ihrer Mutter, der Haß und die Unzufriedenheit ihrer Tochter könnten nur beseitigt werden, indem man ihr die Wahrheit sage.

„Neill, ich traue mich nicht. Mir würde es ja nichts ausmachen, aber wenn ich es ihr sage, wird sie es nicht für sich behalten, und dann wird meine Mutter sie nicht in ihrem Testament berücksichtigen."

Nun ja, dann kann der kleinen Florence eben erst geholfen werden, wenn Großmutter gestorben ist. Wenn eine wichtige Wahrheit verschwiegen wird, läßt sich nichts erreichen.

Ein ehemaliger Schüler kam als Zwanzigjähriger noch einmal eine Zeitlang nach Summerhill zurück. Er bat mich um einige P.S.

„Ich hab' dir aber doch Dutzende gegeben, als du hier warst", sagte ich.

„Ich weiß", sagte er traurig. „Dutzende, aus denen ich mir eigentlich nichts gemacht habe. Aber jetzt, glaube ich, möchte ich sie wirklich."

Ich behandle die Kinder jetzt nicht mehr regelmäßig. Beim Durchschnittskind läßt sich nichts weiter tun, wenn man die Frage der Geburt und das Problem des Onanierens geklärt und ihm gezeigt hat, wie die Situation im Elternhaus Haß und Eifersucht erzeugt hat. Die Neurose eines Kindes wird geheilt, indem man seine Gefühle lockert. Die Heilung wird nicht gefördert, indem man dem Kind Vorträge über psychiatrische Theorien hält und ihm erklärt, daß es einen Komplex hat.

Einmal versuchte ich einem fünfzehnjährigen Jungen zu helfen. Während der P. S. saß er stumm da und beantwortete meine Fragen nur mit „Ja" oder „Nein". Ich beschloß, zu einem drastischen Mittel zu greifen. Im Verlauf der nächsten P. S. sagte ich zu ihm: „Ich werde dir jetzt mal sagen, was ich von dir halte. Du bist ein fauler, dummer, eingebildeter und gehässiger Trottel."

„Ja?", sagte er, rot vor Wut. „Was bilden Sie sich eigentlich ein?" Von dem Augenblick an war er fähig, frei und sachlich zu reden.

Der elfjährige George war ein weiterer Fall. Sein Vater hatte in einem Dorf in der Nähe von Glasgow ein kleines Geschäft. Der Junge wurde von seinem Arzt zu mir gesandt. George litt an furchtbarer Angst. Sobald er von den Eltern weg mußte, und sei es nur, um in die Dorfschule zu gehen, fürchtete er sich. Jedesmal, wenn er von Zuhause wegging, schrie er vor Angst. Nur unter großen Schwierigkeiten gelang es dem Vater, ihn nach Summerhill zu bringen. Bei uns weinte er und klammerte sich an seinen Vater, weil er ihn nicht gehen lassen wollte. Ich schlug dem Vater daher vor, ein paar Tage in Summerhill zu bleiben.

Die Krankengeschichte des Jungen war mir von seinem Arzt bereits zugeschickt worden. Seine Bemerkungen schienen mir richtig und sehr brauchbar zu sein. Um die schwierige Frage, wie der Vater von seinem Sohn los und wieder nach Hause kommen konnte, zu lösen, sprach ich mit George, aber er weinte und schluchzte nur und wollte wieder nach Hause. „Das ist ja ein Gefängnis hier", schluchzte er.

Ungeachtet seiner Tränen redete ich weiter: „Als du vier warst, wurde dein kleiner Bruder ins Krankenhaus gebracht, und als sie ihn zurückbrachten, lag er in einem Sarg. *(Verstärktes Schluchzen.)* Du hast Angst, daß dir das gleiche passiert. (*Noch lauteres Schluchzen*). Aber darum geht es eigentlich nicht. *Du, George, hast deinen Bruder umgebracht!*"

Er protestierte heftig und wollte mich treten.

„Du hast ihn nicht *tatsächlich* umgebracht, George, aber du hast geglaubt, deine Mutter liebt ihn mehr als dich, und manchmal hast du gewünscht, er soll sterben. Als er dann wirklich starb, hattest du ein furchtbar schlechtes Gewissen, weil du gemeint hast, er sei gestorben, weil du es gewünscht hattest. Daher dachtest du, Gott würde dich zur Strafe auch töten, wenn du von Zuhause weggehst."

George hörte auf zu schluchzen. Am nächsten Tag ließ er seinen Vater nach Hause fahren, wenn er auch am Bahnhof noch eine Szene machte.

Es dauerte noch einige Zeit, bis er sein Heimweh überwunden hatte. Nach anderthalb Jahren bestand er aber darauf, in den Ferien allein nach Hause zu fahren. Dabei mußte er in London nicht nur umsteigen, sondern auch noch quer durch die Stadt fahren, um von einem Bahnhof zum anderen zu kommen. Er kam auch allein wieder nach Summerhill zurück.

Ich komme immer mehr zu der Überzeugung, daß Kinder keine therapeutische Behandlung benötigen, wenn sie ihre Komplexe in Freiheit abreagieren können. In einem Fall wie dem eben beschriebenen wäre Freiheit allein allerdings nicht genug gewesen.

Verschiedentlich habe ich auch bei Jungen, die stahlen, Erfolge durch P. S. erzielt. Andere Diebe dagegen weigerten sich, P. S. zu nehmen.

Trotzdem waren nach dreijähriger Freiheit auch diese Jungen geheilt. Liebe, Anerkennung und die Freiheit der Selbstverwirklichung sind die Mittel, mit denen in Summerhill geheilt wird. Von den 45 Kindern unserer Schule erhält nur ein kleiner Prozentsatz P. S. Die Therapie der schöpferischen Arbeit erscheint mir jetzt immer wichtiger. Mir wäre es lieb, wenn die Schüler sich noch mehr mit Basteln, Tanz und Theater beschäftigten.

Ich möchte noch einmal unterstreichen, daß ich P. S. nur in Fällen gegeben habe, in denen Kinder unter seelischen Störungen litten. Ein Kind, das unglücklich war, bekam eine P. S. Wenn dagegen ein Schüler nicht fähig war, lesen zu lernen, oder Mathematik haßte, habe ich nie versucht, diese Mängel mit Hilfe psychoanalytischer Behandlung zu beseitigen. Hin und wieder stellte sich im Laufe einer P. S. heraus, daß ein Kind deswegen nicht lesen lernen konnte, weil seine Mutter es ständig ermahnte, „ein braver, kluger Junge wie dein Bruder" zu sein, oder daß es Rechenaufgaben haßte, weil es einen früheren Rechenlehrer nicht leiden mochte.

Ich bin natürlich für alle Kinder in Summerhill das Vatersymbol, und meine Frau ist das Muttersymbol. Meine Frau schneidet dabei natürlich schlechter ab; denn die Mädchen laden den ganzen unbewußten Haß, den sie für ihre Mütter empfinden, auf meine Frau ab, währen sie mir ihre Liebe geben. Die Jungen lassen meine Frau die Liebe fühlen, die sie für ihre Mutter empfinden, und mich den Haß, der dem Vater gilt. Jungen lassen sich jedoch ihren Haß nicht so leicht anmerken. Sie haben eben die Fähigkeit, sich sehr viel mehr mit Dingen als mit Menschen zu beschäftigen. Ein wütender Junge versetzt seinem Ball einen Tritt, während ein erzürntes Mädchen das Muttersymbol mit gehässigen Bemerkungen überschüttet.

Um nicht ungerecht zu sein, muß ich jedoch sagen, daß Mädchen nur in einem bestimmten Alter schwierig und gehässig sind, und zwar in der vorpubertären Phase und während des ersten Jahres der Pubertät. Es gibt auch Mädchen, die gar nicht durch diese schwierige Phase gehen. Diese Dinge hängen weitgehend davon ab, was für eine Schule das Mädchen vorher besucht hat, und sie werden noch mehr von der Einstellung der Mutter zur Autorität bestimmt

In den P. S. wies ich auf die Beziehung zwischen dem Verhalten des Kindes im Elternhaus und seiner Reaktion auf die Umwelt in der Schule hin. Jede Kritik des Kindes an mir interpretierte ich als Kritik am Vater und jede Beschuldigung gegen meine Frau als eine Beschuldigung der Mutter. Ich versuchte, bei der Analyse objektiv zu bleiben; in subjektive Tiefen eindringen zu wollen, wäre den Kindern gegenüber ungerecht gewesen.

Natürlich gab es auch Fälle, in denen eine subjektive Erklärung erforderlich war. Die dreizehnjährige Jane war ein solcher Fall. Sie erzählte mehreren Kindern, Neill habe gesagt, sie sollten zu ihm kommen.

Nacheinander kam eine ganze Reihe von Kindern zu mir, die alle sagten: „Jane sagt, Sie hätten nach mir gefragt." Später habe ich Jane dann erklärt, was es bedeutete, daß sie diese Kinder zu mir schickte. Es bedeutete, daß sie selbst zu mir kommen wollte.

Was war die Technik der P. S.? Ich hatte keine festgelegte Methode. Manchmal begann ich beispielsweise mit einer Frage wie: „Gefällt dir dein Gesicht im Spiegel?" Die Antwort war immer „Nein".

„Was magst du an deinem Gesicht am wenigsten leiden?" Jedes Mal hieß die Antwort: „Meine Nase."

Erwachsene reagieren übrigens genauso, denn das Gesicht ist die Person, soweit es die Umwelt betrifft. Wenn wir uns einen Menschen vorstellen, denken wir an sein Gesicht, und wenn wir mit jemandem sprechen, sehen wir ihm ins Gesicht. Das Gesicht des Menschen ist also das äußere Bild des inneren Ich. Wenn ein Kind sagt, es möge sein Gesicht nicht leiden, so mag es seinen eigenen Charakter nicht. Vom Gesicht führte meine nächste Frage direkt zum Ich des Kindes.

„Was haßt du am meisten an dir selbst?"

In der Regel bezog sich die Antwort auf den Körper: „Meine Füße sind zu groß." „Mein Haar." „Daß ich so dick bin." „Daß ich so klein bin."

Zu diesen Antworten nahm ich nie Stellung. Ich sagte nie, es stimme, daß er oder sie dick oder dünn sei. Ich bemühte mich auch nicht, die Unterhaltung unbedingt in eine bestimmte Richtung zu lenken. Wenn sich das Kind für seinen Körper interessierte, redeten wir so lange darüber, bis es zu dem Thema nichts mehr zu sagen gab. Erst dann gingen wir zur Persönlichkeit über.

Häufig veranstaltete ich bei einer P. S. eine Prüfung. Ich sagte: „Ich schreibe hier mal ein paar Dinge auf, in denen ich dich prüfen will. Du gibst dir selbst die Note, die du nach deiner Meinung verdient hast. Für jede Frage kannst du dir bis hundert Prozent geben. Ich werde dich also zum Beispiel fragen, wieviel Punkte du dir selbst für Tapferkeit oder Spiel und Sport usw. gibst." Dann ging es los.

Die Liste der Fragen und Antworten sah bei einem vierzehnjährigen Jungen zum Beispiel so aus:

Aussehen: „Nicht besonders gut, ungefähr 45%."

Geistige Fähigkeiten: „Hm, 60."

Tapferkeit: „25."

Treue: „Ich laß meine Freunde nicht im Stich – 80."

Musikalische Begabung: „Null."

Handwerkliche Geschicklichkeit: *(Undeutlich genuschelte Antwort.)*

Haß: „Zu schwierig. Kann ich nicht beantworten."

Spiel und Sport: „66."

Gemeinschaftssinn: „90."

Idiotie: „Ungefähr 190."

Die Antworten des Kindes waren natürlich ein Anlaß zu einer Diskussion. Mit der Zeit fand ich heraus, daß es am besten war, mit dem Ich des Kindes zu beginnen, weil das sein Interesse erregte. Wenn wir dann über seine Familie sprachen, redete das Kind ungehemmt und mit Interesse.

Bei kleineren Kindern überließ ich den Verlauf der P. S. mehr dem Zufall. Das Kind konnte die Initiative übernehmen. Im folgenden ein typisches Beispiel für eine erste P. S. dieser Art. Die sechsjährige Margaret kommt in mein Zimmer und sagt: „Ich möchte eine P. S."

„Gut", sage ich.

Sie setzt sich in einen Sessel.

„Was ist eine P. S.?" fragt sie.

„Eine P. S. ist leider nichts zum Essen", antworte ich. „Aber ich glaube, ich habe noch ein Bonbon in der Tasche. Ja hier." Ich gebe es ihr.

„Warum willst du eine P. S.?" frage ich sie.

„Evelyn hatte eine, und ich will auch eine."

„Gut. Fang an. Worüber willst du reden?"

„Ich hab' eine Puppe. *(Pause)* Woher hast du das Ding da? *(Eine Antwort darauf will sie offensichtlich gar nicht haben.)* Wer hat vor dir hier gewohnt?"

Ihre Fragen lassen darauf schließen, daß sie über irgend etwas Wichtiges die Wahrheit wissen möchte, und ich hege den Verdacht, sie möchte erfahren, woher die kleinen Kinder kommen.

Also frage ich sie ganz unvermittelt: „Woher kommen die Babys?"

Margaret springt auf und marschiert zur Tür.

„Ich hasse P. S.", sagt sie und verschwindet. Ein paar Tage später bittet sie aber erneut um eine P. S., und nach und nach machen wir dann Fortschritte.

Der kleine sechsjährige Tommy hatte nichts gegen P. S., solange ich keine „unanständigen" Dinge erwähnte. Die ersten drei Mal verließ er mich empört, und ich wußte auch warum. Ich wußte, daß ihn im Grunde nur „unanständige" Sachen interessierten. Tommy war eines der Opfer des Onanieverbots.

Viele Kinder haben während ihrer ganzen Zeit in Summerhill keine einzige P. S. gehabt. Sie wollten keine; denn sie kamen aus einem Elternhaus, wo sie richtig, das heißt ohne Lügen und Moralpredigten, erzogen worden waren.

Therapie heilt nicht immer sofort. Meistens stellten sich erst nach etwa einem Jahr größere Erfolge bei dem Behandelten ein. Daher war ich nie pessimistisch, wenn ein älterer Schüler uns in einem psychologisch „halbgaren" Zustand verließ.

Tom war zu uns geschickt worden, weil er in seiner vorigen Schule versagt hatte. Ein Jahr lang gab ich ihm regelmäßig und intensiv P. S., und es zeigte sich noch keinerlei Wirkung. Als er von Summerhill wegging, schien es so, als würde er sein ganzes Leben lang ein Versager bleiben. Ein Jahr danach schrieben mir seine Eltern, Tom habe sich plötzlich entschlossen, Arzt zu werden, sei jetzt an der Universität und arbeite sehr fleißig.

Bill erschien mir als ein noch hoffnungsloserer Fall. Er nahm drei Jahre lang P. S. Als er von der Schule abging, war er achtzehn und anscheinend ohne jedes Ziel. Er ließ sich treiben und wechselte mehr als ein Jahr lang ständig den Arbeitsplatz. Dann entschied er sich, Bauer zu werden. Wie ich verschiedentlich gehört habe, macht ihm seine Arbeit Freude, und er hat es zu etwas gebracht.

Die P. S. waren wirklich eine Umerziehung. Ihr Ziel bestand darin, alle aus Furcht und Moralpredigten entstandenen Komplexe zu beseitigen.

In einer freien Schule wie Summerhill brauchte es im Grunde keine P. S. zu geben. Die P. S. beschleunigen nur den Prozeß der Umerziehung. Sie sind eine Art Frühjahrshausputz, der den Sommer der Freiheit einleitet.

Selbstregierung

Summerhill ist eine Schule mit demokratischer Selbstregierung. Alles, was irgendwie mit dem Leben der Gemeinschaft zusammenhängt – und dazu gehört auch die Bestrafung von Vergehen gegen die Gemeinschaft –, wird von der Schulversammlung am Samstag durch Abstimmung geregelt.

Jedes Mitglied des Lehrerkollegiums und jedes Kind, gleichgültig, wie alt es ist, hat eine Stimme. Meine Stimme hat nicht mehr Gewicht als die eines Siebenjährigen.

Sie werden vielleicht lächeln und sagen: „Ihre Stimme hat aber trotzdem sicher mehr Bedeutung." Sehen wir uns einmal die Praxis an. Einmal habe ich mich in der Schulversammlung zu Wort gemeldet und vorgeschlagen, Schülern unter sechzehn sollte das Rauchen verboten werden. Meine Argumentation war: Nikotin ist Gift, und ein Kind hat eigentlich kein Bedürfnis danach; es raucht nur, um als erwachsen zu gelten. Von allen Seiten kamen Gegenargumente. Dann wurde abgestimmt, und mein Vorschlag wurde mit großer Mehrheit niedergestimmt.

Es ist erwähnenswert, wie es dann weiterging. Nach meiner Abstimmungsniederlage schlug ein sechzehnjähriger Junge vor, Schülern unter zwölf sollte das Rauchen verboten werden. Sein Antrag wurde angenommen. In der folgenden Woche forderte ein Zwölfjähriger die Schulversammlung auf, das Rauchverbot wieder aufzuheben. Er sagte: „Wir sitzen alle auf dem Klo und rauchen heimlich, genau wie in einer strengen Schule. Das Verbot verstößt gegen die Grundsätze von Summerhill." Der Junge erhielt lauten Beifall, und die Schulversammlung hob das Rauchverbot wieder auf. Damit habe ich hoffentlich bewiesen, daß meine Stimme nicht mehr Gewicht hat als die der Kinder.

Bei einer anderen Gelegenheit übte ich scharfe Kritik daran, daß die Schüler sich nicht an die vorgeschriebene Zeit zum Schlafengehen hielten, Lärm machten und am folgenden Morgen verschlafen herumsaßen. Ich schlug vor, ein Verstoß gegen die Bestimmungen solle in jedem einzelnen Fall mit dem Entzug des gesamten Taschengeldes geahndet werden. Ein vierzehnjähriger Junge brachte einen Gegenantrag ein: Jeder, der über die Zeit hinaus aufblieb, solle je Stunde eine Belohnung von fünf Pfennig erhalten. Ich kriegte ein paar der Stimmen, der Junge die große Mehrheit.

Summerhills Selbstregierung hat keine Bürokratie. Der Vorsitz auf der Schulversammlung wird jede Woche von einem anderen Schüler geführt, wobei der jeweils amtierende Vorsitzende den nächsten ernennt. Der Posten des Schriftführers ist ebenfalls ehrenamtlich. Die Abendaufsicht wird nur selten länger als ein paar Wochen von denselben Schülern ausgeübt.

Unsere kleine Demokratie gibt sich selbst ihre Gesetze – auch gute. So ist es zum Beispiel verboten, im Meer zu baden, ohne daß ein Rettungsschwimmer dabei ist. Die Rettungsschwimmer sind Mitglieder des Lehrerkollegiums. Es ist auch nicht gestattet, auf die Dächer zu klettern. Wenn die festgesetzte Zeit zum Schlafengehen nicht eingehalten wird, bringt das automatisch eine Geldstrafe mit sich. Ob der letzte Schultag vor den Ferien ein Donnerstag oder Freitag sein soll, wird durch Abstimmung in der Schulversammlung entschieden.

Der Erfolg einer Schulversammlung hängt weitgehend davon ab, ob der jeweilige Vorsitzende schwach oder stark ist; denn es ist nicht leicht, bei fünfundvierzig lebhaften Kindern Ordnung zu halten. Der Vorsitzende hat das Recht, allzu laute Versammlungsteilnehmer mit einer Geldstrafe zu belegen. Schwache Vorsitzende machen viel zu häufig davon Gebrauch.

Die Lehrer beteiligen sich natürlich an den Debatten. Dasselbe gilt für mich, wenn ich auch in einigen Fällen neutral bleiben muß. So habe ich tatsächlich schon erlebt, daß ein beschuldigter Junge ungestraft davonkam, weil er ein völlig einwandfreies Alibi vorbringen konnte, obwohl er mir unter vier Augen das Vergehen gestanden hatte. In einem solchen Fall muß ich mich jedoch immer auf die Seite des Einzelnen stellen.

Wenn es darum geht, über irgendeine Frage abzustimmen, mache ich natürlich wie alle anderen von meinem Stimmrecht Gebrauch, und ich bringe selbstverständlich auch meine eigenen Anträge ein. Ich will Ihnen ein typisches Beispiel dafür geben. An einem bestimmten Samstag stellte ich die Frage zur Diskussion, ob das Fußballspielen im Aufenthaltsraum erlaubt sein solle. Der Raum liegt unter meinem Büro, und ich erklärte, der Lärm des Fußballspielens störe mich bei der Arbeit. Ich schlug vor, das Fußballspielen im Gebäude zu verbieten. Einige Mädchen, ein paar der größeren Jungen und die Mehrzahl der Lehrer unterstützten mich, aber mein Antrag wurde trotzdem abgelehnt. Das hieß also, ich mußte mich weiter mit dem Lärm unter meinem Büro abfinden. Über diese Frage wurde dann noch bei mehreren Schulversammlungen erhitzt gestritten, und schließlich wurde das Fußballspielen im Aufenthaltsraum dann doch durch Mehrheitsbeschluß verboten. In unserer Schuldemokratie kommt die Minderheit im allgemeinen doch noch zu ihrem Recht, indem sie ihre Forderungen immer wieder vorbringt. Diese Regel gilt für Erwachsene und Kinder gleichermaßen.

Andererseits fallen gewisse Seiten des Gemeinschaftslebens nicht unter die Selbstregierung. Meiner Frau untersteht alles, was mit der Einrichtung der Schlafzimmer zu tun hat. Sie stellt die Speisekarte zusammen und verschickt und bezahlt Rechnungen. Die Lehrer werden von mir angestellt und entlassen, wenn ich sie für ungeeignet halte.

Die Aufgabe der Schulversammlung besteht nicht nur darin, Gesetze zu verabschieden, sondern auch über allgemeine Fragen der Gemeinschaft zu diskutieren. Am Beginn jedes Tertials werden die Bestimmungen über die Schlafenszeit erlassen. Sie ist je nach Altersgruppe verschieden. Dann wird über allgemeine Probleme des Verhaltens gesprochen. Ein Sportausschuß, ein Ausschuß, der den Abschlußball am Ende des Tertials organisiert, und ein Theaterausschuß müssen eingesetzt werden. Schüler, die abends nach dem Schlafengehen Aufsicht führen, werden bestimmt. Außerdem müssen einige Schüler benannt werden, die über ungehöriges Benehmen von Summerhill-Schülern in der Stadt berichten.

Größtes Interesse bei der Schulversammlung findet immer das Thema Essen. Mehr als einmal habe ich schon Leben in eine langweilige Schulversammlung gebracht, indem ich beantragte, bei allen Mahlzeiten sollte nur noch eine Portion ausgegeben werden. Wenn ein Kind vom Küchenpersonal bevorzugt worden ist, wird dagegen energisch eingeschritten. Wenn die Küche das Problem der Vergeudung von Lebensmitteln zur Sprache bringt, findet das jedoch nicht viel Anklang. Die Einstellung des Kindes zum Essen wird im wesentlichen nur von seinen eigenen Bedürfnissen bestimmt.

Akademische Debatten werden von der Schulversammlung vermieden. Kinder sind sehr praktisch, und alle Theorie langweilt sie. Sie interessieren sich nicht für abstrakte, sondern nur für konkrete Dinge. Einmal habe ich einen Antrag eingebracht, das Fluchen durch Gesetze zu verbieten. Ich begründete ihn. Ich hatte einer Frau und ihrem kleinen Jungen, einem möglichen künftigen Schüler von Summerhill, die

Schulgebäude gezeigt, als plötzlich aus dem Obergeschoß ein sehr eindeutiges Adjektiv erscholl. Die Mutter ergriff ihren Sohn bei der Hand und machte sich schleunigst davon. „Warum", fragte ich in der Versammlung, „soll mein Einkommen darunter leiden, daß ein Schafskopf vor einer angehenden Schülermutter flucht? Es geht mir nicht im geringsten um eine Frage der Moral, sondern lediglich um ein finanzielles Problem. Ihr flucht, und ich verliere einen Schüler."

Ein vierzehnjähriger Junge antwortete. „Neill redet Blödsinn", sagte er. „Der Fall ist doch ganz klar. Wenn diese Frau schockiert war, dann glaubt sie nicht an Summerhill. Hätte sie ihren Sohn bei uns angemeldet, so würde sie ihn doch sofort wieder von der Schule herunternehmen, sobald er das erste Mal zu Hause ‚verdammt' oder ‚verflucht' gesagt hat." Die Schulversammlung schloß sich dieser Meinung an und lehnte meinen Antrag ab.

Die Schulversammlung muß sich oft mit dem Problem des Tyrannisierens befassen. Gegen solche Tyrannen geht die Gemeinschaft eisern vor. Das am Schwarzen Brett angeschlagene Gesetz der Schulregierung *„Jede Tyrannei wird streng geahndet"* ist eigens unterstrichen worden. Die Untugend des Tyrannisierens von Mitschülern ist jedoch in Summerhill nicht so verbreitet wie in Schulen mit strenger Disziplin. Nach dem Grund hierfür braucht man nicht weit zu suchen. Kinder, die unter der Knute von Erwachsenen stehen, entwickeln Haß. Da ein Kind seinen Haß nicht ungestraft an einem Erwachsenen auslassen kann, rächt es sich an seinen jüngeren oder schwächeren Mitschülern. Das kommt in Summerhill, wie gesagt, nur selten vor. Bei einer Untersuchung über einen angeblichen Fall von Tyrannisieren stellt sich oft heraus, daß Jenny nichts weiter getan hat, als Peggy wissen zu lassen, sie sei „verrückt".

Hin und wieder wird auch ein Diebstahl in der Schulversammlung behandelt. Stehlen wird nie bestraft, aber der Schaden muß immer ersetzt werden. Häufig kommt ein Kind zu mir und sagt: „John hat David ein paar Münzen gestohlen. Ist das ein psychologischer Fall, oder sollen wir es in der Schulversammlung zur Sprache bringen?"

Wenn ich John für einen psychologischen Fall halte, der eine Einzelbehandlung erfordert, sage ich, man solle mir die Sache überlassen. Wenn John freilich ein zufriedener, normaler Junge ist, der einen mehr oder weniger belanglosen Gegenstand gestohlen hat, gebe ich die Erlaubnis, in der Schulversammlung Anklage zu erheben. Das Schlimmste, was ihm dabei geschehen kann, ist, daß ihm das Taschengeld gesperrt wird, bis die Schuld beglichen ist.

Wie verlaufen nun die Schulversammlungen? Am Beginn jedes Tertials wird der Vorsitzende für eine Sitzung gewählt, und dieser wiederum ernennt beim nächsten Mal seinen Nachfolger. Jedes Mitglied der Schulgemeinschaft kann auf der Versammlung seine Sorgen, eine Anklage, einen Vorschlag oder einen Gesetzentwurf vortragen.

Ein typisches Beispiel hierfür: Jim hat die Pedale von Jacks Fahrrad abmontiert, weil seine eigenen kaputt sind und er mit ein paar anderen Jungen über das Wochenende auf eine Fahrradtour gehen will. Nach gründlicher Prüfung der Beweismittel entscheidet die Schulversammlung, daß Jim die Pedale ersetzen muß und nicht auf seine Fahrradtour gehen darf.

Der Vorsitzende fragt: „Irgendwelche Einwände?"

Jim erhebt sich und schreit, er habe allerdings welche. „Das ist unfair. Ich wußte nicht, daß Jack überhaupt noch mit seiner alten Nukkelpinne fährt. Die liegt schon tagelang draußen herum. Ich habe nichts dagegen, ihm die Pedale wiederzugeben, aber ich finde, ich habe es nicht verdient, daß ich nicht auf Fahrt gehen kann."

Eine erregte Debatte folgt. Dabei stellt sich heraus, daß Jim zwar gewöhnlich jede Woche einen bestimmten Geldbetrag von seinen Eltern geschickt bekommt, daß das Geld aber seit sechs Wochen ausgeblieben ist. Jim hat also keinen roten Heller. Die Schulversammlung beschließt daher, das Urteil wieder aufzuheben.

Was wird aber jetzt aus Jims Fahrradtour, denn sein Rad hat ja keine Pedale? Die Versammlung entscheidet, eine Geldsammlung zu veranstalten, mit deren Ertrag Jims Fahrrad repariert werden kann. Seine Schulkameraden spenden, die Pedale werden gekauft, Jim geht glückstrahlend auf Fahrt.

Meistens wird das Urteil der Versammlung von dem Sünder akzeptiert. Wenn es aber unannehmbar erscheint, kann der Angeklagte Berufung einlegen, und der Vorsitzende rollt den Fall dann am Ende der Versammlung noch einmal auf. In der Berufungsverhandlung wird die Angelegenheit sorgfältiger als beim erstenmal behandelt, und in der Regel wird das Urteil unter Berücksichtigung der Einwände des Angeklagten gemildert. Die Kinder wissen, daß ein Angeklagter, der der Ansicht ist, er sei ungerecht behandelt worden, mit großer Wahrscheinlichkeit tatsächlich nicht gerecht beurteilt worden ist.

In Summerhill zeigt kein Angeklagter jemals eine Spur von Trotz oder Haß gegen die Institution, die die Macht in der Gemeinschaft ausübt. Ich bin immer erstaunt, mit welcher Gefügigkeit die Schüler ihre Strafe hinnehmen.

Eines Tages wurde in der Schulversammlung Anklage gegen vier der größeren Jungen erhoben, die gegen eines der Schulgesetze verstoßen hatten: sie hatten einige von ihren Kleidungsstücken verkauft. Das Gesetz war mit der Begründung erlassen worden, daß solche Praktiken unfair gegen die Eltern seien, die die Kleidung kaufen, und zudem unfair gegenüber der Schule, weil ihr die Eltern zum Vorwurf machen könnten, sie habe ihre Aufsichtspflicht verletzt. Die vier Jungen durften zur Strafe für ihr Vergehen vier Tage lang das Schulgelände nicht verlassen und mußten abends um acht Uhr zu Bett gehen. Sie nahmen das Urteil, ohne zu murren, hin. Am Montagabend, als alle anderen Kinder in der Stadt im Kino waren, fand ich einen der Sünder, Dick, lesend in seinem Bett.

„Du bist aber ein Trottel", sagte ich. „Die andern sind alle im Kino. Willst du nicht aufstehen?"

„Mach keine albernen Witze", antwortete er.

Diese Loyalität der Schüler von Summerhill gegenüber ihrer Demokratie ist erstaunlich. Sie wird nicht durch Furcht oder Haß getrübt. Schon oft habe ich erlebt, daß ein Junge, der gerade eine lange Strafverhandlung hinter sich hatte und verurteilt worden war, am Ende der Versammlung zum Vorsitzenden für die nächste Sitzung bestimmt wurde.

Der Gerechtigkeitssinn von Kindern setzt mich immer von neuem in Erstaunen. Auch ihre administrative Begabung ist bemerkenswert. Die Selbstverwaltung hat einen unendlich großen erzieherischen Wert.

Bestimmte Vergehen fallen unter die Bestimmung, die automatische Geldstrafen vorsieht. Wenn ein Kind mit dem Fahrrad eines anderen fährt, ohne um Erlaubnis gefragt zu haben, muß es automatisch dreißig Pfennig zahlen. Fluchen in der Stadt (in der Schule darf das jeder, soviel er mag), schlechtes Benehmen im Kino, aufs Dach klettern, im Speisesaal mit Essen werfen und andere Verstöße gegen Schulbestimmungen werden ebenfalls automatisch mit Geldstrafen geahndet.

Fast alle Strafen in Summerhill sind Geldstrafen: Sperrung des Taschengeldes oder Entzug des Kinogeldes.

Ein oft vorgebrachter Einwand gegen die Methode, Kindern die

Funktion von Richtern zu geben, besagt, Kinder straften zu streng. Nach meiner Erfahrung ist das nicht so. Im Gegenteil, Kinder sind sehr nachsichtig. In Summerhill ist noch nie ein grausames Urteil gefällt worden. In jedem Fall steht die Strafe außerdem in sinnvoller Beziehung zum Vergehen.

Drei kleine Mädchen störten andere beim Schlafen. Zur Strafe mußten sie eine Woche jeden Abend eine Stunde früher zu Bett gehen. Zwei Jungen hatten ihre Kameraden mit Erdklumpen beworfen. Zur Strafe mußten sie mit einem Karren Erdklumpen heranschaffen und Löcher auf dem Hockeyplatz ausfüllen.

Oft erklärt der Vorsitzende der Schulversammlung, wenn gegen jemanden eine Beschuldigung vorgebracht wird: „Das ist ja völlig lächerlich." Dann wird nichts in dem Fall unternommen.

Als unser Sekretär und zwei andere von meinen Mitarbeitern mit Gingers Fahrrad gefahren waren, ohne um Erlaubnis zu bitten, wurden sie dazu verurteilt, einander auf Gingers Rad zehnmal um den Rasen herum zu schieben.

Vier kleine Jungen, die eine Leiter hinaufgeklettert waren, die die Bauarbeiter beim Bau der neuen Werkstatt benutzten, mußten zehn Minuten lang ununterbrochen die Leiter hinauf- und hinunterklettern.

Die Schulversammlung bittet nie einen Erwachsenen um Rat. Ich erinnere mich nur an einen einzigen Fall, in dem dies doch geschah. Drei Mädchen hatten die Speisekammer ausgeräubert. Die Schulversammlung verurteilte sie zur Abgabe ihres Taschengeldes. Noch an demselben Abend brachen sie wieder in die Küche ein und stahlen. Diesmal wurde ihnen das Kinogeld entzogen. Dann raubten sie die Küche ein drittes Mal aus, und nun wußte die Versammlung sich nicht mehr zu helfen. Der Vorsitzende bat mich um Rat. „Gebt ihnen zehn Pfennig zur Belohnung", schlug ich vor. „Was? Dann wird aber bald die ganze Schule die Küche plündern." „Nein", sagte ich. „Versuch's mal."

Er versuchte es tatsächlich. Zwei von den Mädchen wollten das Geld nicht annehmen, und alle drei erklärten, sie würden nie wieder die Speisekammer plündern. Das taten sie auch wirklich nicht — wenigstens zwei Monate lang.

Dünkelhaft verhalten sich die Kinder in der Schulversammlung nur selten. Jede Spur eines solchen Benehmens stößt bei der Gemeinschaft auf Ablehnung. Ein elfjähriger, stark exhibitionistisch veranlagter

Junge hatte die Angewohnheit, die Aufmerksamkeit der anderen durch lange, aber völlig belanglose Reden auf sich zu lenken. Zumindest versuchte er es, er wurde jedoch meistens von der Versammlung niedergeschrien. Kinder haben eine feine Nase für Unaufrichtigkeit.

Ich glaube, wir haben in Summerhill bewiesen, daß Selbstverwaltung in der Schule tatsächlich funktioniert. Eine Schule ohne solche Selbstregierung dürfte sich eigentlich nicht fortschrittlich nennen. Sie ist in Wirklichkeit eine Schule der Kompromisse. Wirkliche Freiheit besteht in der Schule nur, wenn die Kinder wissen, daß sie ihr Gemeinschaftsleben selbst regeln können. Schüler, die einen „Chef" über sich haben, besitzen keine richtige Freiheit. Das gilt bei einem wohlwollenden Chef noch mehr als bei einem, der auf strenge Disziplin bedacht ist. Der kindliche Geist kann gegen den strengen Chef rebellieren, aber unter einem Leisetreter wird er selbst weich und kraftlos und weiß nicht mehr, was er eigentlich fühlt.

Die Selbstverwaltung einer Schule kann nur dann gut sein, wenn einige ältere Schüler da sind, die ihre Ruhe haben wollen und gegen die Gleichgültigkeit oder den Widerstand der Jungen im Rabaukenalter ankämpfen. Diese älteren Schüler werden von den anderen oft überstimmt, aber sie sind diejenigen, die die Selbstregierung wollen und ihr Prinzip für richtig halten. Kinder unter zwölf dagegen können sie allein nicht organisieren, weil sie noch zu jung sind, als daß sie gemeinschaftsfähig wären. Trotzdem versäumen in Summerhill selbst die Siebenjährigen nur selten eine Schulversammlung.

In einem Frühjahr waren wir vom Pech verfolgt. Einige ältere Schüler, die sehr viel Gemeinschaftssinn gehabt hatten, bestanden ihre Zulassungsprüfung für die Universität und gingen von der Schule ab, so daß nur noch wenige ältere übrig blieben Die überwiegende Mehrheit der Kinder war im Rabaukenalter. Ihre Reden in der Schulversammlung zeugten zwar von Gemeinschaftssinn; aber die Kinder waren nicht alt genug, um eine gute Selbstverwaltung zu schaffen und in Gang zu halten. In der Versammlung verabschiedeten sie zahllose Gesetze, vergaßen und brachen sie aber schnell wieder. Die wenigen älteren Schüler, die noch da waren, waren durch irgendeinen Zufall ziemlich individualistisch veranlagt. Sie führten ein Eigenleben in ihrer kleinen Gruppe. Die Folge war, daß die Angriffe auf Verstöße gegen die Schulbestimmungen allzu häufig von den Lehrern kamen. Ich fühlte mich daher bei einer Schulversammlung gezwungen, eine heftige Attacke gegen die älteren Schüler zu führen. Ich sagte, sie seien nicht antisozial, sondern asozial, da sie weit über die vorgeschriebene Zeit hinaus aufblieben und sich nicht darum kümmerten, daß die Jüngeren gegen die Gesetze der Gemeinschaft verstießen.

Ich muß offen gestehen, daß kleinere Kinder nur wenig Interesse an der Selbstregierung haben. Ich möchte bezweifeln, daß sie überhaupt eine Regierung bilden würden, wenn man sie sich selbst überließe. Kinder in diesem Alter haben andere Wertmaßstäbe als wir Erwachsenen und andere Maßstäbe des Verhaltens.

Strenge Disziplin ist die einfachste Methode des Erwachsenen, sich Ruhe und Frieden zu verschaffen. Kinder zu behandeln, wie ein Spieß seine Rekruten behandelt, bereitet niemandem Schwierigkeiten. Ich kenne auch keine andere Möglichkeit, sich ein ruhiges Leben zu sichern. Die Experimente, die wir in Summerhill machen, sind sicher nicht dazu angetan, den Erwachsenen ein friedliches Leben zu gewährleisten. Andererseits sorgen sie dafür, daß das Leben der Kinder nicht zu unruhig ist. Letztlich kommt es wahrscheinlich auf die Frage an, ob die Kinder glücklich sind. Nimmt man das als Kriterium, so hat Summerhill mit seiner Selbstverwaltung eine ausgezeichnete Kompromißlösung gefunden.

Auch unser Verbot gefährlicher Waffen ist ein Kompromiß. Luftgewehre sind in Summerhill verboten. Den wenigen Jungen, die in der Schule ein Luftgewehr haben möchten, mißfällt natürlich diese Bestimmung, in der Regel halten sie sich aber trotzdem daran. Wenn Kinder sich in irgendeiner Weise in der Minderheit befinden, so macht es ihnen anscheinend nicht soviel aus wie Erwachsenen, daß ihre Wünsche nicht erfüllt werden.

Ein Problem werden wir in Summerhill nie lösen können, und das ist der Konflikt zwischen Individuum und Gemeinschaft. Lehrer und Schüler ärgern sich, wenn eine Bande kleiner Mädchen unter Anführung eines der schwierigen Mädchen anderen lästig fällt, sie mit Wasser bespritzt, die Zeit zum Schlafengehen nicht einhält und überhaupt immerfort nur Unfug treibt. Die Anführerin Jean sieht sich daher in der Schulversammlung heftiger Kritik ausgesetzt. Mit scharfen Worten wird ihr Verhalten als Mißbrauch der Freiheit verurteilt.

Eine Psychologin, die bei uns zu Gast war, sagte zu mir über diesen Fall: „So kann man es nicht machen. Das Gesicht des Mädchens zeigt, daß es unglücklich ist. Jean ist nie geliebt worden, und diese offene

Kritik gibt ihr nur noch mehr als vorher das Gefühl, nicht geliebt zu werden. Sie braucht Liebe, nicht Widerspruch."

„Meine liebe Frau Sowieso", antwortete ich, „wir haben bereits versucht, sie mit Liebe zu ändern. Wochenlang haben wir sie für ihr gemeinschaftsfeindliches Verhalten belohnt. Wir haben sie mit Zuneigung und Duldsamkeit behandelt, aber darauf hat sie nicht im geringsten reagiert. Im Gegenteil, sie betrachtet uns als Trottel und leichte Beute ihrer Aggressionslust. Wir können schließlich nicht die ganze Gemeinschaft für einen einzelnen opfern."

Eine Patentlösung für solche Probleme habe ich auch nicht, aber ich weiß, daß Jean, wenn sie fünfzehn ist, nicht mehr ein Bande von rabaukenhaften Mädchen anführen, sondern sich in die Gemeinschaft einfügen wird. Ich habe Vertrauen in die Wirkung der öffentlichen Meinung. Ein Kind hält es nicht aus, jahrelang nur kritisiert zu werden und unbeliebt zu sein. Was die Verurteilung durch die Schulversammlung angeht, so bleibt zu sagen, daß man die anderen Kinder einfach nicht einem einzigen problematischen Kind opfern darf.

Einmal hatten wir einen sechsjährigen Jungen, der ein erbärmliches Leben gehabt hatte, bevor er nach Summerhill kam. Er war gewalttätig, voller Zerstörungswut und Haß. Die Vier- und Fünfjährigen hatten unter ihm zu leiden, so daß die Gemeinschaft etwas zu ihrem Schutz unternehmen mußte. Zu diesem Zweck mußte sie sich aber gegen den kleinen Übeltäter stellen. Es durfte einfach nicht zugelassen werden, daß die Fehler der Eltern dieses Jungen sich schädlich auf andere Kinder auswirkten, deren Eltern ihrem Kind Liebe und Sorge hatten angedeihen lassen.

In einigen sehr wenigen Fällen habe ich ein Kind entlassen müssen, weil es den anderen Schülern das Leben zur Hölle machte. Ich schreibe das nicht ohne Bedauern nieder, weil ich ein wenig das Gefühl habe, in diesen Fällen versagt zu haben, aber ich sah einfach keine andere Möglichkeit.

Sie fragen mich vielleicht, ob ich meine Ansichten über die Selbstregierung in den langen Jahren meiner Erfahrung geändert habe. Im großen und ganzen haben sie sich nicht gewandelt. Ich könnte mir Summerhill nicht ohne die Selbstregierung vorstellen. Bei den Schülern ist sie seit jeher beliebt, und sie ist unser Paradepferd, das wir Besuchern vorführen. Das hat natürlich auch seine Nachteile. So flüsterte mir einmal ein Mädchen während einer Schulversammlung zu: „Ich wollte eigentlich zur Sprache bringen, daß einige Mädchen immer die Klosetts verstopfen, weil sie ihre Damenbinden da reinwerfen, aber jetzt sind so viele Besucher da." Ich riet ihr, sich einfach nicht um den Besuch zu kümmern und die Angelegenheit zur Debatte zu stellen. Das tat sie dann auch.

Den erzieherischen Wert der praktischen Staatsbürgerkunde kann man gar nicht genug hervorheben. Die Schüler von Summerhill würden bis zum letzten Blutstropfen für ihr Recht kämpfen, sich selbst zu regieren. Nach meiner Ansicht ist eine Schulversammlung in der Woche von größerem Wert als der Fachunterricht einer ganzen Woche. Die Versammlung ist ein ausgezeichnetes Forum, vor dem die Kinder sich darin üben können, öffentlich in freier Rede zu sprechen. Die meisten von ihnen reden denn auch gut und ohne Hemmungen. Oft habe ich sehr vernünftige Reden von Kindern gehört, die weder lesen noch schreiben konnten.

Eine andere Möglichkeit als unsere demokratische Methode in Summerhill sehe ich nicht. Unsere Demokratie ist möglicherweise gerechter als die des Landes; denn Kinder sind recht nachsichtig und gehören nicht irgendwelchen Interessengruppen an. Darüber hinaus ist unsere Demokratie unverfälschter, weil ihre Gesetze direkt vom Volk und nicht von gewählten Abgeordneten gemacht werden, über deren Handeln das Volk keine Kontrolle hat.

Schließlich ist die Selbstregierung deshalb so wichtig, weil sie den Horizont der Kinder erweitert. Die Gesetze, die von den Kindern verabschiedet werden, zielen auf das Wesentliche und nicht auf Äußerlichkeiten. Wenn wir Bestimmungen über das Verhalten in der Stadt haben, so haben wir damit einen Kompromiß mit der weniger freien Gesellschaftsordnung außerhalb der Schule geschlossen. „Die Stadt" – die Außenwelt – vergeudet kostbare Energie damit, sich Sorgen über triviale Dinge zu machen. Als ob es eine Rolle spielte, ob man elegant gekleidet ist oder „verflucht" sagt! Summerhill hat sich von den belanglosen Äußerlichkeiten des Lebens befreit und besitzt daher einen Gemeinschaftsgeist, der seiner Zeit voraus ist. Zwar halten wir uns nicht an die englische Redensart „to call a spade a spade – einen Spaten einen Spaten nennen" (d. h. das Ding beim richtigen Namen nennen); wir nennen einen Spaten eher eine verdammte Schaufel, aber jeder Erdarbeiter wird Ihnen bestätigen, daß ein Spaten tatsächlich eine verdammte Schaufel ist.

Koedukation

In den meisten Internatsschulen wird streng darauf geachtet, daß Jungen und Mädchen und vor allem ihre Schlafräume voneinander getrennt sind. Sie werden nicht zu Liebesverhältnissen ermutigt. Wir in Summerhill tun das auch nicht, aber wir unternehmen auch nichts, um solche Beziehungen zu verhindern.

In Summerhill werden Jungen und Mädchen sich selbst überlassen. Die Beziehungen zwischen den Geschlechtern sind sehr gesund. Jungen und Mädchen wachsen ohne irgendwelche falschen Vorstellungen über das andere Geschlecht auf. Nun ist Summerhill nicht etwa eine große Familie, in der alle nett und liebevoll wie Bruder und Schwester zueinander sind. Wenn dem so wäre, ich wäre im Nu ein wütender Gegner der Koedukation.

In einer wirklichen Gemeinschaftserziehung – nicht von der Sorte, in der Jungen und Mädchen zwar in einem Klassenzimmer unterrichtet werden, aber in getrennten Gebäuden wohnen und schlafen – wird die unwürdige sexuelle Neugier fast völlig beseitigt. Schlüssellochgucker gibt es in Summerhill nicht. Sexuelle Probleme sind bei uns sehr viel seltener als in anderen Schulen.

Ab und zu fragen mich Erwachsene, die Summerhill besuchen: „Schlafen die denn nicht alle miteinander?" Wenn ich die Frage verneine, rufen sie aus: „Aber wieso nicht? Als ich so alt war, hätte ich mir die Gelegenheit nicht entgehen lassen!"

Diese Leute meinen, wenn Jungen und Mädchen gemeinsam heranwachsen, müßten sie zwangsläufig sexuellen Orgien frönen. Freilich sagen solche Leute nicht, daß dieser Gedanke ihren Einwänden gegen die Gemeinschaftserziehung zugrunde liegt. Sie schieben vielmehr die „vernünftige" Behauptung vor, die intellektuelle Begabung sei bei Mädchen anders gelagert als bei Jungen, daher sollten Jungen und Mädchen nicht gemeinsam unterrichtet werden.

Im Leben sind die Geschlechter nicht getrennt, also sollten sie auch in der Schule nicht getrennt werden. Viele Eltern und Lehrer haben aber Angst davor, weil ihre Tochter oder eine Schülerin eines Tages schwanger werden könnte. Zahlreiche Direktoren von Koedukationsschulen sollen tatsächlich schlaflose Nächte verbringen, weil sie ständig von dieser Sorge geplagt werden.

Jungen wie Mädchen sind oft nicht fähig zu lieben, weil sie entsprechend erzogen worden sind. Wer Angst vor der Sexualität hat, dem mag das wohl tröstlich sein, aber für die Jugend im allgemeinen ist der Mangel an Liebesfähigkeit menschlich sehr tragisch.

Ich fragte einmal einige Jugendliche von einer berühmten privaten Koedukationsschule, ob es bei ihnen irgendwelche Liebesaffären gäbe, und sie sagten nein. Als ich mich erstaunt zeigte, sagten sie: „Freundschaften zwischen Jungen und Mädchen kommen manchmal vor, aber eine Liebesaffäre wird daraus nie." In der betreffenden Schule waren aber ein paar hübsche Bengel und reizende Mädchen, und mir wurde klar, daß den Schülern Ideale gepredigt wurden, die für Liebe keinen Raum lassen; die Jungen und Mädchen hatten dank der moralinsauren Atmosphäre in der Schule sexuelle Hemmungen.

Den Direktor einer Fortschrittsschule habe ich einmal gefragt: „Gibt es in Ihrer Schule Liebesaffären?"

„Nein", antwortete er würdevoll. „Wir nehmen aber auch nie schwer erziehbare Kinder auf."

Die Gegner der Gemeinschaftserziehung werden vielleicht einwenden, daß sie die Jungen verweichlicht und aus den Mädchen „Mannweiber" macht. Aber dahinter verbirgt sich nur moralische Furcht, ja eine eifersüchtige Angst. Sexualität verbunden mit Liebe ist das größte Vergnügen auf dieser Welt – eben darum wird sie ja unterdrückt. Alles andere sind Ausflüchte.

Ich habe keinerlei Angst, daß die älteren Schüler, die seit ihrer frühen Kindheit in Summerhill sind, sexuell ausschweifend werden könnten. Ich habe es nicht mit Kindern zu tun, die ihr sexuelles Interesse verdrängen mußten.

Vor einigen Jahren hatten wir einen siebzehnjährigen Schüler, der vorher auf einer privaten Jungenschule gewesen war, und ein sechzehnjähriges Mädchen, das von einer privaten Mädchenschule nach Summerhill kam. Die beiden wurden zur gleichen Zeit bei uns aufgenommen. Sie verliebten sich ineinander und waren unzertrennlich. Eines Abends sah ich sie noch spät zusammen und sagte: „Ich weiß nicht, was ihr beiden treibt, und moralisch läßt mich das auch kalt, denn es geht überhaupt nicht um die Moral. Aber wirtschaftlich mach ich mir Gedanken, denn wenn du ein Kind kriegst, Kate, ist die Schule ruiniert. Ihr seid gerade erst nach Summerhill gekommen. Klar, daß ihr noch kein besonderes Verhältnis zu unserer Schule gefunden habt; für euch bedeutet sie vor allem, tun und lassen zu können, was ihr wollt. Wenn ihr schon als Siebenjährige hierhergekommen wärt, müßte ich jetzt gar nicht mit euch darüber sprechen, denn dann hättet ihr so eine Bombenbeziehung zu Summerhill, daß ihr euch Gedanken darüber machen *würdet,* welche Folgen euer Verhalten für die Schule haben könnte.“

Das war die einzige Möglichkeit, an dieses Problem heranzugehen. Glücklicherweise brauchte ich über dieses Thema nie wieder mit den beiden zu sprechen.

Arbeit

Früher hatten wir eine Bestimmung in Summerhill, wonach jedes Kind über zwölf und alle Lehrer zwei Stunden in der Woche Feldarbeit machen mußten. Dafür wurde ein Anerkennungslohn von dreißig Pfennig gezahlt. Wer sich vor der Arbeit drückte, mußte doppelt soviel Strafe zahlen. Einige Schüler und Lehrer zogen die Geldstrafe vor. Die anderen arbeiteten zwar, zählten aber die Minuten. Die Arbeit enthielt keinerlei spielerisches Element, und alle langweilten sich dabei. Die Schulversammlung überprüfte schließlich die Bestimmung und schaffte sie fast einstimmig ab.

Vor einigen Jahren brauchten wir eine Krankenstation. Wir entschlossen uns, selbst eine zu bauen, und zwar sollte es ein richtiges Gebäude aus Stein und Zement werden. Niemand von uns hatte die geringste Ahnung vom Mauern, aber wir machten uns trotzdem an die Arbeit. Einige Schüler halfen beim Ausschachten. Alte Mauern wurden abgerissen, um die Ziegelsteine für den Bau zu gewinnen. Aber die Schüler verlangten Bezahlung. Wir lehnten ab. Schließlich wurde die Krankenstation allein von den Lehrern und einigen Gästen gebaut. Die Kinder fanden die Arbeit einfach zu langweilig, und sie waren zu jung, als daß sie eine Krankenstation wirklich für notwendig halten konnten. Sie hatten kein eigenes Interesse daran. Kurz darauf wollten die Kinder einen Fahrradschuppen haben, und den bauten sie sich ganz allein – ohne irgendwelche Hilfe von Erwachsenen.

Ich schreibe über Kinder, wie sie wirklich sind, nicht wie sie nach Ansicht Erwachsener sein sollten. Der Gemeinschaftssinn junger Menschen, ihr Verantwortungsgefühl für die Gemeinschaft entwickelt sich frühestens im Alter von achtzehn Jahren. Das Interesse der Kinder richtet sich immer nur auf ihre unmittelbaren Bedürfnisse; die Zukunft existiert für sie nicht.

Ich habe noch nie ein faules Kind gesehen. Was normalerweise als Faulheit bezeichnet wird, ist in Wirklichkeit Interesselosigkeit oder schlechter Gesundheitszustand. Ein gesundes Kind kann einfach nicht müßig herumsitzen. Es hat den Drang, sich immer mit etwas zu beschäftigen. Ich kannte einmal einen kerngesunden Jungen, der als faul galt. Auf seinem Stundenplan stand auch das Fach Mathematik; er interessierte sich aber nicht dafür, also hatte er auch keine Lust, sich damit zu befassen, und der Mathematiklehrer hielt ihn für faul.

Kürzlich habe ich irgendwo gelesen, daß ein Paar, das bei einem Tanzabend keinen einzigen Tanz ausläßt, eine Strecke von insgesamt vierzig Kilometern zurücklegt. Trotzdem fühlen sie sich nicht oder doch nur wenig müde, weil ihnen das Tanzen Spaß macht – vorausgesetzt, daß ihre Schritte harmonieren. So ist das auch bei einem Kind. Ein Junge, der im Unterricht faul zu sein scheint, kann bei einem Fußballspiel viele Kilometer laufen.

Es will mir einfach nicht gelingen, siebzehnjährige Jungen dazu zu bringen, mir beim Kartoffelpflanzen oder beim Jäten des Zwiebelbeetes zu helfen. Dieselben Jungen verbringen aber lange Stunden damit, an einem Motor herumzubasteln, das Auto zu waschen oder Radios zusammenzubauen. Es hat lange gedauert, bis ich dieses Phänomen verstanden habe. Eines Tages ging mir ein Licht auf. Ich war bei meinem Bruder in Schottland und grub in seinem Garten. Die Arbeit machte mir keinen Spaß, und auf einmal wußte ich auch, warum: Ich arbeitete in einem Garten, der mir nichts bedeutete. Genausowenig machen sich die Jungen in Summerhill aus meinem Garten, während ihre Radios und Fahrräder ihnen etwas bedeuten. Selbstlosigkeit entwickelt sich nur sehr langsam, und nicht einmal sie ist völlig frei von Eigennutz.

Kleinere Kinder haben eine ganz andere Einstellung zur Arbeit als Teenager. Unsere Kinder im Alter zwischen drei und acht Jahren arbeiten wie die Pferde, wenn es darum geht, Beton zu mischen, Sand herbeizuschaffen und Steine zu putzen. Sie denken auch gar nicht an eine Belohnung. Sie identifizieren sich vielmehr mit Erwachsenen, und ihre Arbeit ist wie ein in die Wirklichkeit umgesetzter Wachtraum.

Die Schüler von acht oder neun bis neunzehn oder zwanzig Jahren haben jedoch nicht das geringste Interesse an langweiliger körperlicher Arbeit. Das gilt jedenfalls für die meisten Kinder. Ausnahmen gibt es natürlich, und manche Kinder verlieren ihr ganzes Leben lang nicht die Lust an körperlicher Arbeit.

Wir Erwachsenen nutzen Kinder viel zu oft aus. „Marion, bring mal eben diesen Brief zur Post." Kinder hassen es, von Erwachsenen benutzt zu werden. Ein normales Kind fühlt natürlich halbbewußt, daß es von seinen Eltern ernährt und gekleidet wird, ohne daß es selbst etwas dazutun müßte. Es hält das für sein selbstverständliches Recht, muß es jedoch hinnehmen, daß die Eltern von ihm zahllose kleine Handreichungen und Dienstbotentätigkeiten verlangen, die ihnen selbst zu lästig sind.

Ich las einmal irgendwo über eine Schule in Amerika, die von den Schülern selbst gebaut worden war. Ich hielt das zunächst für die ideale Lösung, aber das ist sie gar nicht. Wenn Kinder selber eine Schule bauen, kann man mit Sicherheit annehmen, daß ein wohlwollender, aber strenger Mann danebensteht und lebhaft in Ermunterung macht. Wenn eine solche Respektsperson nicht da ist, *bauen Kinder einfach keine Schule.*

Ich bin der Meinung, eine geistig gesunde Zivilisation würde Kindern und Jugendlichen unter achtzehn Jahren keine Arbeit abverlangen. Die meisten Jungen und Mädchen würden trotzdem schon vor ihrem achtzehnten Lebensjahr viel arbeiten. Für sie wäre diese Arbeit Spiel – vom Standpunkt der Eltern aus vielleicht eine, die nichts einbringt. Der Gedanke an das riesige Arbeitspensum, das Schüler und Studenten absolvieren müssen, wenn sie sich auf ihre Prüfungen vorbereiten, deprimiert mich. Ich habe mir sagen lassen, daß in Budapest vor dem Krieg fast fünfzig Prozent aller Schüler nach ihrem Abitur entweder physisch oder seelisch zusammenbrachen.

Wenn wir in Summerhill immer wieder so gute Berichte über die Leistungen bekommen, die unsere ehemaligen Schüler in verantwortlicher Stellung erzielen, so liegt das daran, daß sie in Summerhill ihre ichbezogene Phantasie austoben konnten. Als junge Erwachsene sind sie dann in der Lage, sich der Lebenswirklichkeit zu stellen, ohne eine unbewußte Sehnsucht nach dem Spiel der Jugendzeit zu hegen.

Spiel

Man könnte Summerhill eine Schule nennen, in der das Spiel am wichtigsten ist. Warum Kinder und kleine Katzen spielen, weiß ich nicht. Ich nehme an, es ist eine Frage der Energie.

Wenn ich von Spiel spreche, so denke ich nicht an Sport und Spiele, für die es Regeln gibt, sondern an planloses Spiel, bei dem das Kind seiner Phantasie freien Lauf lassen kann. Spiele nach Regeln setzen Geschicklichkeit, Zusammenwirken und Wettstreit voraus. Das Spiel der Kinder erfordert jedoch gewöhnlich keine Geschicklichkeit, kaum Zusammenwirken, und es ist auch nur selten ein Wettstreit. Kleine Kinder bevorzugen Spiele wie Räuber und Gendarm, wobei geschossen oder mit Schwertern gekämpft wird. Solche Bandenspiele gab es schon lange, bevor das Zeitalter des Films anbrach. Filme und Geschichten können das Spiel des Kindes in eine bestimmte Richtung lenken, aber die Grundlagen des Spiels sind im Kind selbst angelegt.

In Summerhill lassen die Sechsjährigen den ganzen lieben Tag ihre Phantasie spielen. Für kleine Kinder liegen Realität und Phantasie ganz dicht zusammen. Wenn ein Zehnjähriger sich als Geist verkleidete, kreischten die Kleinen vor Entzücken; sie wußten, das ist Tommy: er hatte ja vor ihren Augen das Bettlaken übergeworfen. Aber wenn er dann auf sie losging, schrien sie alle wie am Spieß.

Kleine Kinder schaffen sich eine Phantasiewelt und setzen ihre Phantasien in Handlung um. Jungen zwischen acht und vierzehn spielen Gangster und knallen ständig Leute ab, oder sie schweben in ihren hölzernen Flugzeugen hoch über den Wolken. Auch kleine Mädchen machen ein Bandenstadium durch, es nimmt aber nicht die Form von Gewehren und Schwertern an. Bei Mädchen ist alles persönlicher. Die Bande von Mary verfeindet sich mit Nellies Bande; es kommt zu Schlägereien und bissigen Worten. Bei den Jungen sind zwei Banden nur im Spiel verfeindet. Darum ist mit ihnen auch leichter auszukommen als mit kleinen Mädchen.

Es ist mir noch nicht gelungen festzustellen, wo bei einem Kind die Grenzen des Eingebildeten liegen. Glaubt ein Kind, das seiner Puppe auf einem winzigen Spielzeugtellerchen eine Mahlzeit serviert, in dem Augenblick wirklich, die Puppe sei ein lebendiges Wesen? Ist ein Schaukelpferd für einen kleinen Jungen ein richtiges Pferd? Hält ein Junge, der „Haut sie“ schreit und feuert, sein Spielzeuggewehr für eine richtige Waffe? Ich neige zu der Annahme, daß Kinder ihre Phantasiegebilde tatsächlich für wirklich halten. Erst wenn ihnen ein verständnisloser Erwachsener in die Quere kommt und sie daran erinnert, daß alles ja nur ein Spiel ist, plumpsen sie jäh in die Wirklichkeit zurück. Eltern mit Einfühlungsvermögen werden sich hüten, die Einbildungen eines Kindes zu zerstören.

Jungen spielen im allgemeinen nicht mit Mädchen. Sie spielen Gangster und Fangen, bauen sich Hütten in Bäumen und heben Löcher und Gräben aus.

Mädchen organisieren ihr Spiel nur selten. Altehrwürdige Amüsements wie „Schule spielen" und „Arzt spielen" gibt es bei freien Kindern nicht; sie haben kein Bedürfnis, Autoritätspersonen zu imitieren. Die kleineren Mädchen spielen mit Puppen, größere Mädchen dagegen scheinen das größte Vergnügen im Umgang mit Menschen zu finden.

Hockeymannschaften bestehen bei uns oft aus Mädchen und Jungen, und auch bei Karten- und anderen Spielen im Haus finden sich Jungen und Mädchen zusammen.

Kinder machen furchtbar gern Lärm und wühlen am liebsten im Schmutz. Sie poltern Treppen auf und ab und schreien wie die Wilden. Möbel sind vor ihnen nicht sicher, weil sie sie gar nicht wahrnehmen. Wenn Kinder Fangen spielen, würden sie auch eine kostbare Vase umstoßen, wenn sie ihnen gerade im Weg stünde, und würden sie zertrampeln, ohne sie auch nur zu sehen.

Mütter spielen oft nicht genug mit ihren Babies. Sie glauben wohl, wenn sie ihnen einen weichen Teddybär in den Wagen legen, sei damit für ein paar Stunden alles in Ordnung. Sie vergessen ganz, daß kleine Kinder gekitzelt und liebkost werden wollen.

Wie verhalten wir Erwachsenen uns eigentlich zu der Tatsache, daß die Kindheit Spielzeit ist? Wir *ignorieren* sie. Wir verschwenden gar keinen Gedanken daran, weil für uns Spielen Zeitvergeudung bedeutet. So bauen wir in unseren Städten große Schulen mit vielen Klassenzimmern und teuren Lehrmitteln, aber dem Spieltrieb des Kindes haben wir oft nichts Besseres anzubieten als ein Stückchen Asphaltfläche.

Man könnte mit einigem Recht behaupten, die Übel der Zivilisation seien darauf zurückzuführen, daß kein Kind sich jemals richtig ausspielen konnte. Alle Kinder werden zu Erwachsenen herangezüchtet, noch lange bevor sie wirklich Erwachsene sind.

Die Einstellung von Erwachsenen zum Spiel ist völlig willkürlich. Wir Alten stellen einen Stundenplan für das Kind auf: Unterricht von neun bis zwölf, Mittagessen von zwölf bis eins und wieder Schulstunden von eins bis drei. Wenn man einem freien Kind die Gelegenheit gäbe, selbst einen Stundenplan auszuarbeiten, würde es sehr wahrscheinlich viele Stunden für Spiel ansetzen und nur wenige für Unterricht.

Wenn Erwachsene dem Spieltrieb des Kindes entgegenwirken, so ist die Ursache dafür ganz einfach Angst. Mehr als hundertmal habe ich wohl schon die besorgte Frage gehört: „Wie kann mein Junge jemals etwas lernen, wenn er den ganzen Tag spielt? Wie soll er jemals seine Prüfungen bestehen?“ Nur wenige akzeptieren meine Antwort: „Wenn Ihr Kind soviel spielen kann, wie es will, wird es sich zwei Jahre intensiv auf seine Prüfung vorbereiten und sie bestehen können, aber in einer Schule, die das Spiel als einen lebenswichtigen Faktor einfach ignoriert, braucht es natürlich fünf, sechs oder sieben Jahre dazu.“

Ich muß natürlich jedesmal hinzufügen: „Vorausgesetzt, daß das Kind die Prüfung bestehen *will.*“ Vielleicht möchte der Junge lieber Ballettänzer oder Funkingenieur werden. Das Mädchen hat vielleicht den Wunsch, Modeschöpferin oder Kinderschwester zu werden.

Jawohl, Angst um die Zukunft des Kindes verleitet Erwachsene dazu, das Kind seines Rechtes auf Spiel zu berauben. Die Sache hat aber noch einen anderen Haken. Hinter der Ablehnung des Spiels verbirgt sich eine verschwommene Moral, nach der es schlecht ist, ein Kind zu sein. Diese Moral zeigt sich deutlich in der Ermahnung: „Benimm dich doch nicht wie ein Kind!“, mit der die älteren die jüngeren Menschen so gern belegen.

Eltern, die sich nicht mehr an die Sehnsüchte ihrer eigenen Kindheit erinnern, die selbst nicht spielen und ihrer Phantasie freien Lauf lassen konnten, geben keine guten Eltern ab. Ein Kind, das die Fähigkeit zu spielen verloren hat, ist seelisch tot und eine Gefahr für jedes andere Kind, mit dem es in Berührung kommt.

Lehrer aus Israel haben mir von den wunderbaren Gemeinschaftszentren in ihrem Land erzählt. Die Schule soll dort Teil einer Gemeinschaft sein, deren Hauptaufgabe in schwerer Arbeit besteht. Zehnjährige Kinder weinen, sagte mir ein Lehrer, wenn sie mal zur Strafe nicht im Garten umgraben dürfen. Wenn uns das in Summerhill passieren würde, ich hätte große Zweifel, ob ein solches Kind geistig normal ist. Kindheit ist Spielzeit. Jede Gemeinschaft, die diese Tatsache nicht berücksichtigt, erzieht ihre Kinder falsch. Nach meiner Ansicht opfert die israelische Methode junges Leben wirtschaftlichen Erfordernissen. Mag sein, daß das nötig ist, aber ich würde nicht wagen, das als ideales Gemeinschaftsleben zu bezeichnen.

Ich wollte, es ließe sich genau bestimmen, wieviel Schaden Kindern zugefügt wird, die man nicht spielen läßt, wie sie möchten. Ob die Menschenmassen, die den professionellen Fußballspielen zuschauen, nicht insgeheim ihren gehemmten Spieltrieb ausleben wollen, indem sie sich mit den Fußballern identifizieren, sie sozusagen stellvertretend für sich spielen lassen? Die meisten unserer ehemaligen Schüler gehen nicht zu Fußballspielen; sie interessieren sich auch nicht für prunkvolle Umzüge. Ich glaube, nur wenige von ihnen würden weit laufen, um sich anzusehen, wie die Königin in feierlichem Zuge durch die Stadt fährt. Solche prunkvollen Umzüge haben etwas Kindisches an sich. Ihre Farbenpracht, ihre steife Förmlichkeit, die langsame Gangart lassen sie wie eine Spielerei und die daran teilnehmenden Menschen wie herausgeputzte Puppen erscheinen. Vielleicht ist das der Grund, warum sich Frauen mehr dafür interessieren als Männer. Mit zunehmendem Alter und wachsender Erfahrung scheint sich der Mensch überhaupt von jedem Prunk immer weniger angezogen zu fühlen. Generäle, Politiker und Diplomaten müssen sich bei Paraden und Staatsempfängen eigentlich entsetzlich langweilen.

Mit einiger Wahrscheinlichkeit läßt sich sagen, daß Kinder, die in Freiheit erzogen werden und spielen können, soviel sie wollen, nicht zu Massenmenschen werden. Von den ehemaligen Schülern Summerhills können nur die ungehemmt und begeistert in einer Menschenmenge jubeln, deren Eltern Kommunisten sind.

Theater

Im Winter wird in Summerhill am Sonntagabend Theater gespielt. Die Aufführungen sind immer gut besucht. Ich habe schon erlebt, daß an sechs aufeinanderfolgenden Sonntagen jeweils ein abendfüllendes Stück gespielt wurde. Nach einer solchen Welle der Theaterbegeisterung findet dann manchmal ein paar Wochen keine Aufführung statt.

Das Publikum ist nicht allzu kritisch. Die Zuschauer benehmen sich besser als in den meisten Londoner Theatern. Zwischenrufe, Pfeifen und Füßescharren kommen nur selten vor.

Unser Theater ist eine umgebaute Sporthalle. Es hat Platz für rund hundert Personen. Die Bühne ist beweglich, das heißt, sie besteht aus Kisten, die zu einer Fläche, zu Stufen usw. zusammengestellt werden können. Eine vollständige Beleuchtungsanlage samt Scheinwerfern ist vorhanden. Kulissen werden nicht verwendet, lediglich graue Vorhänge. Wenn das Stichwort heißt „Dorfbewohner kriechen durch ein Loch in der Hecke", ziehen die Schauspieler einfach den Vorhang beiseite.

Es gehört zu unserer Tradition, daß nur Stücke gespielt werden, die in Summerhill geschrieben worden sind. Ein ungeschriebenes Gesetz bestimmt, daß Stücke von Lehrern nur dann aufgeführt werden, wenn die Schüler keins geschrieben haben. Die Schauspieler stellen ihre Kostüme selbst her, und zwar meist ganz ausgezeichnet. Die meisten unserer Stücke sind Lustspiele oder Farcen; Tragödien werden seltener gespielt. Wird aber eine Tragödie gespielt, so sind die Leistungen auch da gut, manchmal sogar hervorragend.

Die Mädchen schreiben mehr Stücke als die Jungen. Die kleinen Jungen führen oft bei ihren eigenen Stücken Regie. Die einzelnen Rollen werden meist freilich gar nicht schriftlich ausgearbeitet. Das ist auch nicht nötig; denn der Dialog beschränkt sich im wesentlichen auf Sätze wie: „Gib ihnen Saures." Wenn nach einem solchen Stück der Vorhang fällt, ist die Bühne immer mit Leichen übersät; denn kleine Jungen sind gründlich und kompromißlos.

Die dreizehnjährige Daphne schrieb eine ganze Reihe Sherlock-Holmes-Stücke. Eines handelte von einem Polizisten, der mit der Frau seines Vorgesetzten durchgebrannt war. Mit Hilfe eines Polizeihundes – und natürlich des „lieben Watson" – spürte der verlassene Ehemann seine Frau und ihren Liebhaber auf. Als er das Haus betrat, bot sich ihm ein überraschender Anblick. Der Polizist lag auf einem Sofa und hielt die treulose Frau im Arm, während in der Mitte des Raumes ein Schwarm von Halbweltdamen Bauchtänze vorführte. *Der Polizist trug einen Smoking.* Daphnes Stücke spielten immer in der „vornehmen Welt".

Wenn die Mädchen etwa vierzehn sind, schreiben sie manchmal Stücke in Versen. Oft gelingen diese poetischen Versuche recht gut. Natürlich schreiben nicht alle Kinder und auch nicht alle Lehrer Theaterstücke.

Gegen Plagiate herrscht in Summerhill strenge Abneigung. Einmal mußte ein Stück vom Spielplan abgesetzt werden. Um die Lücke zu füllen, schrieb ich in aller Eile ein neues Stück, und zwar nach einer Geschichte von W. W. Jacob. Das Publikum protestierte heftig: „Abschreiber! Schwindler!"

Die Kinder in Summerhill mögen es nicht, wenn ein Stück eine für die Bühne bearbeitete Geschichte ist, und sie wollen auch nichts von dem hochtrabenden Zeug sehen, das in anderen Schulen so beliebt ist. Shakespeare wird von unserem Haufen nie gespielt. Manchmal schreibe ich aber eine Shakespeare-Parodie, wie etwa einen im amerikanischen Gangstermilieu spielenden „Julius Cäsar", wobei die Sprache eine Mischung aus Shakespeare und Kriminalreißern ist.

Mary hatte einmal einen riesigen Publikumserfolg. Sie spielte Kleopatra und hatte schon alle anderen Personen auf der Bühne erstochen. Dann sah sie sich die Klinge ihres Messers an, las laut „Rostfreier Stahl" und stieß sich das Messer in die Brust.

Unsere Schüler sind schauspielerisch sehr begabt. Lampenfieber kennen sie nicht. Es ist eine Freude, die kleinen Kinder auf der Bühne zu sehen; denn sie gehen ganz in ihrer Rolle auf. Die Mädchen spielen lieber Theater als die Jungen. Jungen unter zehn spielen eigentlich überhaupt nicht Theater, außer in ihren eigenen Gangsterstücken. Manche Kinder haben überhaupt keine Lust zum Theaterspielen und treten nie auf der Bühne auf.

Wir haben die Erfahrung gemacht, daß Kinder, die im täglichen Leben Theater spielen, auf der Bühne schlechte Schauspieler sind. Solche Kinder können sich auf der Bühne nie von sich selbst freimachen und sind daher befangen.

Theaterspielen gehört zur Erziehung. Es ist zwar großenteils exhibitionistisch, aber wenn es ausschließlich exhibitionistisch wird, findet das bei den Zuschauern in Summerhill keinen Anklang.

Als Schauspieler muß man sich stark mit anderen identifizieren können. Bei Erwachsenen geschieht das nie unbewußt; sie wissen immer, daß sie nur eine Rolle spielen. Ich frage mich, ob Kinder das auch wissen. Oft passiert es, daß ein Kind bei seinem Stichwort „Wer bist du?" die Bühne betritt und, statt zu antworten: „Ich bin der Schloßgeist", sagt: „Peter".

In einem unserer Stücke für die ganz Kleinen kam eine Szene vor, in der eine Gruppe beim Abendessen sitzt. Da auf der Bühne richtige Speisen aufgetischt wurden, kostete es den Souffleur einige Zeit und Mühe, die Kinder zum Weiterspielen zu bringen; sie hatten ganz ihr Publikum vergessen und hauten rein, was das Zeug hielt.

Durchs Theaterspielen gewinnt das Kind Selbstvertrauen. Einige Kinder, die selbst nie auftreten, gehen nicht gern zu den Aufführungen, weil sie dort Minderwertigkeitsgefühle bekommen. Für diese Schwierigkeit habe ich bisher keine Lösung finden können. Meistens finden diese Kinder aber ein anderes Betätigungsfeld, auf dem sie sich hervortun können. Kompliziert wird die Sache, wenn ein Kind keine Begabung zum Theaterspielen hat, aber furchtbar gern auf der Bühne ist. Es spricht für Summerhill, daß ein solches Kind nur selten keine Rolle bekommt.

Jungen und Mädchen im Alter von dreizehn oder vierzehn Jahren wollen nicht in Liebesszenen spielen. Die kleinen Kinder spielen dagegen alles gern und ohne Schwierigkeiten. Die Schüler über fünfzehn spielen meist nur dann Liebesszenen, wenn sie dabei eine komische Rolle haben; nur ein paar von den Älteren spielen auch ernste Liebesszenen. Ein Schauspieler kann eine solche Rolle nur dann gut ausfüllen, wenn er selbst schon Liebe erlebt hat. Aber ein Kind, das selber noch keinen Kummer kennengelernt hat, kann deshalb doch in einer traurigen Rolle hervorragend sein. Ich habe es miterlebt, wie Virginia bei den Proben zu einem Stück, in dem sie eine tragische Rolle spielte, zusammenbrach und weinte. Das liegt daran, daß jedes Kind in seiner Einbildung schon Kummer erlebt hat. Der Tod spielt in ihrer Phantasie schon früh eine Rolle.

Theaterstücke für Kinder sollten Kindern entsprechen. Es ist falsch, Kinder klassische Stücke spielen zu lassen, die in keiner rechten Beziehung zu ihrer Vorstellungswelt stehen. Wie die Lektüre, so muß auch das Theaterstück auf das Alter des Kindes abgestimmt sein. Unsere Kinder in Summerhill lesen nur selten Scott oder Dickens oder Thackeray; schließlich leben sie im Zeitalter des Films. Im Kino kriegen sie in eineinviertel Stunden eine Geschichte serviert, die so lang ist wie „Westward Ho". Sie hätten Tage gebraucht, die Geschichte zu *lesen*. Im Film fehlen überdies all die langweiligen Schilderungen von Menschen oder Landschaften. Wenn Kinder also Theater spielen, so wollen sie ein Stück, das in ihrer eigenen Welt spielt.

Obwohl unsere Kinder Stücke spielen, die sie selbst geschrieben haben, lassen sie sich doch bei Gelegenheit von wirklich guten Theaterstücken begeistern. Einen Winter lang habe ich den älteren Schülern jede Woche ein Stück vorgelesen. Im Laufe der Monate hörten sie so sämtliche Stücke von Barrie, Ibsen, Strindberg, Tschechow, einige von Shaw und Galsworthy sowie ein paar moderne Stücke wie „The Silver Cord" und „The Vortex". Unsere besten Schauspieler und Schauspielerinnen fanden Gefallen an Ibsen.

Die älteren Schüler interessieren sich für Bühnentechnik und zeigen dabei recht originelle Ideen. Eine uralte Regel aller Stückeschreiber verlangt, daß eine Person niemals ohne Begründung von der Bühne verschwinden darf. Wenn also ein Dramatiker den Vater loswerden möchte, damit sich Tochter und Mutter darüber unterhalten können, was für ein Trottel der Alte ist, läßt er den alten Vater aufstehen und sagen: „Ich muß mal nachsehen, ob der Gärtner auch den Kohl gepflanzt hat." Unsere jungen Stückeschreiber benutzen eine direktere Methode. Ein Mädchen sagte mir einmal: „Im wirklichen Leben verläßt man ein Zimmer, ohne zu sagen, warum man geht." Das stimmt, und darum hält man es auf der Bühne in Summerhill genauso.

Summerhills Spezialität ist der Zweig der Theaterkunst, den wir als spontanes Schauspielen bezeichnen. Dabei stelle ich den Kindern Aufgaben wie die folgenden: *Ziehe einen nicht vorhandenen Mantel an; ziehe ihn wieder aus und hänge ihn an den Haken. Nimm einen Blumenstrauß in die Hand, in dem du dann eine Distel findest. Öffne ein Telegramm, in dem dir mitgeteilt wird, dein Vater oder deine Mutter sei gestorben. Du bist in einem Bahnhofsrestaurant und schlingst in aller Eile dein Essen herunter, denn du sitzt auf heißen Kohlen, weil du Angst hast, du könntest den Zug verpassen.*

Manchmal spielen wir einen kleinen Sketch. Ich setze mich zum Beispiel an einen Tisch und verkünde, ich sei ein Grenzbeamter, der in Harwich die Pässe kontrolliert. Alle Kinder haben einen imaginären Paß in der Hand und müssen mir Fragen beantworten. Das macht allen Spaß.

Ein anderesmal bin ich ein Filmregisseur, der die Schauspieler für seinen nächsten Film auswählt oder ein Chef, der eine Sekretärin sucht. Bei einer anderen Gelegenheit suchte ich einen Schreibgehilfen, den ich mit dem ungebräuchlichen Wort „Amanuensis" bezeichnete. Den Kindern war das Wort unbekannt. Ein Mädchen glaubte, es habe etwas mit Maniküre zu tun, und spielte entsprechend. Das hatte natürlich eine sehr komische Wirkung.

Spontanes Schauspielen ist die schöpferische Seite des Schultheaters. Unser Theater hat mehr als alles andere zur Entwicklung schöpferischer Kräfte beigetragen. In einem Stück mitspielen kann jeder; ein Stück schreiben dagegen nicht. Die Kinder wissen dunkel, daß ihre Tradition, nur selbstgeschriebene Originalstücke zu spielen, ihre schöpferische Phantasie mehr anregt als Nachahmung.

Tanz und Musik

Auf zum Tanz! Aber auch dabei muß man sich an die Regeln halten. Das Merkwürdige ist, daß die Menge als Menge den Regeln gehorcht, während möglicherweise jeder einzelne in dieser Menge die Regeln haßt.

Ein Londoner Tanzsaal ist für mich ein Symbol dessen, was England eigentlich ist. Hier ist Tanz, an sich ein schöpferisches Vergnügen des einzelnen, zu einem steifen Geschiebe herabgesunken. Ein Paar tanzt genau wie das andere. Die Herdengewohnheiten unterdrücken die Originalität der meisten Tanzenden. Die Freude am Tanz ist aber gleichbedeutend mit der Freude an der Erfindungsgabe. Wenn die Erfindungsgabe sich nicht entfalten kann, wird das Tanzen mechanisch und langweilig. An der Art und Weise, wie in England getanzt wird, zeigt sich sehr klar die Angst der Engländer vor Gefühlen, ihre Furcht vor Originalität.

Wenn man nicht einmal beim Tanzen, beim Vergnügen frei sein kann, wie können wir dann in den ernsteren Dingen des Lebens Freiheit erwarten? Wenn man nicht mal eigene Tanzschritte erfinden darf, werden einem selbständige Schritte in Religion, Bildung, Politik kaum nachgesehen werden!

In Summerhill wird bei jeder Gelegenheit getanzt. Einstudierung und Aufführung liegen in Händen der Mädchen. Sie machen ihre Sache sehr ordentlich. Die Musik, nach der getanzt wird, ist immer Jazz, nie klassische Musik. Einmal hatten wir eine Ballettaufführung nach Musik aus Gershwins „Ein Amerikaner in Paris“. Ich hatte eine Geschichte dazu geschrieben, und die Mädchen stellten sie in ihren Tänzen dar.

Ich habe auf den Londoner Bühnen bestimmt schlechtere Tänze gesehen.

Tanzen ist ein ausgezeichnetes Ventil für unbewußte sexuelle Triebe. Ich sage deshalb „unbewußt“, weil ein Mädchen schön sein kann und als Tanzpartnerin trotzdem nicht beliebt ist, wenn es nicht gut tanzen kann.

Unser privates Wohnzimmer ist fast jeden Abend mit Kindern gefüllt. Oft werden dann Schallplatten gespielt, und es entstehen Meinungsverschiedenheiten. Die Kinder wollen Duke Ellington und Elvis Presley hören, während ich das Zeug nicht ausstehen kann. Ich höre gern Ravel, Strawinskij oder Gershwin. Manchmal wird mir der Jazz zu viel; dann erkläre ich einfach, das hier sei schließlich mein Zimmer, und ich werde daher spielen, was mir gefällt.

Wenn ich dann das Trio aus dem „Rosenkavalier“ oder das Quintett aus den „Meistersingern“ spiele, ist mein Zimmer im Nu leer. Nur wenige Kinder finden Gefallen an klassischer Musik oder klassischer Malerei. Wir versuchen daher gar nicht, den Geschmack der Kinder zu verbessern – was heißt hier schon „besser“?

Ob man Beethoven oder heißen Jazz bevorzugt, hat keinen Einfluß darauf, wie glücklich oder unglücklich man im Leben wird. Die meisten Schulen würden mehr erreichen, wenn sie Beethoven aus ihrem Lehrplan strichen und Jazz an seine Stelle setzten. Drei unserer Schüler wurden durch Jazzbands dazu angeregt, ein Instrument zu spielen. Zwei kauften sich eine Klarinette und der dritte eine Trompete. Nach der Schulentlassung begannen sie alle drei ein Studium an der Königlichen Musikakademie. Heute gehören sie alle einem Orchester an, das ausschließlich klassische Musik spielt. Ich möchte glauben, der Geschmack dieser Jungen hat sich erst dadurch entwickelt, daß sie in Summerhill Duke Ellington *und* Bach oder jeden anderen Komponisten hören durften.

Sport und Spiel

In den meisten Schulen ist Sport Pflichtfach. Sogar das Zuschauen bei Wettspielen ist Pflicht. In Summerhill sind Spiel und Sport genauso freiwillig wie die Teilnahme am Unterricht.

Es gab einen Jungen in Summerhill, der sich zehn Jahre lang nicht ein einziges Mal an einem Spiel beteiligte; er wurde auch nie dazu aufgefordert. Die meisten Kinder treiben jedoch gern Sport und Spiel. Die Kleineren spielen Gangster und Indianer, bauen Hütten in Bäumen und treiben alles mögliche andere, was eben Kinder in dem Alter tun, aber sie beteiligen sich nicht an Spielen, bei denen Regeln gelten. Sie haben noch nicht das Alter erreicht, wo sie zum Zusammenspiel in einer Mannschaft fähig wären. Darum sollte man sie auch nicht zu solchen Spielen anhalten. Das Interesse an Sport und Regelspielen stellt sich mit der Zeit von selbst ein.

In Summerhill wird im Sommer vor allem Hockey und im Winter meist Tennis gespielt. Beim Tennisdoppel klappt es nicht immer ganz mit dem Mannschaftsgeist. Beim Hockeyspiel ist den Kindern das Mannschaftsspiel selbstverständlich, während sie beim Tennis in einem Doppel häufig nicht zusammenspielen können. Später, etwa im Alter von siebzehn, ist ihre Fähigkeit zum Teamwork dann besser entwickelt.

Schwimmen ist bei Schülern aller Altersgruppen sehr beliebt. Der Strand in Sizewell ist für Kinder nicht sehr geeignet, weil dort anscheinend immer Flut ist. An unserer Küste gibt es leider keine langen Sandstrände mit Felsen und kleinen Tümpeln, wie Kinder ihn so gern haben.

Künstliche Leibesübungen gibt es in Summerhill nicht. Die Kinder finden ausreichend körperliche Betätigung beim Spiel, beim Schwimmen, beim Tanzen und beim Radfahren. Ich bezweifle, daß freie Kinder zu einer Turnstunde gehen würden. Im Haus wird bei uns Tischtennis, Schach und Karten gespielt.

Für die kleineren Kinder haben wir ein Planschbecken, einen Sandkasten, eine Wippe und Schaukeln. An einem schönen Tag ist der Sandkasten immer voller kleiner Schmutzfinken. Die Kleinen beklagen sich übrigens häufig, daß die Größeren in ihrem Sandkasten spielen. Offensichtlich müssen wir auch für die älteren Schüler noch einen Sandkasten bauen. Das Bedürfnis, Sandkuchen zu backen, scheint sich bei Kindern länger zu halten, als wir gedacht hatten.

Man hat uns Inkonsequenz vorgeworfen, weil wir Preise für Sportleistungen vergeben, während wir uns strikt weigern, für Leistungen im Unterricht Preise zu verleihen oder Zensuren zu erteilen. Unser Argument gegen solche Belohnungen ist, daß eine Sache um ihrer selbst willen getan werden sollte und nicht, weil man eine Belohnung dafür erwartet. Das ist auch richtig. Man fragt uns allerdings, wieso wir dann im Tennis Preise vergeben, wenn wir das in Erdkunde mit Recht nicht tun. Die Antwort ist wohl, daß Tennis seinem Wesen nach ein Wettspiel ist, bei dem es darauf ankommt, den anderen zu schlagen. Für Erdkunde gilt das nicht. Wenn meine geographischen Kenntnisse gut sind, ist es mir doch gleich, ob ein anderer auf diesem Gebiet mehr oder weniger weiß als ich. Ich weiß, daß Kinder Preise für ihre sportlichen Leistungen haben wollen und daß sie keine in Schulfächern haben wollen – jedenfalls in Summerhill. Wir machen unsere siegreichen Sportler in Summerhill aber auch nicht zu Helden. Freds Stimme in der Schulversammlung gewinnt nicht an Gewicht, weil er Kapitän der Hockeymannschaft ist.

Der Sport spielt in Summerhill die Rolle, die ihm zukommt. Ein Junge, der nie bei irgendwelchen Spielen mitmacht, wird nicht von oben herab angesehen oder als minderwertig betrachtet. „Leben und leben lassen" ist ein Motto, das seinen idealen Ausdruck findet, wenn Kinder das Recht haben, sie selbst zu sein. Ich selbst interessiere mich nicht besonders für Sport, aber sehr für gutes sportliches Verhalten. Wenn die Lehrer in Summerhill die Schüler drängten: „Los, Jungens, auf den Sportplatz!", dann wäre das eine Verfälschung des Sports, wie Summerhill ihn versteht. Gutes sportliches Verhalten kann nur da entstehen, wo die Kinder selbst darüber entscheiden, ob sie spielen wollen oder nicht.

Bericht der Schulinspektoren Seiner Majestät über die Schule Summerhill in Leiston, Ost-Suffolk
Datum der Inspektion: 20. und 21. Juni 1949

1. Dieser Bericht ist vertraulich und darf nicht ohne direkte Anweisung der Schule und nur im vollen Wortlaut veröffentlicht werden.

2. Das Copyright des Berichts liegt bei dem Controller of H. M. Stationery Office. Der Controller hat keine Einwände gegen den Nachdruck des Berichts, vorausgesetzt, daß alle an dem Nachdruck Beteiligten sich eindeutig darüber im klaren sind, daß das Copyright bei ihm liegt.

3. Es sei darauf hingewiesen, daß mit der Abfassung dieses Berichts keinerlei Anerkennung der Schule durch das Unterrichtsministerium verbunden ist.

Unterrichtsministerium, Curzon Street, London, W. 1.
IND: 38 B/6/8.

Diese Schule ist in der ganzen Welt als eine Anstalt bekannt, in der pädagogische Experimente von umwälzender Natur angestellt und in der die weithin bekannten und diskutierten Theorien, die der Schulleiter der Öffentlichkeit in seinen Schriften vorgelegt hat, in die Praxis umgesetzt werden. Die Aufgabe, diese Schule zu inspizieren, erwies sich als zugleich schwierig und interessant; schwierig, weil ein sehr großer Unterschied zwischen den Methoden anderer Schulen, mit denen die Schulinspektoren vertraut waren, und denen dieser Schule besteht, und interessant, weil sich hier die Gelegenheit bot, nicht nur zu beobachten, sondern zu versuchen, den Wert der von der Schule vermittelten Bildung und Erziehung zu beurteilen.

Alle Schüler von Summerhill wohnen in der Schule. Das Schulgeld beträgt £ 120 im Jahr. Trotz der niedrigen Gehälter der Lehrer, auf die wir später noch zurückkommen, hat der Schulleiter gewisse Schwierigkeiten, die Kosten der Schule mit den Einkünften aus dem Schulgeld zu bestreiten. Wegen der finanziellen Verhältnisse der Schülereltern möchte der Schulleiter jedoch das Schulgeld nicht erhöhen. Das Schulgeld ist zwar im Vergleich zu anderen Privatschulen niedrig, und die Zahl der Lehrer ist im Verhältnis zur Zahl der Schüler hoch, die Schulinspektoren waren aber trotzdem etwas erstaunt, daß der Schulleiter über große finanzielle Schwierigkeiten klagte. Nur durch eine genaue Prüfung der Einnahmen und Ausgaben würde sich feststellen lassen, ob sich die Unkosten der Schule nicht senken ließen, ohne daß den Schülern dadurch ein Nachteil entstünde. Eine solche Untersuchung durch ein unabhängiges und erfahrenes Gremium wäre vielleicht angebracht. Zunächst läßt sich aber auf jeden Fall sagen, daß die Kinder gut und ausreichend ernährt werden, mag die Schule auch sonst einige Mängel aufweisen.

Die Grundsätze, auf denen die Schule aufbaut, sind den Lesern der Bücher, die der Schulleiter veröffentlicht hat, bekannt. Einige dieser Prinzipien haben in der Zwischenzeit weitgehende Anerkennung gefunden, andere üben in steigendem Maß einen Einfluß auch auf andere Schulen aus, während wieder andere bei den meisten Eltern und Lehrern auf Mißtrauen und heftige Ablehnung stoßen. Die Schulinspektoren haben sich einerseits bemüht, wie üblich zu einer objektiven Bewertung der Schule zu kommen, andererseits erscheint es ihnen jedoch unmöglich, gerecht über diese Schule zu berichten, ohne auf ihre Grundsätze und Ziele, unabhängig davon, ob sie sie für falsch oder richtig halten, wenigstens kurz einzugehen.

Das Hauptprinzip der Schule heißt Freiheit. Diese Freiheit ist jedoch nicht völlig uneingeschränkt. Die Schule hat eine Reihe von Bestimmungen zum Schutz von Leib und Leben, die von den Kindern selbst aufgestellt, aber vom Schulleiter nur gebilligt werden, wenn sie zwingend genug sind. Die Kinder dürfen beispielsweise nicht baden, wenn nicht zwei als Rettungsschwimmer ausgebildete Lehrer zur Aufsicht da sind. Die kleineren Kinder dürfen das Schulgebäude nur in Begleitung älterer Schüler verlassen. Diese und andere Bestimmungen müssen streng eingehalten werden, und Übertretungen werden mit Geldstrafe belegt. Die Schüler genießen jedoch sehr viel mehr Freiheit als die Kinder aller anderen Schulen, die den Schulinspektoren bekannt sind. Diese Freiheit ist echt. Die Kinder brauchen beispielsweise nicht zum Unterricht zu gehen. Wie später noch gezeigt werden wird, nimmt die Mehrheit der Schüler trotzdem regelmäßig am Unterricht teil, wenn auch ein Schüler 13 Jahre in dieser Schule gewesen ist, ohne auch nur ein einziges Mal den Unterricht zu besuchen. Der Betreffende ist jetzt als Werkzeugmacher und Präzisionsinstrumente-Fertiger tätig. Dieser Extremfall wird hier angeführt, um nachzuweisen, daß die Kinder tatsächlich Freiheit besitzen und sie ihnen nicht entzogen wird, sobald ihre Auswirkungen sich als lästig erweisen. Die Schule ist aber nicht anarchistisch. Es gibt ein Schulparlament, das Gesetze erläßt und an dessen Sitzungen jedes Kind und jeder Lehrer teilnehmen kann. Den Vorsitz bei der Versammlung führt ein Schüler. Die Versammlung hat ein uneingeschränktes Diskussionsrecht und offensichtlich auch ein verhältnismäßig weitgehendes Recht, Gesetze zu verabschieden. Bei einer bestimmten Gelegenheit debattierte die Versammlung über die Entlassung eines Lehrers, wobei sie, wie sich herausstellte, eine ausgezeichnete Urteilsfähigkeit bewies. Solche Fälle sind jedoch selten. Im allgemeinen beschäftigt sich das Parlament mit Fragen des täglichen Gemeinschaftslebens.

Die Schulinspektoren konnten am ersten Tag der Inspektion an einer Sitzung teilnehmen. An dem betreffenden Tag standen als Hauptpunkte auf der Tagesordnung, wie sichergestellt werden könne, daß die von der Versammlung erlassenen Bestimmungen über die Zeit des Schlafengehens eingehalten würden, und das Problem, wie ein unbefugtes Betreten der Küche zu verhindern sei. Über diese Fragen wurde mit großem Nachdruck und mit ziemlich offenen Worten gesprochen. Die Diskussion verlief recht geordnet, und es wurden keine persönlichen Rücksichten genommen. Zwar wurde offensichtlich ziemlich viel Zeit mit recht fruchtlosen Debatten vergeudet, aber die Schulinspektoren möchten doch mit dem Schulleiter in der Ansicht übereinstimmen, daß die auf diese Weise gewonnene Erfahrung in der Kunst, seine Angelegenheiten selbst zu erledigen, für die Kinder wertvoller ist als die verlorene Zeit.

Es besteht kein Zweifel, daß die Mehrheit der Eltern und Lehrer keineswegs bereit wäre, Kindern in sexuellen Dingen vollkommene Freiheit zuzugestehen. Viele, die dem Schulleiter in anderen Dingen bis zu einem gewissen Grade zustimmen, würden in diesem Punkt anderer Meinung sein als er. Sie würden vielleicht seinen Standpunkt teilen, daß über sexuelle Fragen rückhaltlos gesprochen werden muß, daß den Kindern Schuldgefühle im Zusammenhang mit sexuellen Dingen genommen werden sollen und daß Verbote, die sonst auf diesem Gebiet als richtig gelten, unendlich viel Schaden angerichtet haben; in einer Schule mit Jungen und Mädchen würden sie aber doch in diesem Punkt mehr Sicherungen treffen, als der Leiter dieser Schule das tut. Es ist natürlich außerordentlich schwierig zu beurteilen, welche Folgen daraus entstehen, daß hier solche Sicherungen nicht getroffen werden. In jeder Gemeinschaft Heranwachsender machen sich sexuelle Regungen bemerkbar, und das läßt sich sicherlich nicht ändern, indem man sie mit Tabus umgibt. Im Gegenteil, dadurch werden sie nur noch angeregt. Andererseits – und dem stimmt auch der Schulleiter zu – kann man Kindern auf diesem Gebiet keine völlige Freiheit geben, selbst wenn es wünschenswert ist. Hier kann mit Sicherheit nur gesagt werden, daß es kaum möglich sein dürfte, eine Gruppe von Jungen und Mädchen zu finden, die einem so natürlich, ungehemmt und mit offenem Blick begegnen wie die Schüler dieser Schule. Katastrophen, wie man sie für möglich gehalten hätte, haben sich in den achtundzwanzig Jahren des Bestehens dieser Schule nicht ereignet.

Eine weitere sehr umstrittene Frage muß hier noch erwähnt werden. In Summerhill gibt es weder Religionsunterricht noch ein religiöses Leben. Religion ist nicht verboten, und wenn das Schulparlament beschlösse, Religionsunterricht oder Gottesdienste einzuführen, würde das wahrscheinlich geschehen. Auch wenn ein einzelner sich religiös betätigen möchte, würde er in keiner Weise daran gehindert werden. Die Kinder kommen aber alle aus Familien, die die orthodoxen christlichen Dogmen nicht als verbindlich betrachten, und bisher hat noch kein Kind irgendwelche religiösen Bedürfnisse zum Ausdruck gebracht. Ohne dem Wort „christlich“ Gewalt anzutun, läßt sich sagen, daß in dieser Schule viele Grundsätze des Christentums verwirklicht werden und sie darüber hinaus vieles aufweist, was jeder Christ billigen kann. Welche Folgen es hat, daß in der Schule überhaupt kein Religionsunterricht erteilt wird, ließ sich selbstverständlich bei einer zweitägigen Inspektion nicht beurteilen.

Wir haben es für notwendig gehalten, diese einleitenden Bemerkungen über die Schule zu machen, bevor wir zu den üblichen Gegenständen eines solchen Berichts übergingen; denn der Aufbau der Schule und alles, was in ihr geschieht, muß im Zusammenhang mit der in ihr tatsächlich herrschenden Freiheit gesehen werden.

Organisatorischer Aufbau

Die Schule hat siebzig Schüler im Alter zwischen vier und sechzehn Jahren. Sie wohnen in vier Gebäuden, über die in dem Abschnitt „Schulgebäude“ zu sprechen sein wird. Hier sei zunächst vom eigentlichen Unterricht in der Schule die Rede. Die Schüler sind in sechs Klassen aufgeteilt. Die Aufteilung erfolgt teilweise nach dem Alter, aber auch in starkem Maße nach den Fähigkeiten der einzelnen Schüler. Der Unterricht findet an fünf Vormittagen in der Woche statt. Der Stundenplan besteht aus fünf gewöhnlichen 40-Minuten-Stunden je Vormittag. Jede Klasse hat ihren bestimmten Klassenraum und wird regelmäßig von denselben Lehrern unterrichtet. Was diese Schule von anderen Schulen unterscheidet, ist, daß nicht die geringste Garantie dafür besteht, daß die Schüler zum Unterricht erscheinen. Theoretisch ist es möglich, daß sich überhaupt kein Schüler einfindet. Die Schulinspektoren haben sich, indem sie an einigen Schulstunden teilnahmen und außerdem Lehrer und Schüler befragten, allergrößte Mühe gegeben, um festzustellen, wie die Teilnahme am Unterricht in der Praxis aussieht. Soweit das zu erkennen war, nehmen die Schüler, je älter sie sind, mit desto größerer Regelmäßigkeit am Unterricht teil. Im übrigen erscheint ein Kind, das sich einmal für eine bestimmte Klasse entschieden hat, dann auch zumeist regelmäßig in dieser Klasse. Schwieriger war es schon zu beurteilen, ob die Fächer, die Arbeit der Kinder ein wohlausgewogenes Ganzes bilden. Da viele Schüler die Abschlußprüfung ablegen, hängt die Wahl der Fächer, wenn die Prüfung heranrückt, weitgehend von den Anforderungen bei dieser Prüfung ab. Die jüngeren Schüler haben dagegen vollkommen freie Wahl. Im großen und ganzen sind die Ergebnisse dieser Methode nicht gerade eindrucksvoll. Die Kinder arbeiten zwar willig und mit sehr erfreulichem Interesse, ihre tatsächlichen Leistungen sind aber doch recht schwach. Nach Ansicht der Schulinspektoren liegt das nicht an der Methode selbst, sondern vielmehr daran, daß die Methode nicht richtig funktioniert. Die Ursachen dafür dürften unter anderem sein:

1. Die Schule hat keinen guten Lehrer für die jüngeren Schüler, der deren Arbeit und Beschäftigung überwachen und koordinieren könnte.

2. Die Qualität des Unterrichts läßt ganz allgemein zu wünschen übrig. Die Unterrichtsmethoden für die ganz Kleinen sind zwar, soweit sich das beurteilen ließ, belehrend und wirkungsvoll, und auch in den höheren Klassen wird teilweise gute Lehrarbeit geleistet, es fehlt aber ganz offensichtlich ein Lehrer, der die Voraussetzungen dazu mitbringt, die Acht- bis Zehnjährigen anzuregen und zu begeistern. Teilweise werden noch überraschend altmodische Lehrmethoden benutzt. Wenn die Schüler das Alter erreichen, in dem sie sich mit schwierigeren Dingen auseinandersetzen können, zeigt sich, daß ihnen die Grundlagen dafür fehlen; das stellt die Lehrer oft vor große Probleme. Der Unterricht der älteren Schüler ist bedeutend besser und in einigen Fällen wirklich gut.

3. Die Kinder werden nicht genügend angeleitet. Es ist zwar richtig, ein fünfzehnjähriges Mädchen selbst entscheiden zu lassen, ob es Französisch und Deutsch lernen möchte, zwei Sprachen, die es vorher vernachlässigt hat, dagegen ist es wohl doch nicht ganz zu verantworten, der Schülerin nicht davon abzuraten, ihr selbstgesetztes Ziel in zwei Deutsch- und drei Französisch-Stunden je Woche erreichen zu wollen. Das Mädchen machte trotz seiner bewundernswerten Zielstrebigkeit nur recht langsam Fortschritte. Man hätte ihm für diese beiden Fächer

sehr viel mehr Zeit geben sollen. Die Schulinspektoren halten es für angebracht, daß die Schule eine Art Tutorensystem einführt, damit die Kinder bei der Zusammenstellung ihres Stundenplans und bei der Arbeit beraten werden können.

4. Die Kinder haben nicht genügend Möglichkeiten, sich irgendwo still zurückzuziehen. Der Schulleiter selbst sagte wörtlich: „In Summerhill ist es schwer, in Ruhe zu arbeiten." In der Schule herrscht ein Leben wie in einem Bienenkorb. Fast immer ist irgend etwas im Gange, das die Aufmerksamkeit und das Interesse der Kinder erregt. Kein Schüler hat ein Zimmer für sich allein, und die Schule hat auch keine Räume, die eigens für ruhige Schularbeiten bestimmt sind. Natürlich läßt sich, wenn man es unbedingt will, immer irgendwo ein ruhiges Plätzchen finden, aber die dazu erforderliche Willenskraft ist selten. Nur wenige Kinder bleiben länger als bis zu ihrem siebzehnten Lebensjahr in der Schule, obgleich dem nichts im Wege steht. Die Schule hat immer einige äußerst fähige und intelligente Kinder. Es muß aber bezweifelt werden, daß Summerhill diesen Schülern geistig alles gibt, was sie brauchen.

Andererseits leisten die Kinder, sofern sie gediegenen Unterricht erhalten, teilweise ausgezeichnete Arbeit. Die künstlerischen Leistungen der Kinder sind hervorragend. Es war kaum ein wesentlicher Unterschied zwischen der Malerei dieser Kinder und der von Schülern an vielen herkömmlichen Schulen festzustellen. Die Arbeit der Kinder auf diesem Gebiet ist, auch wenn man sie an höchsten Maßstäben mißt, gut. Auch die handwerklichen Leistungen auf vielen verschiedenen Gebieten verdienen Anerkennung. An den Tagen der Inspektion wurde gerade ein Brennofen aufgestellt; die Töpferwaren, die schon zum Brennen bereitstanden, waren in der Formgebung hervorragend. In der Weberei sind auch bereits vielversprechende Anfänge gemacht worden, und wenn die Schule einen Tretwebstuhl anschaffen würde, könnten diese Anfänge weiterentwickelt werden.

Die Schüler betätigen sich auch schriftstellerisch. Sie machen unter anderem eine eigene Wandzeitung und verfassen Theaterstücke, die in der Schule aufgeführt werden. Von diesen Stücken war während der Inspektion viel die Rede. Die Manuskripte werden jedoch meist nicht aufbewahrt, so daß der literarische Wert der Stücke nicht beurteilt werden konnte. Vor einiger Zeit führten die Schüler in ihrem kleinen Schultheater „Macbeth" auf. Bühnenausstattung und Kostüme hatten sie selbst angefertigt. Die Schulinspektoren nahmen mit Interesse zur Kenntnis, daß die Schüler sich entgegen den Wünschen des Schulleiters für dieses Stück entschieden hatten. Der Schulleiter sieht es lieber, wenn die Kinder selbstgeschriebene Stücke aufführen.

Die Leibeserziehung erfolgt entsprechend den Grundsätzen der Schule. Turnen, Sport und Spiel werden nie zur Pflicht gemacht. Die Kinder spielen mit Begeisterung Fußball, Kricket und Tennis. Die Fußballspieler sollen sehr gut sein, da einer der Lehrer auf diesem Gebiet Fachmann ist. Die Schüler kommen auch zu Wettspielen mit Mannschaften anderer Schulen in der Stadt zusammen. An einem der beiden Inspektionstage spielte Summerhill Kricket gegen eine Nachbarschule. Da der beste Spieler der gegnerischen Mannschaft krank war, hatte Summerhills Mannschaft beschlossen, ihren eigenen besten Spieler ebenfalls nicht aufzustellen.

Die Kinder verbringen viel Zeit im Freien. Da sie ein gesundes Leben führen und immer in Bewegung sind, sehen sie gut aus. Nur durch eine eingehende Untersuchung eines Fachmanns würde sich feststellen lassen, ob und in welchem Ausmaß den Kindern irgendwelche Nachteile dadurch entstehen, daß die Schule keine systematische Leibeserziehung erteilt.

Schulgebäude

Die Schule liegt in einem Gelände, das vielfache Möglichkeiten zu Spiel und Sport bietet. Das Hauptgebäude war ursprünglich ein Wohnhaus. Es enthält einen Versammlungsraum, einen Speisesaal, Krankenzimmer, einen Kunst-Raum, einen kleinen Raum für handwerkliches Arbeiten und die Schlafzimmer für die Mädchen. Die Schlaf- und Klassenzimmer für die Kleinsten sind in einem anderen, kleineren Gebäude. Die Schlafzimmer der übrigen Jungen und die anderen Klassenräume sind in Baracken im Garten untergebracht. Auch ein Teil des Lehrerkollegiums hat dort seine Schlafzimmer. Alle diese Räume haben Türen, die direkt in den Garten hinaus führen. Die Klassenräume sind klein, aber für ihre Zwecke ausreichend; denn die Zahl der Schüler einer Klasse ist nie groß. Eines der Schlafzimmer wurde, auf diese Leistung sei besonders hingewiesen, von Jungen und Lehrern ursprünglich als Krankenstation gebaut, für die bisher jedoch offensichtlich noch kein Bedarf bestanden hat. Die Schlafgelegenheiten der

Schüler sind, an normalen Maßstäben gemessen, etwas primitiv. Da der Gesundheitszustand der Schüler jedoch immer gut war, kann die Unterbringung der Kinder als zufriedenstellend bezeichnet werden. Baderäume sind in ausreichender Zahl vorhanden.

Auf den ersten Blick erscheint das Schulgebäude ungewöhnlich primitiv. Es eignet sich aber außerordentlich gut dazu, die Atmosphäre eines ständigen Ferienlagers zu erzeugen, die ein wesentliches Merkmal der Schule ist. Bei der Inspektion ließ sich außerdem erkennen, daß die Art, in der die Schule angelegt ist, den Kindern die Möglichkeit gibt, trotz der vielen Besucher, die auch an den Inspektionstagen da waren, ungestört ihrer Arbeit nachzugehen.

Lehrerkollegium

Die Lehrer erhalten außer freier Wohnung und Verpflegung ein Gehalt von acht Pfund (etwa neunzig Mark) im Monat. Es muß eine schwierige Aufgabe für den Schulleiter sein, Männer und Frauen zu finden, die nicht nur die Grundsätze Summerhills für richtig halten, sondern auch reif und ausgeglichen genug sind, um mit Kindern auf gleicher Stufe zu verkehren; sie müssen nicht nur wissenschaftlich befähigt und zugleich sehr gute Pädagogen, sondern auch noch bereit sein, für ein Gehalt von acht Pfund im Monat zu arbeiten. Als Lehrer in Summerhill gewesen zu sein gilt nicht überall als Empfehlung, und Männer und Frauen, die die erforderliche Überzeugung und Uneigennützigkeit, die notwendigen charakterlichen Eigenschaften und die unerläßliche Befähigung zum Lehrerberuf in sich vereinigen, sind selten. Es wurde bereits darauf hingewiesen, daß die Lehrer nicht allen Anforderungen entsprechen. Trotzdem sind sie sehr viel besser als die Lehrer vieler anderer Privatschulen, die viel höhere Gehälter zahlen. Das Lehrerkollegium setzt sich unter anderem aus Männern und Frauen mit folgenden akademischen Graden zusammen: ein M. A. (Hons.) Edinburgh in Englisch, ein M. A. und B. Sc. Liverpool, ein Cambridge Wrangler, ein F. A. (Hons.) London in Französisch und Deutsch und ein B. A. Cambridge in Geschichte*. Vier Mitglieder des Kollegiums

---

* B. A.: Bachelor of Arts (Bakkalaureus der Philosophischen Fakultät), B. Sc.: Bachelor of Science (B. der Naturwissenschaften), F. A.: Fellow of Arts (Dozent der Phil. Fak.), Hons.: honours degree (akademischer Grad),

haben Lehrerprüfungen abgelegt. Die Lehrer für Kunst und handwerkliche Arbeiten haben im Ausland studiert und dort Examina gemacht. Sie gehören zu den bestqualifizierten Mitgliedern des Kollegiums.

Während sie hier und da Bestärkung brauchen könnten, sind die Lehrer aber alles andere als schlecht. Wenn sie durch Fortbildungskurse und durch Besuche in anderen Schulen ihr Wissen auf den neuesten Stand bringen und ihre Erfahrungen erweitern, können sie sogar sehr gute Arbeit leisten. Andererseits darf man wohl kaum erwarten, daß ein Gehalt von 96 Pfund im Jahr (etwa 1080 Mark) ein Anreiz für den Typ des Lehrers ist, den Summerhill braucht. Es dürfte daher kein Zweifel daran bestehen, daß in dieser Hinsicht dringend etwas unternommen werden muß.

Der Schulleiter ist ein Mann von festen Überzeugungen und tiefer Aufrichtigkeit. Sein Vertrauen und seine Geduld sind offensichtlich unerschöpflich. Er besitzt die seltene Gabe, eine starke Persönlichkeit zu sein, ohne beherrschen zu wollen. Wer ihn in seiner Schule sieht, muß auch dann Achtung vor ihm haben, wenn er mit manchen seiner Ideen nicht übereinstimmt oder sie sogar völlig ablehnt. Er besitzt Humor, menschliche Wärme und einen gut entwickelten gesunden Menschenverstand. Mit diesen Eigenschaften könnte er an jeder Anstalt ein guter Schulleiter sein. Die Schüler, die wie alle Kinder durch gutes Beispiel lernen können, nehmen am glücklichen Familienleben des Schulleiters teil.

Der Schulleiter sieht Erziehung im weitesten Sinn des Wortes als Anleitung zu einem erfüllten Leben. Er wird sicherlich zugeben, daß ein Teil der in diesem Bericht geübten Kritik nicht von der Hand zu weisen ist, wird aber andererseits die Ansicht vertreten, daß die Schule nicht so sehr mit dem Wissen steht oder fällt, das sie ihren Schülern vermittelt, als vielmehr mit dem Urteil darüber, was für Menschen sie aus den Kindern werden läßt. Auf dieser Grundlage läßt sich folgendes sagen:

1. Die Kinder sind voller Leben und Tatendrang. Von Langeweile und Apathie war keine Spur zu entdecken. In der Schule herrscht eine

---

M. A.: Master of Arts (Magister der Phil. Fak.), Wrangler: Student in Cambridge, der bei der höchsten mathematischen Abschlußprüfung den 1. Grad erhalten hat.

Atmosphäre der Zufriedenheit und der Duldsamkeit. Die Zuneigung, die ihr ehemalige Schüler bewahren, beweist, daß die Schule Erfolg hat. Im Durchschnitt nehmen etwa dreißig Ehemalige an der Theateraufführung und dem Abschlußball am Ende des Tertials teil. Viele von ihnen verbringen ihre Ferien oder ihren Urlaub in Summerhill.

An dieser Stelle sei erwähnt, daß die Schule früher fast ausschließlich von „schwer erziehbaren“ Kindern besucht wurde, während die Schülerschaft jetzt einen verhältnismäßig normalen Querschnitt der Kinder ihres Alters darstellt.

2. Das Benehmen der Kinder ist ausgezeichnet. Hier und da fehlt es ihnen vielleicht an Manieren im herkömmlichen Sinn, aber sie sind so freundlich, so unbefangen und natürlich, so frei von allen Hemmungen und jeder Scheu, daß man mit ihnen sehr gut umgehen kann.

3. Initiative, Verantwortungsgefühl und Integrität der Kinder werden durch die Methoden der Schule nicht nur gefordert, sondern, soweit sich das beurteilen läßt, auch entwickelt.

4. Die vorliegenden Unterlagen geben keinen Hinweis darauf, daß die Schüler von Summerhill sich nach ihrer Entlassung nicht in eine normale Umwelt einfügen könnten. Die im folgenden gemachten Angaben ergeben natürlich kein vollständiges Bild, lassen aber doch erkennen, daß kein Schüler von Summerhill im Leben zwangsläufig ohne Erfolg bleiben muß. Zu den Ehemaligen von Summerhill zählen ein Hauptmann bei den R.E.M.E. (Royal Electrical Mechanical Engineers), ein Battery Q.M.S. (Bataillons-Quartiermeister im Range eines Stabsfeldwebels), ein Major der Luftwaffe, der als Bomberpilot Dienst tut, eine Kinderschwester, eine Stewardeß, ein Klarinettist bei der Grenadier-Garde, ein Beit Fellow des Imperial College, ein Ballett-Tänzer im Ensemble der Oper Sadler's Wells, ein Funker, der zugleich für eine große überregionale Tageszeitung Kurzgeschichten schreibt, und ein Marktforscher bei einer großen Firma. Ehemalige Schüler haben unter anderem folgende akademische Grade erworben: F. A. Hons. Econ. Cambridge; Scholar Royal College of Art; B. Sc., 1st Class Hons. Physik, London; B. A. Hons. Geschichte, Cambridge; B. A. 1st Class Hons. Neue Sprachen, Manchester.

5. Die pädagogischen Theorien des Schulleiters machen Summerhill zu einer Schule, die außergewöhnlich gut geeignet ist für eine Erziehungs- und Bildungsmethode, die so wesentlich auf die Interessen der Kinder abgestellt ist und bei der der Unterricht nicht über Gebühr von

Prüfungsanforderungen bestimmt wird. Es ist eine Leistung, eine Atmosphäre geschaffen zu haben, in der geistige Bildung gedeihen könnte; nur gedeiht sie leider nicht, und so wird eine gute Möglichkeit vertan. Wenn der Unterricht für alle Altersstufen und vor allem für die kleineren Kinder verbessert würde, könnte sich ein wirklich geistiges Leben entwickeln. Damit würde dem außerordentlich interessanten Experiment Summerhill erst wirklich Gelegenheit gegeben, sich zu bewähren.

Es bleiben einige Zweifel bezüglich der Grundsätze und der Methoden bestehen. Eine genauere und längere Kenntnis der Schule würde vielleicht einige dieser Zweifel beseitigen, andere verstärken. Kein Zweifel besteht jedoch daran, daß in Summerhill faszinierende und wertvolle erzieherische Forschungsarbeit geleistet wird, die zu beobachten für alle Pädagogen von Nutzen wäre.

Bemerkungen zum Bericht der Schulbehörde

Wir hatten wirklich Glück, daß man uns zwei aufgeschlossene Inspektoren schickte. Die Anrede „Herr" schmissen wir gleich anfangs über Bord. Während des zweitägigen Besuchs hatten wir ein paar ganz freundschaftliche Streitfragen.

Ich hatte das Gefühl, daß Schulinspektoren gern vor einer Klasse ein Französischbuch in die Hand nehmen und mit ihr ein Quiz veranstalten, um zu sehen, was die Schüler wissen. Ich sagte also, es hätte wenig Sinn, Ausbildung und Kenntnisse dieser Art zu prüfen, wenn man den Wert einer Schule kennenlernen will, in der der Unterricht nicht an erster Stelle steht. Zu einem der beiden sagte ich: „Sie können hier eigentlich gar nicht inspizieren, denn unsere Kriterien sind Glück, Aufrichtigkeit, Ausgeglichenheit und Sinn für die Gemeinschaft." Er grinste und meinte, ein Versuch könne wohl nicht schaden. Und beide Inspektoren paßten sich den Umständen vorzüglich an und hatten offensichtlich ihre Freude an dem, was vorging.

Seltsame Dinge fielen ihnen auf. So sagte einer: „Was für ein angenehmer Schock, wenn man ein Schulzimmer betritt und die Kinder gar keine Notiz davon nehmen. Jahrelang habe ich Klassen von ihren Bänken aufspringen sehen, sobald ich das Zimmer betrat." Ja, wir hatten Glück mit den beiden.

Aber zum Bericht selbst: „Die Schulinspektoren waren etwas erstaunt, daß der Schulleiter über große finanzielle Schwierigkeiten klagte ...“ Die Antwort darauf liegt hauptsächlich in den großen Schulden, aber das ist noch nicht alles. In dem Bericht wird ein jährliches Schulgeld von £ 120 erwähnt, doch seither haben wir versucht, die Preissteigerungen der letzten Jahre mit einer Schulgelderhöhung auf rund £ 250 im Jahr wettzumachen. Diese Summe erlaubt keine großen Ausbesserungsarbeiten an den Schulgebäuden, keine Anschaffung neuer Geräte usw. Man muß bedenken, daß die Beschädigungen durch Schüler in Summerhill größer sind als in einer disziplinierten Schule. Die Summerhill-Kinder dürfen ihre Rowdyperiode durchleben, und dabei geht natürlich mehr Mobiliar zu Bruch.

In dem Bericht heißt es, wir hätten siebzig Kinder. Heute sind es nur noch 45 Kinder, wodurch die Schulgelderhöhung bis zu einem gewissen Grad wieder ausgeglichen wird.

Der Bericht spricht davon, daß unsere jüngeren Schüler schlechten Unterricht erhalten. Diese Schwierigkeit hat von Anfang an bestanden. Selbst ein ausgezeichneter Lehrer hätte es schwer, das Pensum einer gewöhnlichen Privatschule zu bewältigen – einfach deswegen, weil die Kinder andere Dinge tun dürfen. Wenn es zehn- oder zwölfjährigen Kindern in einer Privatschule erlaubt wäre, auf Bäumen herumzuklettern oder Löcher zu graben, statt am Unterricht teilzunehmen, dann wäre ihr Leistungsstand wie unserer. Doch wir finden uns damit ab, daß es für unsere Jungen und Mädchen einen Zeitraum gibt, in dem ihr Leistungsstand niedriger sein muß. Es scheint uns wichtiger, daß sie während dieses Zeitraums spielen, als daß sie lernen.

Selbst wenn wir das rückständige Wissen unserer jüngeren Schüler wichtig nehmen müßten, würde dadurch nicht die Tatsache aus der Welt geschafft, daß diese Schüler ein Jahr später in der Oberstufe die von der Universität Oxford vorgeschriebenen Prüfungen mit sehr guten Ergebnissen bestehen. Diese Schüler wurden in insgesamt 39 Fächern geprüft, ein Durchschnitt von 6,5 Fächern pro Schüler. Die Resultate waren 24 mal „sehr gut“, das ist besser als 70 Prozent. In allen 39 Prüfungen gab es nur einen Mißerfolg. Wenn also ein Summerhill-Schüler der Unterstufe nicht den regulären Leistungsstand erreicht, so bedeutet das nicht, daß sein Leistungsstand in der Oberstufe niedrig ist.

Ich persönlich habe Spätentwickler immer gern gehabt. Ich habe eine ganze Reihe von Kindern gesehen, die als Vierjährige Milton aufsagen konnten und als Vierundzwanzigjährige Betrunkene und Faulenzer waren. Es freut mich, einen 53jährigen Mann zu treffen, der nicht recht weiß, was er im Leben sein wird. Ich habe so das Gefühl, daß ein Junge, der schon mit sieben Jahren weiß, was er mal sein wird, sich später vielleicht unterordnen und dem Leben mit einer konservativen Einstellung gegenübertreten wird.

Im Bericht heißt es: „Es ist eine Leistung, eine Atmosphäre geschaffen zu haben, in der geistige Bildung gedeihen könnte; nur gedeiht sie leider nicht, und so wird eine gute Möglichkeit vertan.“ Das ist der einzige Abschnitt, in dem die beiden Inspektoren nicht über ihre akademische Voreingenommenheit hinauskamen. Unser System führt immer dann zum Erfolg, wenn ein Kind eine gute geistige Bildung *wünscht,* wie unsere Prüfungsergebnisse beweisen. Doch vielleicht meinten die Inspektoren, daß ein besserer Unterricht in der Unterstufe mehr Kinder *wünschen* ließe, die Reifeprüfung abzulegen.

Ist es nicht an der Zeit, der geistigen Erziehung ihren Platz zuzuweisen? Nur zu oft ist sie ein Versuch am falschen Objekt und soll dazu dienen, aus unedlen Stoffen Gold zu machen. Ich frage mich, was geistige Bildung für manche unserer alten Summerhill-Schüler bedeutet hätte – einen Modeschöpfer, einen Friseur, einen Ballett-Tänzer, ein paar Musiker, Kindergärtnerinnen, Mechaniker, Ingenieure und ein halbes Dutzend Künstler.

Doch ist der Bericht gerecht, ehrlich und großzügig. Ich veröffentliche ihn, einfach weil es gut ist, daß der Leser eine Ansicht über Summerhill vorgelegt bekommt, die nicht von mir stammt. Natürlich bedeutet der Bericht keine amtliche Anerkennung von Seiten des Unterrichtsministeriums. Mir persönlich macht das nichts aus, doch wäre eine Anerkennung aus zwei Gründen willkommen gewesen: den Lehrern der Schule wäre bei Erreichung der Altersgrenze staatliche Pension zuteil geworden, und die Eltern hätten bessere Aussichten, für die Schüler von ihren örtlichen Behörden eine Studienhilfe zu erhalten.

Ich möchte hier feststellen, daß Summerhill niemals irgendwelche Schwierigkeiten mit dem Unterrichtsministerium hatte. Bei jeder Anfrage, bei jedem Besuch ist mir das Ministerium höflich und freundlich entgegengekommen. Eine Ausnahme bildet nur jener Fall, als das Ministerium den Eltern eines skandinavischen Schülers unmittelbar nach dem Krieg die Erlaubnis versagte, Fertighäuser einzuführen und kostenlos aufzustellen.

Wenn ich daran denke, in welchem Maß Privatschulen in europäischen Ländern der Regierungsgewalt unterstehen, dann lebe und arbeite ich gern in einem Land, das privatem Einsatz so viel Spielraum läßt. Ich bin tolerant zu den Kindern; das Ministerium ist tolerant zu mir. Ich bin zufrieden.

Die Zukunft Summerhills

Ich bin jetzt 75 Jahre alt und glaube, ich werde kein neues Buch über Erziehungsfragen mehr schreiben, weil ich wenig Neues zu sagen habe. Aber was ich zu sagen habe, spricht ein bißchen zu meinen Gunsten. Ich habe die vergangenen 40 Jahre nicht damit verbracht, *Theorien* über Kinder niederzuschreiben. Der Großteil dessen, was ich geschrieben habe, beruht auf Erfahrungen mit den Kindern, die bei mir lebten. Es ist wahr: Freud, Homer Lane und andere haben mich beeinflußt. Aber mit der Zeit habe ich auch Theorien über Bord geschmissen, wenn sie der Prüfung durch die Wirklichkeit nicht standhielten.

Der Schriftsteller hat einen seltsamen Beruf. Wie ein Rundfunksender schickt er eine Art Botschaft aus an Menschen, die er nicht sieht, an Menschen, die er nicht zählen kann. Ich habe eine besondere Art von Publikum gehabt. Das offizielle Publikum – wie man es vielleicht nennen könnte – kennt mich nicht. Die BBC würde mich sicher nie zu einem Rundfunkvortrag über Erziehungsfragen auffordern. Keine Universität, meine eigene Universität (Edinburgh) eingeschlossen, würde jemals auf den Gedanken kommen, mich zum Ehrendoktor zu machen. Wenn ich vor Studenten der Universität Oxford oder Cambridge einen Vortrag halte, kommen weder Professoren noch Dozenten zu mir. Ich glaube, ich bin darauf ziemlich stolz, und hätte das Gefühl, altmodisch geworden zu sein, wenn mich die offiziellen Stellen anerkennen würden.

Es gab eine Zeit, da ärgerte es mich, daß die Londoner „Times" keinen Leserbrief von mir veröffentlichen wollte. Heute fasse ich ihre Ablehnung als Kompliment auf.

Ich will nicht behaupten, daß ich über den Wunsch, anerkannt zu werden, hinausgewachsen bin. Doch das Alter bringt Veränderungen mit sich – besonders, was Wertbegriffe angeht. Vor kurzem hielt ich einen Vortrag vor siebenhundert Schweden, die eine Halle für sechshundert Menschen vollstopften, und ich fühlte mich weder erhoben noch eingebildet. Ich dachte wirklich, sowas ließe mich völlig kalt, bis ich mir selbst die Frage stellte: Was hättest du gefühlt, wenn das Publikum aus zehn Zuhörern bestanden hätte? Antwort: Ich hätte mich verdammt geärgert. Wenn also auch der positive Stolz fehlt, so doch nicht der negative Ärger.

Der Ehrgeiz stirbt mit dem Alter. Anerkennung ist etwas anderes. Sehe ich ein Buch, sagen wir mit dem Titel „Die Geschichte der fortschrittlichen Schulen“, so gefällt es mir nicht, wenn in diesem Buch meine Arbeit ignoriert wird. Ich habe bisher niemand getroffen, dem die Anerkennung seiner Arbeit oder Ideen gleichgültig gewesen ist.

Das Alter hat etwas Komisches an sich. Jahrelang habe ich mich bemüht, zur Jugend durchzudringen – jungen Studenten, jungen Lehrern, jungen Eltern –, und habe das Alter als Hemmschuh des Fortschritts angesehen. Jetzt, da ich alt bin – einer der alten Männer, gegen die ich so lange gepredigt habe – fühle ich anders. Als ich kürzlich vor dreihundert Studenten in Cambridge sprach, fühlte ich mich als der Jüngste im Saal. Tatsächlich! Ich sagte zu den Studenten: „Warum muß ein alter Mann wie ich kommen und Ihnen etwas über *Freiheit* sagen?“ Heute denke ich nicht in den Begriffen von Jugend und Alter. Ich glaube, die Jahre haben wenig mit dem eigenen Denken zu tun. Ich kenne zwanzigjährige Burschen, die neunzig, und Sechzigjährige, die zwanzig sind. Ich denke in Begriffen wie Frische, Begeisterung, Fehlen von Konservatismus, von Abgestorbensein, von Pessimismus.

Ich weiß nicht, ob ich gereifter geworden bin. Ich kann Dummköpfe jetzt noch weniger ausstehen als früher, eine langweilige Unterhaltung irritiert mich heute mehr, und ich bin weniger an der Lebensgeschichte der Leute interessiert. Allerdings sind mir in den letzten dreißig Jahren auch zu viele davon zugemutet worden. Ich bin auch weniger an Dingen interessiert und möchte nur selten etwas kaufen. Seit Jahren habe ich nicht mehr in das Schaufenster eines Bekleidungsgeschäftes gesehen. Und selbst meine geliebten Werkzeuggeschäfte in der Euston Road haben heute keine Anziehungskraft mehr auf mich.

Wenn ich jetzt auch ein Stadium erreicht habe, in dem mich Kinderlärm mehr als früher stört, so kann ich doch nicht sagen, daß das Alter Ungeduld mit sich gebracht hat. Ich kann immer noch zusehen, wie ein Kind alles falsch macht, all seine alten Komplexe abreagiert, und ich weiß noch immer, daß dieses Kind mit der Zeit ein guter Staatsbürger werden wird. Das Alter verringert die Angst. Aber es vermindert auch den Mut. Wenn vor Jahren ein Junge aus dem Fenster zu springen drohte, wenn etwas nicht nach seinem Willen ging, so konnte ich ihm damals mit Leichtigkeit sagen: „Spring nur!" Ich bin nicht so sicher, ob ich das heute noch könnte.

Eine Frage wird mir oft gestellt: „Ist Summerhill nicht ein Ein-Mann-Betrieb? Kann die Schule ohne Sie weiterbestehen?" Summerhill ist keineswegs ein Ein-Mann-Betrieb. Für die tägliche Arbeit in der Schule sind meine Frau und die Lehrer genauso wichtig wie ich. *Es sind die Ideen der Nichteinmischung in das Heranwachsen des Kindes und des Verzichts auf jeglichen Druck, die Summerhill zu dem machen, was es ist.*

Kennt man Summerhill überall in der Welt? Kaum. Nur eine Handvoll von Pädagogen wissen von der Schule. Am besten ist Summerhill in Skandinavien bekannt. Dreißig Jahre lang hatten wir Schüler aus Norwegen, Schweden und Dänemark – manchmal zwanzig zur selben Zeit. Auch Schüler aus Australien, Neuseeland, Südafrika und Kanada waren da. Meine Bücher wurden in viele Sprachen übersetzt, darunter Japanisch, Hebräisch, Hindi und Gudscharati. In Japan hat Summerhill einen gewissen Einfluß ausgeübt. Vor über 30 Jahren besuchte uns Seishi Shimoda, ein hervorragender Pädagoge. Alle seine Übersetzungen meiner Bücher haben sich gut verkauft, und ich habe gehört, daß sich in Tokio Lehrer zusammenfinden, um unsere Methoden zu diskutieren. Auch 1958 verbrachte Seishi Shimoda einen Monat bei uns. Der Leiter einer Schule im Sudan erzählte mir, daß manche sudanesischen Lehrer großes Interesse an Summerhill zeigen.

Ich mache diese Angaben über Übersetzungen, Besuche und Briefwechsel ohne jede Illusion. Haltet tausend Menschen in der Oxford Street an und fragt sie, was das Wort Summerhill bedeutet. Wahrscheinlich kennt keiner von ihnen den Namen. Man sollte seinen Sinn für Humor in der Frage der eigenen Bedeutung oder des Mangels daran pflegen.

Ich glaube nicht, daß die Welt die Erziehungsmethode Summerhills sehr lange anwenden wird – sollte sie sie überhaupt jemals anwenden. Vielleicht findet sie eine bessere Methode. Nur ein Hohlkopf würde annehmen, daß mit seiner Arbeit das letzte Wort zum Thema gesprochen worden ist. Die Welt *muß* einen besseren Weg finden. Denn die Politik wird die Menschheit nicht retten. Sie hat das nie getan. Die meisten politischen Zeitungen strotzen ständig von Haß. Zu viele sind nur sozialistisch, weil sie die Reichen hassen, nicht weil sie die Armen lieben.

Wie kann es bei uns ein glückliches Heim geben, in dem man Liebe findet, wenn jedes Heim nur ein Ausschnitt eines Landes ist, in dem es hunderterlei sozialen Haß gibt? Sie sehen, warum ich Erziehung nicht als eine Frage von Prüfungen, Klassen und Lernen betrachte. Die Schule drückt sich um die entscheidende Frage herum: Alles Griechisch, alle Mathematik und Geschichte in der Welt werden nicht mehr Liebe in unser Zuhause bringen, die Kinder nicht von ihren Hemmungen, die Eltern nicht von ihren Neurosen befreien.

Die Zukunft Summerhills selbst mag von geringer Bedeutung sein. Doch die Zukunft der Summerhill-Idee ist für die Menschheit sehr wichtig. Neue Generationen müssen die Chance erhalten, in Freiheit aufzuwachsen. Wer Freiheit schenkt, gibt Liebe. Und nur Liebe kann die Welt retten.

II *Kindererziehung*

Das unfreie Kind

Das geformte, abgerichtete, disziplinierte, gehemmte Kind findet man überall auf der Welt. Man braucht bloß über die Straße zu sehen. Es sitzt in einer ungemütlichen Bank in einer ungemütlichen Schule. Später wird es an noch ungemütlicheren Schreibtischen in einem Büro sitzen oder an einer Werkbank in der Fabrik. Ein solches Kind ist fügsam, gehorcht der Autorität aufs Wort, fürchtet sich vor Kritik und wünscht fast fanatisch, normal, konventionell und korrekt zu sein. Es nimmt alles, was ihm beigebracht wird, beinahe ohne Frage hin und wird all seine Komplexe, seine Ängste und seine Frustration an die eigenen Kinder weitergeben.

Psychologen haben behauptet, daß den Kindern in den ersten fünf Lebensjahren die meisten psychischen Schäden zugefügt werden. Vielleicht kommt man der Wahrheit näher, wenn man sagt, es sind die ersten fünf Monate des Lebens oder die ersten fünf Wochen oder sogar die ersten fünf Minuten, in denen ein Kind so geschädigt werden kann, daß es sein ganzes Leben darunter zu leiden hat.

Die Unfreiheit beginnt schon mit der Geburt oder vielmehr: schon lange vor der Geburt. Wenn eine gehemmte, körperlich steife Frau ein Kind kriegt, wer kann da sagen, welche Auswirkungen ihre Steifheit auf das neugeborene Kind hat?

Es ist vielleicht keine Übertreibung zu sagen, daß alle Kinder unserer Gesellschaft in einer lebensfeindlichen Atmosphäre geboren werden. Die Verfechter der Fütterung nach Stundenplan sind im Grunde Feinde des Genusses. Sie wollen das Kind beim Stillen disziplinieren, weil das Stillen ohne Stundenplan in ihnen die Vorstellung orgastischen Genusses an der Brust hervorruft. Das Ernährungsargument ist meist nur eine Rationalisierung, ein vorgeschobener Vernunftgrund für ein unvernünftiges Motiv, aus dem heraus sie das Kind zu einer Kreatur drillen möchten, die die Pflicht über den Genuß stellt.

Stellen wir uns das Leben eines durchschnittlichen Lateinschülers vor, den wir John Smith nennen können. Seine Eltern gehen nur ab und zu in die Kirche, doch bestehen sie darauf, daß John jede Woche in die Sonntagsschule geht. Die Eltern hatten geheiratet, weil sie sich sexuell zueinander hingezogen fühlten und heiraten mußten, weil man in ihren Kreisen nur sexuell zusammenleben kann, wenn man „anständig" ist – und das heißt nun mal: verheiratet. Wie das so oft passiert: die sexuelle Anziehung reichte nicht aus, und unterschiedliche Temperamente machten das Heim zu einem Ort der Spannung, in dem es gelegentlich zu lauten Streiten zwischen den Eltern kam. Es gab auch viele zärtliche Momente, aber der kleine John hielt die lauten Streite für normal, denn sie trafen ihn am Solarplexus. Er begann, sich zu fürchten, weinte und kriegte einen Klaps, weil er ohne Grund weinte.

Von Anfang an wurde er also dressiert. Nur zu bestimmten Zeiten Nahrung zu erhalten frustrierte ihn stark. War er hungrig, so sagte die Uhr, daß er erst in einer Stunde Nahrung bekommen durfte. Er war in zu viele Tücher gewickelt, die ihm keinen Raum ließen. Er merkte, daß er nicht so frei strampeln konnte, wie er mochte. Die bei der Fütterung erlittene Frustration verleitete ihn zum Daumenlutschen. Aber der Hausarzt sagte, man dürfe John gar nicht erst schlechte Gewohnheiten annehmen lassen, und Mama wurde beauftragt, Johns Arme festzubinden oder eine übelriechende Substanz auf seine Fingerspitzen zu schmieren. Solange er Windeln trug, kümmerte man sich nicht um seine körperlichen Bedürfnisse. Sobald er jedoch zu kriechen begann und auf den Fußboden machte, flogen Wörter wie „unartig" und „schmutzig" durchs Haus, und die Sauberkeitserziehung nahm einen grimmigen Anfang.

Vorher schon hatte man ihm die Hände weggezogen, wenn er sein Geschlechtsteil berührte. Und schon bald brachte er das Genitalverbot mit dem bereits erworbenen Ekel vor Kot in Verbindung. Als er Jahre später als Handelsvertreter reiste, bestand sein Repertoire an Geschichten aus einer ausgewogenen Anzahl von Zoten und Toiletteninschriften.

Ein Großteil seiner Erziehung wurde durch Verwandte und Nachbarn bewerkstelligt. Vater und Mutter waren ängstlich bemüht, sich richtig zu verhalten, und wenn Verwandte oder die Nachbarn von nebenan kamen, mußte sich John als wohlerzogenes Kind präsentieren. Er mußte „dankeschön" sagen, wenn ihm die Tante ein Stück Schokolade gab, und er mußte bei Tisch auf seine Manieren achten. Besonders wichtig war, daß er den Mund hielt, wenn die Erwachsenen sprachen.

Seine scheußlichen Sonntagsanzüge waren ein Zugeständnis an die Nachbarn. Hand in Hand mit dieser Erziehung zur Anständigkeit ging ein kompliziertes Lügensystem — ein System, dessen er sich für gewöhnlich nicht bewußt war. Die Lüge trat schon früh in sein Leben. Man sagte ihm, daß der liebe Gott keine unartigen Jungen mag, die „verdammt" sagen, und ihn der Schaffner verprügeln würde, wenn er im Korridor des Eisenbahnwagens herumliefe.

Wollte er etwas über die Ursprünge des Lebens erfahren, beantwortete man seine Neugier mit plumpen Lügen, die seine Neugier zum Verschwinden brachten. Als ihn seine Mutter dabei überraschte, wie er mit seiner vierjährigen Schwester und dem Mädchen von nebenan mit den Genitalien spielte, wurden die Lügen über das Leben auch noch mit Ängsten verbunden. Die Prügel, die folgten (der Vater gab seinen Teil dazu, als er von der Arbeit nach Hause kam), vermittelten John ein für allemal die Lehre, daß Sexualität so schmutzig und sündhaft ist, daß man nicht einmal daran denken darf. Der arme John mußte also sein sexuelles Interesse unterdrücken, bis er in das Pubertätsalter kam, ein Alter, in dem er im Kino schallend lachen mußte, wenn im Film eine Frau sagte, sie sei im dritten Monat schwanger.

Auf geistigem Gebiet war Johns Laufbahn normal. Er lernte leicht und entging dadurch dem Hohn und den Strafen, die ihm von einem dummen Lehrer vielleicht zuteil geworden wären. Er verließ die Schule mit einem oberflächlichen, meist unnützen Wissen und einer Kultur, die sich in billigen Boulevardblättern, seichten Filmen und abgedroschenen Kriminalromanen erschöpfte.

Für John bedeutete der Name Colgate nur Zahnpasta. Beethoven und Bach waren aufdringliche Burschen, die einem immer in die Quere kommen, wenn man versucht, einen Sender ins Radio zu kriegen, der Elvis Presley oder Bix Beiderbecke spielt.

John Smiths reicher Vetter, Reginald Worthington, ging in eine Privatschule. Doch seine Entwicklung ähnelte im wesentlichen der des armen John. Er nahm das Zweitrangige im Leben ebenso hin wie dieser, unterwarf sich ebenso fügsam dem Bestehenden und verneinte Liebe und Freude auf die gleiche Weise.

Sind diese Bilder von John und Reginald einseitige Karikaturen? Nicht eigentlich Karikaturen, denn ich habe meine Schilderung noch nicht beendet. Ich habe die warme Menschlichkeit der beiden nicht erwähnt, eine Menschlichkeit, die auch die übelste Charakterformung überlebt. Die Smiths und Worthingtons in unserem Leben sind im allgemeinen sittsame, freundliche Leute, voll kindischen Glaubens und Aberglaubens, voll kindlichen Vertrauens und kindlicher Hingebung. Sie sind mit ihresgleichen die braven Staatsbürger, die die Gesetze machen und Menschlichkeit verlangen. Sie bestimmen, daß Tiere auf humane Weise getötet und daß Haustiere ordentlich gepflegt werden müssen. Doch wenn es um die Unmenschlichkeit des Menschen gegenüber dem Menschen geht, machen sie schlapp. Gedankenlos billigen sie ein grausames, unchristliches Strafrecht, billigen sie den Mord an anderen Menschen in einem Krieg als Naturereignis.

John und sein reicher Vetter haben nichts dagegen, daß die Gesetze über Liebe und Ehe dumm, unfreundlich und voller Haß sind. Sie sind damit einverstanden, daß in der Liebe für die Männer andere Vorschriften gelten als für die Frauen. Das Mädchen, das sie heiraten, muß Jungfrau sein. Wenn man sie fragt, ob *sie* Jungfrauen sind, dann runzeln sie die Stirn und sagen: „Bei einem Mann ist das anders!"

Beide sind zuverlässige Stützen des patriarchalischen Staates, selbst wenn sie diesen Begriff noch nie gehört haben. Man hat sie genauso geformt, wie sie der patriarchalische Staat für sein Fortbestehen braucht. Ihre Emotionen sind eher Massenemotionen als individuelle Gefühle.

Lange nachdem sie die Schule verlassen haben – die sie als Jungen haßten –, erklären sie: „Ich bin in meiner Schule geprügelt worden, und es hat mir sehr gut getan!" Und mit dieser Behauptung jagen sie ihre Söhne in die gleiche oder eine ähnliche Schule. Psychologisch gesehen, heißt dies, daß sie den Vater ohne konstruktive Auflehnung akzeptieren. Und so wird die Tradition der Vaterautorität von Generation zu Generation weitergegeben.

Um das Porträt John Smiths zu vervollkommnen, sollte ich kurz das Leben seiner Schwester Mary beschreiben – kurz, weil ihre bedrückende Umwelt im großen und ganzen die gleiche ist, die ihren Bruder erstickt. Für sie hat das Leben jedoch besondere Nachteile, die John nicht kennt. In einer patriarchalischen Gesellschaft ist sie entschieden minderwertiger, und sie wird in diesem Wissen erzogen. Wenn ihr Bruder liest oder spielt, muß sie die Hausarbeit erledigen. Und wenn sie einen Beruf ergreift, erfährt sie, daß sie weniger verdient als ein Mann.

Gewöhnlich wird Mary nicht gegen ihren niedrigeren Status in einer vom Mann geformten Gesellschaft rebellieren. Der Mann sorgt für gewisse Kompensationen, wie wertlos diese auch immer sind. Sie steht im Mittelpunkt guter Manieren. Sie wird mit Hochachtung behandelt. Ein Mann steht auf, wenn sie steht. Ein Mann fragt sie, ob sie ihn wohl gnädigst heiraten wolle. Auf subtile Weise wird ihr beigebracht, daß es eine ihrer wichtigsten Aufgaben sei, so entzückend wie möglich auszusehen. Folglich werden viele Millionen mehr für Kleider und Schönheitspflege ausgegeben als für Bücher und Schulen.

Auf sexuellem Gebiet ist Mary so unwissend und gehemmt wie ihr Bruder. In der patriarchalischen Gesellschaft haben die Männer verfügt, daß ihre Frauen rein, jungfräulich und unschuldig sein müssen. Es ist nicht Marys Schuld, daß sie in dem ehrlichen Glauben aufgewachsen ist, die Gemüter der Frauen seien reiner als die der Männer. Auf eine fast mystische Weise haben ihr die Männer eingetrichtert, daß ihre Lebensaufgabe nur in der Erzeugung von Nachkommen besteht und der sexuelle Genuß dem Mann vorbehalten ist.

Von Marys Großmutter und wahrscheinlich auch von ihrer Mutter wurde angenommen, daß sie keine sexuellen Bedürfnisse hatten, bis der richtige Mann kam und das Dornröschen weckte. Mary ist über diese Phase hinaus, aber nicht so weit, wie wir gern glauben möchten. Ihr Liebesleben wird von der Furcht vor Schwangerschaft beherrscht, denn sie weiß, daß sie mit einem unehelichen Kind sehr wahrscheinlich keinen Mann bekommt.

Eine der großen Aufgaben unserer Zeit und der nächsten Zukunft wird es sein, die verdrängte Sexualenergie und ihr Verhältnis zur Krankheit zu untersuchen. Unser John Smith stirbt vielleicht an einer Nierenkrankheit und Mary Smith an Krebs. Und keiner von beiden wird sich fragen, ob das eigene, enge, gehemmte Gefühlsleben in Zusammenhang mit der Krankheit steht. Eines Tages wird die Menschheit vielleicht all ihr Elend, ihren Haß und ihre Krankheiten auf eine besondere Gesellschaftsordnung zurückführen, die im wesentlichen lebensfeindlich ist. Wenn ein starrer Charakter zu einem ungelenken

Körper führt, dann dürfte es wohl logisch sein, daß die gleiche starre Leblosigkeit den Pulsschlag in jedem lebenswichtigen Organ behindert.

Zusammenfassend möchte ich sagen, mein Standpunkt ist, daß unfreie Erziehung zu einem Leben führt, das nicht voll gelebt werden kann. Eine solche Erziehung ignoriert fast völlig die *Emotionen* des Lebens. Und da diese Emotionen dynamisch sind, muß der Mangel an Möglichkeiten, sie auszudrücken, zu Unbehagen, Garstigkeit und Gehässigkeit führen. Nur der Kopf ist erzogen. Wenn wirklich freie Gefühle erlaubt sind, wird der Verstand schon für sich selbst sorgen.

Es ist tragisch für den Menschen, daß sein Charakter wie der des Hundes geformt werden kann. Man kann nicht den Charakter einer Katze formen – ein Tier, das dem Hund überlegen ist. Man kann einem Hund ein schlechtes Gewissen beibringen, aber einer Katze kann man überhaupt kein Gewissen geben. Trotzdem ziehen die meisten Menschen den Hund vor, weil sein Gehorsam und sein schmeichlerisches Schwanzwedeln ein sichtbarer Beweis für die Überlegenheit und die Trefflichkeit des Herrn sind.

Die Erziehung des kleinen Kindes ähnelt sehr der Dressur eines Hundes. Das geschlagene Kind wird wie das verprügelte Hündchen zu einem folgsamen, duckmäuserischen Wesen. Und wie wir einen Hund zu unseren eigenen Zwecken abrichten, so erziehen wir auch unsere Kinder. Im Kinderzimmer wie im Zwinger: die menschlichen Hunde müssen reinlich sein, sie dürfen nicht zuviel bellen, sie müssen der Pfeife gehorchen, sie müssen essen, wann es uns paßt.

Ich sah, wie 1935 hunderttausend folgsame, kriecherische Hunde auf dem Tempelhofer Feld in Berlin mit dem Schwanz wedelten, als der große Trainer Hitler seine Befehle pfiff.

Ich möchte ein paar „Hinweise für werdende Mütter" zitieren, die vor einigen Jahren vom Krankenhaus des medizinischen Colleges für Frauen in Pennsylvania veröffentlicht wurden.

„Daumenlutschen kann verhindert werden, indem man die Arme des Kindes in Pappröhren steckt, so daß die Arme im Ellbogengelenk nicht abgebogen werden können."

„Intime Körperteile. Sie sollten peinlich sauber gehalten werden, um Unbehagen, Krankheit und *die Bildung schlechter Gewohnheiten zu vermeiden.*" (Hervorhebung von mir.)

Ich mache die Ärzte weitgehend für die falsche Kindererziehung verantwortlich. Im allgemeinen haben Ärzte keine Ausbildung in

Fragen der Kindererziehung, doch ist für viele Frauen das Wort eines Arztes die Stimme Gottes. Wenn er sagt, das Kind muß Schläge erhalten, wenn es onaniert, dann weiß die arme Mutter nicht, daß aus dem Arzt nur die eigenen sexuellen Schuldgefühle sprechen und nicht sein ärztliches Wissen über die Natur des Kindes. Ich werfe den Ärzten vor, daß sie einen albernen Stundenplan verordnen, nach dem das Kind ernährt werden soll, daß sie Abschreckungsmittel gegen das Daumenlutschen verschreiben und verbieten, mit dem Baby zu spielen und ihm Freiheit zu geben.

Problematisch ist nur jenes Kind, dem Sauberkeit und sexuelle Hemmungen aufgezwungen wurden. Für die Erwachsenen ist es selbstverständlich, daß man dem Kind ein Betragen beibringen muß, das den Erwachsenen ein möglichst ruhiges Leben erlaubt. Und deshalb wird dem Gehorsam, dem Betragen und der Fügsamkeit solche Bedeutung beigemessen.

Vor einiger Zeit sah ich, wie ein dreijähriger Junge von seiner Mutter in den Garten geschickt wurde. Sein Anzug war makellos sauber. Der Junge spielte mit Erde und machte seinen Anzug ein wenig schmutzig. Mama lief in den Garten, versohlte ihn, brachte ihn ins Haus zurück und schickte den Weinenden neu angezogen wieder in den Garten. Nach zehn Minuten war sein Anzug wieder schmutzig, und die Prozedur wiederholte sich. Ich überlegte, ob ich der Frau sagen sollte, ihr Junge würde sie sein ganzes Leben lang hassen, ja, schlimmer noch: das Leben selbst hassen. Doch war es mir klar, daß nichts sie beeindrucken würde.

Fast jedesmal, wenn ich in eine Stadt komme, muß ich mit ansehen, wie eine Mutter ihr Kind schlägt, weil es gestolpert und hingefallen ist.

Auf fast jeder Eisenbahnfahrt höre ich eine Mutter sagen: „Wenn du noch einmal in den Gang hinausläufst, Willi, dann wird dich der Schaffner einsperren." Die meisten Kinder werden in einer Atmosphäre von Lügen und Verboten erzogen.

Viele Mütter, die ihre Kinder zu Hause recht gut behandeln, stürzen sich in der Öffentlichkeit auf das Kind und prügeln es, weil sie vor den Nachbarn Angst haben. Das Kind muß dazu gezwungen werden, sich von Anfang an unserer unsinnigen Gesellschaft anzupassen.

Bei einem Vortrag in einer englischen Küstenstadt sagte ich: „Ist euch Müttern eigentlich bewußt, daß Ihr Haß gegen euer Kind zeigt, wenn ihr es schlagt?" Die Reaktion darauf war ungeheuerlich. Die Frauen brüllten mich wie wild an. Spät am Abend nahm ich dann zur Frage Stellung: „Wie können wir die moralische und religiöse Atmosphäre in unserem Heim verbessern?" Und meine Zuhörerschaft zischte mich mit großer Hingabe aus. Das war ein Schock für mich, denn für gewöhnlich halte ich Vorträge vor Menschen, die meine Ansichten teilen. Doch diese Zuhörerschaft setzte sich aus Arbeitern und Kleinbürgern zusammen, Menschen, die noch nie etwas von Kinderpsychologie gehört hatten. Und es wurde mir klar, wie groß die Abwehr bei jener Mehrheit ist, die sich gegen die Freiheit des Kindes wendet – und gegen Freiheit für sich selbst.

Unsere Gesellschaft ist krank und unglücklich, und ich behaupte, daß die Wurzel dieses Übels die unfreie Familie ist. Von der Wiege an werden die Kinder von den Kräften der Reaktion und des Hasses abgestumpft. Sie werden dazu abgerichtet, das Leben zu verneinen, weil ihr junges Leben ein einziges langes Nein ist. Mach keinen Lärm, onaniere nicht, lüg nicht, stiehl nicht!

Zu allem, was negativ ist, sollen sie dagegen ja sagen: Achte das Alter, die Religion, den Lehrer, das Gesetz der Väter. Stell nichts in Frage – gehorche nur!

Es ist keine Tugend, jemanden zu respektieren, der nicht achtenswert ist; es ist keine Tugend, in legalisierter Sünde mit einem Menschen zu leben, den man nicht mehr liebt; es ist keine Tugend, einen Gott zu lieben, den man in Wirklichkeit fürchtet.

Die Tragödie ist, daß ein Mensch, der seine Familie knechtet, auch selbst ein Sklave ist und sein muß. Denn im Gefängnis ist der Aufseher ebenfalls eingesperrt. Die Versklavung des Menschen ist eine Versklavung durch den Haß. Er unterdrückt seine Familie und damit sich selbst. Er muß Gerichtshöfe und Gefängnisse errichten, um die Opfer seiner Unterdrückung zu bestrafen.

Die versklavte Frau muß ihren Sohn für Kriege hergeben, die der Mann Verteidigungskriege nennt, patriotische Kriege, Kriege zur Rettung der Demokratie, Kriege, durch die allen Kriegen ein Ende gemacht werden soll.

Es gibt kein problematisches Kind. Es gibt nur problematische Eltern. Vielleicht wäre es noch besser zu sagen: *Es gibt nur eine problematische Menschheit.* Deshalb ist die Atombombe so unheilvoll, weil sie in Händen von Menschen ist, die gegen das Leben sind. Welcher

Mensch, dessen Arme in der Wiege festgebunden wurden, ist wohl nicht lebensfeindlich eingestellt?

Der Menschheit wohnt eine Menge Gemeinschaftssinn und Liebe inne, und ich glaube fest daran, daß neue Generationen, die nicht schon im Säuglingsalter verkrüppelt worden sind, in Frieden miteinander leben werden – wenn die Hasser von heute nicht inzwischen die Welt zerstört haben.

Es ist ein ungleicher Kampf, denn die Hasser beherrschen das Bildungswesen, die Religion, das Gesetz, die Armeen und die ekelhaften Gefängnisse. Nur eine Handvoll Erzieher setzt sich dafür ein, das Gute in allen Kindern frei wachsen zu lassen. Die große Mehrheit der Kinder werden von Anhängern lebensfeindlicher Vorurteile mit ihrem widerlichen Strafsystem geformt.

In manchen Klosterschulen müssen sich die Mädchen noch immer bedecken, wenn sie ein Bad nehmen, damit sie ihren Körper nicht sehen. Den Jungen wird von Eltern und Lehrern noch immer erzählt, daß Onanieren eine Sünde ist, die zu Wahnsinn und allen möglichen schrecklichen Folgen führt. Erst kürzlich sah ich, wie eine Frau ihr kleines, etwa zehn Monate altes Kind schlug, weil es weinte, als es durstig war.

Es ist ein Wettrennen zwischen jenen, die an die Abgestumpftheit, und jenen, die an das Leben glauben. Niemand darf neutral bleiben: das würde Tod bedeuten. Wir haben uns für die eine oder die andere Seite zu entscheiden. Die Seite des Todes gibt uns das Problemkind, die Seite des Lebens das gesunde Kind.

Das freie Kind

Es gibt so wenig Kinder, die nach eigenen Gesetzen leben dürfen, daß jede Beschreibung nur ein Versuch sein kann. Beobachtet man solche Kinder, so weisen sie auf den Beginn einer neuen Kultur hin, deren Beschaffenheit eine radikalere Veränderung aufweist als jede neue Gesellschaft, die von den politischen Parteien versprochen wird.

Freie Verfügung über sich selbst schließt ein, daß man die menschliche Natur für gut hält und nicht daran glaubt, daß es Erbsünde gibt oder jemals gegeben hat.

Niemand hat je ein völlig autonomes Kind gesehen. Jedes Kind ist von seinen Eltern, seinen Lehrern und der Gesellschaft geformt worden. Als meine Tochter Zoë zwei Jahre alt war, veröffentlichte die englische Illustrierte „Picture Post" über sie einen Bildbericht. In dem Artikel hieß es, nach Ansicht des Verfassers hätte Zoë von allen Kindern in Großbritannien die besten Aussichten, ein freies Kind zu sein. Das stimmte nicht ganz, denn sie lebte damals und lebt noch in einer Schule zusammen mit anderen Kindern, die nicht frei sind. Diese anderen Kinder sind mehr oder weniger dressiert worden. Da aber die schablonierte Formung des Charakters zu Angst und Haß führen muß, war Zoë mit einer Reihe von Kindern zusammen, die gegen das Leben eingestellt waren.

Sie wurde ohne Furcht vor Tieren erzogen. Als ich jedoch eines Tages mit dem Wagen vor einem Bauernhof anhielt und sagte: „Komm, sehen wir uns die Muh-Kühe an", da sah sie plötzlich ängstlich drein und meinte: „Nein, nein, Muh-Kühe fressen dich!" Ein siebenjähriges Kind, das nicht nach dem Prinzip der Selbstbestimmung erzogen worden war, hatte ihr das gesagt. Es ist wahr, Zoës Angst dauerte nur ein oder zwei Wochen. Auch eine später folgende Geschichte von Tigern, die im Gebüsch lauern, beeinflußte sie nur kurze Zeit.

Anscheinend kann ein autonomes Kind die Beeinflussung durch gedrillte Kinder nach kurzer Zeit überwinden. Zoës übernommene Ängste und ihre Interessenhemmung hatten keine lange Lebensdauer. Doch niemand kann sagen, welchen Schaden diese übernommenen Ängste ihrem Charakter bereits zugefügt haben.

Zahlreiche Außenseiter aus aller Welt haben von Zoë gesagt: „Hier ist etwas wirklich Neues, ein glückliches Kind mit Anmut und Ausgeglichenheit, das mit seiner Umwelt in Frieden und nicht im Krieg lebt." Es ist wahr: Sie ist – soweit dies in einer neurotischen Gesellschaft möglich ist – das natürliche Kind, das automatisch die Grenze zwischen Freiheit und Zügellosigkeit zu kennen scheint.

Eine der Gefahren für ein autonomes Kind ist das übergroße Interesse der Erwachsenen an ihm, durch das es zu sehr zum Mittelpunkt wird. Wahrscheinlich würde in einer Gemeinschaft von frei über sich verfügenden Kindern kein Kind hervorstechen. Niemand würde ermutigt, sich aufzuspielen. Und es gäbe auch nicht jene Eifersucht, die andere Kinder zeigen, wenn sie sich einem Kind gegenübersehen, das von ihren Hemmungen frei ist.

Verglichen mit ihrem Freund Ted war Zoë als kleines Mädchen geschmeidig und frei in ihren Bewegungen. Wenn man sie aufhob, dann war ihr Körper entspannt wie der eines Kätzchens. Der arme Ted hob sich wie ein Sack Kartoffeln. Er konnte sich nicht entspannen. Alle seine Reaktionen waren defensiv, leisteten Widerstand. Er hatte in jeder Hinsicht eine lebensfeindliche Einstellung.

Ich prophezeie, daß autonome Kinder nicht diese unangenehme Phase durchlaufen werden. Ich sehe keinen Grund dafür. Denn wenn sie nicht das Gefühl haben, unter dem Zwang ihrer Eltern zu stehen und in ihrer Entfaltung gehindert zu werden, dann sehe ich nicht ein, warum sie später gegen sie rebellieren sollten. Selbst in einem halbfreien Heim ist die Gleichberechtigung von Eltern und Kindern so groß, daß das rebellische Ringen der Kinder um ihre Freiheit gar nicht erst aufkommt.

Leben nach eigenen Gesetzen, das ist das Recht des Kleinkindes auf freie Entfaltung, ohne äußere Autorität in seelischen und körperlichen Dingen. Das Kind bekommt zu essen, wenn es hungrig ist, es wird selber sauber und nur, weil es dies wünscht, es wird weder angebrüllt noch geschlagen, sondern immer geliebt und beschützt.

All das klingt einfach, natürlich und schön, doch ist es erstaunlich, wie viele Eltern, die von der Idee begeistert sind, sie mißverstehen. Der vierjährige Tommy bearbeitet die Tasten des nachbarlichen Klaviers mit einem Holzhammer. Seine Eltern sehen ihm mit einem triumphierenden Lächeln zu, einem Lächeln, das bedeutet: „Ist freie Verfügung über sich selbst nicht wunderbar?"

Andere Eltern glauben, sie sollten ihr achtzehn Monate altes Baby nicht ins Bett bringen, weil das ein Eingriff in die Natur sei. Nein, das Kleine muß aufbleiben dürfen. Wenn es müde ist, wird seine Mutter es schon ins Bettchen tragen. In Wirklichkeit wird das Kind immer müder und mißmutiger. Es kann nicht sagen, daß es ins Bett möchte, weil es sein Bedürfnis nicht in Worten ausdrücken kann. Schließlich bringt die erschöpfte und enttäuschte Mutter das Kind ins Bett, und das Kind schreit. Ein junges Ehepaar quälte sich mit der Frage, ob es richtig sei, im Kinderzimmer ein Gitter vor dem offenen Kamin anzubringen. All diese Beispiele zeigen, daß jede Idee, sei sie nun alt oder neu, gefährlich ist, wenn sie bei ihrer Anwendung nicht mit gesundem Menschenverstand verbunden wird.

Nur ein Narr würde die Fenster oder den offenen Kamin in einem

Kinderzimmer ungesichert lassen. Und trotzdem kommen oft junge Menschen, die von dem Prinzip der Selbstbestimmung begeistert sind, als Besucher in meine Schule und wundern sich über unseren Mangel an Freiheit, weil wir Gift im Laboratorium einschließen oder das Spielen auf der Feuerleiter verbieten. Die gesamte Freiheitsbewegung wird geschmäht und verdorben, weil so viele Anhänger der Freiheit nicht auf dem Boden der Wirklichkeit stehen.

Einer von ihnen beschwerte sich kürzlich bei mir, weil ich einen siebenjährigen Jungen, ein Problemkind, streng anfuhr, als er die Tür meines Büros mit den Füßen bearbeitete. Mein Besucher war der Ansicht, ich solle lächeln und mich in den Lärm schicken, bis der Junge seine Lust, gegen die Tür zu schlagen, befriedigt habe. Es ist wahr, ich habe manche Jahre meines Lebens damit verbracht, das destruktive Verhalten von Problemkindern hinzunehmen, doch tat ich das als ihr psychologischer Arzt und nicht als ihr Mitbürger.

Wenn eine junge Mutter meint, ihr Kind müsse die Haustür mit roter Tinte bemalen, damit es sich frei ausdrücken kann, dann hat sie die Bedeutung von Selbstbestimmung nicht begriffen.

Ich erinnere mich, wie ich einmal mit einem Freund im Londoner Opernhaus Covent Garden saß. Während des ersten Balletts unterhielt sich vor uns ein Kind laut mit seinem Vater. Als das Ballett zu Ende war, suchte ich uns andere Plätze. Mein Begleiter sagte: „Was würden Sie tun, wenn sich ein Summerhill-Kind so verhielte?"

„Ich würde ihm sagen, halt's Maul!" antwortete ich.

Mein Freund sagte: „Das wäre gar nicht notwendig. Ein Summerhill-Kind würde sich nicht so verhalten." Und ich glaube, er hatte recht.

Einmal brachte eine Frau ihr siebenjähriges Mädchen zu mir. „Mr. Neill", sagte sie, „ich habe jede Zeile gelesen, die Sie geschrieben haben. Und noch bevor Daphne zur Welt kam, hatte ich schon beschlossen, sie genau nach Ihren Prinzipien zu erziehen."

Ich warf einen Blick auf Daphne, die mit ihren schweren Schuhen auf meinem Konzertflügel stand. Sie machte einen Satz auf das Sofa und stieß beinahe die Sprungfedern durch. „Sehen Sie, wie natürlich sie ist", sagte die Mutter. „Das Neill'sche Kind!" Ich fürchte, ich bin rot geworden.

Diesen Unterschied zwischen Freiheit und Zügellosigkeit können viele Eltern nicht begreifen. In einem Heim, in dem Disziplin herrscht, haben die Kinder *keine* Rechte. In einem Heim, in dem sie verwöhnt werden, haben sie *alle* Rechte. In einem guten Heim haben Kinder und Eltern jedoch gleiche Rechte. Und dasselbe trifft auf die Schule zu.

Es muß immer wieder darauf hingewiesen werden, daß Freiheit nichts mit Verwöhnung zu tun hat. Wenn ein dreijähriges Kind über den Eßtisch spazieren will, dann sagt man ihm einfach, daß es das nicht darf. Es muß also gehorchen, das stimmt. Doch auch Sie müssen ihm gehorchen, wenn es nötig ist. Ich verziehe mich jedenfalls, wenn man mir im Zimmer der kleinen Kinder sagt, ich solle hinausgehen.

Die Erwachsenen müssen gewisse Opfer bringen, wenn die Kinder ihrer inneren Natur gemäß leben sollen. Gesunde Eltern schließen eine Art von Kompromiß. Ungesunde Eltern dagegen werden entweder Gewalt anwenden, oder sie verwöhnen die Kinder, indem sie ihnen alle gesellschaftlichen Rechte einräumen.

In der Praxis können die voneinander abweichenden Interessen von Eltern und Kindern einander angenähert, wenn nicht sogar auf einen gemeinsamen Nenner gebracht werden – man muß nur ehrlich zu einem Kompromiß bereit sein. Zoë nahm Rücksicht auf meinen Schreibtisch und zeigte keinen inneren Drang, mit meiner Schreibmaschine oder meinen Papieren zu spielen. Ich wiederum respektiere das Kinderzimmer und die Spielsachen als ihren Bereich.

Kinder sind sehr verständig und akzeptieren bald die Gesetze der Gesellschaft. Sie sollten nicht ausgenutzt werden, wie dies so oft der Fall ist. Zu oft rufen Vater oder Mutter: „Jimmy, hol mir ein Glas Wasser!“, wenn das Kind in sein Spiel vertieft ist.

Wenn ein Kind ungezogen ist, hat man es meist falsch behandelt. Als Zoë etwas über ein Jahr alt war, durchlief sie eine Phase, in der sie großes Interesse an meiner Brille zeigte. Sie riß sie mir von der Nase, um sie zu untersuchen. Ich protestierte nicht und zeigte weder durch Blicke noch durch den Ton meiner Stimme Verärgerung. Zoë verlor bald ihr Interesse an meinen Gläsern und faßte sie nie mehr an. Kein Zweifel, hätte ich es ihr verboten oder ihr gar auf die Hand geschlagen, dann wäre ihr Interesse wachgehalten worden und hätte sich mit einem Gefühl der Furcht vor mir und der Rebellion gegen mich verbunden.

Meine Frau ließ sie mit zerbrechlichen Gegenständen spielen. Das Kind ging sorgfältig mit ihnen um und zerbrach selten ein Stück. Sie fand selbst heraus, wie die Dinge beschaffen sind. Natürlich gibt es

Grenzen der Ungezwungenheit. Wir können einem sechs Monate alten Kind nicht erlauben, selbst herauszufinden, daß eine brennende Zigarette wehtun kann. Aber auch da sollte man die Gefahr ohne viel Aufhebens beseitigen.

Wenn ein Kind nicht geistesgestört ist, wird es bald herausfinden, woran es interessiert ist. Ohne die aufgeregten Ausrufe und ärgerlichen Stimmen der Erwachsenen wird es sich mit allen Arten von Material unglaublich vernünftig beschäftigen. Die geplagte Mutter, die am Gasherd steht und von tausend Ängsten gepeinigt wird, wenn sie daran denkt, was die Kinder gerade anstellen, hat den Kindern eigentlich nie vertraut. „Geh und sieh nach, was der Kleine tut, und sag ihm, er darf es nicht!" Dieser Satz ist auch heute noch in vielen Heimen zu hören.

Wenn eine Mutter schreibt und fragt, was sie mit ihren Kindern machen soll, die alles durcheinanderschmeißen, während sie das Essen kocht, dann kann ich nur antworten: Vielleicht hat sie sie so erzogen.

Ein Ehepaar hatte einige meiner Bücher gelesen und kriegte Gewissensbisse bei dem Gedanken, welchen Schaden sie durch ihre Erziehung angerichtet hatten. Sie beriefen eine Familienkonferenz ein und sagten den Kindern: „Wir haben euch völlig falsch erzogen. Von jetzt ab könnt ihr tun, was ihr wollt." Ich habe vergessen, wie hoch die Rechnung war für all die zerbrochenen Sachen, doch erinnere ich mich, daß sie eine zweite Konferenz einberufen und ihre vorherige Verfügung widerrufen mußten.

Gegen Freiheit für Kinder wird gewöhnlich eingewandt: *Das Leben ist hart, und wir müssen die Kinder so erziehen, daß sie für das Leben tauglich sind. Deshalb müssen wir ihnen Disziplin beibringen. Wenn wir sie tun lassen, was sie wollen, wie werden sie dann jemals unter einem Vorgesetzten arbeiten können? Wie können sie mit anderen konkurrieren, denen Disziplin beigebracht worden ist? Wie werden sie je fähig sein, Selbstdisziplin zu üben?*

Wer dagegen protestiert, daß Kinder Freiheit erhalten, und dabei so argumentiert, hat nicht erkannt, daß er von einer unbegründeten und unbewiesenen Voraussetzung ausgeht, von der Behauptung, ein Kind könne nicht aufwachsen oder sich entwickeln, wenn es nicht dazu gezwungen wird. Diese Behauptung wird aber von allen Erfahrungen widerlegt, die wir im Verlauf von neununddreißig Jahren in Summerhill gemacht haben. Nehmen wir unter hundert Fällen nur den von

Mervyn. Er besuchte Summerhill im Alter von sieben bis siebzehn Jahren. Während dieser zehn Jahre besuchte Mervyn nicht eine einzige Unterrichtsstunde. Mit siebzehn Jahren konnte er kaum lesen. Doch als Mervyn die Schule verließ und beschloß, Instrumentenmacher zu werden, brachte er sich schnell Lesen bei, und in kurzer Zeit hatte er sich all das technische Wissen angeeignet, das er brauchte. Aus eigener Anstrengung bereitete er sich auf seine Lehrzeit vor. Heute ist dieser Bursche sehr belesen, hat ein gutes Gehalt und nimmt in seiner Gemeinde eine führende Stellung ein. Was die Selbstdisziplin angeht, so hat Mervyn einen großen Teil seines Hauses mit eigenen Händen gebaut, und mit dem Erlös seiner täglichen Arbeit zieht er eine Familie mit drei Jungen groß.

Ähnlich wollen jedes Jahr Jungen und Mädchen in Summerhill, die bis dahin kaum gelernt haben, auf die Universität gehen. Aus eigenem Antrieb pauken sie für die Universitätsaufnahmeprüfungen. Warum tun sie das?

Es ist das übliche Vorurteil, daß wir im Leben niemals gute Gewohnheiten entwickeln können, wenn sie uns nicht in unserer Kindheit aufgezwungen worden sind. Unter dieser Voraussetzung sind wir erzogen worden, und wir nehmen sie einfach deswegen ohne Frage hin, weil sie nie in Frage gestellt worden ist. Ich weigere mich, diese Voraussetzung anzuerkennen.

Freiheit ist für ein Kind nötig, weil es sich nur in Freiheit natürlich – und das heißt gut – entwickeln kann. Ich sehe die Folgen des Zwanges an neuen Schülern, die von Internatsschulen kommen. Sie sind Bündel der Unaufrichtigkeit; ihre Höflichkeit ist verlogen, und ihre Manieren sind heuchlerisch.

Sie reagieren auf die Freiheit schnell und ermüdend. Die ersten ein oder zwei Wochen öffnen sie den Lehrern die Tür, reden mich mit „Sir" an und waschen sich sauber. Sie werfen mir „respektvolle" Blicke zu, die leicht als Ausdruck der Furcht zu erkennen sind. Nach ein paar Wochen der Freiheit zeigen sie, wie sie wirklich sind. Sie werden unverschämt, unhöflich und waschen sich nicht. Sie tun alles, was man ihnen früher verboten hatte: sie fluchen, sie rauchen, sie zerbrechen Dinge. Und dabei haben sie die ganze Zeit über einen höflichen und unaufrichtigen Ausdruck im Gesicht und in der Stimme.

Es dauert mindestens sechs Monate, bis sie ihre Unaufrichtigkeit verlieren. Danach legen sie auch ihre Unterwürfigkeit vor dem ab, das sie als Autorität ansehen. In etwa sechs Monaten sind sie natürliche, gesunde Kinder geworden, die ohne Aufregung oder Haß sagen, was sie denken. Wenn ein Kind früh genug der Freiheit zugeführt wird, dann braucht es nicht dieses Stadium der Unaufrichtigkeit und der Schauspielerei zu durchlaufen. Was in Summerhill am meisten auffällt, ist die absolute Aufrichtigkeit unter den Schülern.

Daß man im Leben und dem Leben gegenüber aufrichtig ist, das ist ungeheuer wichtig. Es ist wirklich lebenswichtig. Wenn man aufrichtig ist, geht alles andere von selbst. Jedermann anerkennt, wie wertvoll es ist, wenn beispielsweise ein Schauspieler aufrichtig ist. Wir erwarten Aufrichtigkeit von unseren Politikern (so weit geht der Optimismus des Menschen), von unseren Richtern, Lehrern und Ärzten. Doch unsere Kinder erziehen wir in einer Weise, daß sie nicht wagen, aufrichtig zu sein.

Daß Kinder als aufrichtige Wesen geboren werden, ist vielleicht die wichtigste Entdeckung, die wir in Summerhill gemacht haben. Wir beschlossen, die Kinder allein zu lassen, um herauszufinden, wie sie sich verhalten. Das ist die einzig mögliche Art, mit Kindern umzugehen. Die bahnbrechende Schule der Zukunft muß diesen Weg einschlagen, will sie zum Wissen, und wichtiger: zum Glück der Kinder beitragen.

Das Ziel unseres Lebens ist Glück. Alles Übel im Leben besteht in der Einschränkung oder Zerstörung des Glücks. Glücklich sein heißt gütig sein. Unglücklich sein bedeutet im Extremfall Antisemitismus, Folterung von Minderheiten oder Krieg.

Doch gebe ich zu, daß Aufrichtigkeit zu unangenehmen Situationen führen kann. Vor kurzem sagte ein dreijähriges Mädchen zu einem bärtigen Besucher der Schule: „Ich glaube, ich mag dein Gesicht nicht!“ Der Besucher zeigte sich der Situation gewachsen und sagte: „Aber ich mag dein Gesicht!“, und die kleine Mary lächelte.

Nein, ich werde hier keine Argumente für die Freiheit des Kindes anführen. Eine halbe Stunde mit einem freien Kind überzeugt mehr als ein Buch voller Argumente. Sehen heißt sich überzeugen.

Einem Kind Freiheit zu geben ist nicht einfach. Es bedeutet, daß wir uns weigern, es Religion, Politik oder ein Klassenbewußtsein zu lehren. Ein Kind kann nicht wirklich frei sein, wenn es seinen Vater gegen eine bestimmte politische Gruppe wettern oder die Mutter über die Dienstboten schimpfen hört. Es ist beinahe unmöglich, Kinder daran zu hindern, daß sie unsere Einstellung zum Leben übernehmen.

Es ist unwahrscheinlich, daß der Sohn eines Metzgers eine vegetarische Lebensweise predigt, es sei denn, die Angst vor der Autorität des Vaters treibt ihn in die Opposition.

Die Gesellschaft ist ihrer ganzen Natur nach freiheitsfeindlich. Die Gesellschaft – der große Haufen – ist konservativ und haßt neue Gedanken.

Die Mode versinnbildlicht diese Abneigung gegen die Freiheit. Die Menge fordert Uniformität. In der Stadt gelte ich als Sonderling, weil ich Sandalen trage. In meinem Dorf würde ich als Sonderling gelten, wenn ich einen Zylinder trüge. Nur wenige Menschen wagen, sich nicht um die *richtige* Kleidung zu kümmern.

In England verbietet das Gesetz – das Gesetz der Menge –, nach einer bestimmten Stunde am Abend Zigaretten zu kaufen. Ich kann mir nicht vorstellen, daß auch nur ein einzelner dieses Gesetz billigt. Aber wir nehmen geduldig die dummen Gesetze der Menge hin.

Wenige nur würden die Verantwortung dafür übernehmen, daß ein Mörder gehenkt oder ein Verbrecher in jenen lebendigen Tod geschickt wird, den wir Gefängnis nennen. Die Menge kann an solchen Barbareien wie der Todesstrafe oder unserem Gefängnissystem festhalten, denn sie hat kein Gewissen. Die Menge kann nicht denken, sie kann nur fühlen. Für die Menge ist der Verbrecher eine Gefahr. Am leichtesten schützt man sich, wenn man diese Gefahr tötet oder einsperrt. Unser veraltetes Strafrecht ist im wesentlichen auf Angst gegründet. Und unser unterdrückerisches Erziehungssystem ist ebenso fundamental auf Angst gegründet – auf der Angst vor der neuen Generation.

Sir Martin Conway weist in seinem köstlichen Buch „The Crowd in Peace and War“ darauf hin, daß die Menge alte Männer liebt. Im Krieg wählt sie alte Generale, im Frieden alte Ärzte. Die Menge klammert sich an das Alter, weil sie die Jugend fürchtet.

Der Selbsterhaltungstrieb der Menge läßt sie die Jugend als Gefahr sehen – die Gefahr, daß eine neue, rivalisierende Menge heranwächst, die unter Umständen die bestehende vernichten könnte. Auch in der kleinsten Menge, der Familie, wird der Jugend deshalb die Freiheit verweigert. Die Erwachsenen klammern sich an alte Wertvorstellungen – alte *emotionale* Wertvorstellungen. Es gibt keinen logischen Grund dafür, daß ein Vater seiner zwanzigjährigen Tochter das Rauchen verbietet. Das Verbot ist emotionalen Ursprungs und konservativ. Hinter dem Verbot steht die Angst: *Was wird sie als nächstes tun?* Die Menge ist die Hüterin der Moral. Die Erwachsenen haben Angst vor der Freiheit der Jugend, weil die Jugend gerade das tun könnte, was sie, die Erwachsenen, selber gern getan hätten. Daß den Kindern immer und ewig die Vorstellungen und Werte der Erwachsenen aufgezwungen werden, das ist eine schwere Sünde gegen die Kindheit.

Einem Kind Freiheit geben heißt es sein eigenes Leben leben lassen. So ausgedrückt, scheint das einfach zu sein. Nur unsere unselige Gewohnheit zu lehren, zu formen, Strafpredigten zu halten und Zwang auszuüben, läßt uns nicht erkennen, was einfach wahre Freiheit ist.

Wie reagiert das Kind auf Freiheit? Gescheite Kinder und auch weniger gescheite gewinnen etwas, was sie nie zuvor besessen haben – etwas, das beinahe undefinierbar ist. Sein wichtigstes Anzeichen besteht darin, daß das Kind aufrichtiger und liebevoller wird und seine Aggressionsgefühle abnehmen. Wenn Kinder keine Angst haben und keiner Disziplin unterworfen sind, dann sind sie im allgemeinen nicht aggressiv. Nur einmal in achtunddreißig Jahren habe ich in Summerhill einen Kampf gesehen, bei dem es blutige Nasen gab. Es gibt immer ein Kind hier, das die anderen ein wenig herumkommandiert – denn der Einfluß eines schlechten Zuhause kann durch noch so viel Freiheit nicht wettgemacht werden. Die in den ersten fünf Lebensmonaten oder -jahren erworbenen Charaktereigenschaften können durch Freiheit abgeändert, aber niemals völlig in ihr Gegenteil verwandelt werden. Der Erzfeind der Freiheit ist die Angst. Wenn wir die Kinder über sexuelle Dinge aufklären, werden sie dann nicht zügellos werden? Wenn wir Theaterstücke nicht der Zensur unterwerfen, werden die Menschen dann nicht unmoralisch?

Die Erwachsenen, die fürchten, die Jugend könne verdorben werden, sind selbst verdorben – so wie Menschen mit einer schmutzigen Phantasie verlangen, daß wir alle zweiteilige Badeanzüge tragen sollen. Wenn ein Mensch schockiert wird, dann ist er an dem, was ihn schokkiert, gerade am meisten interessiert. Der Prüde ist im Grunde ein Wüstling, der sich vor seiner nackten Seele fürchtet.

Doch Freiheit ist der Sieg über die Unwissenheit. Ein freies Volk würde keine Zensur für Theaterstücke und Bekleidung brauchen. Ein freies Volk hätte kein Interesse an schockierenden Dingen, weil es nicht schockiert werden könnte. Die Schüler von Summerhill kann man nicht schockieren – nicht weil sie so sehr der Sünde verfallen sind, sondern weil sie das Interesse an schockierenden Dingen abreagiert haben und sie nicht mehr zum Gegenstand ihrer Unterhaltung oder ihrer Witze machen müssen.

Man sagt mir immer: „Wie sollen sich Ihre Schüler jemals der Plackerei des Lebens anpassen?" Ich hoffe, daß diese freien Kinder als Pioniere bei der *Abschaffung* der Plackerei vorangehen werden.

Wir müssen dem Kind erlauben, egoistisch zu sein – seinen kindlichen Interessen die ganze Kindheit hindurch frei folgen zu können. Wenn die individuellen und die sozialen Interessen des Kindes in Konflikt geraten, dann sollten die ersteren ruhig den Vorrang haben. Die ganze Idee Summerhills ist Befreiung: dem Kind wird erlaubt, seinen natürlichen Interessen zu leben.

Die Schule sollte das Leben des Kindes zum Spiel machen. Es heißt nicht, daß es auf Rosen gebettet werden soll. Wenn man dem Kind alles leicht macht, wirkt sich das verheerend auf seinen Charakter aus. Doch bietet das Leben schon so viele Schwierigkeiten, daß die künstlichen Schwierigkeiten, mit denen wir die Kinder konfrontieren, nicht nötig sind.

Es ist falsch, irgend etwas durch Autorität zu erzwingen. Das Kind sollte etwas so lange nicht tun, bis es selbst überzeugt ist, daß es das tun sollte. Das Unglück der Menschheit liegt im Zwang von außen, mag er nun vom Papst kommen, vom Staat, vom Lehrer oder von den Eltern. In seiner Ganzheit ist er Faschismus.

Die meisten Menschen brauchen einen Gott. Wie sollte das anders sein, wenn das Heim von Halbgöttern beiderlei Geschlechts regiert wird, die absolute Wahrheit und moralisches Verhalten fordern? Freiheit heißt, tun und lassen zu können, was man mag, solange die Freiheit der anderen nicht beeinträchtigt wird. Das Ergebnis ist Selbstdisziplin.

Unsere gesamte Erziehungspolitik ist gegen das Lebenlassen gerichtet. Wir überzeugen durch Furcht. Doch ist es ein großer Unterschied, ob wir ein Kind zwingen, keine Steine mehr zu schmeißen, oder es zwingen, Latein zu lernen. Steinewerfen zieht andere in Mitleidenschaft, Lateinlernen geht jedoch nur das Kind was an. Ein Kind zum Lernen zu zwingen ist das gleiche, wie jemanden durch Gesetz zu zwingen, eine bestimmte Religion anzunehmen. Und es ist genauso blöd.

Ich lernte als Junge Latein – oder besser gesagt, man gab mir Lateinbücher, aus denen ich lernen sollte. Als Junge konnte ich das Zeug nie lernen, weil meine Interessen woanders waren. Mit einundzwanzig stellte ich dann fest, daß ich mich ohne Latein nicht an einer Universität einschreiben konnte. In weniger als einem Jahr lernte ich genügend Latein, um die Aufnahmeprüfung zu bestehen. Mein eigenes Interesse veranlaßte mich, Latein zu lernen.

Jedes Kind hat das Recht auf eine Kleidung, die ruhig schmutzig werden kann. Jedes Kind hat das Recht, frei zu reden. Jahrelang habe ich mitangehört, wie halbwüchsige Jungen und Mädchen all ihre „Verdammts“ und „Verfluchts“ losließen, Wörter, die ihnen im Kinderzimmer verboten gewesen waren.

Überraschend ist nur, daß die Welt nicht neurotischer ist, wo doch Millionen zum Haß gegen die Sexualität und in Angst erzogen werden. Für mich heißt das, daß dem Menschen eine Kraft innewohnt, alle ihm aufgezwungenen Übel schließlich zu überwinden. Es gibt eine langsame Bewegung in Richtung Freiheit, auf sexuellem wie auf anderen Gebieten. Als ich noch ein Junge war, badeten die Frauen mit Strümpfen und langen Kleidern. Heute zeigen sie ihre Beine und ihren Körper. Mit jeder Generation erhalten die Kinder mehr Freiheit. Nur Wahnsinnige schmieren heute noch den Daumen eines Säuglings mit Cayennepfeffer ein, um ihn am Daumenlutschen zu hindern. Die Prügelstrafe in der Schule gibt es nur noch in wenigen Ländern.

Die Freiheit wirkt sich langsam aus. Es kann mehrere Jahre dauern, bis ein Kind ihre Bedeutung versteht. Nur ein unverbesserlicher Optimist erwartet schnelle Resultate. Und am besten funktioniert die Freiheit bei gescheiten Kindern. Ich wollte, ich könnte sagen: da Freiheit in erster Linie emotional wirkt, reagieren alle Kinder – die intelligenten und die dummen – in gleicher Weise auf die Freiheit. Leider kann ich das nicht.

Man sieht den Unterschied beim Schulunterricht. Jedes Kind, das in Freiheit lebt, spielt die meiste Zeit – und das jahrelang. Wenn aber die Zeit kommt, dann setzen sich die aufgeweckten Kinder auf den Hosenboden und packen die Arbeit an, die nötig ist, um die staatlichen Prüfungen zu meistern. In etwas über zwei Jahren wird ein Junge oder ein Mädchen den Stoff bewältigen, der sich beim gedrillten Kind auf eine Schulzeit von acht Jahren erstreckt.

Ein üblicher Lehrer behauptet, daß Prüfungen nur dann erfolgreich abgelegt werden, wenn der Prüfling tüchtig an der Kandare gehalten wird. Unsere Ergebnisse beweisen, daß die Behauptung, soweit sie aufgeweckte Schüler betrifft, nicht stimmt. In Freiheit können sich nur die aufgeweckten Schüler auf ein intensives Studium konzentrieren, was in einer Umgebung, in der es so viele Ablenkungen gibt, ja äußerst schwierig ist.

Ich weiß, daß verhältnismäßig schlechte Schüler Prüfungen bestehen, wenn sie Zwang unterworfen sind. Ich frage mich nur, was aus ihnen im späteren Leben wird. Wenn alle Schulen frei und der Besuch des Unterrichts freigestellt wäre, dann, glaube ich, würden die Schüler ihre eigenen Maßstäbe finden.

Ich kann mir vorstellen, wie eine geplagte Mutter, die am Kochherd steht, während das Baby herumkriecht und alles in Unordnung bringt, ärgerlich fragt: „Was soll die ganze Freiheit des Kindes überhaupt? Alles gut und schön für reiche Frauen mit Kinderschwestern, aber für Frauen wie mich sind das doch nur leere Worte!"

Eine andere Mutter wird vielleicht ausrufen: „Ich bin dafür, doch wie soll ich es anfangen? Welche Bücher kann ich darüber lesen?"

Die Antwort ist, daß es keine Bücher gibt, kein Orakel, keine Autoritäten. Es gibt nur eine winzige Minderheit von Eltern, Ärzten und Lehrern, die an die Persönlichkeit und den Organismus glauben, den wir Kind nennen, und die entschlossen sind, alles zu unterlassen, was die Persönlichkeit des Kindes verkrüppelt oder seinen Körper steif macht. Wir glauben nicht an die Autorität und bemühen uns, die Wahrheit über die Menschennatur herauszufinden. Alles, was wir anbieten können, sind unsere Beobachtungen, die wir bei frei erzogenen Kindern gemacht haben.

Liebe und Anerkennung

Glück und Wohlergehen des Kindes hängen von dem Grad unserer Liebe und unserer Anerkennung ab. Wir müssen auf der Seite des Kindes sein. Und das heißt, dem Kind Liebe zu geben — keine besitzergreifende Liebe, keine sentimentale Liebe, sondern sich so zu verhalten, daß das Kind sich geliebt und anerkannt fühlt.

Man kann das. Ich kenne viele Eltern, die auf der Seite der Kinder stehen, die keine Gegenleistung verlangen und deshalb eine Menge bekommen. Sie erkennen, daß Kinder keine kleinen Erwachsenen sind.

Wenn ein zehnjähriger Sohn nach Hause schreibt: „Liebe Mammi, schick mir bitte eine Mark. Ich hoffe, es geht Dir gut. Herzliche Grüße an Papi", dann lächeln die Eltern und wissen, so schreibt ein zehnjähriges Kind, wenn es aufrichtig ist und keine Angst davor hat, sich offen zu äußern. Eltern mit falscher Einstellung seufzen über einen solchen Brief und denken: *Das egoistische kleine Biest, immer bittet es um Geld.*

Die Eltern meiner Schüler, die zu ihren Kindern die richtige Einstellung haben, fragen nie, welche Fortschritte die Kinder machen. Sie überzeugen sich selbst. Eltern mit falscher Einstellung fragen dagegen immer wieder ungeduldig: *Kann er schon lesen? Wann wird er endlich ordentlich werden? Nimmt sie auch am Unterricht teil?*

Es hängt alles vom Vertrauen zu den Kindern ab. Einige Eltern haben dieses Vertrauen, den meisten fehlt es. Und wenn es fehlt, dann fühlen das die Kinder. Sie fühlen, daß die elterliche Liebe nicht sehr groß sein kann, sonst würde man ihnen mehr vertrauen. Wenn man Kinder anerkennt, dann spricht man über alles und jedes mit ihnen, denn diese Anerkennung baut viele Hemmungen ab.

Hier taucht natürlich die Frage auf: Wie kann man Kinder anerkennen, wenn man sich nicht selbst anerkennt? Wenn man sich seiner selbst nicht bewußt ist, kann man sich auch nicht akzeptieren. Je mehr man von sich und seinen Motiven weiß, desto wahrscheinlicher wird man sich selbst akzeptieren.

Ich hoffe allen Ernstes, daß ein größeres Wissen über sich selbst und die Natur des Kindes den Eltern helfen wird, ihre Kinder vor einer Neurose zu bewahren. Ich muß noch mal wiederholen, daß Eltern das Leben ihrer Kinder verderben, wenn sie ihnen überholte Vorstellungen, überholte Manieren und überholte Moralbegriffe aufzwingen. Sie opfern das Kind für die Vergangenheit. Das gilt besonders für Eltern, die ihren Kindern ebenso eine autoritative Religion aufzwingen, wie sie einst ihnen aufgezwungen worden ist.

Ich weiß, wie schwierig es ist, etwas aufzugeben, was wir als wichtig angesehen haben. Doch nur durch solchen Verzicht finden wir Leben, Fortschritt, Glück. Eltern müssen sich besinnen. Sie müssen sich lossagen vom Haß, der als Autorität und Kritik getarnt ist. Sie müssen die Intoleranz, diese Folge der Furcht, aufgeben. Sie müssen sich freimachen von alten Moralbegriffen und den Urteilen des Mobs.

Einfacher gesagt: Die Eltern müssen Individuen werden. Sie müssen wissen, wo sie wirklich stehen. Das ist nicht leicht. Ein Mensch ist nämlich nicht nur er selbst. Er ist eine Kombination aus allen Menschen, mit denen er zu tun gehabt und von denen er viele Wertbegriffe übernommen hat. Die Eltern zwingen ihren Kindern die Autorität ihrer eigenen Eltern auf, weil jeder Mann seinen Vater und jede Frau ihre Mutter in sich hat. Damit schaffen sie Haß und schwer erziehbare Kinder. Es ist das genaue Gegenteil der Anerkennung, die man dem Kind geben sollte.

Viele Mädchen haben mir gesagt: „Ich kann Mammi gar nichts rechtmachen. Alles macht sie besser als ich. Immer braust sie gleich auf, wenn ich beim Nähen oder Stricken einen Fehler mache."

Kinder brauchen Liebe und Verständnis nötiger als Unterricht. Sie brauchen Anerkennung und Freiheit, um ihrer Natur entsprechend gut zu sein. Wirklich starke und liebevolle Eltern können den Kindern am besten die Freiheit geben, die man braucht, um gut zu sein.

Die Welt leidet an zuviel Verdammung, womit nur milder ausgedrückt wird, daß sie an zuviel Haß leidet. Der Haß der Eltern macht das Kind genauso zu einem Problem, wie nur der Haß der Gesellschaft den Verbrecher zum Problem werden läßt. Erlösung beruht auf Liebe, und daß niemand Liebe erzwingen kann, macht alles so schwer.

Die Eltern eines „Sorgenkindes" müssen sich wirklich hinsetzen und fragen: *Habe ich meinem Kind wirkliche Anerkennung gegeben? Habe ich Vertrauen gezeigt, Verständnis?* Ich theoretisiere nicht. Ich weiß, daß ein Problemkind in meiner Schule zu einem glücklichen, normalen Kind werden kann. Ich weiß, daß es in erster Linie durch Anerkennung, Vertrauen und Verständnis geheilt wird.

Anerkennung ist für normale Kinder ebenso wichtig wie für problematische. Allen Eltern und Lehrern muß als oberstes Gebot gelten: *Du sollst auf seiten des Kindes stehen.* Daß dieses Gebot in Summerhill befolgt wird, sorgt für den Erfolg der Schule. Denn wir sind eindeutig auf seiten des Kindes – und unbewußt weiß das Kind davon.

Ich sage nicht, daß wir lauter Engel sind. Es gibt Augenblicke, in denen wir Erwachsenen aus der Haut fahren. Angenommen, Robert kommt daher und wirft Erde gegen meine frisch gestrichene Tür, dann würde ich von Herzen auf ihn fluchen; denn Robert ist seit langem bei uns, und es macht ihm nichts aus, wenn ich schimpfe. Wäre Robert jedoch gerade von einer Schule voller Haß gekommen und sein Erdwerfen ein Versuch, gegen die Autorität anzukämpfen, dann würde ich mit ihm Erde werfen, denn seine Rettung ist wichtiger als die Tür. Ich muß auf seiner Seite bleiben, bis er seinen Haß abreagiert hat, damit er wieder zu einem Mitglied der Gesellschaft wird. Das ist nicht einfach. Ich habe dabeigestanden und mitangesehen, wie ein Junge meine teure Drehbank mißhandelt hat. Hätte ich protestiert, er hätte mich sofort mit seinem strengen Vater identifiziert, der ihm stets mit Schlägen drohte, wenn er sein Werkzeug anfaßte.

Seltsam ist nur, daß man auch dann auf seiten des Kindes sein kann, wenn man es manchmal anschreit. Ein Kind weiß, ob man auf seiner Seite ist. Kleine Meinungsverschiedenheiten wegen Kartoffeln oder verkratzten Werkzeugen stören das Grundverhältnis nicht. Man muß einem Kind nur ohne Autorität und ohne erhobenem Zeigefinger zu begegnen wissen. In seinem bisherigen Leben haben Autorität und Moral die Funktion von Polizisten gehabt, die seine Bewegungsfreiheit einschränkten.

Wenn ein achtjähriges Mädchen im Vorbeigehen sagt: „Neill ist ein Dummkopf", dann weiß ich, das ist nur ihre negative Art, ihre Liebe zu äußern und zu sagen, daß sie sich wohlfühlt. Kinder verlangen mehr nach Liebe, als sie selbst lieben. Die Anerkennung eines Erwachsenen bedeutet für jedes Kind Liebe. Tadel dagegen bedeutet Haß. Die Einstellung der Summerhill-Schüler zu den Lehrern ist die gleiche wie zu mir. Die Kinder fühlen, daß die Lehrer stets auf ihrer Seite sind.

Ich habe bereits die Aufrichtigkeit freier Kinder erwähnt. Sie ist die Folge der Anerkennung. Freie Kinder haben keine künstlichen Verhaltensnormen zu beachten und werden durch keine Tabus eingeschränkt. Sie haben es nicht nötig, ein verlogenes Leben zu führen.

Wenn neue Kinder von Schulen kommen, an denen sie Autorität respektieren mußten, dann reden sie mich mit „Herr" an. Erst wenn sie entdecken, daß ich keine Respektsperson bin, lassen sie das „Herr" fallen und nennen mich Neill. Sie bemühen sich nie um meine persönliche Anerkennung. Sie wollen nur von der ganzen Schulgemeinschaft anerkannt werden. Als ich jedoch noch ein Dorfschullehrer in Schottland war, da war jeder meiner Schüler froh, wenn er noch dableiben und mir beim Aufräumen des Klassenzimmers oder beim Beschneiden der Hecken im Garten helfen durfte. Sie bemühten sich unaufrichtig um meine Anerkennung, weil ich zu sagen hatte.

Kein Kind in Summerhill unternimmt etwas, um meine Anerkennung zu gewinnen, obwohl Besucher, die beobachteten, wie mir Jungen und Mädchen beim Unkrautjäten halfen, vielleicht anderer Meinung sind. Der Grund für diese Arbeit hatte jedoch nichts mit mir persönlich zu tun. Die Kinder jäteten, weil ein von der Schulversammlung beschlossenes Gesetz bestimmte, daß jeder über zwölf Jahre zwei Stunden in der Woche Gartenarbeit machen mußte. Dieses Gesetz ist später abgeschafft worden.

In jeder Gesellschaft gibt es ein natürliches Verlangen nach Anerkennung. Der Verbrecher hat nur das Verlangen aufgegeben, vom Großteil der Gesellschaft anerkannt zu werden, oder besser gesagt, er wurde gezwungen, dieses Verlangen in sein Gegenteil zu verkehren: in die Verachtung der Gesellschaft. Der Verbrecher ist stets der Egoist Nummer eins: *Ich möchte schnell reich werden, und zum Teufel mit der Gesellschaft.* Gefängnisstrafen bestärken ihn nur in seinem Egoismus. Die Zeit im Gefängnis macht den Verbrecher zum Einzelgänger, der über sich und die abscheuliche Gesellschaft brütet, die ihn bestraft. Strafe und Gefängnis ändern den Verbrecher nicht, denn sie beweisen ihm nur, daß ihn die Gesellschaft haßt. Sie macht seine Möglichkeit, zu einer sozialen Gesinnung zu kommen, um die Anerkennung anderer zu finden, zunichte. Dieses wahnsinnige, unmenschliche Gefängnissystem ist deshalb zu verurteilen, weil es im Häftling keinerlei Gefühle von psychologischem Wert auslöst.

Und deshalb ist die soziale Anerkennung die Hauptsache bei einer Reformschule. Solange Jungen vor Aufsehern salutieren, in Reih und Glied stehen und aufspringen müssen, wenn der Herr Direktor ins Zimmer tritt, solange gibt es keine wirkliche Freiheit und keine Möglichkeit der sozialen Anerkennung. Homer Lane stellte fest: Wenn ein neuer Junge in das *Little Commonwealth* kam, suchte er die Anerkennung seiner Kameraden und wandte dabei meist die Methode an, die er auf der Straße seines Slums kennengelernt hatte: Er brüstete sich mit seinen Missetaten – wie geschickt er aus Geschäften etwas mitgehen lassen konnte und wie mutig er den Polizisten entschlüpfte. Stellte er dann fest, daß er auf die Jungen keinen Eindruck machte, weil sie über diese Form des Strebens nach Anerkennung hinaus waren, dann sah er sich in der Klemme und lehnte seine neuen Kameraden oft verächtlich als Weichlinge ab. Nach und nach zwang ihn sein Bedürfnis nach Anerkennung, diese doch bei den Menschen seiner neuen Umwelt zu suchen. Und ohne jede individuelle Analyse durch Homer

Lane paßte er sich seinen neuen Kameraden an. In ein paar Monaten hatte er sich in die Gemeinschaft eingefügt.

Und jetzt möchte ich mich an den durchschnittlichen, anständigen, sympathischen Ehemann wenden, der jeden Abend mit dem 17-Uhr-20-Zug nach Hause fährt.

Ich kenne Sie, John Brown. Ich weiß, Sie wollen Ihre Kinder lieben und von ihnen wieder geliebt werden. Ich weiß, wenn Ihr fünfjähriger Sohn um zwei Uhr morgens aufwacht und ohne ersichtlichen Grund weint, dann empfinden Sie in dem Augenblick nicht viel Liebe für ihn. Er hat aber einen Grund zum Weinen, selbst wenn Sie ihn nicht gleich feststellen können. Wenn Sie sich ärgern, dann versuchen Sie doch, das nicht zu zeigen. Ein kleines Kind fürchtet sich mehr vor der Stimme eines Mannes als vor der einer Frau, und Sie wissen nie, welche Angst fürs ganze Leben Sie bei einem Kind erzeugen können, wenn Sie zur falschen Zeit Ihrem Ärger laut Ausdruck geben.

„Nehmen Sie das kleine Kind nicht zu sich ins Bett", heißt es auf dem Zettel mit Vorschriften für die Eltern. Vergessen Sie diesen Satz. Geben Sie dem Kind so viel Zärtlichkeit und Liebkosung, wie Sie nur können.

Benutzen Sie Ihre Kinder nicht als etwas, mit dem man angeben kann. Seien Sie vorsichtig mit Lob und Tadel. Man sollte nicht in Anwesenheit des Kindes von ihm schwärmen. *O ja, Mary macht gute Fortschritte. Letzte Woche war sie Klassenbeste. Ein gescheites Mädchen.* Nicht etwa, daß Sie Ihr Kind niemals loben sollen. Es ist gut, wenn Sie zu Ihrem Sohn sagen: „Da hast du aber einen schönen Drachen gemacht." Doch loben, damit Besucher beeindruckt sind, ist verkehrt. Junge Gänse recken ihre Hälse zu leicht wie Schwäne, wenn sie im Mittelpunkt der Bewunderung stehen. Das Kind wird verführt, sich unrealistisch zu beurteilen. Nie sollten sie Ihr Kind ermutigen, von der Wirklichkeit abzuweichen, sich ein Phantasiebild von sich selbst zu schaffen. Wenn andererseits das Kind einen Fehler macht, sollten Sie nicht darauf herumreiten. Selbst wenn das Schulzeugnis von schlechten Noten wimmelt, sollten Sie nichts sagen. Und wenn Billy weinend nach Hause kommt, weil er bei einer Rauferei Prügel bekommen hat, dann nennen Sie ihn keinen Schwächling.

Wenn Sie jemals den Satz gebrauchen: „Als ich in deinem Alter war ...", dann machen Sie einen fürchterlichen Fehler. Langer Rede kurzer Sinn: Sie müssen Ihr Kind so akzeptieren, wie es ist, und es nicht nach Ihren eigenen Vorstellungen formen wollen.

Mein Motto für die Erziehung und das Leben zu Hause: *Laßt um Himmels willen die Menschen ihr eigenes Leben leben.* Diese Einstellung paßt für jede Situation.

Nur durch diese Einstellung kann sich Toleranz entwickeln. Seltsam, daß mir *Toleranz* erst jetzt einfällt. Es ist das richtige Wort für eine freie Schule. Wir führen die Kinder zur Toleranz, indem wir sie tolerant behandeln.

Angst

Ich habe viel Zeit damit verbracht, Kindern wieder auf die Beine zu helfen, die von furchteinflößenden Menschen verwundet worden sind. Angst kann im Leben des Kindes etwas Schreckliches sein. Die Angst muß völlig beseitigt werden – Angst vor Erwachsenen, vor Strafe, vor Tadel, vor Gott. In einer Atmosphäre der Angst kann nur Haß gedeihen.

Wir fürchten uns vor so vielen Dingen – vor Armut, Lächerlichkeit, Geistern, Einbrechern, Unfällen, der öffentlichen Meinung, Krankheiten, Tod. Das Leben eines Menschen ist die Geschichte seiner Ängste. Millionen von Erwachsenen fürchten sich davor, in der Dunkelheit spazierenzugehen. Tausende haben ein unangenehmes Gefühl, wenn ein Polizist an der Türe klingelt. Viele Reisende phantasieren von Schiffsuntergängen oder Flugzeugabstürzen. Wer mit der Eisenbahn fährt, steigt oft in ein Abteil, das in der Mitte des Zuges liegt. „Sicherheit zuerst", in den zwei Wörtern drückt sich die Hauptsorge des Menschen aus.

Es muß in der Geschichte des Menschen eine Zeit gegeben haben, in der die Furcht vor dem Getötetwerden ihn zur Flucht trieb und sich verstecken ließ. Heute ist unser Leben so sicher geworden, daß Furcht als Selbstschutz nicht mehr nötig ist. Und trotzdem lebt die Menschheit heute in größerer Angst als unsere Vorfahren in der Steinzeit. Der primitive Mensch brauchte sich nur vor großen Ungeheuern zu fürchten. Wir aber haben viele Ungeheuer – Eisenbahnzüge, Schiffe, Flugzeuge, Einbrecher, Autos, und als stärkste Angst überhaupt die Furcht, ertappt zu werden. Furcht ist immer noch nötig für uns. Furcht veranlaßt mich, die Straße vorsichtig zu überqueren.

In der Natur dient die Furcht der Selbsterhaltung. Durch Furcht sind Kaninchen und Pferde am Leben geblieben, weil sie vor der Gefahr davonliefen. Furcht ist ein wichtiger Faktor im Gesetz der Wildnis.

Furcht ist immer egoistisch. Wir fürchten um unsere Haut oder um jene, die wir lieben. Doch am meisten haben wir Angst um uns selbst. Als Junge fürchtete ich mich, wenn ich in der Dunkelheit vom Bauern Milch holte. Ging jedoch meine Schwester mit mir, dann hatte ich keine Angst, daß sie unterwegs ermordet würde. Furcht muß egoistisch sein, denn jede Art von Furcht ist letzten Endes Angst vor dem Tod.

Held ist, wer seine Furcht in positive Energie verwandelt. Der Held bändigt seine Furcht. Die Furcht vor der Angst quält den Soldaten am meisten. Der Feigling ist nicht fähig, seine Furcht in eine positive Handlung umzuwandeln. Feigheit ist viel weiter verbreitet als Tapferkeit.

Wir alle sind Feiglinge. Einigen gelingt es, die Feigheit zu verbergen, andere zeigen sie. Feigheit ist immer relativ. In bestimmten Dingen kann man ein Held und in anderen ein Feigling sein. Ich erinnere mich noch an meine erste Übungsstunde im Handgranatenwerfen. Ein Mann verfehlte das Ziel, und seine Handgranate verletzte einige Soldaten, als sie explodierte. Glücklicherweise wurde niemand getötet. Die Übung wurde abgebrochen. Am nächsten Tag marschierten wir jedoch wieder zum Übungsgelände. Als ich meine erste Granate nahm, zitterte meine Hand. Der Unteroffizier sah mich voller Verachtung an und sagte, ich sei ein verdammter Feigling. Ich mußte ihm recht geben.

Dieser Unteroffizier, der für seine Taten das Viktoriakreuz verdient hätte, kannte keine physische Angst. Doch nur wenig später gestand er mir: „Neill, ich hasse es, einen Trupp zu drillen, wenn Sie dabei sind. Ich habe dann die ganze Zeit richtigen Schiß!“ Ich fragte ihn überrascht, warum.

„Weil Sie einen Doktorhut haben“, sagte er, „und ich die Grammatik verhunze.“

Das Studium der Psychologie sagt uns nicht, warum das eine Kind von Geburt an tapfer und das andere furchtsam ist. Vorgeburtliche Bedingungen mögen damit etwas zu tun haben. Wenn ein Kind unerwünscht ist, so könnte die Mutter ihre Angst im Augenblick der

Geburt auf das noch ungeborene Kind übertragen. Es könnte sein, daß ein unerwünschtes Kind bereits furchtsam auf die Welt kommt – mit dem Charakter, das Leben zu fürchten und sich nach dem Mutterschoß zurückzusehnen.

Vorgeburtliche Einflüsse liegen außerhalb unseres Machtbereichs, doch ist sicher, daß viele Kinder zu Feiglingen erzogen werden. Diese Feigheit kann verhütet werden.

Ein bekannter Psychoanalytiker erzählte mir den Fall eines jungen Mannes. Dieser wurde mit sechs Jahren von seinem Vater überrascht, als er ein mildes sexuelles Interesse an einem siebenjährigen Mädchen zeigte. Der Vater verabreichte ihm eine tüchtige Tracht Prügel. Die Schläge machten den Jungen für sein ganzes weiteres Leben zum Feigling. Immer wieder fühlte er einen Zwang, jenes Erlebnis aus der Kindheit zu wiederholen – er hielt Ausschau nach Schlägen, nach Strafe in irgendeiner Form. So konnte er sich nur in verbotene Früchte verlieben, in verheiratete Frauen oder verlobte Mädchen. Und stets lebte er in großer Furcht, daß der Ehemann oder der Verlobte ihn verprügeln würde. Diese Furcht übertrug sich auf alles andere. Der Mann war eine unglückliche, schüchterne Person, immer mit Minderwertigkeitsgefühl belastet, immer Gefahr ahnend. Seine Furchtsamkeit zeigte sich schon in kleinen Dingen. Wenn er an einem schönen Sommertag einen Kilometer zu laufen hatte, nahm er Regenmantel und Schirm mit. Er sagte *nein* zum Leben.

Wenn man ein Kind für sein infantiles sexuelles Interesse bestraft, dann macht man aus ihm mit Sicherheit einen Feigling. Mit dem Höllenfeuer zu drohen ist eine sichere Methode.

Freudianer sprechen viel von *Kastrationsangst*. Sicher gibt es einen solchen Komplex. Einem kleinen Jungen in Summerhill war gesagt worden, daß sein Penis abgeschnitten würde, wenn er ihn anfasse. Ich halte sexuell bedingte Angst bei Jungen wie Mädchen für sehr verbreitet. Sie hat fürchterliche Folgen, denn Angst und Wunsch liegen nie weit auseinander. Oft ist die Angst vor der Kastration ein Wunsch nach Kastration – als Strafe fürs Onanieren und als ein Mittel, um von der Versuchung freizukommen.

Für das verängstigte Kind *ist* die Sexualität alles. Ja, es verbindet seine Ängste in erster Linie mit der Sexualität, denn man hat ihm beigebracht, daß Sexualität Sünde ist. Ein Kind mit Alpträumen hat oft Angst vor seinen sexuellen Gedanken. Vielleicht kommt der Teufel und nimmt es mit sich in die Hölle, ist er denn nicht ein sündhafter Junge, der schwere Strafe verdient? Der schwarze Mann, das Gespenst, der Kobold, sie alle sind nur der verkleidete Teufel. Angst kommt vom schlechten Gewissen. Und in ihrer Unwissenheit bringen die Eltern dem Kind diese Schuldgefühle bei.

Eine bei Kindern häufige Form der Angst rührt davon her, daß sie mit ihren Eltern im gleichen Zimmer schlafen. Ein vierjähriges Kind wird Dinge sehen und mitanhören, die es nicht verstehen kann. Vater wird zum schlimmen Mann, der die Mutter mißhandelt. Der Sadismus eines Kindes kann eine Folge dieser frühen Mißverständnisse und Ängste sein. Der Junge identifiziert sich mit seinem Vater und verbindet als Jugendlicher Sexualität mit Leiden. Aus Angst kann er seiner Partnerin antun, was sein Vater der Mutter scheinbar angetan hat.

Lassen Sie mich eine Unterscheidung zwischen Angst und Furcht treffen. Furcht vor einem Tiger ist natürlich und gesund. Das gleiche gilt, wenn man mit einem schlechten Fahrer im Auto sitzt und sich fürchtet. Wenn wir uns nicht fürchteten, würden wir alle von Autobussen überfahren. Fürchten wir uns jedoch vor einer Spinne, einer Maus oder einem Gespenst, dann ist das unnatürlich und ungesund. Diese Art von Furcht ist Angst, eine Phobie, eine irrationale, übertriebene Angst vor etwas. Bei einer Phobie ist das schreckenerregende Objekt verhältnismäßig harmlos. Das Objekt ist nur ein Symbol, obwohl die von ihm bewirkte Angst ganz real ist.

In Australien ist die Furcht vor einer Spinne rational, weil sie dort den Tod bringen kann. In England oder den USA ist die Furcht vor einer Spinne irrational und deswegen eine Phobie. Die Spinne symbolisiert etwas, das man tief in seinem Inneren fürchtet. Und ebenso ist die Furcht eines Kindes vor einem Gespenst eine Phobie. Die Gespenster symbolisieren etwas, vor dem sich das Kind fürchtet – vielleicht den Tod, wenn es in Gottesfurcht unterwiesen worden ist, oder seine eigenen sexuellen Triebe, die es fürchten und als sündig zu verdrängen gelernt hat.

Ich wurde einmal gebeten, zu einem Mädchen zu kommen, das eine Phobie wegen Ohrwürmern hatte. Ich bat es, einen Ohrwurm zu zeichnen, und sie zeichnete einen Penis. Dann erzählte sie mir von einem Soldaten, der vor ihr seinen Penis entblößt hatte, als sie zur Schule ging. Das hatte ihr Angst eingeflößt. Sie verschob diese Angst auf Ohrwürmer. Doch lange bevor sie ihre Phobie entwickelt hatte, war das Mädchen bereits sehr stark an der Ursache ihrer späteren Phobie interessiert, auf *neurotische* Weise interessiert. Dieses neurotische Interesse war das Ergebnis ihrer Sexualerziehung – oder des Mangels daran. Das Rätselhafte daran und die Geheimnistuerei, mit der die Erwachsenen sexuelle Dinge behandelten, erregten ein abnormes Interesse in ihr. Gewiß, sie hätte nie auf einen Exhibitionisten stoßen sollen, doch mit einer besseren Sexualerziehung hätte sie diese Feuerprobe ohne neurotische Reaktion und ohne dauernde Angst vor dem männlichen Geschlechtsorgan überstanden.

Phobien treten oft bei kleinen Kindern auf. Der Sohn eines strengen Vaters kann eine Phobie vor Pferden, Löwen oder Polizisten entwikkeln. Die Phobie wird mit diesen oder anderen offensichtlichen Vatersymbolen verknüpft. Hier sehen wir wiederum die kollossale Gefährlichkeit der Autorität im Leben eines Kindes.

Die Vorstellung von der ewigen Verdammnis erzeugt im Leben eines Kindes am meisten Angst.

Oft höre ich, wie auf der Straße eine Mutter sagt: „Hör auf damit, Tommy! Da kommt schon ein Polizist!“ So macht das Kind frühzeitig die Entdeckung, daß seine Mutter lügt, aber das ist noch weniger schlimm im Vergleich zu der Tatsache, daß der Polizist für das Kind *wirklich* zum Teufel wird. Er ist der Mann, der einen mitnimmt und ins Dunkel sperrt. Das Kind bringt seine Ängste immer mit seinen schlimmsten Verfehlungen in Verbindung. So kann ein Junge, der onaniert, einen abnormen Schrecken vor einem Polizisten zeigen, der ihn beim Steinewerfen erwischt. Seine Angst ist wirklich die Angst vor dem strafenden Gott und dem strafenden Teufel.

Ein Großteil der Furcht hängt auch mit dem Gedanken an frühere Straftaten zusammen. Wir alle haben in unserer Phantasie Menschen umgebracht. Ich glaube, ein fünfjähriges Kind tötet mich in seiner Phantasie, wenn ich seine Wünsche durchkreuze.

Es kommt oft vor, daß mir meine Schüler eine Wasserpistole vorhalten und rufen: „Hände hoch! Du bist tot!“ Auf diese Weise töten sie das Symbol der Autorität und reagieren ihre Angst ab. An bestimmten Vormittagen habe ich absichtlich autoritär gehandelt, um zu sehen, wie sich das auf die täglichen Schießereien auswirken würde. Ich bin bei solchen Gelegenheiten viele Male umgebracht worden. Dem Mord in der Phantasie folgt die Angst: *Wenn Neill nun wirklich stirbt? Ich hätte die Schuld, denn ich habe es gewünscht.*

Eines unserer Mädchen hatte große Freude daran, andere Schüler beim Schwimmen unterzutauchen. Später entwickelte sie eine Phobie vor Wasser. Obwohl sie eine gute Schwimmerin war, ging sie nur so weit ins Wasser, wie sie stehen konnte. Sie hatte in ihrer Einbildung so viele Rivalen ertränkt, daß sie sich nun vor einer Art poetischer Gerechtigkeit fürchtete: *Als Strafe für meine Gedanken werde ich nun ertrinken.*

Der kleine Albert war von Schrecken erfüllt, wenn er vom Strand aus zusah, wie sein Vater schwamm. Er hatte Angst, weil er so oft den Tod seines Vaters gewünscht hatte. Er fürchtete sich vor seinem schlechten Gewissen. Es ist gar nicht so schockierend, daß Kinder in ihrer Phantasie Menschen umbringen, wenn man sich überlegt, was der Tod für sie bedeutet: Die gefürchtete Person ist einfach nicht mehr da.

Ich habe erwachsene Menschen gekannt, die unbewußt von ihrer Schuld am Tod ihres Vaters oder ihrer Mutter überzeugt waren. Diese Angst könnte verringert werden, wenn die Eltern ihre Kinder nicht anbrüllen und schlagen und dadurch ihre Haßgefühle wecken würden, die wiederum Schuldgefühle nach sich ziehen. Hunderte von Schulen, in denen noch immer Prügelstrafe oder andere strenge Strafen existieren, fügen den kleinen Kindern einen nicht wiedergutzumachenden Schaden zu.

Viele Menschen glauben tief in ihrem Innern: *Wenn Kinder sich vor nichts fürchten müssen, wie können sie dann gut sein?* Güte, die auf Furcht vor der Hölle, vor der Polizei oder vor Strafe beruht, ist aber überhaupt keine Güte, sondern ganz einfach Feigheit. Anständigkeit, der die Hoffnung auf Belohnung, auf ein Lob oder auf den Himmel zugrunde liegt, ist von Bestechung abhängig. Die gegenwärtige Moral macht die Kinder zu Feiglingen, denn sie läßt sie das Leben *fürchten.* Und darauf läuft die „Tugendhaftigkeit" gedrillter Schüler tatsächlich hinaus. Tausende von Lehrern erledigen ihre Aufgabe ausgezeichnet, ohne Angst vor Strafe hervorzurufen. Die anderen sind unfähige Schädlinge, die von den Schulen entfernt werden sollten.

Es mag sein, daß die Kinder unsere Wertbegriffe akzeptieren, wenn sie uns fürchten. Und welche Wertbegriffe wir Erwachsenen haben! In dieser Woche habe ich drei Pfund für einen Hund, fünf Pfund für Werkzeuge zu meiner Drehbank und sechs Pfund für Tabak ausgegeben. Obwohl ich über unsere gesellschaftlichen Mißstände nachdenke und sie bejammere, ist es mir nicht in den Sinn gekommen, all dieses

Geld den Armen zu geben. Deshalb halte ich den Kindern keine Vorträge darüber, daß Elendsviertel ein Greuel für die Welt sind. Ich habe solche Dinge gesagt – bis ich erkannte, welchen Quatsch ich verzapfte.

Die glücklichsten Familien, die ich kenne, sind jene, in denen die Eltern ihre Kinder offen und ehrlich behandeln, ohne zu moralisieren. In solchen Familien gibt es keine Angst. Vater und Sohn sind Kameraden. Und die Liebe kann gedeihen. In anderen Familien wird sie durch Angst zerstört. Selbstherrlichkeit und erzwungene Achtung halten Liebe fern. Erzwungene Achtung schließt *immer* Angst in sich.

Hier in Summerhill suchen Kinder, die Angst vor ihren Eltern haben, die Privatzimmer der Lehrer heim. Die Kinder wirklich freier Eltern kommen nie dahin. Die ängstlichen Kinder stellen uns immer auf die Probe. Ein elfjähriger Junge, dessen Vater sehr streng ist, öffnet meine Tür zwanzigmal am Tag. Er sagt nichts, schaut herein und schließt die Tür wieder. Manchmal schreie ich ihn an: „Nein, ich bin noch nicht tot." Der Junge hat mir die Liebe geschenkt, die sein Vater nicht annehmen wollte, und nun hat er Angst, sein neuer, idealer Vater könnte verschwinden. Hinter dieser Angst verbirgt sich in Wirklichkeit der Wunsch, daß sein Vater, mit dem er nicht einverstanden ist, verschwinden soll.

Es ist viel leichter, mit Kindern zu leben, die einen fürchten, als mit Kindern, die einen lieben – man hat nämlich ein ruhigeres Leben. Wenn Kinder vor einem Menschen Angst haben, dann lassen sie ihn in Frieden. Meine Frau, ich und die Lehrer in Summerhill werden von den Kindern geliebt, weil wir sie anerkennen, und das ist es, was sie wollen. Weil sie wissen, daß wir sie nicht ablehnen, sind sie gern in unserer Nähe.

Kaum eines unserer kleinen Kinder hat Angst vor Donner. Während des heftigsten Gewitters wollen sie draußen in Zelten schlafen. Auch Angst vor Dunkelheit ist kaum vorhanden. Manchmal schlägt ein achtjähriger Junge sein Zelt ganz am Ende des Feldes auf und schläft dort nächtelang allein. Freiheit ermutigt zur Furchtlosigkeit. Ich habe oft gesehen, wie sich schüchterne kleine Jungen zu kräftigen, furchtlosen Burschen entwickelten. Doch wäre es falsch zu verallgemeinern; denn es gibt introvertierte Kinder, die niemals tapfer werden. Manche Menschen werden ihre Gespenster das ganze Leben nicht los.

Wenn ein Kind ohne Angst erzogen worden ist und sich trotzdem fürchtet, dann besteht die Möglichkeit, daß es seine Angst schon mit auf die Welt brachte. Die Hauptschwierigkeit, mit diesen Gespenstern fertigzuwerden, ist unsere Unwissenheit über vorgeburtliche Bedingungen. Niemand weiß bis jetzt, ob eine schwangere Frau ihre Ängste auf das ungeborene Kind übertragen kann oder nicht.

Andererseits ruft die Umwelt ganz sicher Furchtgefühle im Kind hervor. Heute hören sogar schon kleine Kinder von kommenden Kriegen mit ihren schrecklichen Atombomben. Es ist nur natürlich, daß sich die Furcht mit solchen Dingen verbindet. Doch wenn keine Angst vor Sexualität oder der Hölle existiert, die sich mit der objektgebundenen Furcht vor Bomben verbindet, dann ist die Furcht vor Bomben normal – keine Phobie, keine alles durchdringende Angst. Gesunde, freie Kinder haben keine Angst vor der Zukunft. Sie sehen ihr mit Freude entgegen. Ihre Kinder werden sich später ebenfalls dem Leben ohne die kranke Furcht vor dem Morgen stellen.

Wilhelm Reich hat darauf hingewiesen, daß wir bei plötzlicher Furcht den Atem anhalten und ein Kind, das sich fürchtet, sein ganzes Leben lang den Atem anhält. Ein richtig erzogenes Kind erkennt man an seinem freien, ungehemmten Atem, mit dem es zeigt, daß es vor dem Leben keine Angst hat.

Dem Vater, der sein Kind frei von der lähmenden Furcht erziehen möchte, die durch Haß und Mißtrauen erzeugt wird, habe ich ein paar wichtige Dinge zu sagen:

Versuchen Sie nie, der Herr im Haus, der Zensor, das Ungeheuer zu sein, auf das Ihre Frau anspielt, wenn sie sagt: „Warte nur, bis Papa nach Haus kommt!" Lassen Sie das nicht zu! Es bedeutet, daß sich der Haß, den das Kind in jenem Augenblick gegen seine Mutter empfindet, nun gegen Sie richtet.

Und stellen Sie sich nicht auf ein Piedestal. Wenn Ihr Junge Sie fragt, ob Sie je Ihr Bett genäßt oder onaniert haben, dann sagen Sie ihm die Wahrheit – mutig und aufrichtig. Wenn Sie der Herr im Haus sind, dann werden die Kinder Sie achten, aber noch mehr fürchten. Wenn Sie sich mit Ihren Kindern auf eine Stufe stellen und ihnen sagen, wie feige Sie als Schuljunge waren, dann werden Sie sich ihre Achtung erwerben – eine Achtung, die Liebe und Verständnis enthält und frei ist von Furcht.

Es ist verhältnismäßig leicht für die Eltern, ein Kind ohne Komplexe zu erziehen. Dem Kind dürfen niemals Angst eingejagt oder Schuldgefühle beigebracht werden. Man kann nicht alle ängstlichen Reaktionen ausschalten: ein Kind kann erschrecken, wenn eine Tür zuschlägt. Sie können aber jene ungesunde Furcht ausschalten, die dem Kind aufgezwungen wird: die Furcht vor Strafe, vor dem zornigen Gott und den zornigen Eltern.

Minderwertigkeitsgefühl und Phantasien

Was löst bei einem Kind Minderwertigkeitsgefühle aus? Es sieht, wie Erwachsene Dinge tun, die es selbst nicht tun kann oder nicht tun darf.

Der Penis hat viel mit dem Minderwertigkeitsgefühl zu tun. Kleine Jungen schämen sich oft, weil ihr Penis noch klein ist, Mädchen, weil sie überhaupt keinen haben. Ich neige zu der Ansicht, daß die Bedeutung des Penis als Machtsymbol in erster Linie eine Folge des Geheimnisses und der Tabus ist, mit denen ihn unsere moralische Erziehung umgibt. Verdrängte Gedanken über den Penis äußern sich als Phantasiegebilde. Das geheimnisvolle Ding, das von Mutter und Kindermädchen so sorgfältig bewacht wird, nimmt eine übertriebene Bedeutung an. Wir sehen das an den Geschichten von der wunderbaren Macht des Penis. Aladin reibt seine Lampe – Onanie –, und alle Freuden der Welt kommen zu ihm. Auf gleiche Weise haben Kinder Phantasien, in denen die Exkremente zu einer Angelegenheit von großer Bedeutung werden.

Ein Wachtraum ist immer egoistisch. Es ist ein Traum, in dem der Träumende der Held und die Welt so ist, wie sie sein sollte. Die Welt, die wir Erwachsene durch ein Glas Whisky, die Seiten eines Romans oder die Bilder eines Films betreten, betritt das Kind in seinen Wachträumen. Eine solche Phantasie ist immer eine Flucht vor der Wirklichkeit – eine Welt der Wunscherfüllung, eine Welt ohne Grenzen. Der Geisteskranke bewegt sich in ihr. Doch auch normale Kinder haben recht oft Wachträume. Die Welt der Phantasie ist anziehender als die Welt der Träume. Im Schlaf haben wir auch Alpträume. Doch über Wachträume haben wir eine gewisse Kontrolle. Und wir stellen uns nur das vor, was dem Ich Freude macht.

Als ich an einer Schule in Deutschland unterrichtete, hatte ich ein zehnjähriges jüdisches Mädchen als Schülerin. Das Kind hatte viele

Ängste. Sie hatte Angst, die Schlechteste in der Klasse zu sein. An ihrem ersten Schultag brachte sie einen riesigen Ranzen voller Bücher mit, setzte sich an einen Tisch und begann langweilige Divisionen von der alten Art auszuführen: 4 563 207 867 geteilt durch 4 379. Drei ganze Tage arbeitete sie daran. Ich fragte sie, ob ihr diese Rechnerei Freude mache, und erhielt ein schüchternes „Ja" zur Antwort.

Am vierten Tag sah ich ihr wieder zu, wie sie an ihren elenden Divisionen weiterrechnete. „Macht dir das wirklich Spaß?" fragte ich.

Sie brach in Tränen aus. Ich nahm in aller Ruhe ihr Buch und warf es in die Ecke. „Wir sind hier in einer freien Schule", sagte ich. „Du kannst genau das tun, was du willst." Sie sah jetzt glücklicher aus und pfiff den ganzen Tag vor sich hin. Sie arbeitete nicht, sie pfiff nur.

Monate später lief ich auf Skiern durch einen Wald. Ich hörte eine Stimme, und dann sah ich Slovia. Sie hatte ihre Skier abgeschnallt und stapfte lachend und laut redend durch den Schnee. Offensichtlich hatte sie die Rollen einer ganzen Reihe von Schauspielern übernommen. Sie sah mich nicht, als sie vorüberging.

Am nächsten Morgen sagte ich ihr, ich hätte sie im Wald reden hören. Verwirrt lief sie aus dem Zimmer. Am Nachmittag stand sie in der Nähe meiner Zimmertür herum. Schließlich kam sie herein und sagte: „Es fällt mir schwer, Ihnen zu erzählen, was ich im Wald tat, aber ich glaube, ich kann es jetzt sagen."

Es war eine wunderbare Geschichte. Jahrelang hatte sie in einem Traumdorf gelebt, das sie Grünwald nannte. Sie zeigte mir Pläne von dem Dorf, die sie selbst gezeichnet hatte, sie zeigte mir sogar Pläne der Häuser im Dorf. Sie hatte es mit verschiedenen Menschentypen bevölkert. Was ich im Wald mitangehört hatte, war eine Unterhaltung zwischen zwei Jungen, Hans und Helmut.

Es dauerte ein paar Wochen, bis ich entdeckte, was dahintersteckte. Slovia war ein Einzelkind und hatte wenig Spielkameraden. Deshalb schuf sie ein Dorf voller Spielkameraden. Den Schlüssel zu dem Phantasiegebilde lieferte sie mir, als sie mir erzählte, Helmut sei vom Förster verprügelt worden, weil er durch eine Schonung gegangen war. Später erwähnte sie, daß diese Schonung aussah wie ihre eben wachsenden Schamhaare. Und dann erzählte sie eine wahre Geschichte von einem Mann, der sie sexuell berührt hatte. Ich verstand jetzt, daß Helmut jenen Mann verkörperte, der durch die verbotene Schonung gegangen war. Und Helmut war auch ihre Hand, wenn sie onanierte.

Ich beschloß, das Phantasiegebilde zu zerstören, und erklärte ihr, was ihm zugrunde lag. Zwei Tage ging sie mit niedergeschlagenem Gesicht herum. „Letzte Nacht versuchte ich, nach Grünwald zurückzugehen", erzählte sie mir und weinte dabei, „und ich konnte nicht. Sie haben das zerstört, was mir am liebsten war."

Zehn Tage später sagte ein Lehrer zu mir: „Was ist mit Slovia los? Sie singt den ganzen Tag, und sie wird hübsch." Es stimmte: sie war hübsch geworden. Und sie war mit einemmal an allem interessiert. Sie bat sogar um Unterricht und lernte gut. Sie fing an zu malen, und es gelangen ihr ein paar gute Skizzen. Kurz gesagt, sie setzte sich mit der Wirklichkeit auseinander. Ihr fürchterliches sexuelles Erlebnis und ihre Einsamkeit hatten sie gezwungen, in der Phantasie eine neue Welt zu suchen, in der es keine Versuchung und keine bösen Männer gab. Doch selbst in ihren angenehmen Tagträumen drang Helmut in ihren Himmel ein.

Ein anderes Mädchen träumte davon, eine große Schauspielerin zu sein. Sechzehn Vorhänge hat sie erhalten.

Jim, ein Junge mit aufbrausendem Temperament, erzählt mir von Phantasien über seine Ausscheidungen. Er gebraucht die Sexualität als Macht.

Ein anderer neunjähriger Junge hängt langen Wachträumen über Eisenbahnzüge nach. Er ist immer der Lokomotivführer, und gewöhnlich sind der König und die Königin (seine Eltern) die Passagiere.

Der kleine Charlie stellt sich vor, daß er Flugzeuggeschwader und einen ganzen Wagenpark besitzt.

Jim erzählt von seinem reichen Onkel, der ihm einen Rolls Royce geschenkt hat, gerade groß genug für einen Jungen, aber mit einem richtigen Benzinmotor. Jim sagt, er brauche für seinen neuen Wagen keinen Führerschein. Einmal habe ich entdeckt, daß ein paar Jungen auf Jims Reden hin nach einer sechs Kilometer entfernten Bahnstation gehen wollten. Sein Onkel, hatte er ihnen erzählt, hätte den Wagen dahingeschickt, und sie würden mit ihm zurückfahren. Ich dachte an die bittere Enttäuschung für die Jungen, wenn sie nach einem sechs Kilometer langen Marsch durch den Matsch feststellen würden, daß der Wagen nur in Jims Einbildung existierte, und versuchte, die Expedition zu verhindern. Ich wies darauf hin, daß sie alle das Mittagessen versäumen würden. Jim, der sich unbehaglich fühlte, rief: „Wir wollen unser Mittagessen nicht versäumen!" Ihrer Hausmutter fiel plötzlich ein, mit ihnen zum Ersatz ins Kino zu gehen. Sie zogen schnell ihre Regenmäntel aus. Jim war sehr erleichtert, denn er wußte natürlich, daß der Onkel, der ihm den Wagen geschenkt hatte, nur in seiner Phantasie existierte.

Jims Wachträume hatten nichts mit sexuellen Dingen zu tun. Seit seiner Ankunft in Summerhill hatte er die anderen Jungen in dieser Weise beeindruckt. Tagelang stand eine Gruppe Jungen am Hafen von Lyme herum und beobachtete die Einfahrt. Jim hatte ihnen von einem anderen Onkel erzählt, dem zwei Ozeandampfer gehörten. Die Jungen hatten ihn überredet, seinem Onkel zu schreiben und ihn um ein Motorboot zu bitten. Sie erwarteten nun einen Dampfer, der ihr Boot in den Hafen schleppte. So konnte sich Jim überlegen fühlen. Er war ein armer kleiner Junge, den man in Kost gegeben hatte, und er suchte in seinen Wachträumen einen Ausgleich für sein Minderwertigkeitsgefühl.

Wenn man alle Phantasiegebilde zerstörte, würde das Leben langweilig. Jeder schöpferische Akt wird in der Phantasie vorbereitet. Christopher Wren hatte in seiner Phantasie die St.-Pauls-Kathedrale gebaut, lange bevor der Grundstein gelegt wurde.

Ein Traum, den es zu bewahren lohnt, kann in Wirklichkeit umgesetzt werden. Die andere Art von Träumen – die Flucht in die Phantasie – sollte möglichst zerstört werden. Solche Wachträume halten das Kind, wenn es sich ihnen lange hingibt, in seiner Entwicklung zurück. In jeder Schule sind die sogenannten Dummköpfe jene Kinder, die vor allem in der Phantasie leben. Wie kann ein Junge an Mathematik interessiert sein, wenn er darauf wartet, daß ihm sein Onkel einen Rolls Royce schickt?

Ich hatte manchmal scharfe Auseinandersetzungen mit Eltern über Lesen und Schreiben. Eine Mutter schreibt mir: „Mein Junge muß in der Lage sein, sich einzuordnen. Sie müssen ihn zum Lesen zwingen." Meine Antwort ist gewöhnlich: „Ihr Kind lebt in einer Phantasiewelt. Ich brauche wahrscheinlich ein Jahr, um diese Welt entzweizubrechen. Würde ich jetzt verlangen, daß es lesen lernt, dann wäre das ein Verbrechen gegen das Kind. Solange sein Interesse an dieser Phantasiewelt nicht nachgelassen hat, kann es unmöglich auch nur das geringste Interesse am Lesen haben."

O ja, ich könnte den Jungen mit in mein Zimmer nehmen und ihm in ernstem Ton bedeuten: „Schlag dir diesen ganzen Plunder über

Onkel und Autos aus dem Kopf, den du dir da zusammenspinnst. Morgen früh lernst du lesen, sonst wirst du mich kennenlernen." Das wäre ein Verbrechen. Es ist falsch, die Phantasien eines Kindes zu zerstören, solange es nichts an ihre Stelle setzen kann. Am besten ist es, das Kind zu ermutigen, über seine Phantasien zu sprechen. In neun von zehn Fällen wird es langsam sein Interesse daran verlieren. Nur in besonderen Fällen, wenn Wachträume über Jahre hinaus angedauert haben, kann man es wagen, sie gewaltsam zu zerstören.

Ich habe gesagt, daß etwas an die Stelle des Wachtraums treten muß. Um überhaupt gesund zu sein, braucht jedes Kind und jeder Erwachsene wenigstens ein Gebiet, auf dem sie sich überragend fühlen können. Im Schulzimmer gibt es zwei Methoden, sich überlegen zu fühlen: 1. kann man Klassenbester sein, und 2. kann man sich den am schlechtesten angesehenen Schüler in der Klasse zum Sklaven machen. Die letztere Methode ist verlockender. Ein extrovertiertes Kind gewinnt auf diese Weise leicht ein Gefühl der Überlegenheit.

Es ist das introvertierte Kind, das in die Phantasie flüchtet, um dort sein Überlegenheitsgefühl zu finden. In der Welt der Wirklichkeit findet es keine Überlegenheit. Es kann nicht kämpfen, es ist nicht gut im Sport, es kann nicht singen und tanzen und ist ein schlechter Schauspieler. Doch in seiner Phantasie kann es Weltmeister im Schwergewicht sein. Ichbefriedigung ist für jeden Menschen eine lebenswichtige Notwendigkeit.

Destruktionstrieb

Erwachsene können nur schwer verstehen, daß Kinder keinen Sinn für Eigentum haben. Die Kinder machen es nicht absichtlich kaputt — *sie zerstören es unbewußt.*

Ich sah einmal, wie ein normales, glückliches Mädchen mit einem glühenden Schürhaken Löcher in die Kaminverschalung aus Walnußholz in unserem Lehrerzimmer brannte. Sie fuhr zusammen, als sie angesprochen wurde, und schien völlig überrascht. „Ich habe mir nichts dabei gedacht", sagte sie wahrheitsgemäß. Es war eine symbolische Handlung, die nicht vom Bewußtsein kontrolliert war.

Erwachsene betonen bei wertvollen Gegenständen ihre Besitzansprüche; Kinder tun das nicht. Jedes Zusammenleben zwischen Kindern und Erwachsenen bringt daher Auseinandersetzungen über materielle Dinge mit sich. In Summerhill schüren die Kinder das Feuer, fünf Minuten bevor sie ins Bett gehen. Großzügig legen sie neue Kohlen nach – denn Kohlen sind für sie nur schwarze Brocken, während sie für mich eine Rechnung von dreihundert Pfund im Jahr bedeuten. Die Kinder lassen das Licht brennen, weil für sie zwischen Licht und Elektrizitätsrechnung kein Zusammenhang besteht.

Möbelstücke sind für ein Kind praktisch nicht vorhanden. In Summerhill kaufen wir deshalb alte Auto- und Bussitze. In ein bis zwei Monaten sehen sie wie Wracks aus. Während des Essens vertreiben sich kleine Jungen oft die Zeit, indem sie in Erwartung eines Nachschlags ihre Gabeln völlig verbiegen. Gewöhnlich geschieht das unbewußt oder höchstens halbbewußt. Und es ist nicht nur das Eigentum der Schule, das von den Kindern vernachlässigt oder zerstört wird: sie lassen auch ihr neues Fahrrad im Regen stehen, wenn es nach drei Wochen den Reiz der Neuheit verloren hat.

Der Destruktionstrieb neun- oder zehnjähriger Kinder hat keine üble oder antisoziale Bedeutung. Die Dinge existieren für sie noch nicht als persönliches Eigentum. Wenn sie ihren Flug in die Phantasie antreten, dann nehmen sie ihre Bettücher und Decken und bauen daraus Piratenschiffe, wobei die Tücher schmutzig werden und die Decken zerreißen. Aber was bedeutet schon ein schmutziges Bettuch, wenn man die schwarze Flagge gehißt und eine Breitseite abgefeuert hat?

Wer versucht, den Kindern Freiheit zu geben, sollte wirklich Millionär sein, denn es ist höchst ungerecht, daß die natürliche Sorglosigkeit der Kinder ewig mit wirtschaftlichen Gegebenheiten über Kreuz kommen soll.

Wenn ein Anhänger der Disziplinierung erklärt, Kinder müßten zur Achtung vor dem Besitz *gezwungen* werden, so kann ich diesen Einwand nicht akzeptieren; denn ein solcher Zwang geht immer auf Kosten des Spiels. Meiner Ansicht nach sollte ein Kind aus eigenem Antrieb einen Sinn für Werte bekommen. Wenn Kinder das Stadium der vorpubertären Gleichgültigkeit bezüglich Besitz überschreiten, dann respektieren sie das Eigentum. Wenn Kinder diese Gleichgültigkeit ohne Zwang überwinden können, dann werden sie höchstwahrscheinlich keine Profitgeier und Ausbeuter werden.

Mädchen zerstören nicht soviel wie Jungen – ihre Phantasie verlangt nicht nach Seeräuberschiffen und Raubüberfällen. Doch um gerecht zu sein: der Aufenthaltsraum der Mädchen ist in einem ziemlich schlimmen Zustand. Die Erklärung der Mädchen, die Trümmer stammten alle aus Raufereien mit Jungen, die sie dort besucht hätten, überzeugt mich nicht.

Vor einigen Jahren legten wir die Schlafzimmer der Kinder mit Leichtbauplatten (einer Art dicker Pappe) aus, um sie wärmer zu halten. Ein kleines Kind braucht eine solche Platte nur zu sehen, schon bohrt es Löcher hinein. Die mit diesen Platten ausgelegte Wand in unserem Tischtennisraum sah bald wie das zerstörte Berlin aus. Das Herumbohren in den Platten gleicht dem Nasenbohren: es geschieht gewöhnlich ganz unbewußt, und wie anderen Formen des Destruktionsdranges liegt ihm oft ein verborgenes Motiv zugrunde, oft eine schöpferische Bedeutung. Wenn ein Junge ein Stück Metall für einen Bootskiel braucht, dann wird er einen Nagel nehmen, sofern er einen findet. Findet er jedoch keinen, dann wird er eines meiner teuren kleinen Werkzeuge verwenden, das zufällig die richtige Größe hat. Ein Meißel ist wie ein Nagel nur ein Stück Metall für das Kind. Einmal hat ein kluger Bursche mit einem kostbaren Pinsel das Dach geteert.

Wie wir sehen, haben Kinder andere Wertbegriffe als Erwachsene. Wenn eine Schule die Kinder mit klassischen Gemälden und schönen Möbeln in den Zimmern begeistern will, dann zäumt sie das Pferd am Schwanz auf. Kinder sind Primitive, und solange sie kein Bedürfnis nach Kultur haben, sollte ihre Umgebung so primitiv und zwanglos wie möglich sein.

Als wir vor Jahren in unser jetziges Schulgebäude umzogen, mußten wir mit Qualen zusehen, wie Jungen auf die schönen Eichentüren mit Messern warfen. Wir kauften schnell zwei alte Eisenbahnwaggons und bauten sie in einen Bungalow um. Und dort konnten unsere Wilden so viel Messer werfen, wie sie wollten. Trotzdem sind die Waggons heute, nach dreiunddreißig Jahren, noch nicht in einem schlechten Zustand. Sie werden von Jungen im Alter von zwölf bis sechzehn Jahren bewohnt. Die meisten dieser Jungen haben ein Stadium erreicht, in dem Komfort und Zimmerschmuck etwas für sie bedeutet. Die meisten halten ihr Abteil wunderschön sauber und ordentlich. Andere wieder sind schlampig, und zwar sind das meistens Jungen, die erst vor kurzem aus Internaten zu uns gekommen sind.

Man kann die ehemaligen Schüler jener Internate in Summerhill stets erkennen: sie sind am schmutzigsten, am ungewaschensten und schmierigsten. Es dauert immer einige Zeit, bis sie ihre primitiven Triebe abreagiert haben, die in jenen Internaten unterdrückt worden sind, und sie sich wirklich in die freie Gemeinschaft einfügen.

Am meisten Anlaß zum Ärger in einer freien Schule gibt die Werkstatt. Ursprünglich war die Werkstatt für die Kinder immer offen, und die Folge war, daß alle Werkzeuge verlorengingen oder beschädigt wurden. Ein neunjähriges Kind brachte es fertig, ein feines Stemmeisen als Schraubenzieher zu benutzen. Oder es nahm eine Drahtzange, um sein Fahrrad zu reparieren, und ließ sie dann auf dem Weg liegen.

Ich beschloß damals, meine eigene Werkstatt durch eine Wand von der allgemeinen Werkstatt abzutrennen und die Türe zu verschließen. Aber mein Gewissen drückte mich! Ich hatte das Gefühl, egoistisch und antisozial zu sein. Schließlich brach ich die Trennwand wieder ab. Nach sechs Monaten war kein Werkzeug in meiner Privatwerkstatt noch in gutem Zustand. Ein Junge verbrauchte alle Drahtkrampen für sein Motorrad. Ein anderer versuchte, meine Drehbank anders einzustellen, während sie lief. Mit polierten Schlichthämmern für Messing- und Silberschmiedearbeiten wurden Ziegel zerschlagen. Werkzeuge verschwanden und wurden niemals wiedergefunden. Am schlimmsten war, daß alle das Interesse an Handarbeit verloren; denn die älteren Schüler sagten: „Was soll ich in der Werkstatt? Alle Werkzeuge sind jetzt verdorben." Und sie waren verdorben. Die Hobelmesser hatten Zähne, und die Sägen hatten keine.

Ich stellte in der Schulversammlung den Antrag, daß meine Werkstatt wieder verschlossen werden sollte. Der Antrag wurde angenommen. Wenn ich jedoch Besucher herumführte, schämte ich mich, die Tür zur Werkstatt jedesmal aufschließen zu müssen. *Was? Freiheit und versperrte Türen?* Es machte wirklich einen schlechten Eindruck, und ich beschloß, in der Schule eine besondere Werkstatt einzurichten, die immer geöffnet war. Ich stattete sie mit allem aus, was nötig war: Arbeitsbank, Schraubstock, Sägen, Meißel, Hobel, Hammer, Zangen usw.

Etwa vier Monate später führte ich eine Gruppe Besucher in der Schule herum. Als ich meine Werkstatt aufsperrte, sagte einer: „Das sieht aber nicht nach Freiheit aus, nicht wahr?"

„Ja, sehen Sie", sagte ich schnell, „die Kinder haben eine *andere*

Kinder denken nicht an morgen …

. . . allenfalls am Abend vor dem Geburtstag; und sie sorgen nicht vor, höchstens mal mit einem Spickzettel. So hat auch Geld für Kinder nur den Wert, Wünsche augenblicklich zu erfüllen. Wie und wann aber sollen Kinder den dauernden Wert des Geldes erfahren?

Im Schalterraum einer Bank in Aberdeen soll auf einem Plakat ein abgewandeltes Franklin-Zitat zu lesen sein: «Wenn Sie Ihren Kindern den Wert des Geldes beibringen wollen, dann leihen Sie ihnen welches.» Aber diese Erziehungsmethode dürfte allenfalls auf jene Schotten passen, die es nirgends sonst als in Witzen gibt. Denn wer erkundigt sich schon nach dem Diskontsatz, ehe er seinem Zehnjährigen das Taschengeld leiht? Oder wer schickt seinen Sprößling mit väterlicher Bürgschaft zur Bank, damit er einen Kredit zum Erwerb von Speiseeis aufnimmt?

Werkstatt, die den ganzen Tag über geöffnet ist. Kommen Sie, ich werde sie Ihnen zeigen.“ In der Werkstatt war nur noch die Werkbank. Selbst der Schraubstock war verschwunden. In welchen Ecken unseres etwa fünf Hektar großen Schulgeländes all die Meißel und Hämmer lagen, habe ich nie erfahren.

Die Sache mit der Werkstatt beunruhigte die Lehrer weiterhin. Ich war am stärksten davon betroffen, denn Werkzeuge bedeuteten mir sehr viel. Ich kam zu dem Schluß, daß der Fehler in der gemeinsamen Benutzung der Werkzeuge lag. „Wir werden also jetzt“, so sagte ich mir, „das Element des Besitzes einführen. Jedes Kind, das wirklich daran interessiert ist, wird seinen eigenen Werkzeugkasten bekommen. Und dann wird alles anders werden.“

Ich brachte diese Idee bei der nächsten Schulversammlung zur Sprache, und sie wurde beifällig aufgenommen. Nach den nächsten Ferien brachten ein paar ältere Schüler ihren eigenen Werkzeugkasten von Zuhause mit. Sie hielten ihre Werkzeuge in ausgezeichnetem Zustand und gingen mit ihnen viel besser um als mit den anderen.

Möglich, daß die meisten solcher Schwierigkeiten auf die großen Altersunterschiede in Summerhill zurückzuführen sind – Werkzeuge bedeuten den kleinen Jungen und Mädchen nämlich so gut wie nichts. Jetzt schließt der Handarbeitslehrer immer die Werkstatt ab. Gnädig erlaube ich ein paar älteren Schülern, meine eigene Werkstatt zu benutzen. Sie mißhandeln sie nicht, weil sie ein Stadium erreicht haben, in dem sie wissen, man muß die Werkzeuge richtig behandeln, wenn man eine gute Arbeit machen will. Jetzt verstehen sie auch den Unterschied zwischen Freiheit und Zügellosigkeit.

Trotzdem ist es in Summerhill üblich geworden, Türen abzuschließen. Auf einer Schulversammlung nahm ich dazu Stellung. „Ich mag das nicht“, sagte ich. „Ich habe heute vormittag Besucher herumgeführt und habe die Werkstatt, das Laboratorium, die Töpferei und das Theater aufschließen müssen. Ich stelle den Antrag, daß alle für die Allgemeinheit bestimmten Räume den ganzen Tag über offen sind.“

Laute Mißbilligung. „Das Laboratorium muß abgeschlossen werden, weil dort Gifte aufbewahrt werden“, sagte eines der Kinder, „und auch die Töpferei muß abgeschlossen werden, weil sie neben dem Laboratorium liegt.“

„Wir wollen nicht, daß die Werkstatt offen bleibt. Denk bloß dran, was das letztemal mit den Werkzeugen passiert ist“, riefen andere.

„Aber“, wandte ich ein, „dann können wir doch wenigstens das Theater offen lassen. Die Bühne wird schließlich keiner klauen.“

Dies rief sofort die Bühnenschriftsteller, die Schauspieler, den Regisseur und den Beleuchter auf den Plan. Der Beleuchter sagte: „Du hast das Theater heute vormittag offen gelassen, und am Nachmittag hat irgendein Idiot die Scheinwerfer eingeschaltet und sie brennen lassen – drei Kilowatt zu je sechs Pence!“

Ein anderer sagte: „Die kleinen Kinder holen sich die Kostüme heraus und ziehen sie an.“

Schließlich wurden bei der Abstimmung nur zwei Hände für meinen Antrag erhoben – meine eigene und die eines siebenjährigen Mädchens. Und später stellte ich noch fest, daß sie geglaubt hatte, wir würden über einen vorangegangenen Antrag, siebenjährigen Kindern solle der Kinobesuch erlaubt werden, abstimmen. Die Kinder hatten aus eigener Erfahrung gelernt, daß privates Eigentum respektiert werden muß.

Es ist eine traurige Wahrheit, daß wir Erwachsenen oft mehr um Dinge als um die Sicherheit der Kinder besorgt sind. Das Klavier eines Mannes, seine Schreinerwerkzeuge, seine Kleidung – hunderterlei Dinge – sind Teil seiner selbst geworden. Mit anzusehen, wie jemand mit dem Hobel falsch umgeht, schmerzt uns persönlich. Diese Liebe zu Besitzgegenständen ist häufig größer als die Liebe zu den Kindern. Jedes *Laß das liegen!* bedeutet, daß man dem Kind die Sache vorzieht. Das Kind ist lästig, weil seine Wünsche mit den egoistischen Wünschen der Erwachsenen in Konflikt geraten.

Drei kleine Jungen liehen sich einmal meine teure Taschenlampe aus. Sie begannen, das Innere zu untersuchen, und ruinierten sie. Es wäre gelogen, wenn ich sagte, daß ihre Forschungsarbeit mir Freude gemacht hätte. Ich ärgerte mich, obwohl ich ahnte, was hinter dieser destruktiven Handlung steckte: symbolisch gesehen, stellt Vaters Taschenlampe seinen Penis dar.

Manchmal stelle ich mir vor, einen Millionärssohn als Schüler zu kriegen. In meiner Phantasie erlaube ich ihm dann, alle möglichen ausgefallenen Experimente zu machen: *auf Kosten seines Vaters!* – denn einem neurotischen Kind Freiheit zu geben, das kostet etwas. Kein gesundes Kind hat das Bedürfnis, ständig Nägel in das Gehäuse eines Fernsehapparats zu hämmern.

Das erinnert mich an eine Frage, die in allen meinen Vorträgen auftaucht: *Was würden Sie tun, wenn ein Junge anfinge, Nägel in den*

Konzertflügel zu schlagen? Ich bin inzwischen ein solcher Experte geworden, daß ich oft schon vorher weiß, wer die Frage stellen wird. Meist ist es eine Frau, die in der ersten Reihe sitzt und von Zeit zu Zeit mißbilligend mit dem Kopf schüttelt.

Die beste Antwort auf diese Frage: *Es ist ganz egal, was Sie mit dem Kind machen, solange Ihre Einstellung zum Kind richtig ist.* Es macht nichts, wenn Sie es vom Flügel wegziehn, solange Sie ihm keine Schuldgefühle beibringen. Solange Sie nur auf Ihren persönlichen Rechten bestehen, ohne das durch moralische Urteile zu einer Frage von Gut und Böse zu machen, solange richten Sie auch keinen Schaden an. Der Gebrauch von Wörtern wie *schlimm, schlecht* oder *schmutzig* ist es, was Schaden anrichtet.

Kehren wir zu dem Jungen mit dem Hammer zurück. Natürlich sollte er Holz haben, in das er statt in das Piano Nägel schlagen kann. Jedes Kind hat ein Recht auf Werkzeuge, mit denen es sich ausdrücken kann. Und diese Werkzeuge sollten ihm persönlich gehören. Aber denken Sie daran, daß ein Kind den Wert dieser Dinge nicht in Pfund und Schillingen sieht.

Der ständige Zerstörungsdrang eines Problemkindes ist etwas ganz anderes als die destruktiven Handlungen des normalen Kindes. Die letzteren werden im allgemeinen nicht durch Haß oder Angst ausgelöst. Sie sind schöpferische Phantasiehandlungen und nicht böse gemeint. Wirklicher Zerstörungsdrang bedeutet Haß in Aktion. Er bedeutet symbolischen Mord. Er ist nicht auf Problemkinder beschränkt. Wer in seinem Haus während des Krieges Soldaten einquartiert hatte, der weiß, daß Soldaten viel destruktiver sind als Kinder. Das kann nicht anders sein, denn ihr Beruf heißt Zerstörung.

Erschaffen ist gleich Leben; Zerstören ist gleich Tod. Das destruktive Problemkind ist lebensfeindlich.

Die Destruktivität ängstlicher Kinder hat viele Bestandteile: Ein Kind kann auf seine Geschwister eifersüchtig sein, weil sie nach seiner Ansicht mehr geliebt werden; es kann gegen eine einengende Autorität rebellieren; es kann aber auch einfach aus Neugier sehen wollen, was sich im Innern eines Gegenstandes befindet.

Auseinandersetzen müssen wir uns nicht mit der vorliegenden Zerstörung eines Gegenstandes, sondern mit dem verdrängten Haß, der sich in der Zerstörung äußert – ein Haß, der aus dem Kind unter Umständen einen Sadisten macht.

Das ist eine lebenswichtige Frage: die Krankheit einer Welt, in der von der Kindheit bis zum Grabe der Haß gedeiht. Natürlich gibt es auch viel Liebe in der Welt. Wenn das anders wäre, müßte man wohl an der Menschheit verzweifeln. Alle Eltern und Erzieher sollten ernsthaft versuchen, diese Liebe in sich selbst zu entdecken.

Lügen

Ein Kind, das lügt, hat entweder vor den Eltern Angst, oder es ahmt sie nach. Verlogene Eltern haben verlogene Kinder. Wenn Sie wollen, daß Ihr Kind die Wahrheit sagt, dürfen Sie es nie belügen. Das ist nicht moralisch gemeint; denn von Zeit zu Zeit lügen wir alle. Manchmal lügen wir, um die Gefühle eines anderen Menschen nicht zu verletzen, und natürlich belügen wir uns auch selbst, wenn man uns egoistisch oder aufgeblasen genannt hat. Statt zu sagen: „Mammi hat Kopfweh, bitte sei ruhig!", ist es viel besser und ehrlicher, wenn man schreit: „Hör mit dem Radau auf!" Aber man kann das nur ungestraft sagen, wenn einen die Kinder nicht fürchten.

Eltern lügen manchmal, um ihre Würde zu wahren. „Papa, du kannst es doch mit sechs Männern aufnehmen, nicht?" Es erfordert einigen Mut, zu antworten: „Nein, mein Junge, mit meinem dicken Bauch und meinen schlaffen Muskeln könnte ich nicht mal mit einem Zwerg raufen."

Wieviele Väter gestehen ihren Kindern, daß sie vor dem Donner und der Polizei Angst haben? Kaum ein Mann ist groß genug, um seine Kinder wissen zu lassen, daß er in der Schule den Spitznamen „Schnüffler" hatte.

Für die Familienlüge gibt es zwei Motive: das Kind soll gut erzogen werden, und es soll von der Vollkommenheit der Eltern beeindruckt werden. Wieviele Väter und Lehrer antworten wohl ehrlich auf die Frage: *Warst du jemals betrunken? Hast du jemals geflucht?* Diese Angst vor den Kindern macht die Eltern zu Scheinheiligen.

Als kleiner Junge konnte ich es meinem Vater nicht verzeihen, daß er über eine Mauer gesprungen war, um vor einem wilden Bullen zu flüchten. Die Kinder machen in ihrer Phantasie Helden und Ritter aus uns, und wir versuchen, ihren Vorstellungen gerecht zu werden.

Aber eines Tages werden wir entlarvt. Eines Tages erkennt das Kind, daß seine Eltern und Lehrer Lügner und Betrüger sind.

Vielleicht kommt in jedem jungen Leben einmal die Zeit, in der die Eltern kritisiert und als altmodisch abgelehnt werden. Diese Zeit folgt auf die Entdeckung, was die Eltern in Wirklichkeit sind. Die Ablehnung ist ganz einfach eine Ablehnung jener Wunscheltern in der Phantasie des Kindes. Der Kontrast zwischen den wunderbaren Traumeltern und den schwachen Eltern in der Wirklichkeit ist zu groß. Später bringt dann das Kind wieder Sympathie und Verständnis für seine Eltern auf, ohne sich allerdings Illusionen zu machen. Doch wären diese ganzen Mißverständnisse nicht nötig, wenn die Eltern ihren Kindern von Anfang an die Wahrheit gesagt hätten.

Die Hauptschwierigkeit, Kindern die Wahrheit zu sagen, liegt darin, daß wir alle uns selbst nicht die Wahrheit sagen. Wir belügen uns selbst und wir belügen unsere Nachbarn. Jede Autobiographie ist eine Lüge. Wir lügen, weil man uns beigebracht hat, nach unerfüllbaren moralischen Normen zu leben. In frühester Kindheit hat man den Grund dazu gelegt, daß wir später alles zu verheimlichen suchen.

Wer als Erwachsener Kinder belügt – selbst wenn das nur als Mittel zum Zweck geschieht –, versteht sie nicht wirklich. So ist unser ganzes Erziehungssystem verlogen. Unsere Schulen geben die Lügen weiter, daß Gehorsam und Fleiß Tugenden, daß Geschichte und Französisch Erziehung sind.

Unter meinen Schülern gibt es keinen einzigen hartnäckigen oder Gewohnheitslügner. Anfangs lügen sie noch, weil sie Angst haben, die Wahrheit zu sagen. Wenn sie dann feststellen, daß Summerhill eine Schule ohne Polizisten ist, dann hat es keinen Sinn mehr für sie zu lügen. Kinder lügen meist aus Angst. Je mehr diese Angst verschwindet, desto mehr nimmt der Zwang zum Lügen ab. Ich kann nicht sagen, daß es völlig aufhört. Ein Junge wird zugeben, ein Fenster zerbrochen zu haben, aber er wird nicht sagen, daß er sich über den Kühlschrank hergemacht oder ein Werkzeug gestohlen hat. Man würde zuviel erhoffen, wenn man glaubte, das Lügen könnte völlig verschwinden.

Die Freiheit wird die kindlichen Phantasielügen nicht aus der Welt schaffen. Zu oft machen die Eltern aus der Mücke einen Elefanten. Als der kleine Jimmy zu mir kam und sagte, sein Vati habe ihm einen echten Rolls Bentley geschickt, gab ich zur Antwort: „Ich weiß, ich habe ihn vorm Eingang stehen sehen. Phantastischer Wagen!“

„Geh zu“, sagte Jimmy, „du weißt, daß ich nur Spaß gemacht habe.“

Es mag paradox und unlogisch klingen, aber ich unterscheide zwischen *lügen* und *unehrlich sein*. Man kann ehrlich und trotzdem ein Lügner sein — das heißt, man kann in wichtigen Dingen ehrlich und in unwichtigen unehrlich sein. Oft lügen wir, um andere Menschen nicht zu verletzen. Die Wahrheit würde zum Übel, wenn ich gezwungen wäre zu schreiben: „Sehr geehrter Herr, Ihr Brief ist so langweilig, daß ich mich nicht aufraffen konnte, ihn zu lesen.“ Oder wenn ich einem Möchtegern-Musiker sagen müßte: „Vielen Dank für Ihr Spiel, aber Sie haben die Etüde zu Schanden gespielt.“ Bei den Lügen der Erwachsenen ist im allgemeinen Altruismus das Motiv. Bei Kindern sind Lügen dagegen immer begrenzt persönlich und von Fall zu Fall bedingt. Am sichersten macht man ein Kind dadurch fürs ganze Leben zum Lügner, daß man von ihm verlangt, immer die Wahrheit und nichts als die Wahrheit zu sagen.

Ich gebe zu, es ist sehr schwer, immer die Wahrheit zu sagen. Wenn man sich aber erst einmal entschlossen hat, einem Kind gegenüber oder vor ihm nicht mehr zu lügen, dann fällt es einem leichter, als man erwartet hat. Nur im Falle der Lebensgefahr ist die Lüge angebracht — wenn zum Beispiel ein Kind schwerkrank ist, darf man ihm nicht sagen, daß seine Mutter gestorben ist.

Das meiste von unseren mechanischen Konventionen ist gelebte Lüge. Wir sagen „dankeschön“, obwohl wir das gar nicht meinen; wir ziehen vor Frauen den Hut, die wir nicht achten.

Eine Lüge auszusprechen ist eine unbedeutende Schwäche. Die Lüge zu leben ist jedoch ein großes Unglück. Eltern, deren Leben Lüge ist, sind wirklich gefährlich. „Ich habe von meinem Sohn nur eines verlangt — immer die absolute Wahrheit zu sagen“, sagte ein Vater über seinen diebischen Sohn von sechzehn Jahren. Dieser Mann haßte seine Frau und wurde von ihr wiedergehaßt, obwohl das unter der Maske von vielen „Liebling“ und „Liebste“ verdeckt wurde. Sein Sohn hatte eine vage Ahnung, daß irgend etwas zu Hause ganz falsch war. Wie soll der Sohn eines solchen Mannes jemals etwas anderes werden als ein konventionell verlogener Mensch, wenn sein Zuhause eine offenkundige Lüge ist? Sein Stehlen war nur ein leidenschaftlicher Versuch, die Liebe zu finden, die bei ihm zu Hause fehlte.

Ein Kind kann tatsächlich in Nachahmung der elterlichen Verlogenheit lügen. In einer Familie, in der sich Vater und Mutter nicht mehr lieben, kann ein Kind nicht aufrichtig sein. Der traurige Schein, den das arme Paar aufrechterhalten muß, kann das Kind nicht täuschen. Es wird nur in die Phantasiewelt seiner Wünsche getrieben. Kinder *fühlen,* was sie nicht wissen.

Die Kirchen verewigen die Lüge, daß der Mensch in Sünde geboren ist und erlöst werden muß. Das Gesetz fördert die Lüge, daß die Menschheit durch Haß in Form von Strafe gebessert werden kann. Die Ärzte und die pharmazeutische Industrie halten die Lüge am Leben, unsere Gesundheit hänge davon ab, daß wir uns mit anorganischen Medikamenten vollstopfen.

In einer verlogenen Gesellschaft finden es die Eltern äußerst schwer, ehrlich zu sein. Sie drohen ihren Kindern: „Wenn man onaniert, wird man verrückt!“ In all den Lügen der Eltern liegt eine unglaubliche Unwissenheit über den Schaden, der dem Kind zugefügt wird.

Ich bin der Ansicht, daß Eltern nicht lügen müssen, ja daß sie gar nicht *wagen* sollten zu lügen. Es gibt viele Familien, in denen nicht gelogen wird. Aus diesen Familien kommen offenherzige Kinder mit klaren Augen. Eltern können jede Frage wahrheitsgemäß beantworten, von der Frage, woher die kleinen Kinder kommen, bis zur Frage nach dem Alter der Mutter.

Ich habe in achtunddreißig Jahren keinen meiner Schüler bewußt angelogen, und ich habe auch nie den Wunsch dazu gehabt. Allerdings: einmal habe ich eine große Lüge erzählt. Ein Mädchen, dessen unglückliche Lebensgeschichte ich kannte, hatte ein Pfund Sterling gestohlen. Die drei Jungen im Ausschuß, der sich mit Diebstählen befaßt, sahen, wie sie Geld für Eis und Zigaretten ausgab, und nahmen sie ins Kreuzverhör. „Ich habe das Pfund von Neill bekommen“, sagte sie. Die drei brachten sie zu mir und fragten: „Hast du Liz das Geld gegeben?“ Ich ahnte die Zusammenhänge und erwiderte ruhig: „Ja, natürlich, warum fragt ihr?“ Ich wußte, sie hätte nie wieder Vertrauen zu mir, wenn ich sie bloßstellen würde. Ihr symbolisches Stehlen von Liebe in Form von Geld hätte nur zu neuer Feindseligkeit gegen sie geführt. Ich mußte beweisen, daß ich immer auf ihrer Seite war. Ich wußte, bei einem ehrlichen und freien Zuhause hätte sich diese ganze Situation nie ergeben. Meine Lüge hatte einen heilenden Zweck. Doch unter allen sonstigen Umständen wage ich nicht zu lügen.

Wenn Kinder frei sind, lügen sie nicht viel. Unser Dorfpolizist, der mich besuchte, war sehr erstaunt, als ein kleiner Junge in mein Büro kam und sagte: „Du, Neill, ich habe ein Fenster in der großen Halle zerbrochen." Kinder lügen meist, um sich zu schützen. Die Lüge gedeiht in jenen Familien, in denen die Furcht gedeiht. Macht der Furcht ein Ende, und die Lüge wird aussterben.

Es gibt jedoch eine Form der Lüge, der keine Furcht zugrunde liegt: die Phantasielüge. „Mami, ich habe einen Hund gesehen, so groß wie eine Kuh!" Dieser Ausruf liegt auf derselben Ebene wie die Lüge des Anglers über den Fisch, der ihm entwischte. Solche Lügen steigern das Persönlichkeitsgefühl des Lügners. Am besten reagiert man darauf, indem man das Spiel mitmacht. Wenn mir also Billy erzählt, sein Papa habe einen Rolls Royce, dann sage ich: „Ich weiß, ein prima Wagen, nicht? Kannst du ihn fahren?" Ich bezweifle, daß diese romantischen Lügen bei Kindern vorkämen, die sich von Geburt an frei entwickeln durften. Ich glaube nicht, daß sie ihr Minderwertigkeitsgefühl durch Lügengeschichten überkompensieren müßten.

Ein uneheliches Kind weiß nicht, daß seine Mutter nicht verheiratet war, als es zur Welt kam, aber es fühlt, daß es anders ist als die übrigen Kinder. Natürlich nicht, wenn es die Wahrheit kennt und unter Menschen lebt, denen es egal ist, ob jemand ehelich oder unehelich geboren wurde. Gerade weil Fühlen soviel wichtiger ist als Wissen, richten unwissende Eltern mit ihren Lügen und Verboten soviel Schaden an. Es ist mehr die Seele als der Verstand des Kindes, dem Schaden zugefügt wird. *Aber Neurosen werden immer durch die Seele, niemals durch den Verstand verursacht.*

Eltern müssen adoptierten Kindern sagen, daß sie nicht ihre leiblichen Eltern sind. Eine Stiefmutter, die ein Kind aus der ersten Ehe ihres Mannes glauben läßt, sie sei seine leibliche Mutter, beschwört Schwierigkeiten herauf, und in den meisten Fällen treten sie auch ein. Ich habe schwere Traumata im späteren Leben von Menschen gesehen, die als Halbwüchsige die Wahrheit herausfanden. Es gibt immer ein paar gehässige Menschen, die jungen Menschen mit einer boshaften Freude die Wahrheit sagen.

Schützen Sie Ihre Kinder vor allen boshaften Wichtigtuern, indem Sie sich dazu durchringen, kein Kind anzulügen, weder Ihr eigenes noch ein anderes. Für ein Kind gibt es nur einen Weg: die absolute Wahrheit. Wenn Papa im Gefängnis war, muß der Junge es wissen. Ist Mama Bardame gewesen, sollte es der Tochter gesagt werden.

Es wird unangenehm, die Wahrheit zu sagen, wenn die Frage lautet: „Mami, wen von uns hast du am liebsten?" Im allgemeinen ist die oft unwahre Antwort darauf ein süßes: „Ich habe euch alle gleich lieb." Ich weiß auch nicht, was man antworten sollte. Vielleicht ist in diesem Fall die Lüge gerechtfertigt, denn ein niederschmetterndes: „Ich habe Tommy am liebsten", würde fürchterliche Folgen haben.

Wenn Eltern in sexuellen Dingen ehrlich sind, dann werden sie auch sonst bei der Wahrheit bleiben. Die Lüge vom Polizisten, der unartige Kinder bestraft, die Lüge, daß man nicht mehr wächst, wenn man raucht, die Lüge, daß Mami Kopfschmerzen hat, während es in Wirklichkeit ihre Periode ist, diese Lügen findet man in Millionen Familien.

Vor einiger Zeit verließ eine Lehrerin Summerhill, um in einem Londoner Kindergarten tätig zu werden. Ihre kleinen Schüler fragten sie, woher die Babies kämen. Am nächsten Vormittag kamen ein halbes Dutzend Mütter in die Schule, nannten die Lehrerin ein „schmutziges Weibsbild" und verlangten ihre Entlassung.

Ein frei erzogenes Kind wird nicht mit Absicht lügen, weil dazu keine Notwendigkeit besteht. Es wird nicht lügen, um sich vor Strafe zu schützen. Doch wird es Lügengeschichten erzählen über Dinge, die nie geschehen sind.

Was das Lügen aus Angst angeht, sehe ich eine neue Generation heranwachsen, die nichts zu verheimlichen braucht. Sie wird offen und ehrlich in allen Dingen sein. Sie wird das Wort „Lüge" nicht mehr in ihrem Wörterbuch haben. Lügen ist immer Feigheit, und Feigheit beruht auf Unwissenheit.

Verantwortung

In vielen Familien wird das kindliche Ich unterdrückt, weil die Eltern ihr Kind als ewiges Baby behandeln. Ich habe vierzehnjährige Mädchen gekannt, denen ihre Eltern nicht zutrauten, ein Feuer anzünden zu können. Mit den besten Absichten halten Eltern ihre Kinder davon ab, Verantwortung zu übernehmen.

„Zieh einen Pullover an, Liebling. Ich glaube, es wird regnen."

„Geh nicht so nah an die Schienen ran."

„Hast du dein Gesicht gewaschen?"

Einmal sagte mir eine Mutter, als sie ihre Tochter als Schülerin zu uns brachte, das Mädchen sei nicht recht sauber. Sie müßte ihm mehrmals am Tag sagen, daß es sich waschen solle. Vom ersten Tag an nahm das Mädchen jeden Morgen ein kaltes und wenigstens zweimal in der Woche ein heißes Bad. Es hatte stets saubere Hände und ein reines Gesicht. Die mangelnde Reinlichkeit zu Hause – die vielleicht nur in der Einbildung der Mutter existierte – war eine Folge davon, daß man das Mädchen wie ein Baby behandelt hatte.

Man sollte den Kindern erlauben, beinahe uneingeschränkt eigene Verantwortung zu tragen. Kleine Kinder, die nach der Montessori-Methode erzogen wurden, tragen Terrinen mit heißer Suppe. Einer unserer jüngsten Schüler, ein siebenjähriger Junge, arbeitet mit allen möglichen Werkzeugen: Stemmeisen, Äxte, Sägen, Messer. Ich schneide mich öfter als er.

Verantwortung soll nicht mit Pflicht verwechselt werden. Pflichtgefühl sollte, wenn überhaupt, erst im späteren Leben entwickelt werden. Das Wort *Pflicht* ruft so viele unheilvolle Assoziationen hervor. Ich denke z. B. an Frauen, die Leben und Liebe versäumt haben, weil das Pflichtgefühl sie zwang, bei ihren ältlichen Eltern zu bleiben und sie zu pflegen. Ich denke an Ehepaare, die sich längst nicht mehr lieben, aber aus Pflichtgefühl mehr schlecht als recht weiter zusammenleben. Viele Kinder in einem Internat oder Sommerlager betrachten es als eine lästige Pflicht, nach Hause schreiben zu müssen, besonders wenn der Brief an einem Sonntagnachmittag geschrieben werden muß.

Es ist ein Trugschluß anzunehmen, Verantwortung sei eine Sache des Alters. Dieser Trugschluß legt das Leben der Jugend in die Hände schwächlicher alter Männer, die wir Staatsmänner nennen, aber besser als Statikmänner bezeichnen sollten. Stillschweigend wird angenommen, daß jedes Familienmitglied der Beschützer und Führer aller anderen ist, die jünger sind als er. Eltern können nur schwer einsehen, daß ihr sechsjähriger Sohn noch kein vernünftiges, logisches Wesen ist, das einen Satz wie diesen verstehen wird: „Du bist älter als Tommy, und in deinem Alter solltest du wissen, daß er nicht allein auf die Straße laufen darf!“

Man sollte einem Kind keine Verantwortung übertragen, zu der es noch nicht geeignet ist, oder ihm Entscheidungen aufbürden, die es noch nicht treffen kann. Entscheidend muß immer der gesunde Menschenverstand sein.

In Summerhill fragen wir unsere Fünfjährigen nicht, ob sie einen Feuerschutz brauchen oder nicht. Wir lassen einen Sechsjährigen nicht entscheiden, ob er ins Freie gehen kann oder nicht, wenn er Fieber hat. Und wir fragen auch kein übermüdetes Kind, ob es ins Bett gehen will oder nicht. Man fragt ein krankes Kind nicht nach seiner Einwilligung, wenn man ihm Medizin gibt.

Daß sich das Kind einer notwendigen Autorität fügen muß, steht in keinem Widerspruch zu dem Gedanken, daß ihm soviel Verantwortung übertragen werden soll, wie es in seinem Alter übernehmen kann. Wieviel Verantwortung sie einem Kind geben, müssen die Eltern in ihrem Innern entscheiden. Sie müssen zuerst sich selbst prüfen.

Eltern, deren Kinder zum Beispiel nicht ihre eigene Kleidung auswählen dürfen, werden im allgemeinen von dem Gedanken getrieben, die Kinder könnten eine für den gesellschaftlichen Stand der Familie unpassende Kleidung wählen.

Eltern, die über die Lektüre, den Filmbesuch und die Freunde ihrer Kinder Zensur ausüben, versuchen, ihnen ihre eigenen Vorstellungen aufzuzwingen. Solche Eltern rationalisieren und entschuldigen ihr Verhalten damit, daß sie am besten wüßten, was gut für das Kind sei. Ihre tiefere Motivation dürfte jedoch die Ausübung autoritärer Macht sein.

Im großen und ganzen sollten Eltern dem Kind soviel Verantwortung wie möglich übertragen, wobei sie auf körperliche Sicherheit achten müssen. Nur so kann das Kind Selbstvertrauen entwickeln.

Gehorsam und Disziplin

Eine gottlose Frage taucht auf: Warum sollen Kinder gehorchen? Meine Antwort lautet: Sie müssen gehorchen, damit der Wunsch der Erwachsenen nach Macht befriedigt wird. Was für einen Grund gäbe es sonst?

„Naja“, werden Sie sagen, „das Kind bekommt doch nasse Füße, wenn es nicht gehorcht und keine Schuhe anzieht. Es kann sogar in einen Abgrund stürzen, wenn es nicht auf seinen Vater hört.“ Natürlich sollte es gehorchen, wenn es um Leben und Tod geht. Doch wie oft wird ein Kind bestraft, weil es in einem solchen Fall nicht gehorcht hat? Selten, wenn überhaupt! Meist wird es erleichtert mit einem „Mein

Goldkind! Gott sei Dank, daß nichts passiert ist!" in die Arme geschlossen. Es sind meist die kleinen Dinge, für die ein Kind bestraft wird.

Es ist durchaus möglich, ein Heim zu führen, in dem kein Gehorsam nötig ist. Wenn ich zu einem Kind sage: „Nimm deine Bücher und geh in die Englischstunde", dann kann sich das Kind weigern, wenn es an Englisch nicht interessiert ist. Sein Ungehorsam drückt nur seine eigenen Wünsche aus, die offensichtlich niemanden beeinträchtigen oder verletzen. Wenn ich jedoch sage: „Der mittlere Teil des Gartens ist frisch gepflanzt. Niemand darf darüber laufen!", dann akzeptieren das alle Kinder in der gleichen Weise, wie sie Derricks Kommando hinnehmen: „Niemand darf mit meinem Ball spielen, wenn er mich nicht vorher gefragt hat!" Denn Gehorsam sollte eine Frage von Geben und Nehmen sein. Gelegentlich kommt es vor, daß ein von der Schulversammlung erlassenes Gesetz nicht beachtet wird. Dann können die Kinder selbst etwas dagegen unternehmen. Im großen und ganzen existiert Summerhill jedoch ohne jede Autorität und ohne jeden Gehorsam. Jedes Individuum hat die Freiheit, das zu tun, was es will, *solange es die Freiheit der anderen nicht beeinträchtigt*. Und das ist ein Ziel, das in jeder Gemeinschaft verwirklicht werden kann.

Bei dem Prinzip der Selbstbestimmung gibt es keine Autorität in der Familie. Das heißt, es gibt keine laute Stimme, die ruft: „Ich sage das, und damit basta!" In der Praxis gibt es natürlich Autorität. Diese Art von Autorität kann man vielleicht Schutz, Fürsorge, Verantwortung der Erwachsenen nennen. Eine solche Autorität verlangt manchmal Gehorsam, doch bei anderen Gelegenheiten gehorcht sie auch. So kann ich zu meiner Tochter sagen: „Du kannst diesen Schmutz und das Wasser da nicht ins Wohnzimmer bringen!" Das ist nicht mehr, als wenn sie zu mir sagt: „Geh hinaus, Papi. Ich mag nicht, daß du jetzt in meinem Zimmer bist!", ein Wunsch, dem ich natürlich ohne Widerrede Folge leiste.

Die Forderung der Eltern, daß ein Kind sich nicht mehr auf den Teller laden soll, als es essen kann, kommt leicht einer Strafe gleich. Oft sind nämlich die Augen größer als der Magen. Es ist falsch, ein Kind zu zwingen, seinen Teller leerzuessen. Gute Eltern können sich in das Kind hineinversetzen, sie verstehen seine Beweggründe und erkennen die Grenzen des Kindes ohne Groll oder irgendwelche Hintergedanken.

Eine Mutter schrieb, sie wünsche, daß ihre Tochter ihr gehorcht. Ich lehrte das Mädchen, *sich selbst* zu gehorchen. Die Mutter ist der Ansicht, daß das Mädchen nicht gehorcht, ich aber finde sie stets folgsam. Vor fünf Minuten kam sie in mein Zimmer, um sich mit mir über Hundedressur zu streiten. „Hau ab!“ sagte ich, „ich bin gerade beim Schreiben!“ Und sie ging – ohne ein Wort zu sagen.

Gehorsam sollte Höflichkeit anderen gegenüber sein. Erwachsene sollten kein Recht auf den Gehorsam der Kinder haben. Gehorsam muß von innen kommen – und nicht von außen aufgezwungen werden.

Disziplin ist ein Mittel zum Zweck. Die Disziplin einer Armee soll sie für den Kampf leistungsfähig machen. Diese ganze Disziplin unterwirft den Einzelnen dem Zweck. In Ländern mit solcher Disziplin ist ein Menschenleben wenig wert.

Es gibt aber auch eine andere Disziplin. In einem Orchester gehorcht der erste Geiger dem Dirigenten, weil er wie dieser ein gutes Spiel wünscht. Den einfachen Soldaten, der strammsteht, kümmert gewöhnlich nicht die Schlagkraft der Armee. Jede Armee wird mit Hilfe der Furcht zusammengehalten, und der Soldat weiß, daß er bestraft wird, wenn er nicht gehorcht. Die Disziplin in einer Schule kann von der Art der Orchesterdisziplin sein. Nur zu oft gleicht sie aber der militärischen Disziplin. Das gleiche gilt für die Familie. Eine glückliche Familie ist wie ein Orchester, und es herrscht in ihr dieselbe Art von Mannschaftsgeist. Eine unglückliche Familie gleicht einer Kaserne, in der mit Haß und Drill regiert wird.

Komisch ist nur, daß Familien mit einer Orchesterdisziplin oft eine Schule mit militärischer Disziplin hinnehmen. Jungen werden von Lehrern geschlagen – Jungen, die zu Hause niemals geprügelt werden. Ein Besucher von einem älteren und weiseren Stern würde die Eltern in diesem Land als schwachsinnig ansehen, wenn er erführe, daß auch heute noch in manchen Volksschulen die Kinder bestraft werden, wenn sie beim Rechnen oder Schreiben Fehler machen. Wenn Eltern gegen diese Prügeldisziplin in den Schulen protestieren und vor Gericht dagegen klagen, dann stellt sich dieses meistens auf die Seite des strafenden Lehrers.

Die Eltern könnten die Prügelstrafe morgen schon abschaffen – wenn sie es wollten. Doch das System paßt ihnen. Ihre Jungen und Mädchen werden dadurch einer Disziplin unterworfen. Und der Haß der Kinder wird geschickt gegen den Lehrer gelenkt, den sie dafür bezahlen, daß er für sie die schmutzige Arbeit verrichtet. Das System paßt den Eltern, weil es ihnen selbst nie erlaubt war, zu leben und zu lieben. Auch sie waren Sklaven einer Gruppendisziplin, und die armen Teufel können sich keine Freiheit vorstellen.

Es ist richtig, daß es in der Familie eine gewisse Disziplin geben muß. Die individuellen Rechte jedes Familienmitglieds müssen geschützt werden. Ich erlaube es meiner Tochter Zoë z. B. nicht, mit meiner Schreibmaschine zu spielen. Doch in einer glücklichen Familie regelt sich diese Disziplin gewöhnlich von selbst. Das Leben ist ein angenehmes Geben und Nehmen. Eltern und Kinder sind Freunde und arbeiten zusammen.

In der unglücklichen Familie wird die Disziplin als eine Waffe des Hasses verwendet, und Gehorsam wird zu einer Tugend. Kinder sind Güter, die man besitzt, und sie müssen ihrem Eigentümer Ehre machen. Ich finde, daß Eltern, die sich am meisten um Billys Lesen- und Schreibenlernen Sorgen machen, ihr eigenes Leben als Mißerfolg ansehen müssen, weil sie auf der Schule nicht genügend erreichten.

Mit sich selbst unzufriedene Eltern glauben an strenge Disziplin. Der joviale Weltmann mit seiner Kiste voll obszöner Witze weist seinen Sohn scharf zurecht, wenn dieser über Exkremente spricht. Die unaufrichtige Mutter schlägt ihr Kind, wenn es lügt. Ich habe gesehen, wie ein Vater mit der Pfeife im Mund seinen Sohn prügelte, weil er geraucht hatte. Ich war dabei, als ein Mann seinen zwölfjährigen Jungen schlug und sagte: „Ich werde dich fluchen lehren, du kleiner Dreckskerl." Als ich ihn auf seine eigenen Flüche aufmerksam machte, antwortete er aalglatt: „Das ist doch etwas anderes! Er ist ja noch ein Kind!"

Strenge Disziplin in der Familie ist stets eine Projektion des Selbsthasses. Der Erwachsene hat sich sein ganzes Leben vergeblich um Vollkommenheit bemüht, und nun möchte er sie in seinen Kindern finden. Und alles, weil er nicht lieben kann, weil er das Vergnügen wie den Teufel fürchtet. Gerade deshalb haben ja die Menschen den Teufel *erfunden* — jenen Burschen, der die schönsten Lieder kennt, der das Leben und die Freude und die Sexualität *liebt*. Der Zweck der Vollkommenheit heißt, den Teufel zu besiegen. Dieser Zweck hat Mystizismus und Irrationalismus, Religion und Askese hervorgebracht. Auch die Kreuzigung des Fleisches in Form des Schlagens, der sexuellen Abstinenz und der Impotenz haben dort ihren Ursprung.

Man kann vielleicht sogar sagen, daß eine strenge Familiendisziplin auf eine Kastrierung im weitesten Sinn abzielt: auf die Kastrierung des Lebens selbst. Kein gehorsames Kind kann je ein freier Mensch werden. Kein Kind, das wegen Onanie bestraft wurde, kann jemals volle orgastische Potenz entwickeln.

Die Eltern wollen also, daß ihr Kind das werden soll, was ihnen selbst unerreichbar geblieben ist. Aber noch etwas anderes kommt hinzu: die unterdrückten Eltern wollen gleichzeitig, daß ihr Kind nicht mehr vom Leben hat als sie selbst. Eltern, die selbst nicht lebendig sind, verbieten auch ihren Kindern das Leben. Sie haben immer eine übertriebene Angst vor der Zukunft. Disziplin, so denken sie, wird die Kinder retten. Derselbe Mangel an Selbstvertrauen läßt sie einen äußeren Gott fordern, der Güte und Wahrheit *erzwingt.* Disziplin ist also ein Zweig der Religion.

Der Hauptunterschied zwischen Summerhill und einer typischen Schule besteht darin, daß wir dem Kind vertrauen. Wir wissen, wenn Tommy Arzt werden will, dann lernt er freiwillig, um die Prüfung zu bestehen. In der autoritären Schule ist man sicher, daß Tommy nie Arzt wird, wenn er nicht durch Schläge oder Druck zum Lernen gezwungen wird.

Ich gebe zu, daß es in der Schule meistens einfacher ist als zu Hause. Wenn in Summerhill ein siebenjähriges Kind die anderen ärgert, dann wird es von der ganzen Gemeinschaft mißbilligt. Da soziale Anerkennung etwas ist, das jeder wünscht, lernt das Kind, sich anständig zu verhalten. Disziplin ist unnötig.

Zu Hause, wo es so viele emotionale Faktoren und andere Umstände gibt, ist das nicht so einfach. Die geplagte Mutter, die gerade das Abendessen kocht, kann ihrem widerspenstigen Kind nicht durch gesellschaftliche Mißbilligung beikommen. Ebensowenig kann das der Vater, wenn er sieht, daß sein frisch bepflanztes Beet zertrampelt worden ist. Eines möchte ich jedoch betonen: *Wenn das Kind von Anfang an in Freiheit aufwächst, braucht in gewöhnlichen Dingen keine Disziplin gefordert werden!*

Vor ein paar Jahren besuchte ich meinen Freund Wilhelm Reich in Maine. Sein Sohn Peter war damals drei Jahre alt. Der nahegelegene See war tief. Reich und seine Frau sagten Peter einfach, er solle nicht in die Nähe des Wassers gehen. Peter, der nicht feindselig erzogen war und deshalb seinen Eltern vertraute, hörte auf sie. Die Eltern *wußten,* daß sie sich nicht zu sorgen brauchten. Eltern, die Disziplin durch

Furcht und Autorität erreichen, wären am Ende ihrer Nerven gewesen, hätten sie am Ufer dieses Sees gewohnt. Die Kinder sind so daran gewöhnt, angelogen zu werden, daß sie der Mutter einfach nicht glauben, wenn sie sagt, das Wasser sei gefährlich. Gerade aus Trotz werden sie ans Wasser gehen.

Das gedrillte Kind wird seinen Haß gegen die Autorität dadurch zeigen, daß es seine Eltern ärgert. Das schlechte Betragen eines Kindes ist ein sichtbarer Beweis dafür, daß das Kind falsch behandelt worden ist. Das durchschnittliche Kind akzeptiert das Wissen der Eltern — in einer Atmosphäre der Liebe. Herrscht dagegen Haß vor, dann akzeptiert das Kind nichts. Oder es nimmt die Dinge auf eine negative Art hin und ist destruktiv, frech und unaufrichtig.

Kinder sind weise. Auf Liebe antworten sie mit Liebe und auf Haß mit Haß. Sie fügen sich leicht einer Mannschaft ein. Der Natur des Menschen liegt nicht mehr Böses zugrunde als der Natur des Kaninchens oder Löwen. Man braucht einen guten Hund bloß an die Kette zu legen, schon wird daraus ein böser Hund. Man braucht ein Kind nur zu drillen, schon wird es aus einem guten Mitmenschen zu einem bösen, unaufrichtigen Hasser. Es ist traurig, daß die meisten Menschen so fest davon überzeugt sind, ein böser Junge wolle böse sein. Sie glauben, mit Gottes oder eines Stockes Hilfe werde das Kind die Kraft erlangen, sich zum Gutsein zu entscheiden. Wenn das Kind sich trotzdem weigert, werden jene Menschen verdammt dafür sorgen, daß es wegen seiner Widerspenstigkeit leidet.

In mancher Weise symbolisiert der alte Schulgeist alles, was Disziplin bedeutet. Der Leiter einer großen Jungenschule sagte mir vor kurzem auf meine Frage, welche Art von Jungen er habe: „Jene Art, die weder Ideen noch Ideale hat. Sie wären für jeden Krieg das geeignete Kanonenfutter; denn sie würden keinen Augenblick innehalten, um darüber nachzudenken, um was es geht und wofür sie kämpfen!“

In beinahe vierzig Jahren habe ich niemals ein Kind geschlagen. Als junger Lehrer habe ich allerdings zum Stock gegriffen, ohne auch nur einmal darüber nachzudenken. Jetzt schlage ich nie mehr ein Kind, weil mir die Gefahren der Prügelstrafe bewußt geworden sind und ich mir über den Haß, der ihr zugrunde liegt, völlig im klaren bin.

In Summerhill sind die Kinder gleichberechtigt. Im großen und ganzen respektieren wir Individualität und Persönlichkeit eines Kindes in der gleichen Weise wie die eines Erwachsenen, ohne zu vergessen, daß sich das Kind vom Erwachsenen unterscheidet. Wir verlangen auch nicht vom erwachsenen Onkel Bill, daß er seine Karotten aufißt, wenn er sie nicht mag, oder daß Vater sich vor dem Essen die Hände wäscht. Wenn wir die Kinder ständig auf ihre Fehler aufmerksam machen, bringen wir ihnen Minderwertigkeitsgefühle bei. Wir verletzen ihre natürliche Würde. Es ist alles eine Frage relativer Werte. Was macht es in drei Teufels Namen schon aus, wenn sich Tommy mit ungewaschenen Händen zu Tisch setzt?

Das Leben von Kindern, die man einer falschen Disziplin unterworfen hat, ist eine dauernde Lüge. Sie wagen nie, sie selbst zu sein. Sie werden Sklaven eingefahrener, sinnloser Sitten und Bräuche. Sie nehmen ihre dumme Sonntagskleidung ohne Frage hin. Denn die treibende Kraft ihrer „Artigkeit" ist die Angst vor dem Tadel. Die Strafe der Spielkameraden ruft keine Furcht hervor. Aber Strafe von Erwachsenen bringt automatisch Furcht mit sich. Denn Erwachsene sind groß und stark und wirken einschüchternd. Am wichtigsten aber: sie sind Symbole des gefürchteten Vaters oder der gefürchteten Mutter.

Seit achtunddreißig Jahren sehe ich ungezogene, freche, haßerfüllte Kinder in die Freiheit Summerhills kommen. In jedem von ihnen hat sich nach und nach eine Veränderung vollzogen. Mit der Zeit werden aus all den verkorksten Kindern glückliche, mitmenschliche, aufrichtige und freundliche Kinder.

Die Zukunft der Menschheit liegt in den Händen der neuen Eltern. Wenn sie die Lebenskraft ihrer Kinder durch despotische Autorität zerstören, dann werden Verbrechen, Krieg und Elend weiterhin gedeihen. Wenn sie den Fußtapfen ihrer elterlichen Zuchtmeister folgen, werden sie die Liebe ihrer Kinder verlieren. Denn niemand kann lieben, was er fürchtet.

Die Neurose beginnt mit der elterlichen Zucht – die genau das Gegenteil der elterlichen Liebe ist. Wir können zu keiner guten Menschheit kommen, solange sie gehaßt, bestraft und unterdrückt wird. Der einzige Weg ist die Liebe.

Eine liebevolle Umwelt ohne elterliche Dressur wird die meisten Schwierigkeiten der Kindheit beseitigen. Wenn das die Eltern nur einsehen würden! Wenn sie ihren Kindern eine Umgebung voller Liebe und Anerkennung gäben, würden Gemeinheit, Haß und Zerstörungswut niemals aufkommen.

Belohnung und Strafe

Wenn man ein Kind belohnt, bedeutet das keine so große Gefahr, als wenn man es bestraft; doch untergräbt man seine Moral auf eine feinere Art. Belohnungen sind überflüssig und negativ. Wenn man einen Preis aussetzt, erklärt man damit praktisch, daß die Tat an sich gar keinen Wert hat.

Kein Künstler arbeitet nur gegen finanzielle Entlohnung. Er wird unter anderem durch die schöpferische Freude belohnt. Überdies bestätigen Belohnungen die schlimmste Eigenart des Konkurrenzsystems. Einen anderen Menschen übertrumpfen zu wollen ist verwerflich.

Belohnungen wirken sich auf Kinder psychologisch schlecht aus, da sie Eifersucht erwecken. Die Abneigung eines Jungen gegenüber seinem jüngeren Bruder ist oft die Folge von Mutters Bemerkung: „Dein kleiner Bruder kann das schon besser als du!" Für ihn ist diese Bemerkung eine Belohnung für den Bruder, weil dieser besser ist.

Wenn wir das natürliche Interesse des Kindes an Dingen betrachten, können wir die Gefährlichkeit von Belohnung und Strafe verstehen. Belohnung und Strafe sind dazu angetan, dem Kind ein bestimmtes Interesse aufzuzwingen. Doch wahres Interesse ist die Lebenskraft der gesamten Persönlichkeit, und es ist völlig spontan. Es ist möglich, Aufmerksamkeit zu erzwingen, denn Aufmerksamkeit ist ein bewußter Vorgang. Es ist möglich, aufmerksam eine Skizze auf der Wandtafel zu betrachten und gleichzeitig an Seeräubern interessiert zu sein. Man kann Aufmerksamkeit erzwingen, aber nicht Interesse. Niemand kann mich zwingen, Interesse für Briefmarkensammeln aufzubringen, genausowenig, wie ich mich selbst dazu zwingen kann. Aber durch Belohnung wie durch Strafe wird versucht, Interesse zu erzwingen.

Ich habe einen großen Garten. Eine Gruppe von Jungen und Mädchen würden beim Jäten eine große Hilfe sein. Ich könnte ihnen befehlen, mir zu helfen. Aber diese Kinder im Alter von acht, neun oder zehn haben sich noch keine eigene Meinung darüber gebildet, daß Jäten notwendig ist. Jäten interessiert sie nicht.

Einmal wandte ich mich an eine Gruppe kleiner Jungen. „Will mir jemand beim Unkrautjäten helfen?" fragte ich. Alle weigerten sich.

Ich fragte nach dem Grund. Sie antworteten: „Zu langweilig!" „Laß das Unkraut wachsen!" „Habe jetzt keine Zeit, muß das Kreuzworträtsel lösen!" „Hasse Gartenarbeit!"

Auch ich finde Unkrautjäten langweilig. Auch ich löse gern ein Kreuzworträtsel. Um diesen kleinen Burschen gegenüber ganz gerecht zu sein: Was geht sie das Unkraut an? Es ist *mein* Garten. *Mich* macht es stolz, wenn ich sehe, wie die Erbsen aus dem Boden wachsen. *Ich* spare Geld, wenn ich weniger Gemüse kaufen muß. Kurz gesagt, der Garten berührt mein Selbstinteresse. Ich kann bei den Kindern kein Interesse erzwingen, wenn sie es nicht selber haben. Meine einzige Möglichkeit wäre, sie für soundsoviel in der Stunde zu bestechen. Dann würden wir, sie und ich, auf einer Stufe stehen: Ich wäre an meinem Garten interessiert und sie daran, ein wenig Geld zu verdienen.

Interesse ist im Grunde immer egoistisch. Die vierzehnjährige Maud hilft mir oft im Garten, obwohl sie, wie sie sagt, Gartenarbeit haßt. Aber sie haßt nicht *mich*. Sie zieht Unkraut aus dem Boden, weil sie bei mir sein will. Die Arbeit dient für den Augenblick ihrem Selbstinteresse.

Wenn Derrick, der auch nicht gern jätet, sich freiwillig dazu bereit erklärt, dann weiß ich, daß er mich wieder mal um mein Taschenmesser bitten wird, nach dem es ihn gelüstet. Das ist sein ganzes Interesse an der Sache.

Eine Belohnung sollte größtenteils in der subjektiven Befriedigung über die getane Arbeit liegen. Es fallen einem immer die unbefriedigendsten Arbeiten ein, die es auf der Welt gibt: Arbeit in der Kohlengrube, Schraubenmutter Nr. 50 an der Schraube Nr. 51 anziehen, Gräben ausheben, Zahlen zusammenzählen. Die Welt ist voll von Arbeiten, die weder interessant sind noch Freude machen. Anscheinend haben wir unsere Schulen dieser Langeweile im Leben angepaßt. Indem wir unsere Schüler zwingen, ihre Aufmerksamkeit auf Fächer zu richten, die sie nicht interessieren, machen wir sie für Arbeiten geeignet, die keinen Spaß machen.

Wenn Mary lesen oder rechnen lernt, dann sollte sie das aus Interesse tun können und nicht, weil sie für ausgezeichnete Leistungen ein neues Fahrrad bekommen oder es ihrer Mutter Freude machen wird.

Eine Mutter hat ihrem Kind gesagt, wenn es mit Daumenlutschen aufhöre, würde sie ihm einen Radioapparat schenken. Was für ein ungerechter Konflikt für das Kind! Daumenlutschen ist eine unbewußte Handlung, der Kontrolle des Kindes entzogen. Das Kind bemüht sich vielleicht tapfer und bewußt, diese Gewohnheit aufzugeben. Doch ebenso wie das Kind, das einen Zwang zum Onanieren fühlt, wird es damit nie Erfolg haben und eine zunehmende Last von Schuldgefühlen und Elend auf sich laden.

Die Furcht der Eltern vor der Zukunft ist gefährlich, wenn sie sich in Vorschlägen äußert, die einer Bestechung nahekommen: „Wenn du lesen lernst, Liebling, wird Papa dir einen Roller kaufen." Ein solches Kind wird unsere habgierige Profitgesellschaft einmal bereitwillig akzeptieren. Ich freue mich, sagen zu können, daß ich mehr als ein Kind kennengelernt habe, das Analphabetismus jedem funkelnden neuen Fahrrad vorzog.

Eine andere Bestechung ist jene Erklärung, die die Gefühle des Kindes rühren soll: „Mammi wird unglücklich sein, wenn du immer der Schlechteste in der Klasse bist!" Beide Methoden der Bestechung umgehen die echten Interessen des Kindes.

Ebenso falsch finde ich es, wenn wir Kinder eine Arbeit für uns erledigen lassen. Wenn wir wollen, daß ein Kind für uns arbeitet, dann sollen wir es nach seinen Fähigkeiten bezahlen. Kein Kind will Ziegel für mich herbeiholen, bloß weil ich beschlossen habe, eine verfallene Mauer wiederaufzubauen. Wenn ich aber für einen Karren voll Ziegel drei Pence biete, wird mir vielleicht gern ein Junge helfen, denn ich spreche sein Eigeninteresse an. Aber ich mag es nicht, wenn das wöchentliche Taschengeld eines Kindes von bestimmten Arbeiten im Haushalt abhängt. Die Eltern sollten ohne Gegenleistung geben.

Eine Strafe kann nie gerecht verhängt werden, denn niemand ist gerecht. Gerechtigkeit bedeutet volles Verständnis. Richter sind nicht moralischer als Lumpensammler oder weniger mit Vorurteilen behaftet. Ein betont konservativer und militaristischer Richter wird es schwierig finden, einem Antimilitaristen gegenüber gerecht zu sein, den man verhaftet hat, weil er „Nieder mit der Armee!" rief.

Ein Lehrer, der grausam zu einem Kind ist, weil es gegen ein sexuelles Verbot verstoßen hat, hegt bewußt oder unbewußt selber sexuelle Schuldgefühle. Ein Richter, der unbewußt homosexuelle Neigungen hat, wird gegen einen Homosexuellen sicher ein besonders hartes Urteil fällen.

Wir können nicht gerecht sein, wenn wir weder über uns selbst Bescheid wissen, noch unsere eigenen verdrängten Bedürfnisse kennen. Das ist auf tragische Weise ungerecht gegen die Kinder. Ein Erwachsener kann niemals außerhalb seiner eigenen Komplexe erziehen. Wenn wir selbst durch verdrängte Angst gehemmt sind, können wir auch unsere Kinder nicht frei erziehen. Wir geben nur unsere Komplexe an sie weiter.

Wenn wir versuchen, uns selbst zu verstehen, wird es uns schwerfallen, ein Kind zu bestrafen, an dem wir doch nur einen Ärger auslassen, den etwas anderes verursacht hat. Vor vielen Jahren habe ich Kinder immer wieder verprügelt, weil ich selbst Sorgen hatte – der Schulrat kam, oder ich hatte mich mit einem Freund gestritten. Jede faule Ausrede pflegte mir recht zu sein, statt daß ich mich fragte, worüber ich wirklich zornig war. Heute weiß ich aus Erfahrung, daß Strafe unnötig ist. Ich bestrafe niemals ein Kind und bin auch nie in Versuchung, dergleichen zu tun.

Vor kurzem sagte ich zu einem neuen Schüler, der sich antisozial verhielt: „Du versuchst all diese dummen Tricks nur, damit ich dich verprügle. Dein ganzes Leben lang hast du nämlich Schläge bekommen. Aber du vergeudest deine Zeit. Ich werde dich nicht bestrafen, was du auch tun magst." Er gab seine Destruktivität auf. Es war nicht mehr nötig, Haß zu entwickeln.

Strafe ist immer ein Akt des Hasses. Wenn sie strafen, hassen die Lehrer oder die Eltern das Kind – und das Kind weiß das. Jene reumütige oder zärtliche Liebe, die das Kind seinen Eltern hinterher scheinbar entgegenbringt, ist nicht echt. In Wirklichkeit fühlt es Haß, den es verbergen muß, um keine Schuldgefühle zu haben. Die Schläge haben es nämlich in die Phantasie getrieben. *Ich möchte, daß mein Vater tot umfällt.* Diese Wunschphantasie erzeugt unverzüglich Schuldgefühle. – *Ich möchte, daß mein Vater stirbt. Was bin ich für ein schlechter Mensch!* Und die Reue treibt das Kind scheinbar zärtlich zu Vaters Knien. Im Inneren aber ist bereits der Haß – und der bleibt.

Schlimmer noch ist, daß die Strafe stets zu einem Teufelskreis führt. Im Prügeln äußert sich Haß, und jeder Schlag muß im Kind mehr und mehr Haß hervorrufen. Wenn es dann seinen stärkeren Haß in noch schlechterem Betragen zeigt, wird es wieder geschlagen. Und die neuen Prügel lassen im Kind noch mehr Haß reifen. Das Resultat ist ein kleines haßgeladenes Wesen, das sich schlecht beträgt, mürrisch und destruktiv und gegen Strafe so abgehärtet ist, daß es eine Missetat begeht, um bei seinen Eltern irgendeine Gefühlsreaktion auszulösen. Denn wenn es schon keine Liebe bekommt, dann will es wenigstens den Haß. Und so wird das Kind geschlagen – und dann bereut es. Doch am nächsten Morgen beginnt das gleiche alte Spiel von vorn.

Soweit ich das bisher beobachtet habe, ist bei dem frei erzogenen Kind keinerlei Strafe nötig, und es durchläuft nicht diesen Kreis des Hasses. Es wird nie bestraft und braucht sich nicht schlecht zu betragen. Es braucht nicht zu lügen, Dinge zu zerbrechen. Sein Körper ist niemals als schmutzig oder unanständig bezeichnet worden. Es braucht nicht gegen die Autorität zu rebellieren oder seine Eltern zu fürchten. Natürlich ist es manchmal übel gelaunt, aber das hält nicht lange an und führt nicht zu einer Neurose.

Sicher ist es schwer zu entscheiden, was Strafe ist und was nicht. Eines Tages lieh sich ein Junge meine beste Säge. Am nächsten Tag fand ich sie im Regen liegen. Ich sagte, von jetzt ab würde ich sie ihm nicht mehr leihen. Das war keine Strafe, denn der Strafe haftet stets der Gedanke der Moral an. Daß sie im Regen liegengelassen wurde, war schlecht für die Säge, aber nicht unmoralisch. Ein Kind muß ja lernen, daß man nicht die Werkzeuge eines anderen ausleihen und zugrunde richten oder ihm sonst einen Schaden zufügen darf. Wenn man nämlich einem Kind seinen Willen auch *auf Kosten eines anderen läßt*, dann ist das schlecht für das Kind. Es wird verwöhnt, und ein verwöhntes Kind ist ein schlechter Mitmensch.

Vor einiger Zeit kam ein kleiner Junge von einer anderen Schule zu uns, der dort Gegenstände umhergeworfen und jedermann mit Morddrohungen terrorisiert hatte. Er versuchte dasselbe Spiel mit mir. Ich kam sehr bald zu dem Schluß, daß er andere mit seinen Wutausbrüchen beunruhigen wollte, um ihre Aufmerksamkeit zu erregen.

Als ich eines Tages in das Spielzimmer kam, fand ich alle Kinder in einer Ecke zusammengedrängt. Am anderen Ende des Zimmers stand der kleine Wüterich mit einem Hammer in der Hand. Er drohte, jeden zu schlagen, der an ihn herankäme.

„Gib's auf!" sagte ich kurz. „Wir haben keine Angst vor dir."

Er ließ den Hammer fallen und stürzte auf mich los. Er biß mich und trat nach mir.

„Jedesmal, wenn du mich beißt oder schlägst", sagte ich ruhig, „werde ich zurückschlagen." Und das tat ich auch. Er gab diesen Kampf bald auf und lief aus dem Zimmer.

Das war keine Strafe. Es war eine notwendige Lektion; er lernte, daß man andere nicht zur eigenen Befriedigung verletzen kann.

In den meisten Familien richtet sich die Strafe gegen Ungehorsam. Auch in der Schule werden Ungehorsam und freches Betragen als schlimme Verbrechen angesehen. Als junger Lehrer hatte ich die Gewohnheit, Kinder zu schlagen, wie es den meisten Lehrern in Großbritannien erlaubt ist, und es ärgerte mich am meisten, wenn mir ein Junge nicht gehorchte. Mein bißchen Würde wurde verletzt. Ich war der Götze im Klassenzimmer, genauso wie Pappi der Götze zu Hause ist. Wenn man wegen Ungehorsam straft, identifiziert man sich mit dem Allmächtigen: *Du sollst keine anderen Götter haben.*

Als ich dann später in Deutschland und Österreich unterrichtete, schämte ich mich immer, wenn mich Lehrer fragten, ob es in Großbritannien die Prügelstrafe gebe. In Deutschland kann ein Lehrer, der ein Kind schlägt, angezeigt werden, und er wird auch im allgemeinen dafür bestraft. Das Prügeln in den Schulen ist mit unsere größte Schande.

In einer unserer Großstädte sagte mal ein Arzt zu mir: „Der Leiter an einer Schule hier ist ein Rohling, der seine Schüler grausam schlägt. Oft bringt man Kinder zu mir, die seinetwegen nervös sind, aber ich kann nichts tun. Er hat die öffentliche Meinung und das Gesetz auf seiner Seite."

Vor nicht allzulanger Zeit brachten die Zeitungen einen Fall, in dem ein Richter zu zwei auf Abwege geratenen Brüdern gesagt hatte, wenn sie nur manchmal eine gute Tracht Prügel erhalten hätten, wären sie nie vor Gericht erschienen. Wie sich in der Beweisaufnahme ergab, waren die beiden fast jeden Abend von ihrem Vater verprügelt worden.

Salomon hat mit seiner Rutentheorie mehr Schaden angerichtet als mit seinen weisen Sprüchen Gutes getan. Kein selbstkritischer Mensch kann ein Kind schlagen oder auch nur den Wunsch dazu haben.

Ich wiederhole: Schläge lösen bei einem Kind nur dann Angst aus, *wenn sie mit Moral verbunden werden, mit der Vorstellung von etwas Schlechtem.* Wenn mir ein Gassenjunge mit einem Lehmklumpen den Hut vom Kopf wirft und ich ihn erwische und ihm eine herunterhaue, dann wird der Junge meine Reaktion als ganz natürlich ansehen. Seine Seele würde keinen Schaden leiden. Wenn ich jedoch zu seinem Schulleiter ginge, um die Bestrafung des Missetäters zu verlangen, dann wäre die Furcht vor der Strafe schlecht für das Kind. Das Ganze würde zu einer Sache von Moral und Strafe. Das Kind hätte das Gefühl, daß es ein Verbrechen begangen hat.

Man kann sich folgende Szene leicht vorstellen: Ich stehe da mit meinem schmutzigen Hut. Der Schulleiter sitzt an seinem Schreibtisch und sieht den Jungen mit unheilverkündendem Blick an. Dieser steht mit gesenktem Kopf da. Die Würde seiner Ankläger hat ihn eingeschüchtert. Solange ich ihm auf der Straße nachrannte, war er mir ebenbürtig. Ich hatte keine Würde mehr, nachdem mein Hut heruntergefallen war. Ich war einfach ein anderer Bursche. Dem Jungen war eine lebensnotwendige Lehre erteilt worden: Wenn du einen anderen schlägst, haut er zurück.

Strafe hat mit einem leicht aufbrausenden Temperament nichts zu tun. Die Strafe ist kalt wie ein Gerichtsverfahren. Angeblich wird sie nur zum Wohle des Sünders verhängt (im Falle der Todesstrafe zum Wohle der Gesellschaft). Strafe ist eine Handlung, durch die sich der Mensch mit Gott identifiziert und moralisch zu Gericht sitzt.

Viele Eltern leben nach dem Prinzip: Da Gott belohnt und bestraft, muß man auch seine Kinder belohnen und bestrafen. Sie versuchen allen Ernstes, gerecht zu sein, und reden sich ein, daß es zum Wohle des Kindes geschieht, wenn sie strafen. Die Behauptung: *Es tut mir mehr weh als dir!* ist weniger Lüge als frommer Selbstbetrug.

Man muß daran denken, daß Religion und Moral die Strafe als eine sozusagen attraktive Einrichtung erscheinen lassen. Denn Strafe entlastet das Gewissen. „Ich habe dafür gezahlt!" sagt der Sünder.

In der Diskussion nach meinen Vorträgen kommt es oft vor, daß jemand erklärt: „Ich kann es nicht bedauern, daß mich mein Vater geschlagen hat! Ich wäre nicht das, was ich heute bin, wenn ich keine Prügel bekommen hätte!" Ich bin nie so kühn gewesen, zurückzufragen: „Aber was *sind* Sie denn heute?"

Wenn man sagt, Strafe verursache nicht *immer* einen psychischen Schaden, dann weicht man dem Problem aus; wir wissen nämlich nicht, welche Reaktionen die Strafe in späteren Lebensjahren auslösen wird. Mancher Exhibitionist, der wegen „unschicklicher Zurschaustellung" eingesperrt wird, ist ein Opfer der Strafen für kindliche Sexualgewohnheiten.

Wenn Strafen je Erfolg hätten, dann könnte man Argumente dafür anführen. Es ist wahr, durch Furcht kann man einschüchtern, wie jeder ehemalige Soldat bestätigen wird. Wenn sich Eltern mit einem Kind zufriedengeben, das durch Furcht seelisch völlig gebrochen ist, dann ist Strafen für solche Eltern natürlich erfolgreich.

Wieviele gezüchtigte Kinder seelisch gebrochen und fürs ganze Leben kastriert bleiben, wieviele rebellieren und zu Feinden der Gesellschaft werden, kann niemand sagen. In den fünfzig Jahren, die ich nun an Schulen unterrichte, habe ich niemals Eltern sagen hören: „Ich habe meinen Sohn geschlagen, und nun ist er ein guter Junge." Im Gegenteil, wie oft habe ich die traurige Geschichte gehört: „Ich habe ihn geschlagen, habe vernünftig mit ihm gesprochen, ich habe ihm in jeder Weise geholfen, und es ist nur schlimmer und schlimmer mit ihm geworden!"

Das gestrafte Kind wird immer schlimmer und schlimmer. Mehr noch, es wächst zu einem strafenden Vater oder einer strafenden Mutter heran, und der Zirkel des Hasses setzt sich von Generation zu Generation fort.

Ich habe mich oft gefragt: „Warum nehmen Eltern, die sonst gut zu ihren Kindern sind, grausame Schulen hin?" Diesen Eltern scheint es vor allem um eine gute Ausbildung für ihre Kinder zu gehen. Sie übersehen jedoch, daß der Lehrer durch Strafen bei seinen Schülern zwar Interesse erzwingt, es sich dabei aber um Interesse an der Strafe und nicht an den Zahlen auf der Tafel handelt. Die meisten guten Schüler und Studenten fallen später in Mittelmäßigkeit zurück. Ihr Interesse am Unterricht beruhte größtenteils auf dem Druck der Eltern – am Stoff selbst waren sie kaum interessiert.

Furcht vor den Lehrern und ihren Strafen muß das Verhältnis zwischen Eltern und Kind beeinflussen. Symbolisch sind nämlich alle Erwachsenen Vater oder Mutter für das Kind. Und jedesmal, wenn es ein Lehrer bestraft, wachsen im Kind Furcht und Haß gegen die Erwachsenen, für die der Lehrer ein Symbol ist: die Eltern. Das ist ein beunruhigender Gedanke. Obwohl sich Kinder dieses Gefühls nicht bewußt sind, habe ich einen dreizehnjährigen Jungen sagen hören: „Mein letzter Schulleiter hat mich oft geprügelt, und ich habe nicht verstehen können, warum mich meine Eltern in dieser Schule ließen. Sie wußten, daß er ein grausames Scheusal ist, aber sie unternahmen nichts."

Strafpredigten sind sogar noch gefährlicher als Prügel. Wie scheußlich solche Predigten sein können! „Aber hast du denn nicht *gewußt*, daß es schlecht ist, was du tust?" Das Kind nickt unter Schluchzen. „Sag, daß es dir leid tut!"

Als Unterricht für Schwindler und Heuchler ist so eine Strafpredigt nicht zu übertreffen. Schlimmer ist noch, wenn man in Gegenwart des Kindes für seine irrende Seele betet. Das ist unverzeihlich, weil es im Kind ein tiefes Schuldgefühl hinterläßt.

Oder das Herumnörgeln an einem Kind! Es richtet ebensoviel Schaden an wie körperliche Züchtigung. Wie oft habe ich mitangehört, wie eine Mutter den ganzen Tag an ihrer zehnjährigen Tochter herumkritisierte: *„Geh' nicht in die Sonne, Liebling ... Liebste, geh nicht an das Geländer ... Nein, du kannst heute nicht ins Schwimmbecken. Es ist zu kalt, und du wirst dir den Tod holen!"* Nörgeln ist bestimmt kein Zeichen der Liebe. Es zeigt nur die Furcht der Mutter, die einen unbewußten Haß verdeckt.

Alle Anhänger des Strafsystems müßten den herrlichen französischen Film sehen, der die Lebensgeschichte eines Gauners schildert. Dieser wurde als Junge für irgendeine Missetat damit bestraft, daß er am Sonntag nichts zum Abendessen bekam. Es gab giftige Pilze. Als der Junge dann zusah, wie seine ganze Familie in Särgen aus dem Haus getragen wurde, sagte er sich, daß Gutsein sich nicht bezahlt macht. Eine unmoralische Geschichte mit einer Moral, die viele strafende Eltern nicht sehen können.

Sauberkeitserziehung

Besucher von Summerhill müssen oft einen seltsamen Eindruck von uns bekommen, denn manchmal sprechen wir alle über Klosettfragen. Ich bin der Ansicht, daß das unbedingt nötig ist. *Jedes* Kind ist an Exkrementen interessiert.

Es ist soviel über das Interesse des Kindes an seinen Körperausscheidungen geschrieben worden, daß ich erwartete, viel aus der Beobachtung meiner kleinen Tochter zu lernen. Sie zeigte jedoch weder Interesse noch Ekel. Sie hatte keine Lust, mit ihren Ausscheidungen zu spielen. Aber mit drei Jahren wurde sie von einem älteren Mädchen, das sehr zu Sauberkeit erzogen worden war, veranlaßt, ihr Geschäft unter viel Geflüster und ängstlichem Kichern in einer abgelegenen Ecke zu verrichten. Es war eine lästige Angelegenheit, aber wir konnten nichts dagegen unternehmen, weil jede Einmischung Hemmungen verursachen konnte. Glücklicherweise wurde Zoë der einsei tigen Betätigung des anderen Mädchens bald überdrüssig, und das Fäkalienspiel fand ein Ende.

Erwachsene sind sich selten bewußt, daß Kinder nichts Ekelhaftes an Exkrementen und ihrem Geruch finden. Erst die Empörung der Erwachsenen verursacht dem Kind Gewissensbisse. Ich erinnere mich an ein Mädchen, das als Elfjährige nach Summerhill kam. Sie interessierte sich nur für Klosetts. Ihr größtes Vergnügen war es, durchs Schlüsselloch zu gucken. Ich unterrichtete sie sogleich statt in Erdkunde in Klosettkunde und machte sie sehr glücklich damit. Nach etwa zehn Tagen machte ich eine Bemerkung über Klosetts. „Ich will nichts mehr davon hören!" sagte sie verdrießlich. „Ich habe es satt, über Klosetts zu sprechen."

Ein anderer Schüler konnte im Unterricht nicht aufpassen, weil er so sehr mit Exkrementen und ihren Formen beschäftigt war. Ich wußte, er würde erst Fortschritte in Mathematik machen, wenn sein Interesse an Exkrementen erschöpft war. Und so war es denn auch.

Die Arbeit des Lehrers ist leicht: Er muß herausfinden, wo die Interessen des Kindes liegen, und ihm dann helfen, sie auszuleben. Es ist *immer* so. Unterdrückung und Schweigen treiben diese Interessen nur in den Untergrund.

„Aber führt denn diese Methode bei den Kindern nicht zu einem schmutzigen Denken?" fragt Frau Sittsam.

„Nein, es ist *Ihre* Methode, die zu einem dauernden Interesse an dem führt, was Sie Schmutz nennen. Nur wenn man ein Interesse ausgelebt hat, kann man zu etwas Neuem übergehen."

„Ermutigen Sie wirklich die Kinder, über Klosettfragen zu sprechen?"

„Ja, wenn ich finde, daß sie daran interessiert sind. Nur bei neurotischen Kindern halten solche Gespräche länger als eine Woche an."

Wir hatten so einen neurotischen Fall vor einigen Jahren. Man hatte uns einen kleinen Jungen geschickt, weil er den ganzen Tag seine Hosen beschmutzte. Seine Mutter hatte ihn erst verdroschen und dann aus Verzweiflung gezwungen, seine Exkremente zu essen. Man kann sich das Problem vorstellen, mit dem wir es zu tun hatten. Es stellte sich heraus, daß der Junge einen jüngeren Bruder hatte, und die ganzen Schwierigkeiten hatten mit der Geburt dieses Bruders begonnen. Der Grund dafür war recht klar. Der Junge überlegte sich folgendes: *Er hat die Liebe meiner Mama gestohlen. Wenn ich nun meine Hosen beschmutze wie er seine Windeln, dann wird mich meine Mama wieder gern haben.*

Ich gab ihm „Privat-Stunden“, um ihm sein wahres Motiv zu zeigen, doch solche Kuren sind selten plötzlich und dramatisch. Über ein Jahr machte der Junge dreimal am Tag in die Hose. Niemand beschimpfte ihn deswegen. Mrs. Corkhill, unsere Kinderschwester, säuberte seine Hosen ohne ein Wort des Vorwurfs. Sie protestierte allerdings, als ich damit anfing, ihn auch noch zu belohnen, wenn er sich sehr beschmutzte. Die Belohnung sollte ihm jedoch zeigen, daß ich sein Verhalten billigte.

Während dieses ganzen Zeitraums war der Junge ein haßerfüllter kleiner Teufel. Kein Wunder! Er hatte Probleme und war von Konflikten geplagt. Nach seiner Heilung war er jedoch völlig sauber und blieb noch drei Jahre bei uns. Er wurde schließlich zu einem liebenswerten Jungen. Seine Mutter holte ihn von Summerhill weg, weil sie für ihn eine Schule wünschte, an der er etwas *lernte*. Als er uns nach einem Jahr an der neuen Schule besuchte, war er völlig verändert – ein unaufrichtiger, furchtsamer, unglücklicher Junge. Er sagte, er würde es seiner Mutter nie verzeihen, daß sie ihn von Summerhill weggeholt hatte, und das wird er auch nicht. Seltsam, aber dieser Junge ist der einzige Schüler, der in all den Jahren von Summerhill in die Hose machte. Wahrscheinlich handelt es sich in vielen Fällen um eine Haßreaktion gegen die Mutter, die ihm Liebe vorenthält.

Man kann ein Kind zur körperlichen Sauberkeit erziehen, ohne ihm ein fixiertes und verdrängtes Interesse an seinen Körperfunktionen zu geben. Ein Kätzchen oder ein Kalb scheinen wegen ihrer Exkremente keine Komplexe zu haben. Der Komplex des Kindes ist eine Folge der Form seiner Erziehung. Wenn die Mutter *unartig* oder *schmutzig* oder auch nur *aber, aber* sagt, taucht das Element von Gut und Böse auf. Die Angelegenheit wird zu einer *moralischen* Frage – während es sich doch eigentlich nur um eine Frage des Körpers handelt.

Es ist also falsch, einem koprophilen Kind zu sagen, daß es schmutzig ist. Das richtigste ist, daß man ihm erlaubt, sein Interesse an Exkrementen auszuleben, indem man ihm Schlamm oder Lehm gibt. Auf diese Weise wird es sein Interesse ohne Verdrängung sublimieren. Es wird sein Interesse erproben und es auf diese Weise absterben lassen.

In einem Zeitungsartikel wies ich einmal darauf hin, daß Kinder ein Recht haben, Kuchen aus Schlamm zu machen. Ein Pädagoge und bekannter Vertreter der Montessori-Methode erwiderte in einem Brief, seine Erfahrung habe ihn gelehrt, daß Kinder keine Schlammkuchen machen wollen, *wenn man ihnen etwas Besseres zu tun gibt* (Hervorhebung von mir). Aber es gibt nichts Besseres, wenn das Interesse nun mal an Schlammkuchen fixiert ist. Man *muß* dem Problemkind jedoch sagen, was es tut, denn möglicherweise formt es jahrelang Schlammkuchen, ohne das ursprüngliche Interesse an Exkrementen abzureagieren.

Ich erinnere mich an Jim, einen achtjährigen Jungen, der Wachträume über Exkremente hatte. Ich ermutigte Jim, Schlammkuchen zu machen. Doch sagte ich ihm ständig, woran er wirklich interessiert war. Auf diese Weise wurde der Heilungsprozeß beschleunigt. Ich sagte nicht direkt: „Du tust das, weil es ein Ersatz für das andere ist." Ich erinnerte ihn nur an die Ähnlichkeit zwischen beidem. Das wirkte. Einem jüngeren, etwa fünfjährigen Kind braucht man das nicht zu sagen, denn es wird seine Phantasien einfach durch Kuchenformen abreagieren.

Für ein Kind sind die Exkremente ein äußerst wichtiger Untersuchungsgegenstand. Jede Unterdrückung dieses Interesses ist gefährlich und dumm. Andererseits sollte man den Exkrementen nicht zu viel Bedeutung beimessen, es sei denn, das Kind ist stolz auf seine Produktion – dann ist Bewunderung am Platz. Wenn sich ein Kind einmal beschmutzt, sollte man die Sache gelassen als etwas Normales behandeln.

Die Ausscheidung ist nicht nur für ein Kind, sondern auch für viele Erwachsene ein schöpferischer Akt. Es bereitet auch Erwachsenen oft Freude und Stolz, wenn sie einen großen Haufen gemacht haben. Er symbolisiert einen großen Wert. Ein Einbrecher, der auf dem Teppich Exkremente zurückläßt, nachdem er den Geldschrank geknackt hat, will damit den Besitzer nicht obendrein beleidigen. Er drückt vielmehr symbolisch sein Schuldgefühl aus, indem er an Stelle des Gestohlenen etwas Wertvolles zurückläßt.

Tiere sind sich der natürlichen Funktion nicht bewußt. Hunde und Katzen, die ihren Kot automatisch mit Erde bedecken, handeln instinktiv, was einmal notwendig gewesen sein mag, um die Nahrung reinzuhalten. Die moralische Haltung des Menschen gegenüber seinem Kot mag viel mit seiner unnatürlichen Ernährungsweise zu tun haben. Der Dung von Pferden, Schafen und Kaninchen ist sauber und ganz und gar nicht ekelhaft. Die Exkremente des Menschen sind ekelerregend, weil seine Nahrung ein solch unangenehmes Mischmasch künstlicher Erzeugnisse ist. Ich habe mir oft gedacht, daß die Chance der Kinder, emotional frei aufzuwachsen, größer wäre, wenn die menschlichen Exkremente ebenso leicht berührt werden könnten wie tierische.

Der Ekel der Erwachsenen vor menschlichen Exkrementen muß bei der Entwicklung des negativen, haßerzeugenden Teils der kindlichen Psyche eine große Rolle spielen. Da Ausscheidungs- und sexuelle Organe nahe nebeneinanderliegen, hält das Kind beide für schmutzig. So führt die ablehnende Haltung gegenüber sexuellen Dingen und Exkrementen zur Verdrängung.

Eine Mutter empfindet vielleicht keinen Ekel, wenn sie die Windeln eines Kleinkindes wäscht. Drei Jahre später ist sie dann doch vielleicht verärgert, wenn sie einen kleinen Haufen vom Teppich entfernen muß. Jede Mutter sollte sehr vorsichtig sein, was Exkremente angeht. Sie sollte daran denken, daß kein Zornesausbruch ohne Einfluß auf das Kind bleibt. Es nimmt den Eindruck auf und behält ihn, und er findet sich wieder in seinem Charakter.

Nahrung

Der Totalitarismus nahm seinen Anfang im Kinderzimmer, und er beginnt noch immer dort. Der erste Eingriff in die Natur des Kindes ist Despotismus. Dieser erste Eingriff ist immer eine Frage der Ernährung. Es fängt damit an, daß man das Neugeborene zwingt, zu bestimmten Zeiten zu essen und zu fasten.

Die oberflächliche Erklärung dafür ist, daß die Ernährung nach einem festen Zeitplan die tägliche Routine und Bequemlichkeit der Erwachsenen weniger stört. Doch tiefer sitzt das wirkliche Motiv: Haß gegen das neugeborene Leben und seine natürlichen Bedürfnisse. Das kann man an der Gleichgültigkeit sehen, mit der in manchen Familien das Schreien des hungrigen Säuglings hingenommen wird.

Die Selbstbestimmung sollte bei der Geburt beginnen; mit dem allerersten Säugen. Jeder Säugling hat das Geburtsrecht, gestillt zu werden, wenn er mag. Es ist leicht für die Mutter, den Wünschen des Kindes nachzukommen, wenn die Geburt zu Hause erfolgte. In den meisten Krankenhäusern jedoch wird der Säugling der Mutter nach der Entbindung fortgenommen und in ein Säuglingszimmer gebracht. Man erlaubt der Mutter in den ersten vierundzwanzig Stunden nicht, das Kind zu stillen oder ihm die Flasche zu geben. Wer kann sagen, welchen bleibenden Schaden man dem Säugling damit zufügt?

In manchen Krankenhäusern kann der Säugling heute bei der Mutter bleiben und befindet sich während ihres ganzen Krankenhausaufenthaltes in ihrer Pflege. Wenn man sich in einem Entbindungsheim anmeldet, ohne sich dieser Möglichkeit vorher zu versichern, muß man das dort bestehende System akzeptieren. Jede Mutter, die für ihr Kind Selbstbestimmung wünscht, sollte sich davor hüten, in ein Krankenhaus zu gehen, in dem der Säugling nicht bei der Mutter bleibt. Es ist viel besser, zu Hause zu entbinden, als den Säugling einem so grausamen System auszusetzen.

Die Ernährung des Säuglings nach einem festgelegten Zeitplan ist inzwischen so heftig angegriffen worden, daß viele Ärzte dieses System aufgegeben haben. Es ist offensichtlich falsch und gefährlich. Wenn ein Kind um vier Uhr vor Hunger weint, aber nicht genährt wird, bevor der Zeitplan es anzeigt, dann wird es einer dummen, grausamen und lebensfeindlichen Disziplin unterworfen, die seinem körperlichen und geistigen Wachstum unendlichen Schaden zufügt. *Das Baby muß gestillt werden, wenn es gestillt werden will.* Am Anfang will es oft essen, weil es keine großen Mengen auf einmal aufnehmen kann.

Dem Säugling für die Nacht eine Flasche mit Wasser zu geben, ist schlecht. Wenn das Kind nachts hungrig ist, sollte es wie gewöhnlich Nahrung erhalten. Nach zwei, drei Monaten wird es sich von selbst auf größere Nahrungsmengen einstellen, so daß die Pausen zwischen den Mahlzeiten länger werden. Mit drei, vier Monaten wird das Baby vielleicht um zehn oder elf Uhr abends und um fünf oder sechs Uhr am nächsten Morgen nach Nahrung verlangen. Doch gibt es hier natürlich keine feste Regel.

Auf einen entscheidenden Grundsatz soll bei jeder Kindererziehung hingewiesen werden: *Der Säugling darf sich nicht müde schreien.* Seine Bedürfnisse müssen jedesmal befriedigt werden.

Erfolgt die Erziehung nach einem Zeitplan, dann ist die Mutter dem Kind immer ein paar Schritte voraus. Wie ein tüchtiger Experte wird sie genau wissen, was sie als nächstes zu tun hat. Doch wird sie ein mechanisches Baby großziehen, ein gedrilltes Baby. Ein solches Kind wird natürlich den Erwachsenen nur sehr wenig Schwierigkeiten bereiten – auf Kosten seiner eigenen natürlichen Entwicklung. Gewährt man jedoch dem Kind Selbstbestimmung, dann wird die Mutter jeden Tag, jede Minute etwas Neues entdecken. Denn nun ist sie immer einen Schritt *hinter* ihm zurück und lernt, indem sie ihn die ganze Zeit genau beobachtet. Wenn ihr Säugling eine halbe Stunde nach einer guten Mahlzeit weint, muß die junge Mutter selbst mit dem Problem fertigwerden, ganz gleich, was die Zeitplanmechaniker darüber sagen. Ist ihm unbehaglich? Hat er Blähungen? Will er, daß man sich um ihn kümmert, weil er sich einsam fühlt? Die Mutter sollte mit spontaner Liebe reagieren und nicht nach irgendeiner armseligen Vorschrift aus einem Buch.

Jedes Kind wird seinen eigenen Zeitplan entwickeln, wenn man es sich selbst überläßt. Das bedeutet, daß es die Fähigkeit zur Selbstbestimmung besitzt – nicht nur, solange es Milch erhält, sondern auch später bei der festen Nahrung.

Daumenlutschen in der späteren Kindheit – oft bis in die Jugendzeit hinein – ist die deutlichste Folge einer Ernährung nach einem Zeitplan. Das Kind lutscht aus zwei Gründen: aus Hunger nach Nahrung und wegen der sinnlichen Freude am Saugen. Wenn ein Kind Nahrung erhält, steigt die orale Lust an und wird befriedigt, bevor der Hunger gestillt wird. Wenn nun das Baby weinen und warten muß, weil die Uhr sagt, daß es noch nicht hungrig ist, dann werden Hunger und sinnliche Lust aufgestaut.

Ich habe erlebt, wie eine Mutter im Entbindungsheim ihr Kind auf Anweisung des Arztes von der Brust wegzog, weil die Zeit zum Stillen um war. Ich kann mir kein wirksameres Mittel vorstellen, um ein Problemkind heranzuziehen.

Es ist fast unglaublich, daß unwissende Ärzte und Eltern in die natürlichen Triebe des Säuglings und sein Verhalten einzugreifen wagen. Mit ihren absurden Vorstellungen von Führung und Formung zerstören sie Freude und Selbstentwicklung beim Kind. Sie sind die Urheber der universalen Krankheit der Menschheit, sowohl der psychischen wie der somatischen. Später setzen Schule und Kirche den Abrichtungsprozeß fort, der gegen Freude und Freiheit gerichtet ist.

Eine Mutter schrieb über ihren frei erzogenen, kleinen Jungen: Als er anfing, feste Nahrung zu sich zu nehmen, ließ man ihn zum Beispiel wählen, was und wieviel er essen wollte. Wenn er ein bestimmtes Gemüse ablehnte, wurde ihm entweder ein anderes gegeben oder manchmal sogar der Nachtisch. Sehr oft aß er dann das Gemüse, das er vorher abgelehnt hatte, *nach* dem Nachtisch. Manchmal weigerte er sich, überhaupt zu essen – ein sicheres Zeichen, daß er nicht hungrig war. Bei der nächsten Mahlzeit aß er dann besonders gut.

Allzuoft glaubt eine Mutter, sie wisse besser, was das Kind braucht, als das Kind selbst. Das ist aber nicht der Fall. Man kann leicht einen Versuch anstellen. Jede Mutter kann Eiskrem, Süßigkeiten, Vollkornbrot, Tomaten, Salat und andere Nahrungsmittel auf dem Tisch ausbreiten und das Kind frei wählen lassen. Das durchschnittliche Kind wird, wenn man es nicht beeinflußt, in etwa einer Woche eine ausgeglichene Diät wählen. Soviel ich weiß, war dies das Ergebnis von kontrollierten Versuchen, die in den USA durchgeführt wurden.

In Summerhill darf selbst das kleinste Kind völlig frei zwischen den Speisen wählen, die es an dem betreffenden Tag gibt. Es stehen immer drei Hauptgerichte zur Wahl. Natürlich gibt es dadurch in Summerhill weniger Abfall als in den meisten anderen Schulen. Allerdings ist das nicht unser Motiv, denn wir wollen dem Kind helfen und nicht Lebensmittel sparen.

Wenn die Kinder eine ausgeglichene Kost essen, schaden ihnen die Süßigkeiten nicht, die sie sich von ihrem Taschengeld kaufen. Kinder haben Süßigkeiten gern, denn ihr Körper verlangt nach Zucker. Und deshalb sollten sie Zucker bekommen.

Wenn man Kinder zwingt, Speck und Ei zu essen, obwohl sie es nicht mögen, dann ist das absurd und grausam. Zoë konnte immer wählen, was sie essen wollte. Wenn sie eine Erkältung hatte, aß sie nur Obst und trank nur Fruchtsaft, ohne daß wir es vorgeschlagen hatten. Ich habe nie vorher ein Kind gesehen, das so wenig Interesse am Essen zeigte wie Zoë. Schokolade konnte tagelang auf ihrem Tisch liegen, ohne daß sie sie anrührte, und ein ganz ausgezeichnetes Gericht, das es zum Mittag- oder Abendessen gab, konnte sie ganz gleichgültig lassen. Wenn sie beim Frühstück von einem anderen Kind zum Spielen gerufen wurde, dann ließ sie ihr Frühstück im Stich und kam nicht mehr zurück. Aber sie war stets in ausgezeichneter körperlicher Verfassung, und wir sorgten uns deswegen nicht.

Natürlich stellen die meisten Eltern das Essen nach ihren eigenen Lieblingsvorstellungen zusammen. Wenn sie Vegetarier sind, werden sie ihren Kindern Gemüse und Obst geben. Ich habe aber oft erlebt, daß Kinder von Vegetariern mit großem Behagen Fleisch verschlangen.

Als ein in Diätkunde unbewanderter Laie bin ich der Ansicht, daß es gleichgültig ist, ob ein Kind Fleisch ißt oder nicht. Solange seine Kost ausgeglichen ist, dürfte es gesund sein. Ich höre nie davon, daß die Kinder in Summerhill Durchfall haben, und nur selten haben sie Verstopfung. Es gibt bei uns immer viel rohes Gemüse und Salate, doch manchmal wollen das neue Kinder nicht essen. Im allgemeinen gewöhnen sie sich mit der Zeit an dieses Essen und haben es gern. Auf alle Fälle haben die Summerhillkinder vom Küchengehen keine Ahnung, und so sollte es auch sein.

Weil Essen in der Kindheit soviel Freude macht, darf man es nicht durch Tischmanieren beeinträchtigen. Es ist traurig, aber wahr, daß jene Kinder in Summerhill die schlechtesten Tischmanieren haben, die besonders „fein" erzogen wurden. Je mehr von einem Kind gefordert wird, je steifer das Leben in einer Familie ist, desto schlechter sind Tischmanieren und andere Verhaltensweisen des Kindes – sobald es einmal es selbst sein darf. Man kann nichts anderes tun, als das Kind seine Verdrängungen abreagieren zu lassen, bis es als Jugendlicher sein eigenes natürliches gutes Betragen entwickelt.

Nahrung ist im Leben des Kindes am wichtigsten, viel wichtiger als Sexualität. Der Magen ist egoistisch. Egoismus gehört zur Kindheit. Für einen zehnjährigen Jungen bedeutet ein Teller voll Fleisch mehr als einem alten Stammeshäuptling seine Frauen. Wenn dem Kind die Freiheit gegeben wird, seinen Egoismus auszuleben, so wie in Summerhill, dann entwickelt sich der Egoismus nach und nach zu Altruismus und natürlicher Sorge um andere.

Gesundheit und Schlaf

In den achtunddreißig Jahren Summerhills sind wenige Kinder krank gewesen. Der Grund dafür ist wohl, daß wir auf seiten des Lebens sind – wir bejahen das Fleisch. Bei uns kommt Glück vor der Kost. Besucher Summerhills stellen gewöhnlich fest, wie gut die Kinder aussehen. Ich glaube, unsere Mädchen sehen hübsch und unsere Jungen gut aus, weil sie glücklich sind.

Das rohe Gemüse könnte bei der Heilung von Nierenkrankheiten eine wichtige Rolle spielen. Doch alles Grünzeug der Welt hat keinen Einfluß auf die Krankheit der Seele, wenn diese auf Verdrängung beruht. Ein Mann, der ausgeglichene Kost ißt, kann seine Kinder durch Moralpredigten trotzdem schlecht beeinflussen. Dagegen wird ein nicht neurotischer Mann seinen Kindern keinen Schaden zufügen. Aus eigener Erfahrung weiß ich, daß unfrei erzogene Kinder körperlich weniger gesund sind als freie Kinder.

Übrigens ist mir aufgefallen, daß viele unserer Jungen über ein Meter achtzig groß werden, selbst wenn ihre Eltern verhältnismäßig klein sind. Das mag zufällig sein, doch wäre es ebenso möglich, daß die Kinder in Freiheit auch körperlich wachsen. Auf alle Fälle habe ich gesehen, daß Jungen schneller gewachsen sind, als es ihnen nicht mehr verboten war zu onanieren.

Dann ist da noch die Schlaffrage. Ich würde gern wissen, wieviel an der ärztlichen Forderung dran ist, daß ein Kind soundso lange schlafen soll. Für kleine Kinder trifft das zu. Wenn man einem siebenjährigen Kind erlaubt, bis spät abends aufzubleiben, dann leidet seine Gesundheit, denn oft kann es morgens nicht lange schlafen. Manche Kinder wehren sich dagegen, früh ins Bett geschickt zu werden, weil ihnen irgend etwas zu entgehen scheint.

In einer freien Schule ist Schlafenszeit etwas ganz Schlimmes – nicht so sehr für die jüngeren, sondern für die älteren Schüler. Junge Menschen bleiben gern lang auf, und ich kann das verstehen, denn ich hasse es selbst, ins Bett zu gehen.

Für die meisten Erwachsenen löst ihre Arbeit dieses Problem. Wenn man um acht Uhr morgens am Arbeitsplatz sein muß, dann widersteht man der Versuchung, bis in die Morgenstunden aufzubleiben.

Andere Faktoren wie glückliches Leben und gutes Essen können Mangel an Schlaf ausgleichen. Die Schüler von Summerhill holen ihren Schlaf am Sonntagmorgen nach, und wenn es sein muß, versäumen sie dann auch das Mittagessen.

Nun zum Verhältnis zwischen Arbeit und Gesundheit. Ein Großteil meiner Arbeit hat ein doppeltes Motiv. Ich grabe meinen Kartoffelacker um und weiß, daß ich meine Zeit gewinnbringender verwenden könnte, wenn ich Zeitungsartikel schriebe und für die Gartenarbeit einen Arbeiter beschäftigte. Doch ich grabe, weil ich gesund bleiben möchte – ein Motiv, das mir wichtiger ist als Zeitungshonorar.

Ein Freund, er ist Autohändler, hat mich für verrückt erklärt, weil ich im Zeitalter der Technik meinen Garten umgrabe, aber ich habe ihm gesagt, die Motoren würden die Gesundheit der Nation zerstören, weil heute niemand mehr zu Fuß geht oder seinen Garten umgräbt. Er und ich sind alt genug, sich Gedanken über die Gesundheit zu machen.

Einem Kind dagegen ist Gesundheit völlig unbewußt. Kein Junge wird im Garten graben, um in Form zu bleiben. Bei jeder Arbeit hat er nur ein einziges Motiv: sein augenblickliches Interesse.

Die Gesundheit in Summerhill ist eine Folge der Freiheit, des guten Essens und der frischen Luft – in eben dieser Reihenfolge.

Reinlichkeit und Kleidung

Im allgemeinen achten Mädchen mehr auf körperliche Sauberkeit als Jungen. In Summerhill sind Jungen und Mädchen ab fünfzehn auf ihre äußere Erscheinung bedacht. Mädchen halten ihre Zimmer jedoch nicht ordentlicher als Jungen – das heißt, Mädchen unter fünfzehn. Sie fertigen Kleider für Puppen, schneidern Theaterkostüme und lassen allen Abfall – schöpferischen Abfall – auf dem Boden liegen.

Wir haben selten ein Mädchen in Summerhill, das sich nicht waschen mag. Einmal kam ein neunjähriges Mädchen zu uns, dessen Großmutter offensichtlich einen Reinlichkeitskomplex hatte und Mildred täglich zehnmal wusch. Mildreds Hausmutter kam eines Tages zu mir und sagte: „Mildred hat sich seit einer Woche nicht gewaschen. Sie will auch kein Bad nehmen und fängt an zu stinken. Was soll ich tun?"

„Schick sie zu mir", sagte ich.

Gleich darauf kam sie. Ihre Hände und ihr Gesicht waren sehr schmutzig.

„Paß auf", sagte ich streng. „Das geht einfach nicht."

„Aber ich mag mich nicht waschen!" protestierte sie.

„Sei still!" sagte ich. „Wer redet denn von waschen? Schau in den Spiegel!" *(Sie tat es.)* „Was hältst du jetzt von deinem Gesicht?"

„Es ist nicht gerade sauber, was?" grinste sie.

„Es ist *zu sauber*!" sagte ich. „Ich mag keine Mädchen mit sauberen Gesichtern hier in der Schule. Nun hau ab!"

Sie ging sofort in den Kohlenkeller und schwärzte ihr Gesicht. Triumphierend kam sie zurück. „Reicht das?“ fragte sie.

Ich prüfte ihr Gesicht mit angemessenem Ernst. „Nein“, sagte ich, „hier an der Wange ist noch ein weißer Fleck.“

Mildred badete am gleichen Abend. Aber den Grund habe ich nicht herausbekommen.

Einmal kam ein siebzehnjähriger Junge von einem der angesehenen Internate zu uns. Eine Woche nach seiner Ankunft freundete er sich mit den Männern an, die am Bahnhof Kohlenwagen beladen, und half ihnen. Seine Gesicht und seine Hände waren schwarz, wenn er zu den Mahlzeiten kam. Doch niemand kümmerte sich darum.

Es dauerte ein paar Wochen, bis er mit den Vorstellungen von Reinlichkeit, wie er sie von Zuhause und seiner früheren Schule kannte, fertiggeworden war. Als er dann sein Kohlenschippen aufgab, wurde er wieder zu einem reinlichen Jungen, der auf seine Kleidung achtete. Aber nun war es anders: Seine Reinlichkeit war nicht mehr erzwungen. Er hatte seinen Beschmutzungskomplex abreagiert.

Wenn Willie Schlammkuchen formt, dann ist seine Mutter ganz aufgeregt darüber, was die Nachbarn wohl von seiner schmutzigen Kleidung denken könnten. In diesem Fall müssen die gesellschaftlichen Ansprüche – was die anderen denken – hinter die Ansprüche des Einzelnen, seiner Freude am Spielen und Formen, zurücktreten.

Zu oft messen Eltern der Sauberkeit zuviel Bedeutung bei. Sie ist eine der sieben Todtugenden. Jener Mann, der stolz auf seine Sauberkeit ist, ist meist ein zweitklassiger Bursche, der das Zweitbeste im Leben schätzt. Der ordentlichste Mensch hat oft einen sehr unordentlichen Verstand. Ich sage das mit der Unparteilichkeit eines Mannes, auf dessen Schreibtisch es immer aussieht wie in einem öffentlichen Park unter dem Schild „Haltet Eure Anlagen sauber!“: nämlich papierübersät.

In meiner eigenen Familie bringt die Frage der Kleidung die größten Schwierigkeiten mit sich. Zoë wäre am liebsten den ganzen Tag nackt herumgelaufen, wenn man es ihr erlaubt hätte. Die Eltern eines anderen, frei erzogenen Kindes berichteten, daß ihre zweijährige Tochter ganz von selbst ins Haus kam und um warme Kleidung bat, als es kalt wurde. Bei uns kam das nicht vor. Zoë zitterte an allen Gliedern, bis ihre Nase und ihre Wangen blaugefroren waren, und dann widersetzte sie sich noch unseren Bemühungen, ihr mehr anzuziehen.

Mutige Eltern werden vielleicht sagen: „Ihr eigener Organismus wird sie leiten. Laßt sie nur vor Kälte zittern, sie ist schon in Ordnung!“ Aber wir waren nicht mutig genug, das Risiko einer Lungenentzündung einzugehen, und so sorgten wir dafür, daß Zoë die uns angemessen scheinende Kleidung trug.

Die Eltern müssen entscheiden, was kleine Kinder anziehen sollen. Wenn die Kinder jedoch heranwachsen, dann sollten sie ihre Kleidung selbst wählen können. Eine Million Töchter leiden darunter, daß ihre Mütter darauf bestehen, die Kleidung für sie auszuwählen. Im allgemeinen sind Jungen leichter anzuziehen. Wenn es sich Eltern leisten können, dann sollten sie ihren Kindern eine bestimmte Summe für Kleidung zur Verfügung stellen. Wenn das Kind dann dieses Geld für Filme oder Süßigkeiten ausgeben will, ist es seine Sache.

Unverzeihlich ist es, dem Kind Sachen anzuziehen, die es von seinen Freunden unterscheiden. Einen ausgewachsenen Jungen kurze Hosen tragen zu lassen, wenn seine Klassenkameraden lange anhaben, das ist grausam.

Mädchen sollten mit ihrem Haar machen können, was sie wollen – ob sie es nun lang, kurz oder in Zöpfen tragen. Wenn sie Lippenstift verwenden wollen, warum nicht? Ich persönlich kann das Zeug nicht ausstehen, doch wenn meine Tochter anderer Meinung ist, werde ich nicht versuchen, sie davon abzubringen.

Kleine Kinder haben kein angeborenes Interesse an Kleidung, aber wessen Eltern in Bezug auf Kleidung neurotisch sind, der wird selbst bald einen Komplex bekommen und Angst davor haben, auf einen Baum zu klettern, weil die Hose zerreißen könnte.

Normale Kinder schmeißen ihre Kleidungsstücke überall herum. Sie ziehen den Pullover aus und vergessen, wo sie ihn liegengelassen haben. Wenn ich an einem Sommerabend durchs Schulgebäude gehe, kann ich immer ein ganzes Sortiment Schuhe und Pullover aufsammeln.

Kinder, die nicht auf Internatsschulen gehen, müssen sich gegen die Ansichten der Nachbarn behaupten. Man denke nur an die Tausende von Kindern, die sich mit dem „Sonntagskleidung“ genannten Greuel abfinden müssen. Feierlich schreiten sie in steifen Kragen und weißen Kleidern einher und haben Angst davor, nach einem Ball zu treten oder über ein Gartentor zu klettern. Zum Glück stirbt diese Idiotie jetzt aus.

In Summerhill sitzen Schüler und Lehrer an heißen Tagen mit nacktem Oberkörper beim Mittagessen. Keiner stört sich daran. Unwichtige Dinge müssen mit Gleichgültigkeit behandelt werden.

Vor allem in Bekleidungsfragen zeigen Eltern ihren Geldkomplex. Wir hatten einmal einen recht schlimmen jungen Dieb in Summerhill, der nach vier Jahren harter Arbeit und unendlicher Geduld seiner Lehrer geheilt wurde. Dieser Junge verließ die Schule mit siebzehn. Seine Mutter schrieb: „Bill ist angekommen. Zwei Paar Socken fehlen. Würden Sie bitte dafür sorgen, daß sie zurückgegeben werden."

Manchmal sind Eltern auf die Hausmutter eifersüchtig, die sich in Summerhill um ihre Kinder kümmert. Ich habe gesehen, wie Mütter bei ihrem Besuch sofort an die Schränke der Kinder gingen, die Stirn runzelten, vor sich hinmurmelten und zeigten, daß sie die Hausmutter für unfähig hielten. Eine solche Mutter hat gewöhnlich viel Angst um ihr Kind; denn Angst wegen der Kleidung bedeutet auch immer Angst wegen des Lernens und aller möglichen anderen Probleme.

Spielzeug

Wenn ich nur eine Spur Geschäftsgeist besäße, würde ich einen Spielzeugladen aufmachen. Jedes Kinderzimmer ist mit zerbrochenem und achtlos liegengelassenem Spielzeug vollgestopft. Im Kleinbürgertum bekommen die Kinder viel zuviel Spielzeug. Für Spielsachen mehr als ein paar Pfennige auszugeben, ist tatsächlich Verschwendung.

Zoë erhielt einmal von einem ehemaligen Schüler eine wunderschöne Puppe geschenkt, die gehen und sprechen konnte. Es war offensichtlich ein teures Spielzeug. Etwa zur gleichen Zeit erhielt sie von einem neuen Schüler ein kleines, billiges Spielzeugkaninchen. Mit der teuren Puppe spielte sie eine halbe Stunde lang, doch mit dem billigen kleinen Kaninchen mehrere Wochen. Sie nahm es sogar mit ins Bett.

Von all ihrem Spielzeug liebte Zoë die Puppe Betsy Wetsy, die die Hose nässen konnte, am längsten. Ich schenkte sie ihr, als sie eineinhalb Jahre alt war. Der Näßmechanismus interessierte sie überhaupt nicht, vielleicht weil die Puppe ein puritanischer Schwindel war und das „Pipi"-Loch am Rücken hatte. Erst mit viereinhalb Jahren sagte Zoë eines Morgens: „Ich mag Betsy Wetsy nicht mehr und möchte sie jemandem geben."

Vor einigen Jahren probierte ich bei älteren Schülern eine Umfrage aus. „Wann ärgerst du dich am meisten über deinen kleinen Bruder oder deine kleine Schwester?" Die Antwort war in fast allen Fällen gleich: „Wenn er mein Spielzeug kaputtmacht."

Man sollte einem Kind nie zeigen, wie ein Spielzeug funktioniert. Man sollte überhaupt einem Kind niemals helfen, wenn es ein Problem nicht selbst lösen kann.

Frei erzogene Kinder können sich anscheinend lange zufrieden mit ihren Spielsachen beschäftigen. Sie schmeißen sie nicht mutwillig kaputt, wie unfreie Kinder das so oft tun.

Es gibt keinen Grund, warum Kinder in einem Einfamilienhaus oder einer ziemlich schalldichten Wohnung nicht mit Küchengeräten spielen sollten, wenn sie gerade nicht benutzt werden – warum sie nicht z. B. Kochdeckel mit Kochlöffeln bearbeiten dürfen. Kinder ziehen diese Gegenstände meist richtigen Spielsachen, wie sie in Geschäften verkauft werden, vor. Das gewöhnliche Spielzeug kann auf das Kind sogar wie ein Schlafmittel wirken.

Alle Eltern neigen dazu, zuviel Spielzeug zu kaufen. Der Kleine streckt begierig seine Hände nach irgendeinem Maschinchen aus – einem Traktor, einer nickenden Giraffe –, und schon kaufen die Eltern das Spielzeug. Die Kinderzimmer sind dann voll mit Spielsachen, für die das Kind niemals wirkliches Interesse zeigt.

Es gibt viel zu wenig schöpferisches Spielzeug zu kaufen. Es gibt viele Metall- und Holzbaukästen, doch wenig wirklich schöpferische. Baukästen sind wie Kreuzworträtsel oder Rechenaufgaben. Da sie von jemand zusammengestellt worden sind, können die Lösungen niemals ganz originell sein. Ich gebe zu, daß ich kein schöpferisches Spielzeug erfinden kann, und habe hier auch keine Vorschläge zu machen. Doch bin ich gewiß, daß die Welt auf einen Zauberer wartet, der näher an die Herzen der Kinder herankommt als die Spielzeugmacher unserer Tage.

Lärm

Kinder machen naturgemäß viel Krach. Die Eltern müssen das akzeptieren und sich damit abfinden. Wenn ein Kind gesund heranwachsen soll, dann muß es geräuschvoll spielen dürfen.

Beinahe vierzig Jahre habe ich jetzt mit dem Krach der Kinder gelebt. Im allgemeinen wird er mir gar nicht bewußt. Es ist wie in einer Kupferschmiede: Man gewöhnt sich schließlich an das ständige Hämmern. Wer an einer verkehrsreichen Straße wohnt, ist sich des ständigen Verkehrslärms ja auch oft nicht mehr bewußt. Allerdings machen Hammer und Verkehr ein mehr oder weniger konstantes Geräusch, während der Kinderlärm schrill und immer verändert ist. Dieser Lärm kann einem auf die Nerven gehen. Ich muß gestehen, als ich vor ein paar Jahren vom Hauptgebäude in ein kleines Nebenhaus zog, war der abendliche Frieden nach dem jahrelangen Lärm von rund fünfzig Kindern äußerst angenehm.

Der Speisesaal in Summerhill ist ein lauter Ort. Kinder sind wie Tiere laut beim Essen. Wir erlauben nur Besuchern ohne Lärmkomplex, mit uns zu essen. Meine Frau und ich essen allein, aber da wir anschließend etwa zwei Stunden lang das Essen für die Kinder austeilen, brauchen wir eine Erholung. Die Lehrer haben allzuviel Lärm nicht gern, aber den älteren Schülern scheint der Krach der jüngeren nichts auszumachen. Und wenn ein älterer Schüler den Krach der jüngeren in der Schulversammlung zur Sprache bringt, dann protestieren diese lautstark und mit Recht, weil die älteren genausoviel Krach machen.

Wenn Lärm unterdrückt wird, braucht das Kind lange nicht so stark verdrängen, als wenn man sein Interesse an den Körperfunktionen unterdrückt. Lärm wird ja nicht *schmutzig* genannt. Der Ton in Vaters Stimme, der „Ruhe jetzt!" ruft, ist ein offener, aus dem Herzen kommender Ausdruck seiner Ungeduld. Wenn aber Mutter „Pfui! Das ist schmutzig!" sagt, drückt ihre Stimme moralische Entrüstung aus.

In Summerhill spielen manche Kinder den ganzen Tag, besonders wenn die Sonne scheint. Beim Spielen machen sie natürlich Krach. In den meisten Schulen wird Lärm ebenso wie Spielen unterdrückt. Einer unserer Schüler, der an einer schottischen Universität studierte, sagte: „Die Studenten machen einen Höllenlärm in den Vorlesungen, der einem wirklich auf die Nerven gehen kann, denn wir in Summerhill haben diese Lärmphase schon mit zehn durchgemacht."

Ich möchte auf die Stelle in George Douglas' Roman „The House with the Green Shutters" hinweisen, in der Studenten in Edinburgh mit ihren Füßen *John Brown's Body* trampelten, um einen unsicheren Dozenten zu unterbrechen und zu reizen. Lärm und Spiel gehören zusammen, aber bei sieben- bis vierzehnjährigen Kindern sind sie am besten angebracht.

Benehmen

Sich gut benehmen heißt an andere denken, nein – für andere fühlen. Man muß ein Gruppenbewußtsein haben und sich in die Lage eines anderen versetzen können. Gutes Benehmen verbietet, einen anderen zu verletzen. Es bedeutet, daß man wirklich guten Geschmack hat. Benehmen kann nicht gelehrt werden; denn es gehört zum Unbewußten.

Förmliche Höflichkeit dagegen kann einem beigebracht werden, denn sie gehört zu den bewußten Handlungen. Sie ist der äußere Anstrich des Benehmens. Etikette gestattet einem, während eines Konzerts zu sprechen. Sie läßt Klatsch und Tratsch zu. Sie fordert, daß wir uns zum Abendessen umkleiden, daß wir aufstehen, wenn eine Dame an unseren Tisch tritt, daß wir „Verzeihung" sagen, wenn wir vom Tisch aufstehen. All das ist ein äußerliches, bedeutungsloses Verhalten.

Schlechtes Verhalten entspringt immer einer psychischen Störung. Verleumdung, Klatsch und Tratsch sind subjektive Fehler. Sie zeigen Haß gegen sich selbst. Sie zeigen, daß das Lästermaul unglücklich ist. Wenn wir den Kindern eine Welt geben können, in der sie glücklich sind, werden wir sie automatisch von dem Wunsch nach Haß befreien. Mit anderen Worten, sie werden sich im tieferen Sinn des Wortes gut benehmen, das heißt, liebevoll und freundlich sein.

Kinder, die Erbsen mit dem Messer essen, müssen nicht unbedingt andere Menschen stören, indem sie während einer Beethoven-Symphonie reden. Kinder, die vor Mrs. Brown nicht die Mütze abnehmen, erzählen nicht unbedingt weiter, daß Mrs. Brown Schnaps trinkt.

Bei einem meiner Vorträge stand ein alter Mann auf und beschwerte sich über das Benehmen der heutigen Jugend. Voller Wärme sagte er: „Spazierte ich doch letzten Samstag durch den Park, und zwei kleine Kinder kamen vorbei. ‚Hallo, Mann', sagte das eine."

Ich antwortete: „Was ist dabei? Hätte es Ihnen besser gefallen, wenn es ‚Hallo, mein Herr' gesagt hätte? Sie waren einfach beleidigt. Ihre Würde war verletzt worden. Sie wünschen Unterwürfigkeit von den Kindern und nicht gutes Benehmen."

Das trifft auf viele Erwachsene zu. Es ist die reine Eitelkeit. Man behandelt Kinder, als wären sie Vasallen im Feudalismus. Es ist Egoismus – aber einer, der viel weniger gerechtfertigt ist als der Egoismus der Kinder. Kinder *müssen* egoistisch sein, aber ein Erwachsener sollte seinen Egoismus auf Dinge richten und nicht auf Menschen.

Ich konnte feststellen, daß Kinder sich gegenseitig korrigieren. Einer meiner Schüler aß ziemlich geräuschvoll, bis die anderen Schüler ihn verspotteten. Als dagegen ein kleiner Bursche Hackfleisch mit dem Messer aß, hielten die anderen das für eine gute Sache. Sie fragten sich, warum man nicht mit dem Messer essen sollte. Die Antwort, daß man sich den Mund zerschneiden könnte, wurde damit abgetan, daß die dafür doch viel zu stumpf sind.

Kinder sollten die Regeln der Etikette ruhig in Frage stellen dürfen; denn wenn jemand Erbsen mit dem Messer essen will, ist das seine Sache. Was anderes ist es mit jenem System, das man *soziales Verhalten* nennen könnte. Wenn ein Kind das Wohnzimmer mit schmutzigen Stiefeln betritt, dann schimpfen wir; denn dieses Zimmer gehört den Erwachsenen, und sie haben ein Recht zu sagen, wer den Raum betreten kann und wer nicht.

Als ein Junge frech zu unserem Metzger war, sagte ich auf der Schulversammlung, daß sich dieser bei mir beschwert hatte. Aber ich glaube, es wäre besser gewesen, wenn der Metzger dem Jungen eine Ohrfeige gegeben hätte. Was die Leute gemeinhin Manieren nennen, ist nicht wert, es jemand beizubringen. Es sind bestenfalls Überbleibsel von Gebräuchen. Daß man in Gegenwart einer Dame den Hut abnimmt, ist ein sinnloser Brauch. Als Junge nahm ich vor der Frau Pastor meine Mütze ab, aber nicht vor meiner Mutter und meinen Schwestern. Irgendwie wußte ich wohl, daß ich in ihrer Gegenwart nicht zu heucheln brauchte. Dabei sind solche Bräuche noch harmlos. Ein Kind wird sich ihnen später anpassen. Doch im Alter von zehn Jahren soll alles, was nach Schein riecht, von ihm ferngehalten werden.

Manieren sollten niemals beigebracht werden. Wenn ein siebenjähriges Kind mit den Fingern essen will, soll es das tun. Es muß sich auch nicht so benehmen, wie es Tante Mary gefällt. Besser gibt man alle Verwandten und Nachbarn auf, als daß man ein Kind in seiner Entwicklung hemmt, indem man es zu einem unaufrichtigen Benehmen veranlaßt. Das gute Benehmen kommt ganz von selbst. Ehemalige Schüler von Summerhill benehmen sich ausgezeichnet – selbst wenn manche von ihnen als Zwölfjährige den Teller ableckten. Kein Kind sollte gezwungen werden, „dankeschön“ zu sagen – nicht einmal ermuntern sollte man es dazu.

Die meisten Menschen, seien sie nun Eltern oder nicht, wären sicher überrascht, wie oberflächlich das gute Benehmen bei normalen, autoritär erzogenen Jungen und Mädchen ist, die nach Summerhill kommen. Jungen kommen mit wundervollen Manieren und geben sie bald vollkommen auf, weil sie erkennen, daß Heuchelei in Summerhill fehl am Platz ist. Gewöhnlich verlieren sie nach und nach die Unaufrichtigkeit in ihrer Stimme, ihrem Verhalten und ihren Handlungen. Bei Schülern aus den angesehenen Internatsschulen dauert es am längsten, bis sie ihre Unaufrichtigkeit und ihr freches Benehmen aufgegeben haben. Freie Kinder sind nie unverschämt.

Meiner Ansicht nach fordert man die Schüler zur Unaufrichtigkeit auf, wenn man Respekt vor dem Lehrer verlangt. Wenn man jemand wirklich Achtung erweist, geschieht das ganz unbewußt. Meine Schüler können mich jeder Zeit einen dummen Esel nennen. Sie achten mich, weil ich ihr junges Leben respektiere, und nicht, weil ich der Leiter der Schule bin oder ein Blechgötze auf dem Piedestal. Meine Schüler und ich achten einander, weil wir uns gegenseitig anerkennen.

Eine besorgte Mutter fragte mich einmal: „Aber wenn ich meinen Sohn hierher schicke, wird er sich dann nicht wie ein Wilder aufführen, wenn er in den Ferien nach Hause kommt?“

Ich antwortete: „Ja, wenn Sie schon vorher einen Wilden aus ihm gemacht haben.“

Es ist wahr: Wenigstens im ersten Jahr führt sich ein unfreies Kind wie ein Wilder auf, wenn es von Summerhill nach Hause kommt. Wenn ihm vorher gute Manieren beigebracht worden sind, dann wird es jedesmal in Barbarei zurückfallen, was nur zeigt, wie sehr künstliche Betragensformen in einem Kind an der Oberfläche liegen.

Künstliche Manieren sind die erste Schicht einer scheinheiligen Hülle, die in einem freien Leben fallengelassen wird. Neue Kinder zeigen im allgemeinen ausgezeichnete Manieren – das heißt, sie benehmen sich unaufrichtig. In Summerhill eignen sie sich dann mit der Zeit ein wirklich gutes Benehmen an; denn wir verlangen überhaupt keine Manieren, nicht einmal ein „Dankeschön“ oder ein „Bitte“. Und doch sagen immer wieder Besucher: „Aber das Benehmen der Kinder ist herrlich!“

Peter, der von seinem achten bis zu seinem neunzehnten Lebensjahr bei uns war, ging nach Südafrika. Seine Wirtin schrieb: „Jedermann hier ist bezaubert von seinem guten Benehmen.“ Doch während Peters Aufenthalt in Summerhill wußte ich überhaupt nicht, ob er irgendwelche Manieren hatte oder nicht.

In Summerhill haben wir eine klassenlose Gesellschaft. Der Reichtum und die Stellung des Vaters zählen nicht. Es ist die Persönlichkeit des einzelnen, auf die es ankommt. Und was am meisten zählt, ist Gesellschaftsfähigkeit, d. h. ein gutes Mitglied der Gemeinschaft zu sein. Unsere guten Manieren sind eine Folge unserer Selbstregierung. Jeder sieht sich gezwungen, die Angelegenheit vom Standpunkt des anderen aus zu sehen. Es ist undenkbar, daß ein Summerhill-Kind einen Stotterer oder gelähmten Menschen verspotten würde. Jungen, die „bitte“ und „danke“ und „entschuldigen Sie bitte“ sagen, kümmern sich um andere Menschen in Wirklichkeit sehr wenig.

Benehmen ist eine Frage der Aufrichtigkeit. Als Jack Summerhill verließ und in eine Fabrik ging, stellte er fest, daß der Mann, der die Schrauben und Muttern ausgab, immer sehr gereizt war. Jack dachte über den Mann nach und kam zu folgendem Schluß: Die Arbeiter gingen zu Bill und riefen: „He, Bill, gib mir ein paar Whitworth-Schrauben.“ Aber Bill trug Jackett, Hemd und Krawatte, und Jack war der Ansicht, Bill wollte ein Stückchen über den gewöhnlichen Mechanikern in ihren Overalls stehen. Er war gereizt, weil ihm die anderen nicht die Achtung zollten, die ihm seiner Ansicht nach gebührte. Als Jack also Schrauben und Muttern brauchte, ging er zu Bill und sagte: „Entschuldigen Sie, Mr. Brown, ich brauche Schrauben und Muttern.“

Jack sagte zu mir: „Das war von mir kein Stiefellecken. Es war einfach angewandte Psychologie. Der Bursche tat mir leid.“

„Und wie ging die Sache weiter?“ sagte ich. „Oh“, sagte Jack, „ich bin der einzige in der Fabrik, zu dem er höflich ist.“

Ich glaube, das ist ein ausgezeichnetes Beispiel für die Verhaltensweisen, die Jungen durch das Leben in einer Gemeinschaft erwerben — an andere zu denken und sie zu verstehen.

Mir ist nie aufgefallen, daß sich unsere kleinen Kinder schlecht benehmen. Natürlich halte ich nie danach Ausschau. Ich habe aber niemals gesehen, daß ein Kind sich in das Gespräch von Besuchern eingemischt hat. Die Kinder klopfen nie an, aber wenn ich Besucher habe, dann ziehen sie sich einfach still zurück, und oft entschuldigen sie sich.

Ein Reisender lobte neulich ihr Benehmen. Er sagte zu mir: „Ich bin die letzten drei Jahre mit meinem Wagen hierhergekommen, und niemals hat ein Kind meine Kotflügel zerkratzt oder versucht, in den Wagen zu steigen. Und das ist die Schule, in der die Kinder angeblich den ganzen Tag Fensterscheiben einschlagen!"

Ich habe bereits darauf hingewiesen, wie freundlich die Summerhill-Kinder Besuchern gegenüber sind. Diese Freundlichkeit mag als gutes Benehmen eingestuft werden, denn soviel ich gehört habe, hat sich kein Besucher – wie ablehnend er auch der Schule gegenüberstand – über das Benehmen eines Schülers beschwert, der seit mindestens sechs Monaten in Summerhill war.

Unsere Theateraufführungen zeichnen sich immer durch das vortreffliche Benehmen des Publikums aus. Auch eine schlechte Leistung oder ein schlechtes Stück werden mehr oder weniger beklatscht, und im allgemeinen ist man der Meinung, daß die Schauspieler oder der Dramatiker ihr Bestes gegeben haben und sie nicht getadelt oder verachtet werden sollten.

Für manche Eltern ist die Frage des Benehmens ein absolutes Schreckgespenst. Ein zehnjähriger Junge aus gutem Haus kam nach Summerhill. Er klopfte an die Tür, bevor er ins Zimmer trat, und schloß sie immer hinter sich, wenn er es verließ. Ich sagte: „Es wird eine Woche anhalten." Ich hatte unrecht. Es hielt nur zwei Tage an.

Natürlich rufe ich einem Kind zu: „Mach die Tür zu!", jedoch nicht, weil ich ihm gutes Benehmen beibringen möchte, sondern weil ich nicht aufstehen will, um sie selber zu schließen. Kinder – sei Vater nun Professor oder Gepäckträger – interessieren sich nicht für Benehmen.

Der gesellschaftliche Fortschritt muß die Welt von Trug und Schein freimachen. Wir müssen den Kindern die Freiheit lassen, einen Schritt weiter als unsere konventionelle Gesellschaft zu gehen. Indem wir unsere Kinder von Angst und Haß befreien, führen wir eine neue Gesellschaft mit wirklich gutem Benehmen herbei.

Geld

Für die meisten Kinder ist Geld ein Symbol für Liebe: Onkel Bill gibt mir zwei Mark fünfzig, Tante Margaret gibt mir fünf Mark. Tante Margaret liebt mich also mehr, als Onkel Bill mich liebt. Die Eltern kennen unbewußt diese Überlegungen. Und zu oft verwöhnen sie ein Kind, indem sie ihm zuviel schenken. Das ungeliebte Kind bekommt oft zum Ausgleich das meiste Taschengeld.

Niemand kann der finanziellen Wertbestimmung ausweichen. Sie wird uns überall aufgezwungen. Wir sitzen im Parkett oder im Rang. Unsere Kinder verbringen ihre Ferien in Sommerlagern oder im Stadtpark. Finanzielle Wertbegriffe sind für jeden von uns eine Gefahr.

Eine Mutter sagt halb im Scherz: „Ich würde mein Kind nicht um alles Gold der Erde verkaufen." Und fünf Minuten später schlägt sie es, weil es eine Tasse im Wert von fünfzig Pfennig zerbrochen hat. Der Wert des Geldes liegt einem Großteil der häuslichen Disziplin zugrunde. Faß *das* nicht an – *das* hat Geld gekostet.

Zu oft wird Kindern der Wert des Geldes entgegengehalten – aber nur Kindern, nicht Erwachsenen. Meine Mutter schlug uns, wenn wir einen Teller zerbrachen. Wenn jedoch Vater einen Teller zerbrach, war es ein unglücklicher Zufall.

Eltern lösen bei Kindern wegen Geld sehr oft Furcht aus. Viel zu oft habe ich gehört, wie ein Kind verschreckt weinte: „Ich habe meine Uhr fallenlassen, und sie ist zerbrochen. Was wird meine Mutti sagen? Ich habe solche Angst, es ihr zu sagen."

Gelegentlich sieht man auch das Gegenteil. Ich habe gesehen, wie Kinder absichtlich Gegenstände zerbrachen, als eine Reaktion des Hasses gegen das Zuhause: „Das sollen meine Eltern bezahlen. Sie haben mich nicht lieb. Werden sie nicht ganz wild werden, wenn sie von Neill die Rechnung kriegen?"

Einige Eltern unserer Schüler senden ihren Kindern zu viel, andere zu wenig. Das war immer ein unlösbares Problem für mich. Die Schüler erhalten jeden Montag für jedes Lebensjahr zwei Pennies (etwa zehn Pfennig). Manche bekommen jedoch zusätzlich Geld mit der Post geschickt, und andere bekommen wenig oder nichts.

Mehr als einmal habe ich auf der Schulversammlung vorgeschlagen, daß alles Geld zusammengelegt wird, weil es ungerecht ist, wenn manche dreißig Schillinge in der Woche und andere wiederum nur zwei bekommen. Obwohl die Kinder mit hohem Taschengeld immer eine sehr kleine Minderheit bilden, ist mein Vorschlag nie angenommen worden. Kinder, die nur einen Schilling in der Woche haben, wehren sich entschieden gegen jeden Vorschlag, das Einkommen ihrer reicheren Schulkameraden zu beschränken.

Es ist besser, man gibt einem Kind zu wenig als zu viel. Die Eltern, die einem elfjährigen Jungen zwanzig Mark zustecken, handeln unklug, es sei denn, die Summe soll für den Kauf eines bestimmten Gegenstandes, einer Lampe oder eines Fahrrades, verwendet werden. Zuviel Geld bringt die Wertvorstellungen eines Kindes durcheinander. Es kauft vielleicht ein schönes Fahrrad, um das es sich nicht kümmern wird, ein Radio oder ein teures unschöpferisches Spielzeug.

Zuviel Geld hemmt die Phantasie des Kindes. Schenkt man ihm ein Boot für fünfzig Mark, so beraubt man es aller schöpferischen Freude daran, aus einem Stück Holz selber ein Boot zu bauen. Ein kleines Mädchen zieht oft die selbstgemachte Stoffpuppe einer kunstvoll gearbeiteten, teuren vor, die schlafen und schreien kann.

Mir ist aufgefallen, daß kleine Kinder dem Geld keinen Wert beimessen. Unsere Fünfjährigen lassen Pfennige fallen und werfen sie manchmal auch weg. Es ist also falsch, den Kindern das Sparen beizubringen. Die Sparkasse verlangt zuviel vom Kind; sie sagt: „Denk an morgen!“, während doch dem Kind nur das Heute wichtig ist. Einem siebenjährigen Kind bedeutet es nichts, fünfundsiebzig Mark zwanzig auf seinem Konto zu haben, besonders wenn es den Verdacht hat, daß seine Eltern das Geld eines Tages abheben werden, um ihm etwas zu kaufen, was es nicht mag.

Humor

Es gibt viel zuwenig Humor in unseren Schulen und besonders in den Kulturzeitschriften. Ich weiß, Humor kann auch gefährlich sein; manch einer will damit nur die ernsteren Fragen des Lebens überdecken, weil es ja so leicht ist, über eine Sache zu lachen, statt sich mit ihr auseinanderzusetzen. Aber für Kinder ist Humor ein Selbstzweck. Für sie sind Humor und Spaß gute Laune und Kameradschaft. Strenge Lehrer erkennen das und verbannen den Humor aus ihren Klassenzimmern.

Kann ein strenger Lehrer überhaupt Sinn für Humor haben? Ich bezweifle es. Ich bediene mich in der täglichen Arbeit immer des Humors und spaße mit jedem Kind, und doch wissen alle, daß ich todernst sein kann, wenn der Augenblick es erfordert.

Um mit Kindern erfolgreich umzugehen, muß man ihre Gedanken und Gefühle verstehen können. Und man muß Sinn für Humor haben – *kindlichen* Humor. Wenn man mit einem Kind scherzt, gibt man ihm das Gefühl, geliebt zu werden. Doch darf man dabei niemals verletzen oder kritisieren.

Es macht Spaß, wenn man sieht, wie sich der Sinn für Humor bei einem Kind entwickelt. Vielleicht sollte man besser Spaß statt Humor sagen, denn vor dem Humor entwickelt sich zuerst der Sinn für Spaß. David Barton kam praktisch in Summerhill zur Welt. Als er drei Jahre alt war, sagte ich zu ihm: „Ich bin hier zu Besuch und suche Neill. Wo ist er?"

David sah mich verächtlich an: „Dummer Esel, das bist du ja selbst!" Als David sieben war, hielt ich ihn eines Tages im Garten an. „Sag David Barton, ich möchte ihn sehen", sagte ich feierlich. „Ich glaube, er ist drüben im kleinen Haus."

David grinste über das ganze Gesicht. „In Ordnung", erwiderte er und ging hinüber zum kleinen Haus. Nach zwei Minuten kam er zurück. „Er sagt, er kommt nicht", sagte er mit einem schlauen Lächeln.

„Hat er gesagt, warum?"

„Ja, er hat gesagt, er füttert gerade seinen Tiger."

David war mit sieben dieser Narretei gewachsen. Als ich aber zum neunjährigen Raymond sagte, die Hälfte seines Taschengeldes würde als Strafe einbehalten, weil er die Haustüre gestohlen hätte, da weinte er, und ich wußte, daß ich einen Fehler gemacht hatte. Zwei Jahre später durchschaute er meine Witze.

Die dreijährige Sally kichert, wenn ich sie in der Stadt treffe und sie frage, wie ich am besten nach Summerhill komme. Sieben- oder achtjährige Mädchen reagieren dagegen, indem sie mich in die falsche Richtung schicken.

Wenn ich Besucher herumführe, stelle ich die Kinder im kleinen Haus meist als „Schweine" vor, und sie grunzen angemessen. Als ich sie wieder einmal als Schweine vorstellte, brachte mich eine Achtjährige etwas aus der Fassung, indem sie von oben herab sagte: „Hat dieser Witz nicht langsam einen Bart?" Ich mußte ihr recht geben.

Mädchen haben ebensoviel Sinn für Humor wie Jungen, doch benutzen sie ihn viel seltener als Waffe. Manche Jungen verteidigen sich auf diese Weise sehr erfolgreich. Wenn ich nur daran denke, wie über Dave wegen einer antisozialen Handlung zu Gericht gesessen wurde. Indem er seine Geschichte sehr komisch erzählte, gewann er das Ansehen der Gruppe und erreichte, daß er nur eine kleine Strafe erhielt. Ein Mädchen, das sich nur zu oft falsch behandelt fühlt, handelt nie so. Selbst in einem wirklich aufgeklärten Heim leidet ein Mädchen an dem allgemeinen Minderwertigkeitsgefühl, das unsere Gesellschaft den Frauen aufzwingt.

Man soll ein Kind nie zur falschen Zeit humorvoll behandeln oder seine Würde angreifen. Wenn es wirklich Grund hat zum Klagen, muß man es ernst nehmen. Wenn man mit einem Kind, das vierzig Grad Fieber hat, Witze macht, dann ist das ein Fehler. Wenn es ihm wieder besser geht, dann kann man sagen, man sei der Arzt oder sogar der Leichenbestatter, und es wird den Witz verstehen. Vielleicht haben es Kinder gern, humorvoll behandelt zu werden, weil Humor gute Laune und Lachen mit sich bringt. Selbst die Älteren, die sich im Witzeln üben, vermeiden beißenden Spott. Viel von seinem Erfolg verdankt Summerhill diesem Sinn für Spaß.

III *Sexualität*

Einstellung zur Sexualität

Ich habe keinen Schüler gehabt, der nicht eine krankhafte Einstellung zur Sexualität und zu den Körperfunktionen mitbrachte. Die Kinder moderner Eltern, denen gesagt worden war, woher die kleinen Kinder wirklich kommen, haben im großen und ganzen die gleiche Heimlichtuerei in Bezug auf Sexualität wie Kinder von religiösen Fanatikern. Es ist für Eltern wie Lehrer sehr schwer, eine neue Einstellung zur Sexualität zu finden.

Wir wissen so wenig über die Ursachen sexueller Tabus, daß wir nur unsichere Vermutungen anstellen können. Die Frage, warum es solche Tabus gibt, beschäftigt mich nicht unmittelbar. Daß sie aber existieren, ist für einen Mann, dem gehemmte Kinder zur Heilung anvertraut sind, von großer Bedeutung.

Wir Erwachsenen wurden in früher Kindheit verdorben. Wir können in sexuellen Fragen nie frei sein. Bewußt mögen wir frei und sogar Mitglieder einer Gesellschaft für die sexuelle Erziehung von Kindern sein. Doch fürchte ich, daß wir unbewußt weitgehend das bleiben, was die Einflüsse in der Kindheit aus uns gemacht haben: Menschen, denen die Sexualität ein Greuel ist.

Ich möchte annehmen, daß meine unbewußte Einstellung zur Sexualität jener Kalvinismus eines schottischen Dorfes ist, der mir in den ersten Jahren meines Lebens eingeschärft wurde. Vielleicht gibt es für die Erwachsenen keine Rettung. Doch ist es auf alle Fälle möglich, unsere Kinder zu retten, wenn wir ihnen nicht jene schrecklichen Anschauungen über die Sexualität aufzwingen, die uns einst aufgezwungen worden sind.

Schon früh wird dem Kind beigebracht, daß die sexuelle Sünde am schwersten ist. Verstöße gegen die sexuelle Moral werden von den Eltern stets am strengsten bestraft. Dieselben Menschen, die über Freud herziehen, weil er „in allem die Sexualität sieht“, haben sexuelle Witze erzählt, sie angehört und über sie gelacht. Wer Soldat war, weiß, daß man in der Armee eine obszöne Sprache spricht. Fast jeder liest gern die schlüpfrigen Berichte über Scheidungen und Sexualverbrechen in den Sonntagszeitungen, und die meisten Männer erzählen ihren Frauen die Geschichten, die sie in ihren Klubs und Kneipen gehört haben.

Nun ist unser Vergnügen an einer obszönen Geschichte ganz und gar die Folge unserer ungesunden Sexualerziehung. Das Interesse am Schlüpfrigen ist eine Folge von Verdrängungen. Wenn Erwachsene das kindliche Interesse an der Sexualität verurteilen, dann ist das scheinheiliger Betrug. Sie projizieren nur ihre eigenen Schuldgefühle auf andere. Eltern bestrafen sexuelle Verstöße der Kinder deshalb so streng, weil sie an diesen Verstößen ein großes, wenn auch ungesundes Interesse haben.

Warum ist die Kreuzigung des Fleisches so populär? Religiöse Menschen glauben, daß das Fleisch einen Menschen auf ein niedrigeres Niveau zieht. Der Körper wird als etwas Gemeines bezeichnet: er führt den Menschen in Versuchung. Dieser Haß gegen den Körper ist es, der die Geburt zum Gegenstand geflüsterter Unterhaltungen in den dunklen Ecken eines Klassenzimmers werden und uns die nackten Tatsachen des Lebens durch höfliche Konversation vertuschen läßt.

Freud betrachtete die Sexualität als die stärkste Triebkraft im menschlichen Verhalten. Jeder ehrliche Beobachter muß dieser Ansicht zustimmen. Doch in der Moralerziehung wird die Sexualität überbetont. Wenn ein Kind zum ersten Mal sein Geschlechtsorgan berührt und die Mutter hindert es daran, dann macht dieser Eingriff die Sexualität zur faszinierendsten und geheimnisvollsten Sache der Welt. Verbotene Früchte sind immer köstlich und verlockend.

Das sexuelle Tabu ist bei der Unterdrückung der Kinder das Grundübel. Mit Sexualität meine ich hier nicht nur das Geschlechtsorgan. Es ist wahrscheinlich, daß sich das Kind an der Brust seiner Mutter unglücklich fühlt, wenn sie irgendeinen Teil ihres Körpers als unanständig betrachtet oder das Kind daran hindert, Freude am eigenen Körper zu empfinden.

Die Sexualität ist die Grundlage jeder negativen Einstellung zum Leben. Kinder ohne sexuelle Schuldgefühle verlangen nie nach Religion oder Mystizismus irgendwelcher Art. Da die Sexualität als schwere Sünde betrachtet wird, suchen Kinder, die von Sexualfurcht und Sexualscham ziemlich frei sind, nicht nach einem Gott, von dem sie Vergebung und Gnade erbitten können; sie fühlen sich eben nicht schuldig.

Als ich sechs Jahre alt war, entdeckten meine Schwester und ich gegenseitig unsere Genitalien, und natürlich spielten wir mit ihnen. Als das meine Mutter entdeckte, verdrosch sie uns fürchterlich, und ich wurde mehrere Stunden in einen dunklen Raum gesperrt. Dann mußte ich niederknien und Gott um Verzeihung bitten.

Es dauerte Jahrzehnte, bis ich diesen frühen Schock überwunden hatte. Und manchmal frage ich mich, ob ich überhaupt jemals darüber hinweggekommen bin.

Wieviele erwachsene Menschen unserer Zeit haben ein ähnliches Erlebnis gehabt? Bei wievielen Kindern unserer Zeit wird die natürliche Liebe zum Leben durch solche Behandlung in Haß und Aggressivität verwandelt? Man sagt ihnen, daß es schlecht und sündhaft ist, seine Genitalien zu berühren, und daß die natürlichen Verrichtungen des Körpers ekelhaft sind.

Jedes Kind, das an sexueller Verdrängung leidet, hat einen Magen wie ein Brett. Man muß nur ein gehemmtes Kind beim Atmen beobachten und dann sehen, mit welcher Anmut ein kleines Kätzchen atmet. Kein Tier hat einen steifen Bauch, kein Tier fühlt sich unsicher wegen seiner Ausscheidung oder Sexualität.

Wilhelm Reich weist in seinem bekannten Werk „Character Analysis“ darauf hin, daß eine moralistische Erziehung nicht nur den Denkprozeß nachteilig beeinflußt, sondern auch die Struktur des Körpers durchdringt, wobei sich die Körperhaltung buchstäblich versteift und die Beckenmuskeln sich zusammenziehen. Ich stimme mit Reich überein. Während all der Jahre in Summerhill, in denen ich es mit einer Vielzahl von Kindern zu tun hatte, konnte ich beobachten, mit welcher Anmut die Kinder gehen, laufen, springen und spielen, wenn ihre Muskulatur nicht durch Angst steif geworden ist.

Wie können wir bei Kindern sexuelle Verdrängung verhüten? Nun, vor allem muß ein Kind von Anfang an jeden Teil seines Körpers berühren dürfen.

Ein mir befreundeter Psychologe mußte seinem vierjährigen Sohn sagen: „Bob, du darfst nicht mit deinem Pipi spielen, wenn du unter fremden Leuten bist. Die glauben nämlich, das ist schlecht. Du darfst nur damit spielen, wenn du im Haus oder im Garten bist."

Mein Freund besprach mit mir dieses Problem, und wir kamen zu der Überzeugung, daß es unmöglich ist, ein Kind vor den lebensfeindlichen Menschen zu schützen, die die Sexualität hassen. Der einzige Trost ist nur, daß ein Kind die Auffassung der Eltern im allgemeinen annimmt und deshalb die Prüderie der Außenwelt ablehnen wird, wenn die Eltern das Leben aufrichtig bejahen. Trotzdem: allein die Tatsache, daß ein Fünfjähriger nicht ohne Badehose in der See baden darf, reicht aus, eine Art Mißtrauen gegen die Sexualität zu schaffen, und wenn es noch so gering ist.

Heute ist es vielen Kindern nicht mehr verboten zu onanieren. Die Eltern fühlen, daß dieser Trieb natürlich ist, und wissen, wie gefährlich es ist, ihn zu unterdrücken. Ausgezeichnet. Herrlich.

Doch manche dieser aufgeklärten Eltern schrecken vor dem nächsten Schritt zurück. Manche haben nichts dagegen, wenn ihr kleiner Sohn mit anderen Jungen sexuelle Spiele treibt, aber sie reagieren mit Angst, sobald ein kleiner Junge und ein kleines Mädchen auf diese Weise zusammenspielen.

Wenn meine gute, wohlmeinende Mutter das Spiel zwischen mir und meiner ein Jahr jüngeren Schwester nicht beachtet hätte, dann wäre es uns eher möglich gewesen, mit einer ziemlich gesunden Einstellung zur Sexualität aufzuwachsen.

Ich möchte wissen, wieviel Impotenz und Frigidität bei Erwachsenen von dem ersten Eingriff in ein heterosexuelles Verhältnis in der frühen Kindheit herrührt. Ich frage mich, wie oft Homosexualität darauf zurückzuführen ist, daß homosexuelle Spiele geduldet und heterosexuelle verboten wurden.

Heterosexuelles Spiel in der Kindheit ist wohl der beste Weg zu einem gesunden, ausgeglichenen Geschlechtsleben im späteren Leben. Wenn Kinder in sexueller Beziehung nicht moralistisch erzogen werden, dann werden sie als Jugendliche gesund sein und nicht zur Ausschweifung neigen.

Ich kenne kein stichhaltiges Argument gegen das Liebesleben Jugendlicher. Fast jedem Einwand liegt ein verdrängtes Bedürfnis oder Haß gegen das Leben zugrunde – dem religiösen Einwand, dem moralischen, dem der Nächstenliebe, dem der Autorität und dem der Pornographie. Keiner dieser Einwände beantwortet die Frage: Warum hat die Natur dem Menschen einen starken Sexualtrieb gegeben, wenn der Jugendliche sich seiner nicht bedienen darf, solange die älteren Menschen der Gesellschaft es nicht erlauben? Dabei sind viele von diesen Älteren an Unternehmen beteiligt, die Filme voller Sex Appeal drehen oder alle möglichen Schönheitsmittel herstellen, damit die Mädchen ihre Wirkung auf Jungen erhöhen, oder die Zeitschriften verlegen, die durch sadistische Bilder und Geschichten zu Kassenmagneten werden.

Ich weiß, daß die sexuelle Betätigung der Jugendlichen heute praktisch unmöglich ist. Dabei ist sie nach meiner Ansicht der richtige Weg in ein gesundes Morgen. Ich kann das *schreiben*, doch wenn ich zuließe, daß meine jugendlichen Schüler in Summerhill miteinander schlafen, dann würden die Behörden meine Schule schließen. Ich denke an das ferne Morgen, in dem die Gesellschaft endlich erkennen wird, wie gefährlich die Unterdrückung der Sexualität ist.

Ich erwarte nicht, daß jeder Summerhill-Schüler frei von Neurosen ist. Wer könnte in unserer heutigen Gesellschaftsordnung frei von Komplexen sein? Ich hoffe aber, daß in kommenden Generationen diese beginnende Befreiung von Sexualtabus schließlich zu einer Welt führt, in der das Leben geliebt wird.

Die Erfindung empfängnisverhütender Mittel muß letzten Endes zu einer neuen Sexualmoral führen; schließlich ist die Furcht vor Folgen einer der stärksten Faktoren in der heutigen Sexualmoral. Um frei zu sein, muß sich die Liebe sicher fühlen.

Die heutige Jugend hat wenig Gelegenheit zu wirklicher Liebe. Die Eltern erlauben ihren Söhnen und Töchtern nicht, in „Sünde" zu leben, wie sie es nennen, so daß die jungen Liebespaare auf feuchte Wälder und Anlagen oder Autos angewiesen sind. Unsere Jugend sieht sich also von allen Seiten bedrängt. Die Umstände zwingen sie, etwas Schönes und Freudemachendes in etwas Schlechtes und Sündhaftes zu verwandeln, in Schmutz und Lüsternheit und verschämtes Lachen.

Dieselben Tabus und Ängste, mit denen unser Sexualverhalten geformt wird, sorgen für jene Perversionen, mit denen in Anlagen kleine Mädchen vergewaltigt und erwürgt oder Juden und Neger gefoltert werden.

Sexualverbote binden die Sexualität an die Familie. Das Onanieverbot zwingt das Kind, sein Interesse auf die Eltern zu richten. Jedesmal, wenn die Mutter ihrem Kind auf die Hand schlägt, weil es seine Genitalien berührt hat, stellt sie zwischen dem Sexualtrieb des Kindes und ihr eine Verbindung her, und diese geheime Einstellung zur Mutter wird zu Begierde und Abscheu, zu Liebe und Haß. Ein unfreies Heim ist der beste Nährboden für Verdrängungen, und diese tragen wiederum dazu bei, die Autorität der Erwachsenen zu festigen – allerdings zum Preis zahlreicher Neurosen.

Wenn das sexuelle Verlangen nach dem Jungen oder dem Mädchen von nebenan den Gartenzaun überwinden dürfte, dann wäre die häusliche Autorität in Gefahr. Die Bindung an Vater und Mutter würde gelockert, und das Kind würde mit seinen Gefühlen automatisch nicht mehr in der Familie leben. Es klingt absurd, doch diese Bindungen sind für den autoritären Staat ein notwendiger Stützpfeiler – gerade so wie die Prostitution ein notwendiger Schutz für die Moral anständiger Mädchen aus gutem Haus war. Hebt die Unterdrückung der Sexualität auf, und die Jugend wird für die Obrigkeit verloren sein.

Die Väter und Mütter handeln, wie ihre Eltern einst sie behandelt haben: Sie ziehen ehrbare, keusche Kinder groß, wobei sie aus Bequemlichkeit die geheimen Sexualspiele und pornographischen Geschichten ihrer eigenen Kindheit ebensosehr vergessen wie die bittere Auflehnung gegen ihre Eltern, die sie mit ungeheuren Schuldgefühlen verdrängen mußten. Sie sehen nicht ein, daß sie ihren Kindern die gleichen Schuldgefühle beibringen, die ihnen vor vielen langen Jahren so unglückliche Nächte bereitet haben.

Die ernstliche Neurose des Menschen beginnt mit dem ersten Genitalverbot: Nicht anfassen! Impotenz, Frigidität und Angst sind die Folge davon, daß einem die Hände weggezogen oder festgebunden wurden, wobei gewöhnlich ein Klaps voranging. Ein Kind, das seine Genitalien berühren darf, kann mit einer aufrichtigen, glücklichen Einstellung zur Sexualität aufwachsen. Sexualspiele unter kleinen Kindern sind natürlich und gesund und sollten nicht mit Stirnrunzeln bedacht werden. Im Gegenteil, es sollte als Vorspiel zu einer gesunden Jugend und einem gesunden Leben als Erwachsener gefördert werden. Wenn die Eltern nicht wissen, daß ihre Kinder in dunklen Ecken Sexualspiele treiben, dann stecken sie ihre Köpfe in den Sand. Diese Art von heimlichem und verstohlenem Spiel erzeugt jene Schuldgefühle, die im späteren Leben weiterwirken und sich gewöhnlich darin äußern, daß diese Menschen, wenn sie selber Eltern geworden sind, die Sexualspiele verurteilen. Das einzig Vernünftige ist, die Sexualspiele in aller Offenheit zu erlauben. Es würden entschieden viel weniger Sexualverbrechen verübt, wenn das Sexualspiel als normal gälte. Daß Sexualverbrechen und Sexualverirrungen jeder Art eine direkte Folge jener Mißbilligung der Sexualität in der frühen Kindheit sind, das können die moralischen Eltern nicht sehen, oder sie wagen es nicht zu sehen.

Der bekannte Anthropologe Malinowski berichtet uns, daß es unter den Trobriandern keine Homosexualität gab, bis die schockierten Missionare getrennte Heime für Jungen und Mädchen einführten. Es gab keine Vergewaltigungen bei den Trobriandern, keine Sexualverbrechen. Warum? Weil den kleinen Kindern keine sexuellen Hemmungen auferlegt wurden.

Für die Eltern unserer Zeit lautet die Frage: Wollen wir, daß unsere Kinder so werden wie wir? Wenn ja, wird dann unsere Gesellschaft wie bisher weiterleben, mit Vergewaltigungen, Sexualmord, unglücklichen Ehen und neurotischen Kindern? Wenn die Antwort auf die erste Frage Ja lautet, dann muß die zweite Frage ebenso beantwortet werden. Und beide Antworten sind der Auftakt zur atomaren Vernichtung, denn sie setzen die Fortdauer des Hasses und die Äußerung dieses Hasses in Kriegen voraus.

Ich frage die moralistischen Eltern: Wird Sie das Sexualspiel Ihrer Kinder sehr beunruhigen, wenn die Atombomben fallen? Wird die Jungfräulichkeit Ihrer Töchter von großer Bedeutung sein, wenn Radioaktivität das Leben unmöglich macht? Werden Sie weiter an Ihrem engen Glauben an die Unterdrückung alles Guten in der Kindheit festhalten, wenn Ihre Söhne für das große Sterben rekrutiert werden? Wird der Gott, zu dem Sie in blasphemischer Weise beten, dann Ihr Leben und das Ihrer Kinder retten?

Manche unter Ihnen mögen antworten, daß dieses Leben nur der Anfang ist, daß es in der nächsten Welt keinen Haß, keinen Krieg und keine Sexualität geben wird. Machen Sie in diesem Fall dieses Buch zu – denn wir haben keine Beziehung zueinander.

Für mich ist das ewige Leben ein Traum – ein wahrhaft verständlicher Traum; denn der Mensch hat praktisch auf jedem Gebiet, mit Ausnahme mechanischer Erfindungen, Mißerfolge erlitten. Aber dieser Traum ist nicht gut genug. Ich möchte den Himmel auf Erden sehen und nicht in den Wolken. Und das Erschütternde ist, daß die meisten Menschen genau das gleiche wollen. Sie *wünschen* es, sie haben nur nicht den Willen, es zu erreichen, jenen Willen, der mit dem ersten Klaps, dem ersten Sexualtabu verfälscht wurde.

Für Eltern gibt es keine Neutralität. Sie müssen sich entscheiden. Sie müssen entscheiden zwischen einer schuldbeladenen, geheimen Sexualität oder einer offenen, gesunden und glücklichen Sexualität. Wenn sich die Eltern für die gewöhnlichen Normen der Moral entscheiden, dürfen sie nicht über das Elend einer sexuell pervertierten Gesellschaft klagen, denn sie ist das Ergebnis dieses Moralkodexes. Sie dürfen dann auch die Kriege nicht hassen, denn der Haß gegen das eigene Selbst, den sie an ihre Kinder weitergeben, wird sich in Kriegen äußern. Die Menschheit ist gefühlskrank, krank als Folge dieser Schuld- und Angstgefühle, die in der Kindheit hervorgerufen worden sind. Die emotionale Pest ist überall in unserer Gesellschaft.

Als Zoë sechs Jahre alt war, kam sie zu mir und sagte: „Willie hat von all den kleinen Kindern den größten Schwanz, aber Mrs. X (eine Besucherin) sagt, es ist unanständig, wenn man *Schwanz* sagt." Ich sagte ihr sofort, es sei nicht unanständig. Innerlich verfluchte ich die Frau wegen ihrer einfältigen und engstirnigen Einstellung zu Kindern. Ich lasse vielleicht Propaganda in Fragen der Politik oder des Benehmens über mich ergehen, aber wenn jemand ein Kind angreift und ihm dabei sexuelle Schuldgefühle beibringt, schlage ich hart zurück.

Unsere ganze lüsterne Einstellung zur Sexualität, unser wieherndes Gelächter in Varietés, die obszönen Kritzeleien an den Wänden der Pißorte, alles entspringt den Schuldgefühlen aus der frühen Kindheit, als die Onanie unterdrückt und das kindliche Sexualspiel in Winkel und Ecken verbannt wurde. In jeder Familie gibt es geheime Sexualspiele der Kinder. Und wegen der Geheimnistuerei und des Schuldgefühls bleiben zahlreiche Fixierungen an die Geschwister das ganze Leben hindurch bestehen und machen glückliche Ehen unmöglich. Wenn die Sexualspiele zwischen fünfjährigen Geschwistern als natürlich akzeptiert würden, dann würden diese einem Sexualpartner außerhalb der Familie frei entgegentreten.

Die extreme Form des sexuellen Hasses ist der Sadismus. Kein Mensch mit einem guten Geschlechtsleben könnte einen Menschen oder ein Tier foltern oder sich für Gefängnisse einsetzen. Keine sexuell befriedigte Frau würde eine uneheliche Mutter verurteilen.

Ich fordere natürlich den Vorwurf heraus: „Dieser Mann hat nur Sexualität im Kopf. Sexualität ist nicht alles im Leben. Es gibt Freundschaft, Arbeit, Freude und Sorgen. Warum Sexualität?"

Ich antworte darauf: Die Sexualität gewährt die größte Freude im Leben. Sexualität und Liebe sind zusammen die höchste Form der Ekstase, die höchste Form des Gebens und Empfangens. Und doch wird die Sexualität offensichtlich gehaßt. Keine Mutter könnte sonst das Onanieren verbieten, kein Vater den Geschlechtsverkehr außerhalb der herkömmlichen Ehe, in den Varietés würden keine obszönen Witze gerissen, und die Menschen würden ihre Zeit nicht mit Liebesfilmen und Liebesromanen vergeuden: sie würden selber lieben.

Fast alle Filme handeln von Liebe: ein Beweis, daß die Sexualität der wichtigste Faktor im Leben ist. Das Interesse an diesen Filmen ist in erster Linie neurotischer Natur. Es ist das Interesse sexuell enttäuschter Menschen mit Schuldgefühlen. Da sie wegen ihrer Schuldgefühle zur natürlichen Liebe nicht fähig sind, laufen sie in die Filme, die die Liebe romantisch, ja sogar schön erscheinen lassen. Die sexuell Gehemmten reagieren ihr sexuelles Interesse an etwas Stellvertretendem ab. Keinem Mann und keiner Frau mit befriedigendem Liebesleben würde es einfallen, zweimal in der Woche im Kino zu sitzen und sich kitschige Bilder anzusehen, die das wirkliche Leben nur imitieren.

Das gleiche trifft auf volkstümliche Romane zu. Sie handeln entweder von Sexualität oder von Verbrechen, gewöhnlich kombinieren sie beides. Der Roman „Vom Winde verweht" war nicht deshalb so erfolgreich, weil sein Hintergrund die Tragödie des amerikanischen Bürgerkrieges und der Sklaven ist, sondern weil er ein langweiliges, egozentrisches Mädchen und ihre Liebesaffären zum Mittelpunkt hat.

Modezeitschriften, Kosmetika, Schönheitskonkurrenzen, snobistische Magazine, Sexgeschichten – alles zeigt deutlich, daß die Sexualität das Wichtigste am Leben ist. Gleichzeitig sehen wir daran, daß nur Attrappen der Sexualität zugelassen werden – eben Romane, Filme und Schönheitskonkurrenzen.

D. H. Lawrence hat auf das Schändliche der Sexfilme hingewiesen: sie bringen sexuell gehemmte Jungen, die vor den Mädchen ihres Kreises Angst haben, dazu, sexuelle Gefühle auf einen Hollywood-Star zu übertragen – und dann nach Hause zu gehen, um zu onanieren. Natürlich wollte Lawrence nicht sagen, daß Onanie etwas Schlechtes ist. Er hielt vielmehr eine Sexualität für ungesund, die sich nur in der

Onanie und den sie begleitenden Phantasievorstellungen äußern kann. Ein Junge mit gesunder Sexualität würde sich bestimmt eine Partnerin in der Nachbarschaft suchen.

Man braucht nur daran zu denken, wer alles von Sexualverdrängungen lebt: die Modeindustrie, die Lippenstifthersteller, die Kirche, die Theater und Kinos, die Bestsellerautoren und die Strumpfindustrie.

Es wäre dumm, wenn man sagte, eine sexuell freie Gesellschaft würde schöne Kleider abschaffen. Natürlich nicht. Jede Frau möchte für den Mann, den sie liebt, besonders gut aussehen. Jeder Mann möchte gern elegant erscheinen, wenn er zu einem Rendezvous geht. Verschwinden würde in einer freien Gesellschaft nur der Fetischismus: die Bewunderung des Scheins, weil die Wirklichkeit verboten ist. Sexuell gehemmte Männer würden nicht mehr auf Damenunterwäsche in den Schaufenstern starren. Was ist es doch für ein Jammer, daß die sexuellen Interessen so unterdrückt werden! Das größte Vergnügen wird mit Schuldgefühlen genossen. Die Verdrängung erfaßt jeden Teil des menschlichen Lebens, engt es ein, macht es unglücklich und voller Haß.

Wer die Sexualität haßt, haßt das Leben. Wer die Sexualität haßt, kann seinen Nächsten nicht lieben. Wer die Sexualität haßt, dessen Sexualleben wird impotent oder frigid, bestenfalls unvollkommen sein. Deshalb also die Feststellung von Frauen, die Kinder zur Welt gebracht haben: „Der Geschlechtsverkehr ist ein unnützer Zeitvertreib!" Wenn die Sexualität nicht befriedigt, muß der Sexualtrieb in Angst und Haß ausweichen, weil er viel zu stark ist, als daß man ihn völlig abschaffen könnte.

Nicht viele Erwachsene betrachten den sexuellen Akt als ein Geben. Sonst würden nämlich nicht etwa siebzig Prozent der Bevölkerung, wie Experten behaupten, an Impotenz und Frigidität leiden. Für viele Männer ist der Geschlechtsverkehr eine erlaubte Form von Vergewaltigung. Und für viele Frauen ist er ein lästiger Ritus, den man über sich ergehen lassen muß. Tausende von verheirateten Frauen haben nie in ihrem Leben einen Orgasmus gehabt. Selbst gebildete Männer wissen manchmal nicht, daß Frauen Orgasmus haben können. In einem solchen System kann das Geben nur minimal sein, und der Geschlechtsakt wird zu etwas mehr oder weniger Brutalem und Obszönem. Jene Perversen, die danach verlangen, ausgepeitscht zu werden oder Frauen mit Ruten zu schlagen, sind nur eine extreme Folge der falschen Sexualerziehung: sie können Liebe nur mehr in der Form von Haß geben.

Jeder ehemalige Schüler von Summerhill weiß aus meinen Reden und Büchern, daß ich für ein erfülltes Sexualleben eines jeden Menschen eintrete, ganz gleich, wie alt er ist. Ich bin nach meinen Vorträgen oft gefragt worden, ob ich in Summerhill empfängnisverhütende Mittel zur Verfügung stelle, und wenn nicht, warum nicht? Das ist eine alte und umstrittene Frage, die uns alle tief berührt. Ich habe ein schlechtes Gewissen, weil in Summerhill keine empfängnisverhütenden Mittel zur Verfügung stehen; jeder Kompromiß ist für mich schwierig und beunruhigend. Wenn ich andererseits meinen Schülern solche Mittel gäbe, ob sie nun mündig sind oder nicht, dann würde meine Schule geschlossen. Man darf dem Gesetz nicht zu weit vorauseilen.

Kritiker eines freien Lebens für Kinder fragen oft: „Warum lassen Sie ein kleines Kind nicht beim Geschlechtsverkehr zusehen?" Die Antwort, es würde bei dem Kind ein Trauma auslösen, einen schweren nervösen Schock, ist falsch. Nach Malinowski sehen bei den Trobriandern die Kinder nicht nur den elterlichen Geschlechtsverkehr, sondern nehmen auch Geburt und Tod als etwas Selbstverständliches hin. Ich glaube nicht, daß ein frei erzogenes Kind emotional nachteilig beeinflußt würde, wenn es Geschlechtsverkehr sähe. Die einzige ehrliche Antwort auf die vorher gestellte Frage lautet: In unserer Gesellschaft ist die Liebe keine öffentliche Angelegenheit.

Ich vergesse nicht, daß viele Eltern religiöse oder andere negative Ansichten über die Sexualität haben. Hier kann man nichts tun. Sie können nicht zu unseren Ansichten bekehrt werden. Andererseits müssen wir sie bekämpfen, wenn sie das Recht unserer Kinder auf Freiheit, sei es sexuelle oder andere Freiheit, beeinträchtigen.

Den anderen Eltern möchte ich sagen: Das große Kopfzerbrechen beginnt, wenn Ihre sechzehnjährige Tochter ihr eigenes Leben führen will. Sie wird um Mitternacht nach Hause kommen. Fragen Sie auf keinen Fall, wo sie gewesen ist. Wenn sie nicht in Freiheit aufgewachsen ist, wird sie Sie geradeso belügen, wie Sie und ich unsere Eltern belogen haben.

Wenn meine Tochter mit sechzehn vielleicht einen gefühllosen Mann liebt, dann werde ich mich wirklich sorgen. Ich weiß, daß ich dagegen machtlos bin. Ich hoffe, ich werde vernünftig genug sein, nichts zu unternehmen. Da meine Tochter in Freiheit aufgewachsen ist, nehme ich nicht an, daß sie auf einen nicht wünschenswerten Typ von jungem Mann hereinfällt. Doch man kann nie wissen.

Ich bin davon überzeugt, daß viele schlechte Verbindungen nur ein Protest gegen die Autorität der Eltern sind. *Meine Eltern vertrauen mir nicht, und ich pfeife darauf. Ich tue, was ich will, und wenn es ihnen nicht paßt, dann sollen sie es bleiben lassen.*

Sie werden Angst haben, daß Ihre Tochter verführt wird. Aber Mädchen werden im allgemeinen nicht verführt. Sie sind Partner in der Verführung. Diese Phase um sechzehn sollte nicht zu schwierig sein, wenn Ihre Tochter Ihre Freundin und nicht Ihre Untergebene ist. Sie werden sich mit der Wahrheit auseinandersetzen müssen, daß man nicht das Leben eines anderen Menschen leben und in so wichtigen Angelegenheiten wie Gefühlsfragen nicht seine eigenen Erfahrungen weitergeben kann.

Die entscheidende Frage ist doch die Einstellung zur Sexualität in der eigenen Familie. Wenn diese Einstellung gesund ist, können Sie Ihrer Tochter ruhig ein eigenes Zimmer und den Schlüssel dazu geben. Ist sie es nicht, dann wird das Mädchen die Sexualität auf falsche Weise – möglicherweise mit dem falschen Mann – suchen, und Sie sind machtlos.

Das gleiche gilt für Ihren Sohn. Seinetwegen werden Sie sich weniger Sorgen machen; denn er kann nicht schwanger werden. Doch mit einer falschen Einstellung zur Sexualität kann er leicht sein Leben verpfuschen.

Es gibt wenig glückliche Ehen. Wenn man an die Kindheit der meisten Menschen denkt, dann überrascht es, daß es überhaupt glückliche Ehen gibt. Wenn die Sexualität schon im Kinderzimmer schmutzig war, dann kann sie im Ehebett nicht reiner sein.

Wenn das sexuelle Verhältnis nicht in Ordnung ist, dann ist die Ehe insgesamt ein Mißerfolg. Das unglückliche Paar, erzogen im Haß gegen die Sexualität, haßt sich gegenseitig. Die Kinder haben keinen Erfolg; denn ihnen fehlt die Wärme eines Heims, die für die Wärme ihres eigenen Lebens nötig ist. Die sexuellen Hemmungen ihrer Eltern übertragen sich unbewußt auf sie selbst. Die schlimmsten Problemkinder haben solche Eltern.

Sexuelle Aufklärung

Wenn die Eltern die Fragen eines Kindes wahrheitsgemäß und ohne Hemmungen beantworten, dann wird die sexuelle Aufklärung Teil der natürlichen Kindheit. Die pseudo-wissenschaftliche Methode ist schlecht. Ich kenne einen Jungen, der eine solche sexuelle Unterweisung erhalten hat, und er behauptet, er sei stets errötet, wenn jemand das Wort *Pollen* verwendete. Es ist natürlich wichtig, die Tatsachen auf sexuellem Gebiet zu kennen, doch wichtiger noch ist der emotionale Gehalt dieser Aufklärung. Die Ärzte wissen alles über die Anatomie der Sexualität, doch sie sind keine besseren Liebhaber als die Südseeinsulaner – wahrscheinlich sind sie nicht mal halb so gut.

Das Kind ist nicht so sehr an Vatis Erklärung interessiert, daß er sein Pipi in das Pipi der Mutter steckt, als vielmehr daran, *warum Vati das tut.* Ein Kind, dem sexuelles Spiel erlaubt ist, hat diese Frage nicht nötig.

Sexuelle Aufklärung sollte für ein frei erzogenes Kind nicht nötig sein, denn Aufklärung heißt ja, daß dieses Thema früher vernachlässigt worden ist. Wenn die natürliche Neugierde des Kindes durch offene und überlegte Antworten gestillt worden ist, dann erscheint die Sexualität auch nicht als etwas, was der Aufklärung bedarf. Wir geben dem Kind ja auch keinen Unterricht über seinen Verdauungsapparat oder seine Ausscheidungen. Der Begriff *sexuelle Aufklärung* existiert, weil sexuelle Aktivität gehemmt und zu einem Geheimnis gemacht wird.

Die Aufnahme sexueller Aufklärung in den Lehrplan der Schulen böte nur eine gefährliche Möglichkeit, sexuelle Hemmungen durch Moralisieren zu fördern. Allein der Begriff *sexuelle Aufklärung* läßt eine förmliche, peinliche Unterrichtsstunde über Anatomie und Physiologie befürchten, einen schüchternen Lehrer, der Angst hat, bei der Behandlung des Stoffes die Grenzen zu einem verbotenen Gebiet zu überschreiten.

In den meisten Schulen würde man seine Entlassung riskieren, wenn man die ganze Wahrheit über Liebe und Geburt erzählte. Die öffentliche Meinung in Gestalt der Mütter würde es nicht dulden. Ich kenne mehr als einen Fall, in dem eine erzürnte Mutter der Lehrerin Schreckliches angedroht hat, weil sie ihr Kind angeblich durch „schmutzige, gottlose und obszöne Lehren“ verdarb.

Will man einem freien Kind all das sexuelle Wissen vermitteln, wonach es verlangt, muß man natürlich auch wissen, wie man die Dinge erklärt. Das Kind möchte wissen, warum nicht jedes männliche Pferd ein Hengst und nicht jedes männliche Schaf ein Bock ist. Die Antwort darauf bringt Begriffe mit sich, die weit über das Auffassungsvermögen eines vierjährigen Kindes hinausgehen; denn Kastration kann man nicht in einfachen Worten erklären. Hier müssen die Eltern verfahren, so gut sie können, immer daran denkend, daß sie nicht lügen oder dem Thema ausweichen dürfen.

Ein fünfjähriger Junge fand in der Tasche seines Vaters ein Präservativ, und natürlich fragte er, was das sei. Er akzeptierte willig die klare und einfache Antwort seines Vaters, die ohne Anzeichen einer Emotion gegeben wurde.

In manchen Fällen ist jedoch nichts dagegen einzuwenden, daß man dem Kind sagt, das Thema sei zu schwierig und es solle noch warten. Man macht das schließlich auch bei anderen Fragen. Wenn das Kind zum Beispiel fragt, wie eine Maschine funktioniert oder wer Gott gemacht hat, dann kann man sagen, die Antwort darauf sei für ein Kind in diesem Alter noch zu kompliziert.

Es ist viel besser und sicherer, die Antwort aufzuschieben, als – wie manche dummen Eltern – dem Kind viel zuviel zu sagen. Ich erinnere mich an eine Schülerin, ein fünfzehnjähriges Mädchen aus der Schweiz, das sagte: „Irmgart (zehn Jahre alt) glaubt, daß der Arzt die Babies bringt. Ich weiß schon lange, woher die Babies kommen. Meine Mutter hat es mir gesagt. Sie hat mir noch viel mehr gesagt."

Ich fragte sie, was sie noch wisse, und sie erzählte mir alles über Homosexualität und Perversionen. Hier war ein Fall, in dem unklug gehandelt worden war. Die Mutter hätte nur die Frage des Kindes beantworten sollen. Aus Unwissenheit sagte sie ihm vieles, was das Kind unmöglich aufnehmen konnte. Die Folge war eine neurotische Tochter. Im großen und ganzen bin ich jedoch der Ansicht, daß diese unkluge Mutter verständiger gehandelt hat als jene, die ihr Kind absichtlich belügt, wenn es nach dem Geheimnis der Geburt fragt. Das Kind kommt eines Tages doch hinter die Lüge. Gewöhnlich bringen ihm Spielkameraden die halbe Wahrheit auf schmutzige Weise bei, und dann glaubt es auch zu wissen, warum die Mutter gelogen hat: *Wie hätte mir meine Mutter etwas so Schmutziges sagen können!*

Und das ist die Einstellung der heutigen Gesellschaft zur Geburt:

ein schmutziges, ein anstößiges Geschäft. Allein, daß eine schwangere Frau ihren Zustand durch entsprechende Kleidung zu verbergen sucht, reicht zur Verurteilung unserer sogenannten Moral aus.

Da gibt es Mütter, die ihren Kindern über Babies die Wahrheit sagen, aber lügen, wenn sie nach der Sexualität gefragt werden. Sie mögen ihren Kindern nicht sagen, daß Geschlechtsverkehr etwas äußerst Angenehmes ist.

Meine Frau und ich zerbrachen uns nicht den Kopf über Zoë und ihre sexuelle Erziehung. Es schien alles so einfach, so klar und so bezaubernd – selbst in unangenehmen Augenblicken, wenn Zoë zum Beispiel einer unverheirateten Besucherin erklärte, sie, Zoë, sei auf die Welt gekommen, weil Vati Mammi befruchtet habe, und dann voller Interesse hinzufügte: „Und wer befruchtet dich?"

Wir haben übrigens festgestellt, daß ein freies Kind sehr früh Taktgefühl entwickelt. Zoë war dreieinhalb, als sie das zu unserer Besucherin sagte. Mit fünf dämmerte ihr, daß man zu bestimmten Leuten manches nicht sagen darf. Ich habe ein ähnliches Feingefühl an anderen Kindern bemerkt, die nicht wie Zoë von Anfang an frei aufgewachsen waren.

Seitdem Freud die positive Sexualität kleiner Kinder entdeckt hat, sind ihre Äußerungen erst ungenügend studiert worden. Über die Sexualität des Säuglings sind Bücher geschrieben worden, doch soviel ich weiß, gibt es kein Buch über frei erzogene Kinder. Unsere Tochter zeigte kein merkliches Interesse an ihrem Geschlecht, auch nicht an dem ihrer Eltern oder ihrer Spielkameraden. Im Badezimmer und auf der Toilette sah sie uns immer nackt. Sie widerlegte zu meiner Genugtuung die von manchen Psychologen vertretene Theorie, daß es eine instinktive, unbewußte, angeborene Sittsamkeit gebe, die das Kind verlegen werden läßt, wenn es die Genitalien Erwachsener sieht oder sie bei ihren natürlichen Körperfunktionen beobachtet. Diese Theorie ist genauso ein Unsinn wie jene, wonach es im Zusammenhang mit der Onanie ein angeborenes Schuldgefühl gibt.

Wahrscheinlich werden die Eltern eines freien Kindes all die gefährlichen und dummen Fehler in der Sexualerziehung vermeiden, die die Sexualität mit Schlechtigkeit und Sünde verbinden. Doch bin ich mir nicht so sicher, daß nicht von einer anderen Seite Gefahr droht: der idealistischen. Lange bevor von freier Erziehung gesprochen wurde, haben manche Eltern ihre Kinder gelehrt, die Sexualität als etwas

Heiliges und Spirituelles zu betrachten, das mit Scheu und Erstaunen und einer Art mystischer, religiöser Ehrfurcht behandelt werden muß. Moderne Eltern kommen vielleicht nicht in Versuchung, dieser Auffassung zu folgen, doch mögen sie einer ähnlichen Versuchung unterliegen: die Sexualität als einen neugefundenen Gott zu verehren. Es ist schwer zu definieren – vielleicht ist es für eine Definition zu vage: ich kann nur feststellen, daß der Sexualität eine Art Heiligkeit beigemessen wird, daß eine feine Veränderung in der Stimme eintritt, wenn von ihr die Rede ist. Diese Haltung läßt eine Furcht vor Pornographie erkennen: *O Gott, wenn ich nicht ehrfurchtsvoll von der Sexualität spreche, dann glauben sie, ich sei einer von denen, die die Sexualität für etwas halten, worüber man Witze reißt.* Ich bin einigermaßen verwirrt, wenn ich sehe, wie ernsthafte junge Eltern in Wort und Ton sich nicht sehr von jener alten Brigade unterscheiden, die ehrfurchtsvoll von den heiligen Teilen des Körpers sprach. Die Sexualität ist so lange ein vulgärer Witz gewesen, daß man nun ins andere Extrem verfällt und sie zu etwas Unaussprechlichem macht – nicht weil sie zu schlecht, sondern weil sie zu gut sei. Diese Einstellung muß zu einer neuen Sexualfurcht und Verdrängung führen. Wenn das Kind eine gesunde Einstellung zur Sexualität und ein entsprechend gesundes Liebesleben haben soll, dann darf Sexualität nicht in die Wolken erhoben werden.

Wenn man Kindern sagt, die Sexualität sei heilig, wandelt man nur die alte Geschichte ab, derzufolge Sünder in die Hölle kommen. Ich räume ein, wenn man Essen, Trinken und Lachen heilig nennt, kann man auch die Sexualität als heilig betrachten. Wir können nämlich *alles* heilig nennen. Wenn wir jedoch die Sexualität als auserwählt betrachten, betrügen wir uns und leiten unsere Kinder fehl. Das Kind ist heilig – heilig als ein Wesen, das nicht durch einfältigen Unterricht verdorben werden darf.

Während der religiöse Haß gegen die Sexualität langsam abstirbt, erstehen ihr neue Feinde. Wir haben die Enthusiasten der sexuellen Aufklärung, die den Kindern Diagramme zeigen und ihnen von Bienen und Pollen erzählen. Sie sagen praktisch: „Schau, Sexualität ist einfach Wissenschaft. Nichts Aufregendes dabei, nicht wahr?" An uns allen ist im Zusammenhang mit der Sexualität so sehr herumerzogen worden, daß es uns beinahe unmöglich ist, den mittleren, natürlichen Weg zu sehen. Wir sind entweder zu sehr für oder zu sehr gegen die Sexualität. Für die Sexualität zu sein ist gut, doch wenn man damit nur gegen die sexualfeindliche Erziehung in der Kindheit protestiert, dann dürfte das neurotisch sein. Und deshalb ist es notwendig, eine gesunde Einstellung zur Sexualität zu finden, indem wir die natürliche Beziehung des Kindes zur Sexualität akzeptieren.

Wenn das vage oder unmöglich klingt, dann schlage ich vor, daß die jungen Eltern jedes Anzeichen von Scham, Abscheu oder Moralgefühl vermeiden, daß sie auf alle Aufklärung verzichten und nicht an die Nachbarn denken, wenn sie über sexuelle Angelegenheiten sprechen. Dann aber, erst dann, wird ein kleines Kind ohne Hemmungen und Haß gegen seinen eigenen Körper aufwachsen. Für ein solches Kind wird die Sexualität nie eine Angelegenheit der Aufklärung, der Warnung oder etwas ähnlichem werden.

Wenn wir das Kind davor bewahren können, in der Sexualität etwas Schlechtes zu sehen, wird es als moralischer Mensch aufwachsen – nicht als Moralist, nicht als Lehrer der anderen. Ein Don Juan vollzieht scheinbar die Genußkomponente der Sexualität, während er ihre Liebeskomponente verschmäht. Onanie, Don-Juan-Haltung, Homosexualität, sie alle sind unproduktiv, weil sie asozial sind. Der neue moralische Mensch wird erkennen, daß er *beide* Funktionen der Sexualität befriedigen muß: daß er nur dann höchsten Genuß im sexuellen Akt findet, wenn er liebt.

Onanie

Die meisten Kinder onanieren. Doch hat man den Jugendlichen gesagt, Onanie sei schlecht, behindere das Wachstum und führe zu Krankheit und allem möglichen anderen. Würde eine kluge Mutter nicht darauf achten, wenn ihr Kind zum erstenmal seine untere Körperhälfte erforscht, dann wäre der Onaniezwang weniger stark. Das Verbot fixiert das Interesse des Kindes.

Für ein kleines Kind ist der Mund in viel größerem Maße eine erogene Zone als die Genitalien. Wenn die Mutter zum Mund die gleiche tugendhafte Einstellung wie zu den Genitalien einnähme, dann würden Daumenlutschen und Küssen ebenfalls mit schlechtem Gewissen betrieben.

Onanie befriedigt den Wunsch nach Glück, weil sie die Spannung zu einem Höhepunkt führt. Doch sobald der Akt vorüber ist, macht sich das Gewissen des moralisch Erzogenen bemerkbar und schreit: „Du Sünder!“ Ich habe die Erfahrung gemacht, daß ein Kind weniger Interesse an Onanie hat, sobald das Schuldgefühl beseitigt ist.

Es scheint fast, als würden manche Eltern ihre Kinder lieber als Verbrecher sehen denn als Onanierer. Meiner Ansicht nach ist die Unterdrückung der Onanie die Wurzel vieler Vergehen.

Ein elfjähriger Junge, der zu uns nach Summerhill kam, litt unter anderem an Pyromanie. Er war von seinem Vater und seinen Lehrern verprügelt worden. Schlimmer noch, man hatte ihn die engstirnige Religion vom Höllenfeuer und vom zornigen Gott gelehrt. Bald nach seiner Ankunft in Summerhill nahm er eine Flasche Benzin und goß es in ein Faß mit Farbe und Terpentin. Dann zündete er die Mischung an. Nur die Tatkraft zweier Angestellter hat das Haus gerettet.

Ich nahm den Jungen auf mein Zimmer. „Was ist Feuer?“ fragte ich.

„Es brennt“, sagte er.

„An welches Feuer denkst du jetzt?“ fuhr ich fort.

„An Höllenfeuer“, sagte er.

„Und die Flasche?“

„Ein langes Ding mit einem Loch am Ende“, antwortete er. *(Lange Pause.)*

„Erzähl mir mehr über dieses lange Ding mit dem Loch am Ende“, sagte ich.

„Mein Peter“, sagte er verlegen, „hat ein Loch am Ende.“

„Erzähl mir von deinem Peter“, sagte ich freundlich. „Faßt du ihn jemals an?“

„Nicht mehr. Ich habe ihn angefaßt, aber jetzt nicht mehr.“

„Warum nicht?“

„Weil Mr. X (sein letzter Lehrer) mir gesagt hat, das wäre die schwerste Sünde auf der Welt.“

Ich kam zu dem Schluß, daß sein Feueranzünden eine Ersatzhandlung fürs Onanieren war. Ich erklärte ihm, Mr. X. habe vollkommen unrecht und sein Peter sei nicht besser oder schlechter als seine Nase oder seine Ohren. Von da an war sein Interesse an Feuer verschwunden.

Wenn die Onanie in der Kindheit kein Problem ist, dann geht das Kind rechtzeitig ganz natürlich zur Heterosexualität über. Viele Ehen sind unglücklich, weil beide Ehepartner unter einem unbewußten

Haß gegen die Sexualität leiden. Und dieser Haß entwickelt sich aus dem verborgenen Haß gegen sich selbst, der wiederum eine Folge jenes Onanieverbots ist, das ihnen in der Kindheit auferlegt wurde.

Die Frage der Onanie ist in der Erziehung von größter Bedeutung. Unterrichtsfächer, Disziplin, Sport, alles hat keinen Sinn, wenn das Problem der Onanie ungelöst bleibt. Freiheit auf diesem Gebiet bedeutet frohe, glückliche und lebhafte Kinder, die an der Onanie wirklich nicht sehr interessiert sind. Das Onanieverbot bedeutet armselige, unglückliche Kinder, die leicht krank werden, sich selbst und folglich auch andere hassen. Daß die Summerhill-Kinder so glücklich sind, beruht hauptsächlich darauf, daß Furcht und Selbsthaß, die durch Sexualverbote erzeugt werden, beseitigt sind.

Freud hat uns mit dem Gedanken vertraut gemacht, daß die Sexualität von Beginn des Lebens an existiert, daß das Kleinkind beim Saugen ein sexuelles Wohlbehagen empfindet und die erogene Zone des Mundes nach und nach durch die erogene Zone der Genitalien abgelöst wird. Die Onanie ist also für das Kind eine natürliche Entdeckung, die zuerst nicht sehr wichtig ist; denn die Genitalien bereiten dem kleinen Kind anfangs weniger Lust als der Mund oder selbst die Haut. Es ist nur das elterliche Verbot, das die Onanie zu einem solchen Komplex werden läßt. Je strenger das Verbot, desto tiefer das Schuldgefühl und desto größer der Zwang zu onanieren.

Das richtig erzogene Kind sollte ohne jedes Schuldgefühl in die Schule kommen. Es gibt in Summerhill sehr wenig Kindergartenkinder, die an der Onanie besonderes Interesse haben. Sexualität hat für sie nicht den Reiz des Geheimnisvollen. Von Anfang an wissen sie in Summerhill über die Geburt Bescheid (wenn sie nicht schon zu Hause darüber aufgeklärt worden sind), und zwar nicht nur, woher die Babies kommen, sondern auch, wie sie gemacht werden. In diesem Alter wird solche Information ohne Emotion aufgenommen — teilweise, weil sie ohne Gefühlsäußerung gegeben wird. So können sich in Summerhill die fünfzehn- bis siebzehnjährigen Jungen und Mädchen offen über sexuelle Fragen unterhalten, ohne das Gefühl zu haben, etwas Schlechtes zu tun.

Die Eltern sprechen zum kleinen Kind mit der Stimme des Allmächtigen Gottes. Was die Mutter über die Sexualität sagt, ist das Evangelium. Das Kind akzeptiert völlig, was sie ihm sagt. Eine Mutter hatte ihrem Sohn gesagt, onanieren würde ihn dumm machen. Er akzeptierte das und war nicht fähig, irgend etwas zu lernen. Als die Mutter sich dazu überreden ließ, ihm zu erklären, daß sie Unsinn erzählt hatte, wurde der Junge ganz von selbst aufgeweckter.

Eine andere Mutter hatte ihrem Jungen gesagt, jeder würde ihn hassen, wenn er onanierte. Der Junge wurde, wie die Mutter angeregt hatte: er war der unbeliebteste Bursche in der Schule. Er stahl, spuckte Leute an und zerbrach Gegenstände bei seinen bemitleidenswerten Versuchen, der Ansicht seiner Mutter gerecht zu werden. In diesem Fall konnte die Mutter nicht dazu bewogen werden, ihren früheren Fehler zuzugeben, und der Junge blieb mehr oder weniger ein Mensch, der die Gesellschaft haßte.

Wir hatten Jungen hier, denen war gesagt worden, Onanie würde sie verrückt werden lassen – und tapfer versuchten sie nun, tatsächlich verrückt zu werden.

Ich bezweifle, daß irgendein späterer Einfluß stark genug ist, einen Eindruck aus der frühen Kindheit auszugleichen, den die Eltern hervorgerufen haben. In meiner Arbeit versuche ich immer, die Eltern zu bewegen, das Unheil wiedergutzumachen, weil ich weiß, wie wenig ich dem Kind bedeute. Ich komme im allgemeinen zu spät in sein Leben. Wenn also ein Junge mich sagen hört, daß vom Onanieren niemand verrückt werden kann, dann ist es schwer für ihn, mir zu glauben. Die Stimme des Vaters, die der Junge als Fünfjähriger hörte, war die Stimme der heiligen Obrigkeit.

Wenn der Säugling mit seinen Genitalien zu spielen beginnt, dann werden die Eltern auf die schwerste Probe gestellt. Das Spiel mit den Genitalien muß als etwas Gutes, Normales und Gesundes akzeptiert werden. Jeder Unterdrückungsversuch ist gefährlich. Und ich meine hier auch den listigen, unaufrichtigen Versuch, die Aufmerksamkeit des Kindes auf etwas anderes zu lenken.

Ich erinnere mich an den Fall eines frei aufgewachsenen kleinen Mädchens, das in einen schönen Kindergarten geschickt wurde. Sie schien unglücklich zu sein. Sie hatte das Spiel mit ihren Genitalien „Ankuscheln“ getauft. Als ihre Mutter sie fragte, warum sie den Kindergarten nicht gern hatte, sagte sie: „Wenn ich versuche, mich anzukuscheln, sagen sie mir nicht, daß ich das nicht soll – sie sagen *Schau her!* oder *Komm und mach dies!* Ich kann mich im Kindergarten nie ankuscheln.“

Das kindliche Spiel mit den Genitalien ist deshalb so ein Problem, weil fast alle Eltern von klein auf sexualitätsfeindlich erzogen worden sind und ihr Gefühl der Scham, der Sünde und des Abscheus nicht überwinden können. Eltern können verstandesmäßig zu der festen Ansicht gelangt sein, daß das Spiel mit den Genitalien gut und gesund ist, und gleichzeitig durch Stimme oder Blick dem Kind verraten, daß sie sein Recht auf genitale Befriedigung nicht akzeptieren.

Die Eltern mögen es vielleicht völlig billigen, daß der Säugling seine Genitalien berührt. Kommt jedoch die hartleibige Tante Mary zu Besuch, dann stehen sie große Angst aus, daß das Baby in Gegenwart dieser lebensfeindlichen Person das Spielen anfängt. Man kann leicht zu solchen Eltern sagen: „Tante Mary präsentiert das sexualitätsfeindliche Element in Ihrem unterdrückten Ich." Doch damit allein hilft man weder den Eltern noch dem Kind.

Die Angst der Eltern, das Kind könne frühreif werden, wenn es mit den Genitalien spielt, ist groß und weitverbreitet. Natürlich ist das eine Rationalisierung. Spiel mit den Genitalien führt nicht zur Frühreife. Und selbst wenn es so sein sollte? Verbietet man einem Säugling das Spiel mit den Genitalien, so ist dies das sicherste Mittel, aus ihm einen Jugendlichen mit abnormem Sexualinteresse zu machen.

Es mag unangenehm sein, einem Kind, das alt genug ist, seinen Verstand zu gebrauchen, sagen zu müssen, daß es in der Öffentlichkeit nicht mit seinen Genitalien spielen soll. Ein solcher Rat mag für das Kind feige und ungerecht klingen. Doch auch die Alternative dazu hat ihre besonderen Gefahren. Denn wenn das Kind auf Erwachsene stößt, die sein Verhalten mit gehässigen und empörten Worten mißbilligen, so kann ihm dadurch mehr Schaden zugefügt werden, als wenn die geliebten Eltern mit ihm vernünftig über das Thema reden.

Wenn ein kleines Kind die Freiheit hat, völlig ohne Strafe, Vorschriften und Tabus zu leben, dann findet es das Leben viel zu interessant, als daß es seine Aktivität auf die Geschlechtsorgane beschränken würde.

Ich weiß nicht, wie sich freie Kinder beim Sexualspiel verhalten. Jungen, denen gesagt worden ist, daß Sexualität schlecht ist, verbinden das Sexualspiel gewöhnlich mit Sadismus. Mädchen mit ähnlicher sexualfeindlicher Erziehung scheinen den Sadismus beim Spiel mit den Genitalien als normal hinzunehmen. Da beim freien Kind relativ wenig aggressiver Haß besteht, werden freie Kinder einander wahrscheinlich sehr liebevoll behandeln.

Daß wir uns selbst nicht mögen, liegt in erster Linie an unserer Kindheit. Schuld daran ist größtenteils das schlechte Gewissen wegen der Onanie. Beseitigung dieses Schuldgefühls ist das beste, was wir tun können, um aus einem Problemkind ein glückliches Kind zu machen.

Nacktheit

In vielen Ehen, besonders in der Arbeiterklasse, sehen die Gatten den Körper des anderen erst, wenn sie ihn als Leiche zurechtmachen. Eine mir bekannte Bäuerin war in einem Verfahren wegen Exhibitionismus als Zeugin vorgeladen. Sie war ernstlich schockiert. „Komm, komm, Jean“, schalt ich sie. „Du hast doch sieben Kinder!“

„Mr. Neill“, sagte sie feierlich, „ich habe niemals Johns . . ., ich habe in meiner ganzen Ehe niemals meinen Mann nackt gesehen!“

Nacktheit sollte niemals bekämpft werden. Das kleine Kind sollte seine Eltern von Anfang an nackt sehen. Wenn das Kind groß genug ist zu verstehen, sollte man ihm allerdings sagen, daß manche Menschen nicht gern nackte Kinder sehen und es deshalb Kleidung tragen sollte, wenn solche Menschen dabei sind.

Da war jene Frau, die sich beschwerte, weil Zoë im Evaskostüm in der See badete. Zoë war damals ein Jahr alt. Dieses kleine Badeerlebnis charakterisiert die ganze lebensfeindliche Einstellung unserer Gesellschaft. Wir wissen alle, wie irritierend es ist, wenn man sich am Strand auszieht und versucht, seine sogenannten intimen Körperteile nicht zu entblößen. Die Eltern von frei aufwachsenden Kindern wissen, wie schwer es ist, einem Drei- oder Vierjährigen zu erklären, warum er in der Öffentlichkeit eine Badehose tragen muß.

Die bloße Tatsache, daß es gesetzlich verboten ist, seine Geschlechtsorgane zu entblößen, gibt dem Kind eine schiefe Einstellung zum menschlichen Körper. Ich bin selbst nackt gegangen oder habe eine unserer Lehrerinnen dazu ermutigt, um die Neugierde eines kleinen Kindes zu stillen, das sich seines Nacktseins schämte. Andererseits sollte man den Kindern die Nacktheit nicht irgendwie aufzwingen. Sie leben in einer angezogenen Gesellschaft, und Nudismus bleibt weiterhin etwas Unerlaubtes.

Als wir vor vielen Jahren nach Leiston kamen, hatten wir einen Ententeich. Morgens nahm ich gewöhnlich ein schnelles Bad. Einige Lehrer und die älteren Jungen und Mädchen gingen mit. Dann bekamen wir einen Haufen Jungen von Internatsschulen. Als nun die Mädchen zu Badeanzügen griffen, fragte ich eine hübsche Schwedin, warum.

„Wegen dieser neuen Jungen“, sagte sie. „Die anderen Jungen behandeln Nacktheit als etwas Natürliches. Aber diese Neuen werfen einem Blicke zu und gaffen – ich mag das einfach nicht.“ Seitdem haben wir nur noch zusammen nackt gebadet, wenn wir abends im Meer schwimmen gingen.

Man könnte glauben, daß die Kinder, die in Summerhill frei erzogen werden, im Sommer nackt herumlaufen. Sie tun es nicht. Mädchen bis zu neun Jahren bleiben an einem heißen Tag nackt, doch kleine Jungen tun dies selten. Das ist merkwürdig, wenn man an die Erklärung Freuds denkt, daß die Jungen auf ihren Penis stolz sind, während sich die Mädchen schämen, weil sie keinen haben.

Unsere kleinen Jungen in Summerhill haben kein Verlangen danach, sich zur Schau zu stellen, und die älteren Jungen und Mädchen sind fast nie unbekleidet. Im Sommer tragen Jungen und Männer nur kurze Hosen und keine Hemden. Die Mädchen tragen Badeanzüge. Niemand macht das Baden zu einer Privatsache, und nur neue Schüler verriegeln die Badezimmertür. Manche Mädchen nehmen nackt Sonnenbäder, aber keinem Jungen fällt es ein, sie insgeheim zu beobachten.

Ich sah einmal, wie unser Englischlehrer auf dem Hockeyplatz einen Graben aushob. Eine Gruppe neun- bis fünfzehnjähriger Schüler beiderlei Geschlechts half ihm dabei. Es war ein heißer Tag, und er hatte seine Kleidung abgelegt. Ein anderes Mal spielte einer unserer Lehrer unbekleidet Tennis. In der Schulversammlung wurde ihm gesagt, er solle kurze Hosen tragen, falls zufällig Besucher oder Händler vorbeikämen. Das zeigt, welch selbstverständliche Einstellung in Summerhill zur Nacktheit herrscht.

Pornographie

Alle Kinder sind pornographisch, manchmal offen, manchmal insgeheim. Am wenigsten pornographisch sind jene Kinder, für die es als Säuglinge und in ihrer frühen Kindheit keine sexuellen Tabus gegeben hat. Ich bin überzeugt, daß unsere Kinder aus Summerhill später weniger zur Pornographie neigen als Kinder, die nach der Verheimlichungsmethode erzogen wurden. Ein ehemaliger Schüler erzählte mir, als er während der Semesterferien zu Besuch kam: „In einer Beziehung verdirbt einen Summerhill ja. Man findet gleichaltrige Burschen zu langweilig. Sie reden über Dinge, über die ich schon vor Jahren hinausgewachsen bin."

„Sex-Geschichten?" fragte ich.

„Ja, mehr oder weniger. Ich habe solche Geschichten, wenn sie gut sind, selber gern, aber die Geschichten, die sie erzählen, sind grob und witzlos. Dabei ist es nicht nur Sex. Auch andere Themen – Psychologie, Politik. Komisch, aber ich stelle fest, daß ich mich lieber mit Leuten anfreunde, die zehn Jahre älter sind als ich."

Ein neuer Schüler, der noch nicht über die Zotenphase hinausgewachsen war, versuchte, pornographisch zu sein. Die anderen sagten, er solle den Mund halten, nicht weil er pornographische Geschichten erzählte, sondern weil er ihre interessante Unterhaltung störte.

Vor einigen Jahren hatten wir drei Mädchen, die das Stadium, in dem über Verbotenes geredet wird, bereits hinter sich hatten. Später kam ein weiteres Mädchen hinzu und teilte mit den dreien das Zimmer. Eines Tages beklagte sie sich bei mir, die anderen seien so langweilig. „Wenn ich abends im Bett über Sex spreche, dann sagen sie, ich solle den Mund halten. Sie sagen, sie sind nicht daran interessiert."

Es war wirklich so. Natürlich waren sie an der Sexualität interessiert, aber nicht an ihren verborgenen Aspekten. Diese Mädchen hatten ihr schlechtes Gewissen, das sie die Sexualität als eine schmutzige Sache sehen ließ, zerstört. Für ein neues Mädchen, das gerade von einer Mädchenschule und den dort üblichen Unterhaltungen über die Sexualität gekommen war, schienen sie sehr moralisch zu sein. Und tatsächlich *waren* sie sehr moralisch; denn ihre Moral gründete sich auf Wissen – nicht auf einen falschen Begriff von Gut und Böse.

Kindern mit einer freien Sexualerziehung kann die sogenannte Vulgarität wenig anhaben. Vor einiger Zeit hörte ich im Londoner Palladium einen Varietékünstler, der sich in seinen Darbietungen hart an der Grenze des Erlaubten bewegte. Er brachte das Publikum in einer Weise zum Lachen, wie das in Summerhill nicht möglich gewesen wäre. Frauen kreischten auf, wenn er von Damenunterwäsche sprach. Summerhiller hätten solche Anspielungen ganz und gar nicht komisch gefunden.

Einmal schrieb ich für den Kindergarten ein Theaterstück. Es war ziemlich vulgär. Der Sohn eines Holzfällers hatte eine Hundert-Pfund-Note gefunden und zeigte sie aufgeregt seiner ganzen Familie, einschließlich der Kuh. Das dumme Tier verschluckte das Geld. Die Familie versuchte, die Kuh so weit zu bringen, daß sie die Banknote wieder von sich gab, doch alle Anstrengungen waren vergeblich. Dann kam dem Jungen ein ausgezeichneter Gedanke. Die Familie sollte die Kuh auf dem Jahrmarkt zur Schau stellen, und für einen Schilling Eintrittsgeld sollte jeder zwei Minuten bei der Kuh bleiben dürfen. Gab die Kuh den Geldschein von sich, während ein zahlender Gast bei ihr war, so sollte er die Banknote bekommen.

In einem Londoner Revuetheater hätte dieses Thema die Leute zu Lachstürmen hingerissen. Unsere Kinder dagegen fanden das Stück ganz normal. Die Schauspieler (zwischen sechs und neun Jahren) waren der Ansicht, daß es überhaupt nicht komisch war. Ein achtjähriges Mädchen, das in dem Stück spielte, nannte mich albern, weil ich im Stück nicht das richtige Wort verwendete. Sie meinte natürlich das, was andere Menschen als *unpassendes* Wort bezeichnen würden.

Das freie Kind dürfte in Summerhill kaum unter Voyeurtum leiden. Unsere Schüler kichern nicht und haben keine Schuldgefühle, wenn im Film eine Toilette gezeigt oder eine Entbindung erwähnt wird. Von Zeit zu Zeit kommt es vor, daß die Toilettenwände beschrieben werden. Für Kinder ist die Toilette der interessanteste Raum im Haus. Die Toilette scheint viele Schriftsteller und Künstler zu inspirieren, was nicht absonderlich ist, wenn man bedenkt, daß das Badezimmer auch als schöpferischer Ort gilt.

Es stimmt nicht, daß Frauen reineren Gemütes sind als Männer. In einem Männerklub oder einer Männerbar dürfte die Pornographie jedoch üppiger gedeihen als in einem Frauenklub. Die Beliebtheit einer schlüpfrigen Geschichte liegt in ihrer Unaussprechlichkeit. In einer Gesellschaft ohne sexuelle Unterdrückung würde das Unaussprechliche verschwinden. In Summerhill kann alles gesagt und niemand schockiert werden. *Schockiert zu sein bedeutet, daß man an dem, was einen schockiert, ein obszönes Interesse hat.*

Menschen, die voller Entsetzen rufen: „Was für ein Verbrechen, kleine Kinder ihrer Unschuld zu berauben!", stecken wie der Vogel Strauß ihre Köpfe in den Sand. Kinder sind nie unschuldig, allerdings sind sie oft unwissend. Und jene Menschen werden ganz hysterisch, weil man den Kindern diese Unwissenheit nimmt.

Eigentlich ist das unterdrückteste Kind gar nicht so unwissend. Sein Kontakt mit anderen Kindern vermittelt ihm jenes scheußliche „Wissen", das armselige Kinder in dunklen Ecken verbreiten. Für Kinder, die schon früh nach Summerhill gekommen sind, gibt es keine dunklen Ecken. Solche Kinder sind an sexuellen Dingen interessiert, doch ist ihr Interesse nicht ungesund. Sie haben wirklich eine saubere Einstellung zum Leben.

Homosexualität

Vor kurzem schrieb mir ein Homosexueller und flehte mich an, ihm ein Land zu nennen, in dem die Homosexualität gesetzlich erlaubt ist. Ich antwortete, daß ich kein solches Land wisse. (Inzwischen habe ich gehört, daß in Holland und Dänemark die Homosexualität gesetzlich erlaubt ist.) Ich kann mir nicht mal ein Land vorstellen, in dem man heterosexuell sein kann, ohne den Spielverderbern auf die Hühneraugen zu treten.

In Summerhill gibt es keine Homosexualität. Jedoch gibt es auch bei den Summerhill-Kindern in einer bestimmten Entwicklungsphase unbewußte Homosexualität.

Unsere neun- oder zehnjährigen Jungen wissen mit Mädchen nichts anzufangen. Sie verachten sie. Sie tun sich in Gruppen zusammen und interessieren sich nicht für das andere Geschlecht. Sie interessieren sich eher für Indianer- und Cowboyspiele. Auch Mädchen dieses Alters beschäftigen sich nur mit anderen Mädchen und bilden ihre eigenen Gruppen. Selbst zu Beginn der Pubertät laufen sie nicht den Jungen nach. Es hat den Anschein, daß die unbewußte Homosexualität der Mädchen länger andauert als die der Jungen. Sie mögen zwar die Jungen auf eine freundschaftliche Weise herausfordern und um sich scharen, doch bleiben sie weiterhin in eigenen Gruppen zusammen. In diesem Alter sind die Mädchen eifersüchtig auf ihre Rechte bedacht. Es ärgert sie, daß ihnen die Jungen an Stärke überlegen und daß sie so grob sind. In diesem Alter protestieren sie gegen die Männlichkeit.

Im allgemeinen sind Jungen und Mädchen bis zum Alter von fünfzehn oder sechzehn nicht sehr aneinander interessiert. Sie zeigen keine natürliche Neigung, sich als Paare abzusondern. Ihr Interesse am anderen Geschlecht nimmt im Gegenteil eine aggressive Form an.

Da die Kinder in Summerhill nicht an Schuldkomplexen wegen Onanie leiden, verhalten sie sich in der Phase der latenten Homosexualität ganz gesund. Vor ein paar Jahren versuchte ein Junge, der gerade von einer der üblichen Internatsschulen gekommen war, eine homosexuelle Praxis einzuführen. Er hatte keinen Erfolg. Übrigens war er ganz überrascht und bestürzt, als er entdeckte, daß die ganze Schule von seinen Bemühungen wußte.

Zwischen Homosexualität und Onanie besteht in mancher Hinsicht eine Verbindung. Man onaniert mit dem anderen Jungen, man teilt mit ihm die Schuld und erleichtert so die eigene Last. Wenn Onanie jedoch nicht als Sünde angesehen wird, braucht auch keine Schuld geteilt zu werden.

Ich weiß nicht, welche frühen Verdrängungen zur Homosexualität führen, doch scheint es ziemlich sicher, daß sie ihren Ursprung in der frühen Kindheit hat. Summerhill nimmt keine Kinder mehr unter fünf Jahren auf, und deshalb haben wir es jetzt oft mit Kindern zu tun, die in ihrer frühen Kindheit falsch behandelt worden sind. Trotzdem: In achtunddreißig Jahren hat Summerhill nicht einen einzigen Homosexuellen hervorgebracht. Der Grund dafür ist, daß Freiheit gesunde Kinder erzeugt.

Promiskuität, Unehelichkeit und Abtreibung

Promiskuität ist neurotisch, ein ständiges Wechseln des Partners in der Hoffnung, schließlich den richtigen zu finden. Doch wird dieser Partner niemals gefunden; denn die Ausschweifung liegt in der impotenten, neurotischen Einstellung des Don Juan oder seines weiblichen Gegenstückes begründet.

Wenn der Begriff *freie Liebe* eine schlechte Bedeutung hat, dann, weil er eine neurotische Sexualität bezeichnet. Promiskuität – die direkte Folge der Hemmung – ist immer unglücklich und schändlich. Unter freien Menschen gäbe es keine freie Liebe.

Die unterdrückte Sexualität wird jeden geeigneten Gegenstand in Beschlag nehmen: einen Handschuh, ein Taschentuch, alles, was mit dem Körper verbunden ist. Freie Liebe ist Promiskuität, weil es sich bei ihr um Lust ohne Zärtlichkeit, ohne Wärme und wirkliche Zuneigung handelt.

Eine junge Frau sagte nach einer Zeit der Promiskuität zu mir: „Mit Bill habe ich zum erstenmal ein orgastisches Leben." Ich fragte sie, warum es das erstemal sei. „Weil ich ihn *liebe,* und die anderen habe ich nicht geliebt."

Kinder, die spät nach Summerhill kommen (mit dreizehn oder darüber) neigen zur Promiskuität, und zwar weniger in der Praxis als in ihrem Wünschen. Die Wurzeln der Promiskuität reichen weit in das Leben des Kindes zurück. Daß es ungesunde Wurzeln sind, ist das Wichtigste, was wir über sie wissen. Ein solches Verhalten bringt Abwechslung, selten jedoch Erfüllung und fast niemals Glück.

Wirkliche Freiheit in der Liebe führt nicht zu Promiskuität. Mag sein, daß die Liebe nicht ewig dauert. Solange aber bei gesunden Menschen die Liebe *andauert,* solange ist sie auch echt, treu und glücklich.

Das uneheliche Kind hat oft einen harten Weg vor sich. Wenn man ihm sagt, wie manche Mütter es tun, daß sein Vater im Krieg gefallen oder an einer Krankheit gestorben ist, dann ist das eindeutig falsch. Das Kind fühlt sich ungerecht behandelt, wenn es andere Kinder mit ihren Vätern sieht. Andererseits bleibt das Kind auch nicht vor dem gesellschaftlichen Vorurteil verschont. In Summerhill hatten wir ein paar uneheliche Kinder, doch niemand kümmerte sich auch nur im geringsten darum. In einer freien Umgebung wachsen solche Kinder als ebenso glückliche Menschen heran wie eheliche Kinder.

In der Welt außerhalb Summerhills machen uneheliche Kinder ihren Müttern manchmal Vorwürfe und behandeln sie schlecht. Andererseits kann ein solches Kind seine Mutter auch vergöttern und fürchten, daß sie eines Tages einen Mann heiratet, der nicht sein Vater ist.

Was ist das aber auch für eine seltsame Welt! Abtreibung ist gesetzlich verboten, und Unehelichkeit bedeutet oft Ächtung. Es ist erfreulich, daß heute viele Frauen die gesellschaftliche Mißbilligung der

Unehelichkeit nicht mehr akzeptieren. Sie haben ganz offen die Kinder ihrer Liebe, sind stolz auf sie, arbeiten für sie und erziehen sie gut und glücklich. Soviel ich gesehen habe, sind ihre Kinder ausgeglichene und aufrichtige Menschenwesen.

Keine Lehrerin an einer staatlichen Schule könnte mit einem unehelichen Kind ihre Stellung behalten. Mehr als einmal habe ich gehört, daß eine Pfarrersfrau ihr Dienstmädchen fristlos entließ, als das Mädchen schwanger wurde.

Das Problem der Abtreibung ist eines der widerlichsten und scheinheiligsten Krankheitssymptome der Menschheit. Es gibt kaum Richter, Pfarrer, Ärzte, Lehrer und sonstige sogenannte Stützen der Gesellschaft, die nicht für ihre Töchter Abtreibung der schändlichen Unehelichkeit vorziehen würden.

Die Reichen vermeiden oft unangenehme Komplikationen, indem sie ihre Töchter in teure Kliniken schicken. Dort werden sie wegen einer angeblichen Unregelmäßigkeit ihrer Periode oder irgend etwas ähnlichem behandelt. Es sind die weniger Wohlhabenden und die Armen, die man buchstäblich dazu verurteilt, das Kind aufzuziehen. Für sie gibt es keine Alternative. Wenn sich ein Mädchen aus dem Kleinbürgertum sehr bemüht, dann findet es vielleicht einen Arzt, der für einen Haufen Geld die Abtreibung vornimmt. Seine ärmere Schwester muß sich entweder in die Hände eines ungeübten und vielleicht skrupellosen Abtreibers begeben oder ihr Kind zur Welt bringen.

In London gibt es Beratungsstellen, in denen die Frauen Verhütungsmittel erhalten können. Es ist wahr, im allgemeinen bekommt eine Frau diese Mittel nur, wenn sie einen Ehering trägt. Doch ist es kein Verbrechen, wenn man sich einen Ehering ausleiht.

Das Ganze erinnert an die pornographischen Inschriften an den Wänden eines öffentlichen Pissoirs. Es charakterisiert unsere Gesellschaft, die sich des Preises, den sie für ihre boshafte Moral zahlt, würdig erweist. Und dieser Preis sind letzten Endes unsere Krankheiten, unser Elend und unsere Hoffnungslosigkeit.

IV *Religion und Moral*

Religion

Eine Besucherin fragte mich vor kurzem: „Warum unterrichten Sie Ihre Schüler nicht über das Leben Jesu, damit sie angeregt werden, ihm auf seinem Weg zu folgen?“ Ich antwortete, man lernt zu leben, indem man *lebt,* und nicht, indem man vom Leben anderer *hört.* Worte sind entschieden weniger wichtig als Taten. Viele Menschen haben Summerhill einen religiösen Ort genannt, weil es den Kindern Liebe gibt.

Das mag stimmen. Ich bin nur gegen das Adjektiv religiös in seiner heutigen Bedeutung: Feindschaft gegen das natürliche Leben. So wie ich die Religion in Erinnerung habe – praktiziert von düster gekleideten Männern und Frauen, die traurige Hymnen mit einer zehntrangigen Melodie singen und um Vergebung für ihre Sünden bitten –, möchte ich nicht mit ihr identifiziert werden.

Ich persönlich habe nichts gegen einen Menschen, der an Gott glaubt – ganz gleich an welchen Gott. Ich habe jedoch etwas gegen jene, die *ihren* Gott als Autorität ansehen, die ihnen auferlegt, Wachsen und Glück des Menschen einzuengen. Nicht zwischen jenen Menschen, die an Theologie glauben, und jenen, die nicht an sie glauben, herrscht ein Kampf, sondern zwischen jenen, die an die Freiheit des Menschen glauben, und anderen, die die Unterdrückung anbeten.

Eines Tages werden wir eine neue Religion haben. Manch einer wird erstaunt rufen: „Was, eine *neue* Religion?“ Die Christen werden aufgebracht protestieren: „Ist denn das Christentum nicht ewig?“

Nein, Religionen sind genausowenig ewig wie Völker. Eine Religion – *jede* Religion – hat Geburt, Jugend, Alter und Tod. Hunderte von Religionen sind gekommen und wieder verschwunden. Trotz der Millionen Ägypter, die fast viertausend Jahre an Amon Ra geglaubt haben, gibt es heute keinen einzigen Anhänger dieser Religion mehr. Die Vorstellung von Gott ändert sich mit den Kulturen: In einem Land der Hirten war er ein Schäfer; in kriegerischen Zeiten war er ein Kriegsgott; als der Handel blühte, wurde er zum Gott der Gerechtigkeit und wog Billigkeit und Barmherzigkeit ab. Seitdem der Mensch auf technischem Gebiet so schöpferisch ist, ist Gott zum „Großen Abwesenden" von H. G. Wells geworden, denn in einem Zeitalter, das seine eigenen Atombomben herstellen kann, wird ein schöpferischer Gott nicht gebraucht.

Eines Tages wird eine neue Generation die veraltete Religion und die Mythen unserer Zeit nicht mehr akzeptieren. Die neue Religion wird mit der Vorstellung von der Erbsünde aufräumen. Die neue Religion wird Gott preisen, indem sie die Menschen glücklich macht.

Die neue Religion wird die Antithese von Körper und Geist aufheben. Sie wird anerkennen, daß das Fleisch nicht sündig ist. Sie wird es für heiliger halten, daß man einen Sonntagmorgen mit Schwimmen verbringt, statt Hymnen zu singen – als ob Gott die Hymnen zu seiner Zufriedenheit nötig hätte. Eine neue Religion wird Gott in den Wiesen und nicht in den Wolken finden. Man stelle sich nur einmal vor, nur ein Zehntel der Stunden, die dem Gebet und dem Kirchenbesuch gewidmet sind, würden zu guten Taten, Handlungen der Nächstenliebe und der Hilfe verwendet!

Jeden Tag erfahre ich aus der Zeitung, wie tot unsere heutige Religion ist. Wir sperren Menschen in Gefängnisse, wir unterdrücken die Meinung derer, die nicht mit uns übereinstimmen, wir unterdrücken die Armen und rüsten zu Kriegen. Als Organisation ist die Kirche schwach. Sie gebietet keinen Kriegen Einhalt. Sie unternimmt nichts oder wenig, um unser barbarisches Strafrecht zu mildern. Sie stellt sich selten gegen die Ausbeuter.

Man kann nicht Gott und dem Mammon dienen. Oder in einer modernen Umschreibung: man kann nicht sonntags in die Kirche gehen und montags den Bajonettkampf üben. Ich kenne keine so schändliche Blasphemie wie die Praxis der verschiedenen Kirchen, die während des Krieges behaupten, daß Gott mit ihnen sei. Gott kann nicht glauben, daß beide Seiten recht haben. Gott kann nicht Liebe und gleichzeitig der Schutzherr eines Gasangriffes sein.

Für viele ist die organisierte, konventionelle Religion ein einfacher Ausweg aus den individuellen Problemen. Wenn ein Katholik sündigt, dann beichtet er, und der Priester spricht ihn von den Sünden frei.

Der religiöse Mensch überträgt seine Last auf Gott. Er glaubt, und die Seligkeit ist ihm sicher. Der Akzent wird also vom persönlichen Wert und individuellen Verhalten auf das Credo verschoben. „Glaube an Gott, und du wirst erlöst!" In Wirklichkeit heißt es: Gib eine Erklärung ab, und deine geistigen Probleme sind gelöst. Man bekommt garantiert eine Eintrittskarte zum Himmel.

Im Grunde ist Religion Furcht vor dem Leben, eine Flucht. Sie tut das Erdenleben als bloße Einleitung zu einem erfüllteren Leben im Jenseits ab. Mystizismus und Religion besagen, daß das Erdenleben ein Fiasko und der selbständige Mensch nicht gut genug ist, um die Erlösung zu erreichen. Freie Kinder halten das Leben jedoch nicht für ein Fiasko; denn niemand hat sie gelehrt, zum Leben nein zu sagen.

Religion und Mystizismus fördern unrealistisches Denken und Verhalten. Es ist eine einfache Wahrheit, daß wir mit unseren Fernsehgeräten und Düsenflugzeugen weiter vom *wirklichen* Leben entfernt sind als Eingeborene im afrikanischen Busch. Sicher, auch ihre Religion ist ein Produkt der Furcht, doch sind sie in der Liebe nicht impotent, sind nicht homosexuell und nicht gehemmt. Ihr Leben ist primitiv, doch in der Hauptsache sagen sie ja dazu.

Wie der Primitive suchen wir die Religion, weil wir Angst haben. Doch im Gegensatz zu ihm sind wir kastriert. Wir können unsere Kinder erst Religion lehren, nachdem wir sie für immer entmannt und ihren Geist gebrochen haben.

Ich habe oft erlebt, daß ein Kind durch religiöse Erziehung zugrunde gerichtet worden ist. Solche Fälle anzuführen würden niemandem helfen. Aber auch jeder auf Rettung Versessene kann dutzendweise Fälle anführen, Fälle von Menschen, die „gerettet" wurden, indem sie „durch Blut reingewaschen wurden". Wenn man voraussetzt, daß der Mensch sündig ist und erlöst werden muß, dann haben die Vertreter der Religion recht.

Doch ich bitte die Eltern, weiter zu blicken, weit über ihren unmittelbaren Gesichtskreis hinaus. Ich bitte sie, eine Zivilisation zu fördern, in der einem bei der Geburt nicht die Sünde aufgeladen wird. Ich bitte sie darum, alles abzuschaffen, was Erlösung nötig macht. Sie sollen dem Kind sagen, daß es gut geboren ist — *nicht schlecht.* Ich fordere sie auf, ihren Kindern zu sagen, daß *diese Welt* besser gemacht werden kann und gemacht werden muß, daß sie ihre Energie hier und jetzt einsetzen – nicht für ein fiktives ewiges Leben nachher.

Kein Kind sollte mit religiösem Mystizismus versehen werden. Mystizismus ist eine Möglichkeit der Flucht vor der Wirklichkeit – doch eine gefährliche. Wir haben alle manchmal das Bedürfnis, der Wirklichkeit zu entrinnen, sonst würden wir nie einen Roman lesen, ins Kino gehen oder ein Glas Whisky trinken. Doch tun wir das mit offenen Augen, und sehr bald kehren wir in die Wirklichkeit zurück. Der Mystiker neigt zu einer ständigen Lebensflucht und verlegt seine ganze Libido auf die Theosophie, den Spiritualismus, den Katholizismus oder Zionismus.

Kein Kind ist von Natur aus Mystiker. Eine Begebenheit in Summerhill unterstreicht den Wirklichkeitssinn des Kindes, wenn seine Reaktionen nicht durch Angst gehemmt werden.

Bei einer unserer abendlichen Schauspielimprovisationen setzte ich mich auf einen Stuhl und sagte: „Ich bin der heilige Petrus am Himmelstor. Ihr seid Leute, die Einlaß begehren. Es geht los."

Sie brachten allerlei Gründe vor, um eingelassen zu werden. Ein Mädchen kam sogar aus der entgegengesetzten Richtung und bat, hinausgelassen zu werden! Aber als Star des Abends erwies sich ein vierzehnjähriger Junge, der, die Hände in den Taschen, pfeifend an mir vorüberging.

„He!" rief ich. „Du kannst hier nicht hinein!"

Er drehte sich um und sah mich an. „Oh", sagte er. „Du bist neu hier, nicht wahr?"

„Was meinst du damit?" fragte ich.

„Du weißt also nicht, wer ich bin?"

„Wer bist du denn?" fragte ich.

„Gott", sagte er und ging pfeifend in den Himmel.

Kinder wollen auch nicht wirklich beten. Sie beten nur zum Schein. Ich habe viele Kinder gefragt: „Woran denkst du, wenn du betest?" Jedes erzählte das gleiche: es denkt die ganze Zeit an andere Dinge. Ein Kind *muß* an andere Dinge denken, denn das Gebet bedeutet ihm nichts. Es wird ihm von außen auferlegt.

Von einer Million Menschen, die vor dem Essen ein Tischgebet sprechen, sagen es 999 999 so mechanisch auf, wie man „Verzeihung" sagt, wenn man an jemand im Aufzug vorbeigehen will. Warum sollten wir unsere mechanischen Gebete und Manieren an die junge Generation weitergeben? Es ist nicht ehrlich. Und ehrlich ist es auch nicht, einem hilflosen Kind Religion aufzuzwingen. Es sollte völlig frei seine eigene Entscheidung treffen können, wenn es alt genug dazu ist.

Gefährlicher noch als Mystizismus ist es, ein Kind zum Haß zu erziehen. Wenn dem Kind beigebracht wird, daß bestimmte Dinge sündig sind, dann muß sich seine Liebe zum Leben in Haß verwandeln. Wenn Kinder frei aufwachsen, halten sie nie ein anderes Kind für einen Sünder. Wenn in Summerhill ein Kind stiehlt und sich vor dem Schülergericht verantworten muß, wird es niemals für den Diebstahl bestraft. Es muß nur seine Schulden bezahlen. Kinder erkennen unbewußt, daß Stehlen eine Krankheit ist. Sie sind kleine Realisten und viel zu vernünftig dazu, einen zornigen Gott und einen Teufel zu erfinden, der in Versuchung führt. Der versklavte Mensch schuf Gott nach seinem eigenen Bilde, doch freie Kinder, die dem Leben voller Eifer und Mut gegenübertreten, brauchen sich keinen Gott zu schaffen.

Wenn wir wollen, daß unsere Kinder seelisch gesund bleiben, müssen wir uns hüten, ihnen falsche Werte zu vermitteln. Viele Menschen, die die christliche Theologie anzweifeln, lehren ihre Kinder ohne Zögern einen Glauben, den sie selbst in Frage stellen. Wieviele Mütter glauben wörtlich an Höllenfeuer, wieviele glauben wörtlich an den goldenen Himmel voller Harfen? Doch Tausende dieser ungläubigen Mütter vergiften die Seele ihrer Kinder mit diesen veralteten primitiven Geschichten.

Die Religion floriert, weil der Mensch sich nicht mit seinem Unbewußten auseinandersetzt, nicht auseinandersetzen *kann*. Die Religion macht aus dem Unbewußten den Teufel und mahnt die Menschen vor seinen Versuchungen. Macht man jedoch das Unbewußte bewußt, dann hat die Religion ihre Wirksamkeit verloren.

Für ein Kind bedeutet Religion praktisch immer nur Furcht. Gott ist ein mächtiger Mann mit Löchern in den Augenlidern: Er kann dich sehen, wo du auch bist. Für das Kind heißt das oft: Er kann auch sehen, was unter der Bettdecke geschieht. In das Leben des Kindes Angst zu bringen ist das schlimmste Verbrechen überhaupt. Es wird für immer nein zum Leben sagen, wird sich immer minderwertig fühlen, immer feige sein.

Wem in seiner Kindheit mit dem Leben in der Hölle gedroht wurde, der kann in *diesem* Leben unmöglich frei von neurotischer Angst um seine Sicherheit sein. Und das ist selbst dann so, wenn ein solcher Mensch verstandesmäßig erfaßt hat, daß Himmel und Hölle infantile Phantasiegebilde sind, denen nichts als menschliche Hoffnungen und Ängste zugrunde liegen. Die Prägung der Emotionen in der Kindheit macht sich fast immer das ganze Leben über bemerkbar. Den strengen Gott, der einen mit Harfen lohnt oder mit Feuer straft, haben wir nach unserem eigenen Bilde geschaffen. Er ist die Superprojektion. Gott wird zur Wunscherfüllung, Satan zur Angsterfüllung.

Was also Genuß und Vergnügen bereitet, kennzeichnet das Böse. Kartenspiel, Theaterbesuch, Tanz gehören dem Teufel. Nur zu oft heißt religiös sein ohne Freude sein. Die steife Sonntagskleidung, die die Kinder in den meisten Provinzstädten tragen müssen, zeugt vom asketischen und strafenden Charakter der Religion. Kirchenmusik ist ebenfalls meist traurig. Für viele Menschen ist der Kirchgang eine Anstrengung, eine Pflicht. Für viele Menschen heißt religiös sein, traurig auszusehen und es auch zu sein.

Die neue Religion wird sich auf Kenntnis des eigenen Ich und seine Bejahung gründen. Andere lieben zu können setzt voraus, sich wirklich selbst zu lieben. Wie sehr unterscheidet sich das von der Erziehung unter dem Stigma der Erbsünde, die zum Selbsthaß und damit zum Haß gegen andere führt. „He prayeth best who loveth best all things both great and small.“ Damit gab der Dichter Coleridge der *neuen* Religion Ausdruck. Nach der neuen Religion wird der Mensch dann am besten beten, wenn er alles, ob groß oder klein, liebt – *an sich selbst!*

Moralische Vorschriften

Die meisten Eltern glauben ihr Kind zu vernachlässigen, wenn sie ihm keine moralischen Werte beibringen, wenn sie es nicht ständig auf den Unterschied von Gut und Böse hinweisen. Praktisch alle Eltern sehen es, abgesehen von der Sorge für die körperlichen Bedürfnisse des Kindes, als ihre wichtigste Pflicht an, dem Kind Moral einzupauken. Für sie würde ein Kind ohne moralische Belehrung als Wilder aufwachsen, zügellos im Verhalten und ohne Rücksicht auf andere. Die meisten Menschen in unserer Gesellschaft akzeptieren eben, zumindest passiv, daß der Mensch sündig von Geburt und schlecht von Natur sei und daß er raubgierig, grausam und mordlüstern werde, wenn man ihn nicht zum Gutsein erziehe.

Die christlichen Kirchen sprechen es offen aus: „Wir sind elende Sünder." Die Bischöfe und die Schulmeister glauben, das Kind müsse zum Licht geführt werden.

Da Kirche und Schule sich einig sind, daß das Kind in Sünde geboren wird, können wir nicht erwarten, daß die Eltern anders denken als diese großen Autoritäten. Die Kirche sagt: „Wenn du sündigst, wirst du im Jenseits bestraft werden!" Die Eltern nehmen dieses Stichwort auf und sagen: „Wenn du das noch einmal machst, werde ich dich *jetzt* bestrafen." Beide wollen bessern, indem sie Furcht erzeugen.

In der Bibel heißt es: „Die Furcht vor dem Herrn ist der Weisheit Anfang." Sie ist viel öfter der Beginn einer psychischen Störung. Denn jede Art von Furcht ist schädlich.

Oft haben Eltern zu mir gesagt: „Ich verstehe einfach nicht, warum mein Junge so schlimm geworden ist. Ich habe ihn streng bestraft, und ich weiß sicher, daß wir ihm zu Hause nie ein schlechtes Beispiel gegeben haben!" Ich habe zu oft mit gestörten Kindern gearbeitet, die mit Angst vor dem Stock oder vor Gott erzogen worden sind – Kinder, die man zum Gutsein *gezwungen* hat.

Die Eltern erkennen selten, wie fürchterlich ein ständiger Strom von Verboten, Ermahnungen und Strafpredigten auf das Kind wirkt; wie sehr es darunter leidet, wenn ihm ein ganzes moralisches Verhaltenssystem aufgezwungen wird, das es nicht versteht.

Die aufgeregten Eltern eines Problemkindes denken nie daran, ihre eigenen Moralbegriffe in Frage zu stellen. Sie sind meistens fest überzeugt, genau zu wissen, was richtig und was falsch ist, und daß die Norm dafür ein für allemal autoritativ in der Heiligen Schrift festgelegt worden ist. Sie zweifeln selten an den Lehren ihrer eigenen Eltern oder denen ihrer Schulmeister oder dem allgemeinen Kodex der Gesellschaft. Sie nehmen das gesamte Credo ihrer Kultur gern als gegeben hin, statt darüber nachzudenken und es zu analysieren. Es wäre für sie mit einem zu großen Schock verbunden, es anzuzweifeln.

Die beunruhigten Eltern glauben also, daß ihr Junge nicht in Ordnung ist. Sie nehmen an, daß er absichtlich schlecht ist. Ich bin fest davon überzeugt, daß *der Junge nie im Unrecht ist.* Bei jedem solchen Jungen, mit dem ich zu tun hatte, handelte es sich um einen Fall von fehlgeleiteter und falscher Erziehung in der frühen Kindheit. Eine ganze Reihe fundamentaler psychologischer Prinzipien werden schon in den ersten Lebensjahren der Kinder in den Wind geschlagen.

Fast jedermann glaubt, der Mensch sei ein Geschöpf des Willens: daß er tun kann, was er tun will. Kein Psychologe wird dieser Ansicht zustimmen. Es ist bewiesen, daß die Handlungen eines Menschen in großem Ausmaß von seinem Unbewußten bestimmt werden. Die meisten Menschen würden sagen, Crippen hätte kein Mörder sein müssen, wenn er nur gewollt hätte. Das Strafrecht beruht auf der irrigen Annahme, daß jeder Mensch verantwortlich und fähig ist, das Schlechte oder das Gute zu wollen. Und deshalb wurde in London ein Mann zu Gefängnis verurteilt, weil er die Kleider von Frauen mit Tinte bespritzt hatte. In den Augen der Gesellschaft ist dieser Tintenspritzer ein übler Schurke, der gut sein könnte, wenn er nur wollte. Für den Psychologen ist er nur ein armer, kranker Neurotiker, der eine symbolische Handlung ausführt, deren Bedeutung er nicht kennt. In einer aufgeklärten Gesellschaft würde man einen solchen Menschen behutsam zu einem Arzt führen.

Die Psychologie des Unbewußten hat gezeigt, daß die meisten unserer Handlungen eine verborgene Wurzel haben, die wir nur durch eine lange, ausführliche Analyse erreichen können, und selbst die Psychoanalyse kann nicht bis in die tiefsten Teile des Unbewußten vordringen. Wir handeln, doch wir wissen nicht, *warum.*

Vor einiger Zeit legte ich meine zahlreichen Bücher über Psychologie beiseite und begann, Fliesen zu legen. Ich weiß nicht, warum. Wenn ich begonnen hätte, Tinte zu verspritzen, dann hätte ich den Grund dafür auch nicht gewußt. Weil Fliesenlegen eine akzeptable Handlung ist, bin ich ein achtenswerter Bürger. Und weil Tintenspritzen eine antisoziale ist, ist der andere Mann ein verachtenswerter Verbrecher. Es gibt zwischen dem Tintenspritzer und mir nur einen Unterschied: Ich bin mir bewußt, daß ich handwerkliche Arbeit gern habe, während der Verbrecher das Tintenspritzen nicht bewußt liebt. Bei meiner handwerklichen Tätigkeit arbeiten mein Bewußtes und mein Unbewußtes zusammen, beim Tintenspritzen aber liegen Bewußtsein und Unbewußtes miteinander im Streit. Die antisoziale Handlung ist das Ergebnis dieses Konfliktes.

Vor einigen Jahren hatten wir einen elfjährigen Schüler in Summerhill, einen aufgeweckten, intelligenten und liebenswerten Jungen. Er konnte ganz ruhig sitzen und lesen. Und plötzlich konnte er aufspringen, aus dem Zimmer rennen und versuchen, das Haus in Brand zu stecken. Es überkam ihn ein Trieb, den er nicht beherrschen konnte.

Viele Lehrer, die ihn vorher unterrichteten, hatten ihn durch Rat- und Stockschläge ermuntert, seine Triebe beherrschen zu *wollen.* Doch der unbewußte Trieb, ein Feuer anzuzünden, war zu stark, als daß er ihn hätte unterdrücken können – viel stärker als der Trieb, nicht als schlecht angesehen zu werden. Dieser Junge war nicht schlecht, er war krank. Welche Einflüsse hatten ihn krank gemacht? Welche Einflüsse verwandeln Jungen und Mädchen in kranke, zur Kriminalität neigende Kinder? Ich will versuchen, es zu erklären.

Wenn wir einen Säugling betrachten, dann wissen wir, daß an ihm keine Schlechtigkeit ist – ebensowenig wie an einem Kohlkopf oder Tiger. Das Neugeborene bringt eine Lebenskraft mit, seinen Willen, seinen unbewußten Drang, zu *leben.* Seine Lebenskraft veranlaßt es zu essen, seinen Körper zu erforschen, seine Wünsche zu befriedigen. Es handelt, wie es die Natur beabsichtigt hat. Für die Erwachsenen ist jedoch der Wille Gottes – der Wille der Natur im Kind – der Wille des Teufels.

Praktisch jeder Erwachsene glaubt, daß die Natur des Kindes der Besserung bedarf. Und so fangen alle Eltern an, dem kleinen Kind beizubringen, wie man lebt.

Das Kind sieht sich bald einem ganzen System von Verboten ausgesetzt. *Dies* ist ungezogen, und *das* ist schmutzig, und *jenes* ist egoistisch. Die ursprüngliche natürliche Lebenskraft trifft auf Vorschriften. Die Kirche pflegt die Stimme der Natur die Stimme des Teufels und die Stimme der moralischen Belehrung die Stimme Gottes zu nennen. Ich bin überzeugt, daß diese Terminologie umgestülpt werden sollte.

Ich glaube, daß erst die moralischen Vorschriften ein Kind böse machen. Ich habe festgestellt, daß ein schlimmer Junge gut wird, wenn ich die Vorschriften, denen er unterworfen war, negiert habe.

Es mag einen Grund für die moralische Erziehung von Erwachsenen geben, obwohl ich es bezweifle. Bei Kindern ist sie jedenfalls unangebracht. Sie ist psychologisch falsch. Es ist falsch, von einem Kind zu verlangen, es solle selbstlos sein. Jedes Kind ist egoistisch, und die Welt gehört ihm. Wenn es einen Apfel hat, dann ist sein einziger Wunsch, diesen Apfel zu essen. Wenn seine Mutter es drängt, den Apfel mit seinem kleinen Bruder zu teilen, wird es diesen Bruder nur hassen. Altruismus kommt später – ganz natürlich –, *wenn das Kind nicht zur Selbstlosigkeit erzogen wird.* Wenn es zur Selbstlosigkeit gezwungen wird, wird es wahrscheinlich niemals selbstlos. Indem die Mutter den Egoismus des Kindes unterdrückt, fixiert sie ihn für immer.

Auf welche Weise geschieht das? Die Psychiatrie hat gezeigt und bewiesen, daß nicht erfüllte Wünsche im Unbewußten weiterleben. Das zur Selbstlosigkeit erzogene Kind wird also den Forderungen der Mutter nachkommen, um sie zufriedenzustellen. Es wird unbewußt seine wirklichen, egoistischen Wünsche begraben und dank dieser Verdrängung seine infantilen, egoistischen Wünsche für sein ganzes Leben bewahren. Moralische Belehrung wirkt ihrem eigenen Ziel entgegen.

Genauso ist es auf sexuellem Gebiet. Die Moralverbote der Kindheit fixieren das infantile Interesse an der Sexualität. Die armen Burschen, die wegen infantiler sexueller Handlungen verhaftet werden – weil sie Schülerinnen obszöne Bilder gezeigt oder in der Öffentlichkeit mit ihren Genitalien gespielt haben –, sind Männer mit einer übermoralischen Mutter. Das vollkommen harmlose Interesse in der Kindheit wurde zur abscheulichen Sünde erklärt. Das Kind verdrängte den infantilen Wunsch. Doch dieses Verlangen lebte im Unbewußten fort und äußerte sich später wieder in seiner ursprünglichen, öfter noch in einer symbolischen Form. So führt jene Frau, die in einem Warenhaus Handtaschen stiehlt, eine symbolische Handlung aus, deren Ursprung eine durch die Moralvorschriften ihrer Kindheit hervorgerufene Verdrängung ist. Mit ihrem Verhalten befriedigt sie ein verbotenes infantiles Sexualbedürfnis.

Alle diese Menschen sind unglücklich. Wenn man stiehlt, wird man von seiner Gruppe abgelehnt, und der Gruppeninstinkt ist stark. Mit den Nachbarn gut zu stehen ist ein echtes Ziel im menschlichen Leben. Antisoziales Verhalten liegt nicht in der Natur des Menschen. Egoismus allein macht normale Menschen zu sozialen Wesen. Nur ein stärkerer Faktor als Egoismus kann einen Menschen antisozial werden lassen.

Welcher stärkere Faktor? Wenn der Konflikt zwischen den beiden Selbst – dem von der Natur geschaffenen und dem durch Moralvorschriften geformten – zu stark wird, fällt der Egoismus wieder auf das infantile Stadium zurück. Die Ansicht der anderen nimmt dann einen untergeordneten Rang ein. Der Kleptomane ist sich zwar der schrecklichen Schande bewußt, vor Gericht erscheinen zu müssen und in der

Zeitung zu stehen, doch die Angst vor der öffentlichen Meinung ist nicht so stark wie sein infantiler Wunsch. Im Grunde steckt hinter Kleptomanie der Wunsch, glücklich zu sein. Die symbolische Erfüllung kann den ursprünglichen Wunsch jedoch nicht befriedigen, und so wiederholt das Opfer seinen Versuch immer wieder.

Ein Beispiel. Als der siebenjährige Billie nach Summerhill kam, sagten mir seine Eltern, er sei ein Dieb. Nach einer Woche kam einer der Lehrer zu mir und sagte, seine goldene Uhr sei vom Tisch in seinem Schlafzimmer verschwunden. Ich frage die Hausmutter, ob sie etwas darüber wisse.

„Ich habe Billie mit einem Uhrwerk gesehen", sagte sie. „Als ich ihn fragte, woher er es habe, sagte er, er habe es zu Hause in einem ganz, ganz tiefen Loch im Garten gefunden."

Ich wußte, daß Billie seine Besitztümer alle in seinem Koffer einschloß. Ich versuchte, den Koffer mit einem meiner Schlüssel zu öffnen, und hatte Erfolg. Im Koffer lagen die Teile einer goldenen Uhr, die offensichtlich mit Hammer und Meißel behandelt worden war. Ich sperrte den Koffer wieder ab und rief Billie.

„Hast du die Uhr von Mr. Anderson gesehen?" fragte ich.

Er sah mich mit großen, unschuldigen Augen an. „Nein", sagte er, „was für eine Uhr?"

Ich sah ihn eine halbe Minute an. „Billie", sagte ich dann, „weißt du, woher die kleinen Kinder kommen?"

Er sah interessiert auf. „Ja", sagte er, „vom Himmel."

„O nein", lächelte ich, „du bist in deiner Mammi gewachsen, und als du groß genug warst, bist du herausgekommen." Ohne ein Wort zu sagen, ging er zu seinem Koffer und gab mir die zerbrochene Uhr. Er stahl nicht mehr; denn er hatte nur die Wahrheit gestohlen. Sein Gesicht verlor seinen verwirrten, beunruhigten Ausdruck, und Billie wurde glücklicher.

Der Leser könnte versucht sein, die dramatische Heilung Billies als ein Wunder anzusehen. Es war keines. Wenn ein Kind von einem tiefen Loch zu Hause spricht, denkt es wahrscheinlich unbewußt an die tiefe Höhlung, in der sein Leben begann. Andererseits wußte ich, daß Billies Vater ein paar Hunde hielt. Billie mußte wissen, woher die jungen Hunde kamen, und er muß dann zwei und zwei zusammengezählt und seine eigenen Vermutungen über die Herkunft kleiner Kinder angestellt haben. Die Lüge seiner furchtsamen Mutter trieb ihn dazu, seine Theorie zu verdrängen. Sein Wunsch, die Wahrheit herauszufinden, wählte die Form symbolischer Erfüllung. Symbolisch gesehen stahl er Mütter und öffnete sie, um zu sehen, was in ihrem Inneren war. Ich hatte einen anderen Schüler, der aus dem gleichen Grund ständig Schubladen öffnete.

Die Eltern dürfen das Kind nicht in ein Stadium drängen, auf das es noch nicht vorbereitet ist. Wer nicht will, daß sich das Kind natürlich vom Kriech- zum Gehstadium entwickelt, und es zu früh auf seine kleinen Beine stellt, erreicht nur, daß es krummbeinig wird. Da die jungen Gliedmaßen noch nicht stark genug sind, das Gewicht des Kindes auszuhalten, wird diese Anforderung verfrüht gestellt. Das Ergebnis ist verheerend. Hätten die Eltern gewartet, bis das Kind *von selbst* zum Gehen bereit war, dann wäre es selbstverständlich völlig von allein gegangen. Ähnlich verderbliche Folgen müssen vorzeitige Versuche der Sauberkeitserziehung haben.

Die gleichen Überlegungen gelten für die moralische Erziehung. Wenn man ein Kind zwingt, Wertbegriffe anzunehmen, die es seiner ganzen Entwicklung nach noch nicht annehmen kann, dann schüttelt es diese Werte nicht nur nach einiger Zeit wieder ab – es wird auch neurotisch.

Wenn man von einem Sechsjährigen vier Klimmzüge verlangt, so überfordert man ihn. Seine Muskeln sind dafür noch nicht stark genug. Überläßt man ihn aber seiner natürlichen Entwicklung, dann wird er mit achtzehn leicht diese Leistung vollbringen. Ebenso sollte man das Moralgefühl eines Jungen nicht überfordern. Die Eltern müssen Geduld haben in der Gewißheit, daß das Kind von Geburt gut ist und sich schließlich als gutes Menschenwesen erweisen wird, wenn man in seine natürliche Entwicklung nicht eingreift.

Die jahrelange Erfahrung in Summerhill hat mich überzeugt, *daß es überhaupt nicht nötig ist, den Kindern Betragen beizubringen. Das Kind lernt mit der Zeit, was richtig ist und was falsch – vorausgesetzt, daß es nicht unter Druck gesetzt wird.*

Lernen ist ein Prozeß, in dessen Verlauf man die Werte seiner Umwelt annimmt. Wenn die Eltern selbst ehrlich und gut sind, werden ihnen ihre Kinder mit der Zeit auf diesem Weg folgen.

Beeinflussung des Kindes

Eltern und Lehrer machen es sich zur Aufgabe, Kinder zu beeinflussen, weil sie zu wissen glauben, was Kinder haben, lernen und sein sollten. Ich stimme dem nicht zu. Ich habe nie Kinder zu veranlassen gesucht, daß sie meine Ansichten oder Vorurteile teilen. Ich habe keine Religion, habe jedoch nie ein Wort gegen Religion gelehrt. Übrigens auch nicht gegen unser barbarisches Strafrecht, gegen den Antisemitismus oder den Imperialismus. Ich würde nie bewußt Kinder beeinflussen, damit sie Pazifisten, Vegetarier, Reformer oder sonst irgend etwas würden. Ich weiß, daß Predigen auf Kinder keinen Eindruck macht. Ich vertraue auf die Kraft der Freiheit, daß sie die Jugend gegen den Schein, gegen Fanatismus und gegen die Ismen aller Art wappnet.

Jede dem Kind aufgezwungene Meinung ist eine Sünde gegen das Kind. Ein Kind ist kein kleiner Erwachsener und kann den Standpunkt eines erwachsenen Menschen unmöglich verstehen.

Ich möchte ein Beispiel anführen. Eines Abends sagte ich zu fünf Jungen im Alter von sieben bis elf: „Miß Y hat Grippe und fühlt sich nicht gut. Bemüht euch, leise zu sein, wenn ihr ins Bett geht." Sie versprachen, sich ruhig zu verhalten. Fünf Minuten später fochten sie lärmend eine Kissenschlacht aus. Ich lasse die Möglichkeit, daß sie unbewußt das Leben für Miß Y unangenehm machen wollten, außer Betracht und behaupte, daß ihr Alter an ihrem Verhalten schuld war. Sicher, eine strenge Stimme und eine Peitsche hätten für Miß Y Ruhe garantiert, doch in das Leben der Kinder Angst gebracht. Es ist ein allgemeiner Brauch im Umgang mit Kindern, zu fordern, daß sie sich uns und unseren Bedürfnissen anpassen. Dieser Brauch ist falsch.

Wenige Eltern oder Lehrer sehen ein, daß es verlorene Zeit ist, einem Kind Vorhaltungen zu machen. Keinem Kind, das eine Katze beim Ohr gezogen hat, nützt wirklich die beliebte Reaktion der Eltern: „Was würdest *du* sagen, wenn man *dich* am Ohr ziehen würde?" Kein Kind wird je verstehen, was die Eltern meinen, wenn sie sagen: „Du hast das Baby mit einer Nadel gestochen? Um dir zu zeigen, wie weh das tut, werde ich ... *(Weinen)*. Das wird dich lehren, es nicht wieder zu tun." Es tut es vielleicht nicht wieder – doch die Endresultate füllen unsere Kliniken.

Ich möchte die Eltern überzeugen, daß ein Kind nicht Ursache und Wirkung sehen kann. Wenn man einem Kind sagt: „Du warst so ungezogen, daß du am Samstag dein Taschengeld nicht bekommst", so ist das falsch. Denn wenn es am Samstag an seine Untat und die Strafe erinnert wird, dann ist es wirklich zornig und enttäuscht. Was sich nämlich, sagen wir, montags zutrug, liegt lange, lange Zeit zurück – ein Ereignis, das mit dem Samstagtaschengeld in keiner Verbindung steht. Das Kind fühlt sich nicht im geringsten schuldig. Doch hat es einen starken Haß gegen die Autorität, die ihm das Taschengeld vorenthält.

Eltern sollten sich immer fragen, ob sie nicht auf Grund ihres eigenen Machttriebes Befehle erteilen. Jedermann bemüht sich darum, bei seinem Nachbarn in hohem Ansehen zu stehen. Wenn nicht andere Kräfte das Kind zu einem unsozialen Verhalten drängen, wird es sich ganz von selbst so verhalten wollen, daß es gut angesehen ist. Doch das Bedürfnis, anderen zu gefallen, entwickelt sich erst mit einem bestimmten Alter. Der Versuch der Eltern und Lehrer, diese Entwicklung zu beschleunigen, fügt dem Kind nicht wiedergutzumachenden Schaden zu.

Ich habe einmal eine moderne Schule besucht, in der über hundert Jungen und Mädchen sich am Morgen versammelten, um einen Geistlichen zu hören. Er sprach ernst und gab ihnen den Rat, den Ruf Christi nicht zu überhören. Der Schulleiter fragte mich später, was ich von der Ansprache hielte. Ich erwiderte, daß ich sie als verbrecherisch ansähe. Hier waren viele Kinder, jedes mit einem schlechten Gewissen in sexuellen und anderen Dingen. Die Predigt mußte einfach das Schuldgefühl jedes Kindes verstärken.

In einer anderen fortschrittlichen Schule werden alle Schüler gezwungen, vor dem Frühstück eine halbe Stunde Bach zu hören. Dieser Versuch, die Kinder zu bessern, indem man ihnen ästhetische Normen vermittelt, hat psychologisch die gleiche Wirkung wie die alte kalvinistische Höllendrohung. Das Kind muß das, was als schlechter Geschmack bezeichnet wird, verdrängen.

Wenn mir der Leiter einer Schule sagt, seine Schüler würden Beethoven lieben und Jazz ablehnen, dann bin ich überzeugt, daß er sie beeinflußt hat – denn die meisten meiner Schüler ziehen Jazz vor. Ich persönlich hasse dieses lärmende, quakende Geräusch. Doch ich bin davon überzeugt, daß jener Schulleiter unrecht hat, obwohl er ein guter und ehrlicher Kerl sein mag.

Wenn eine Mutter vom Kind verlangt, gut zu sein, unterdrückt sie seine natürlichen Instinkte. Sie sagt ihrem Kind: „Was du tun willst, ist Unrecht.“ Es wäre das gleiche, wenn man ein Kind lehrte, sich selbst zu hassen. Man kann andere nur lieben, wenn man sich selbst nicht haßt.

Die Mutter, die ihr Kind wegen einer unbedeutenden sexuellen Gewohnheit bestraft, hat immer eine schmutzige Einstellung zur Sexualität. Der Ausbeuter im Richterstuhl ist ehrlich entrüstet über den Mann, der eine Geldbörse gestohlen hat. Wir werden Moralisten, weil wir nicht den Mut haben, uns mit unserer nackten Seele auseinanderzusetzen. Mit der Führung, die wir unseren Kindern angedeihen lassen, führen wir uns selbst. Wir identifizieren uns unbewußt mit unseren Kindern. Das Kind, das wir am stärksten ablehnen, ist uns immer am ähnlichsten. Wir hassen an anderen, was wir an uns selbst hassen. Und da jeder von uns ein Selbsthasser ist, bekommen unsere Kinder die Ergebnisse dieses Hasses in Form von Ohrfeigen, Schimpfreden, Verboten und Moralpredigten zu spüren. Warum hassen wir uns selbst? Es ist ein Teufelskreis. Unsere Eltern versuchten zu bessern, was uns die Natur gegeben hatte.

Wenn die Eltern, der Lehrer oder Richter mit einem Übeltäter zu tun haben, müssen sie sich mit emotionellen Faktoren in sich selbst auseinandersetzen. Sind sie Moralisten, Hasser, Sadisten, Feldwebeltypen? Unterdrücken sie die jugendliche Sexualität? Haben sie einen Schimmer von Tiefenpsychologie? Handeln sie konventionell mit Vorurteilen? Kurz gesagt: Sind sie selber frei?

Niemand von uns ist emotional völlig frei, weil uns schon in der Wiege ein fremder Wille aufgezwungen worden ist. Vielleicht wäre die richtige Frage: *Sind wir frei genug, uns nicht in das Leben anderer einzumischen, wie jung auch immer sie sein mögen? Sind wir frei genug, um objektiv zu sein?*

Fluchen

An Summerhill wird immer kritisiert, daß die Kinder dort fluchen. Es ist wahr, sie fluchen wirklich – wenn der Gebrauch alter englischer Wörter fluchen bedeutet. Es ist wahr, daß mancher neue Schüler mehr flucht, als nötig ist.

In unserer Schulversammlung wurde ein dreizehnjähriges Mädchen, das aus einer Klosterschule kam, wiederholt beschuldigt, sie habe „Hundesohn" geschrien, wenn sie zum Schwimmen ans Meer ging. Man machte ihr klar, daß sie nur an einem öffentlichen Strand fluchte. Ein Junge sagte: „Du bist bloß eine dumme, kleine Gans. Du fluchst, um dich vor anderen Leuten aufzuspielen, und dann willst du noch stolz darauf sein, daß Summerhill eine freie Schule ist. Doch tust du genau das Gegenteil – du machst, daß die Leute auf die Schule hinuntersehen."

Ich erklärte ihr, daß sie in Wirklichkeit der Schule Schaden zufügen wollte, weil sie sie hasse. „Aber ich hasse Summerhill nicht", rief sie. „Ich finde, es ist eine tolle Schule!"

„Ja", sagte ich, „das ist richtig, eine tolle Schule, aber du gehörst nicht dazu. Du bist noch immer in deiner Klosterschule, und du hast all deinen Haß gegen die Klosterschule und die Nonnen mitgebracht. Du identifizierst Summerhill noch immer mit der verhaßten Klosterschule. Du willst nicht wirklich Summerhill schädigen – sondern die Klosterschule." Doch gebrauchte sie weiterhin ihren besonderen Ausdruck, bis Summerhill für sie Realität wurde und nicht nur ein Symbol blieb. Von da an hörte sie auf zu fluchen.

Es gibt dreierlei Flüche: sexuelle, religiöse und den Kot betreffende. In Summerhill sind religiöse Flüche kein Problem, weil die Kinder keinen Religionsunterricht haben. Nun fluchen die meisten Kinder und Erwachsenen. Die Armee ist berühmt für das „Adjektiv", wie es ein Sonderling in einem von Kiplings Büchern nannte. Die meisten Studenten benutzen ein Kauderwelsch aus Sexualität und Afterfunktion. Schuljungen fluchen insgeheim und erzählen sich schmutzige Geschichten. Der Unterschied zwischen Summerhill und einer Vorschule ist, daß bei uns die Kinder offen und dort im Geheimen fluchen.

Es sind immer die neuen Schüler, die das Fluchen in Summerhill zu einem Problem machen. Nicht, daß die alten Schüler mit Engelszungen redeten, doch die alten Schüler fluchen sozusagen zur rechten Zeit. Sie beherrschen sich bewußt und bemühen sich, Außenstehende nicht zu beleidigen.

Unsere jungen Schüler haben ein großes Interesse an dem alten englischen Wort für Exkremente. Sie gebrauchen es oft, genauer gesagt: die Schüler aus gutem Haus. Ich meine damit Familien, in denen man von *Nr. 2* oder von *Aa* spricht. Kinder haben angelsächsische Wörter gern. Mehr als einmal hat mich ein Kind gefragt, warum man in der Öffentlichkeit nicht *Scheiße*, aber *Kot* oder *Exkremente* sagen darf. Ich möchte es auch gern wissen.

Wenn Kindergartenkinder frei von Bevormundung sind, dann haben sie einen höchst analen Wortschatz. Den Vier- bis Siebenjährigen in Summerhill macht es Freude, *Scheiße* und *Pisse* zu rufen. Ich weiß, daß die meisten von ihnen als Säuglinge eine strenge Sauberkeitserziehung erhielten, deshalb haben sie wahrscheinlich Komplexe wegen ihrer Körperfunktionen. Doch eines oder zwei waren frei aufgewachsen – in ihrer Familie herrschte keine Sauberkeitsdisziplin, es gab keine Tabus oder Wörter wie *unartig* und *schmutzig*, die Erwachsenen zeigten sich nackt, und es herrschte kein großes Getue um Ausscheidungsfunktionen. Diese freien Kinder schienen jene Wörter mit der gleichen Freude zu benutzen wie ihre unter Zwang aufgewachsenen Freunde. Es stimmt also nicht ganz, daß obszöne Wörter ihre Anziehungskraft automatisch verlieren, wenn Fluchen erlaubt ist. Unsere kleinen Kinder gebrauchen freimütig solche Wörter und ohne richtigen Zusammenhang. Wenn dagegen ältere Schüler fluchen, dann tun sie das wie Erwachsene – d. h. in der richtigen Weise.

Sexuelle Ausdrücke sind gebräuchlicher als anale. Unsere Kinder finden die Toilette nicht komisch. Da die Analität nicht der Verdrängung anheimfällt, sind Anspielungen auf Exkremente ziemlich langweilig. Mit der Sexualität ist das anders. Sie ist ein so wichtiger Teil des Lebens, daß ihr Vokabular unser ganzes Leben durchdringt. In ihrer aussprechbaren Form finden wir sie praktisch in jedem Lied und Tanz: ob in *My Red Hot Mamma* oder *When I Get You Alone Tonight*.

Für Kinder sind Flüche eine ganz natürliche Sprache. Erwachsene verurteilen sie, weil ihre eigene Obszönität größer ist als die der Kinder. Nur der Obszöne verurteilt Obszönität. Ich könnte mir vorstellen, daß ein Kind das Wort *Nase* nur in dunklen Ecken flüstern würde, wenn seine Eltern ihm beigebracht hätten, daß dieser Körperteil etwas Schmutziges und Schlechtes ist. Die Eltern müssen sich die Frage stellen: „Soll ich es meinen Kindern erlauben, offen zu fluchen, oder es zulassen, daß sie in dunklen Ecken obszön sind?“ Es gibt keinen Mittelweg. Das Vertuschen führt dazu, daß man als Erwachsener langweilige Vertretergeschichten erzählt. Offenheit dagegen führt zu einem klaren und sauberen Interesse am Leben. Ich kann auf gut Glück sagen, daß unsere früheren Schüler die sauberste Einstellung in ganz England haben.

Doch stößt man immer wieder mal mit lebensfeindlichen tadelnden Verwandten oder Nachbarn zusammen, die Fluchen bei Kindern verurteilen. Im Fall von Zoë haben wir festgestellt, daß sie eine rationale Erklärung des Verhaltens von Fremden akzeptiert. Irgendein Kind hatte sie ein Wort gelehrt, das wir wegen der gesetzlichen Vorschriften nicht drucken dürfen. Als wir uns mit dem Vater eines Mädchens unterhielten, das nach Summerhill kommen sollte (er war ein konventioneller Geschäftsmann), versuchte Zoë erfolglos, ein Spielzeug zusammenzubauen, und jedesmal, wenn es schiefging, rief sie: „oh, f— dich selber!" Später sagten wir ihr (und das war falsch, wie ich jetzt glaube), daß manche Menschen dieses Wort nicht mögen und sie es in Anwesenheit von Besuchern nicht benutzen sollte. Sie sagte: „In Ordnung."

Eine Woche später saß sie an irgend etwas Schwierigem. Sie blickte auf und fragte eine Lehrerin: „Bist du ein Besucher?"

Die Frau antwortete: „Natürlich nicht!"

Zoë seufzte erleichtert und rief: „Oh, f— dich selber!"

Ich habe erlebt, wie manches Kind, das zu Hause sagen konnte, was es wollte, von anderen Familien abgelehnt wurde. *Wir können unmöglich Tommy zu dieser Feier einladen, weil wir unsere Kinder unmöglich durch seine fürchterlichen Ausdrücke verderben lassen können.* Ausgestoßen zu sein ist eine schmerzhafte Strafe. Deshalb müssen die Tabus der Außenwelt beachtet und das Kind entsprechend geleitet werden. Doch muß diese Anleitung ohne Strafe und Tadel erfolgen.

Zensur

Bis zu welchem Grad sollen wir die Lektüre des Kindes zensieren? Auf dem Bücherbrett in meinem Büro stehen verschiedene Bücher über Psychologie und Sexualität. Jedes Kind kann sie jederzeit ausleihen. Doch bezweifle ich, ob mehr als ein oder zwei Kinder je irgendein Interesse daran gezeigt haben. Nicht ein Kind hat je nach „Lady Chatterley" oder „Ulysses" oder der „Psychopathia Sexualis" von Krafft-Ebing gefragt, und nur ein oder zwei ältere Schüler liehen sich die „Encyclopedia of Sex Knowledge".

Einmal nahm jedoch eine neue Schülerin, ein vierzehnjähriges Mädchen, das „Tagebuch eines jungen Mädchens“ mit dem Vorwort von Freud von meinem Bücherbrett. Ich sah sie über dem Buch sitzen und kichern. Ein halbes Jahr später las sie es nochmals und sagte, es sei ziemlich langweilig. Was für das unwissende Mädchen pikante Lektüre gewesen war, wurde nun, da sie aufgeklärt war, zum Gemeinplätzigen. Dieses Mädchen kam mit einer schmutzigen Unwissenheit nach Summerhill, wie sie ihm in dunklen Ecken ins Ohr geflüstert worden war. Natürlich klärte ich sie über sexuelle Dinge auf. Verbote führen immer dazu, daß Kinder Bücher heimlich lesen.

In unserer Jugend wurde die Lektüre zensiert, so daß unser Ehrgeiz darauf gerichtet war, „Tess von d'Urbervilles“ oder Rabelais oder eine Übersetzung der französischen Bücher mit gelbem Einband zu bekommen. Mit anderen Worten, die Zensur wurde ein Maßstab für besonders interessante Bücher.

Die Zensur ist wirkungslos, weil sie niemanden schützt. Nehmen wir nur den „Ulysses“ von James Joyce, der einmal in England und den USA verboten, aber in Paris oder Wien zu kaufen war. Das Buch enthält Wörter, die gewöhnlich als obszön bezeichnet werden. Ein naiver Leser würde sie nicht verstehen, und ein erfahrener Leser, der sie bereits kennt, kann durch sie nicht verdorben werden. Ich erinnere mich an einen Schulleiter, der mich kritisierte, weil ich „The Prisoner of Zenda“ in die Schulbibliothek aufgenommen hatte. Überrascht fragte ich nach dem Grund seiner Kritik. Er sagte, in den ersten Kapiteln komme Unehelichkeit vor. Ich hatte das Buch zweimal gelesen und nichts davon bemerkt.

Es scheint, daß Kinder eine sauberere Einstellung haben als Erwachsene. Ein Junge kann „Tom Jones“ lesen und die obszönen Stellen übersehen. Wenn wir ein Kind von seiner Unwissenheit über die Sexualität befreien, nehmen wir jedem Buch seine Gefährlichkeit. Ich bin entschieden gegen jede Zensur der Lektüre, ganz gleich für welches Alter.

Gegenüber der Angst wird das Problem der Zensur schwieriger als gegenüber der Sexualität. Ein schreckliches Buch wie Bram Stokers „Dracula“ könnte auf ein neurotisches Kind traurige Auswirkungen haben, und ich würde dieses Buch nicht absichtlich in Reichweite eines solchen Kindes liegen lassen. Da meine Aufgabe aber in dem Versuch besteht, die Wurzeln der Angst zu analysieren, würde ich einem Kind dieses Buch nicht verbieten. Eher würde ich die Symptome angreifen, die sich bei der Lektüre zeigen.

Ich erinnere mich, wie ich mich als Kind bei der Geschichte in der Bibel fürchtete, in der Kinder von Bären gefressen werden, doch tritt niemand für eine Zensur der Bibel ein. Viele Kinder lesen die Bibel auf der Suche nach obszönen Stellen. Als kleiner Junge kannte ich sie alle, genau nach Kapitel und Vers. Meine Angst vor den Bären kann eine Folge meiner Gewissensbisse gewesen sein, die ich mir im Zusammenhang mit der Lektüre anderer Bibelstellen machte.

Wir neigen dazu, die Wirkung blutrünstiger Geschichten auf Kinder zu übertreiben. Die meisten Kinder können an äußerst sadistischen Geschichten Gefallen finden. Wenn ich meinen Schülern am Sonntagabend Abenteuergeschichten erzähle, in der sie im letzten Augenblick vor dem Kannibalenkessel gerettet werden, dann springen sie vor Freude auf.

Am meisten Angst dürften übernatürliche Geschichten verursachen. Die meisten Kinder haben Angst vor Gespenstern, besonders solche aus religiösen Familien. Hier muß man ebenso wie in sexuellen Fragen der Angst zu Leibe rücken, statt die Lektüre zu zensieren. Ich gebe zu, daß es schwierig ist, die Gespenster in der Seele des Kindes zu verjagen, doch der Lehrer oder Arzt muß es versuchen. Es ist die Pflicht der Eltern, dafür zu sorgen, daß keine Gespenster in die Seele des Kindes eindringen.

Eltern sollten ihren Kindern niemals Geschichten von grausamen Riesen und bösen Hexen vorlesen. Manche zögern, eine Geschichte wie „Aschenputtel“ vorzulesen, weil diese Geschichte eine falsche Moral habe: Du kannst eine niedrige Magd sein, die nicht von der Asche loskommt, und eine freundliche Fee wird kommen, die dir einen Prinzen zum Gemahl gibt. Doch welchen schädlichen Einfluß kann die Geschichte vom „Aschenputtel“ auf ein gesundes Kind haben?

Der Prozentsatz von Kriminalromanen an den Bahnhofsbuchständen ist hoch. Wenn ein sechzehnjähriger Junge einen Polizisten erschießt, dann sehen ein oder zwei Millionen Leser nicht ein, daß der Junge nur ausgeführt hat, was sie als Phantasieprodukt mit Vergnügen lesen. Der Reißer kennzeichnet unser Unvermögen, zu spielen, zu sinnieren und schöpferisch zu sein. Im Grunde berührt der Reißer unseren verdrängten Haß und Wunsch, zu verletzen und zu töten.

Kinobesuch und Bücherlesen gehören zwei verschiedenen Kategorien an. Das Geschriebene ist nicht so fürchterlich wie das, was man sieht oder hört. Manche Filme erfüllen die Kinder mit Schrecken, und man weiß nie mit Sicherheit, wo und wann sich in einem Film etwas Schreckliches ereignet. Es gibt soviel Brutalität auf der Leinwand. Männer hauen sich gegenseitig aufs Maul, und manchmal schlagen sie sogar Frauen. In den Wochenschauen werden Box- und Ringkämpfe gezeigt. Zur Abrundung dieses sadistischen Bildes gibt es Filme über Stierkämpfe. Ich habe gesehen, wie sich kleine Kinder vor dem Krokodil oder den Piraten in „Peter Pan" fürchteten. „Bambi" ist eine bezaubernde Geschichte, so menschlich und liebevoll, daß ich einfach nicht verstehe, wie jemand, der den Film gesehen hat, zum bloßen Sport Rehe schießen kann. Kinder lieben diesen Film, obwohl manche vor Angst weinen, wenn die Hunde des Jägers Bambi angreifen. Die Eltern haben deshalb eine gewisse Berechtigung, ihrem kleinen Kind bestimmte Filme zu verbieten.

Es ist fraglich, ob Sexfilme für die meisten Kinder schädlich sind. Freien Kindern fügen solche Filme sicher keinen Schaden zu. Meine Kinder haben den französischen Film „Der Reigen" ohne große Emotion oder schlechte Folgen gesehen. Kinder sehen eben, was sie sehen wollen.

Eine Filmgeschichte ohne Sexualität wird kein Kassenerfolg werden. Für Sexfilme wird mehr ausgegeben als für Bücher und Musik. Schönheitsmittel verkaufen sich besser als Konzertkarten. Doch müssen wir daran denken, daß es hinter der aussprechbaren Sexualität immer die unaussprechliche gibt. Hinter der Hochzeitskutsche, dem alten Schuh und den Reiskörnern verbirgt sich das Unaussprechliche, das sie symbolisieren.

Die Popularität von Filmen hängt mit der Realitätsflucht von uns allen zusammen, und sie ist auch der Grund, warum die Filmproduzenten immer für eine üppige Ausstattung sorgen. Inmitten all dieses Luxus ereilt die Bösewichte das Schicksal, und die tugendhaften Helden leben glücklich, und wenn sie nicht gestorben sind . . .

Vor kurzem sahen wir einen Film mit einem Mann, der seine Seele dem Teufel verkauft. Die Kinder waren alle der Ansicht, daß der Teufel mir sehr ähnlich sah. Ich werde immer zum Teufel für Jungen, denen beigebracht worden ist, daß sexuelle Sünde die Sünde gegen den Heiligen Geist ist. Wenn ich ihnen sage, daß am Körper nichts Sündiges ist, sehen sie mich an, als sei ich der Teufel, der sie in Versuchung führt. Für neurotische Kinder bin ich Gott und Teufel. Eines Tages griff ein kleiner Junge zum Hammer, um den Teufel zu töten. Neurotikern zu helfen kann manchmal gefährlich sein.

Eine Auswahl der Freunde und Kameraden eines Kindes zu treffen ist meistens zu schwierig. Ich glaube, man sollte nur dann einschreiten, wenn ein Nachbarkind grausam ist oder andere tyrannisiert. Glücklicherweise sind die meisten Kinder selbst wählerisch, und früher oder später finden sie geeignete Kameraden.

V *Probleme des Kindes*

Grausamkeit und Sadismus

Grausamkeit ist pervertierte Liebe. Aus diesem Grunde ist Sadismus immer pervertierte Sexualität. Ein grausamer Mensch kann nicht geben, da Geben ein Akt der Liebe ist.

Es gibt keinen Grausamkeitsinstinkt. Tiere sind nicht grausam. Eine Katze spielt mit einer Maus nicht aus Grausamkeit. Es ist einfach ein Spiel ohne ein Bewußtsein der Grausamkeit.

Bei Menschen ist Grausamkeit auf Motive zurückzuführen, die größtenteils unbewußt sind. Während der vielen Jahre in Summerhill hatte ich selten ein Kind, das Tiere quälen wollte. Vor einigen Jahren hatten wir einen Ausnahmefall. Der dreizehnjährige John erhielt einen jungen Hund zum Geburtstag. „Er hat Tiere gern", hatte seine Mutter geschrieben. Als nun John den kleinen Spot mit sich herumführte, zeigte es sich bald, daß er ihn mißhandelte. Ich kam zu dem Schluß, daß er Spot mit seinem jüngeren Bruder Jim identifizierte, dem Liebling seiner Mutter.

Eines Tages sah ich, wie John den Hund schlug. Ich ging zu dem kleinen Spot, streichelte ihn und sagte: „Tag, Jim." Anscheinend machte ich damit John bewußt, daß er den Haß gegen seinen brüderlichen Rivalen an dem armen Hund ausließ; denn von da an hörte er auf, Spot grausam zu behandeln. Aber ich rührte nur an das Symptom; seinen Sadismus heilte ich damit nicht.

Freie, glückliche Kinder dürften kaum grausam sein. Die Grausamkeit vieler Kinder ist nur eine Folge der Grausamkeit, mit der Erwachsene sie behandelt haben. Man kann nicht geschlagen werden, ohne zu wünschen, selbst jemanden zu schlagen. Wie der Lehrer wählt man dann jemanden, der körperlich schwächer ist. In einer strengen Schule sind die Jungen untereinander grausamer als in Summerhill.

Immer wieder wird eine rationale Erklärung für die Grausamkeit vorgeschoben: *Es schmerzt mich mehr als dich.* Nur wenige Sadisten, wenn überhaupt welche, geben freimütig zu: „Ich schlage Menschen, weil es befriedigt", obwohl das die richtige Erklärung ist. Sie verbergen ihren Sadismus hinter moralischen Begriffen und sagen: „Ich möchte nicht, daß mein Junge ein Weichling wird. Ich möchte, daß er sich einer Welt einfügen kann, in der er unangenehme Schläge hinnehmen muß. Ich verprügle meinen Sohn, weil ich als Junge auch verprügelt worden bin und mir das verdammt gut getan hat."

Eltern, die ihre Kinder schlagen, haben immer schnell solche Erklärungen bereit. Ich habe bisher noch nie Eltern gefunden, die ehrlich sagten: „Ich schlage mein Kind, weil ich es hasse, weil ich mich selbst, meine Frau, meine Arbeit, meine Verwandten – einfach, weil ich das Leben selbst hasse. Ich schlage meinen Sohn, weil er klein ist und nicht zurückschlagen kann. Ich schlage ihn, weil ich Angst vor meinem Chef habe. Wenn mein Chef mir zusetzt, dann lasse ich meinen Ärger zu Hause an dem Kleinen aus."

Wenn die Eltern ehrlich genug wären, so etwas zu sagen, dann hätten sie kein Bedürfnis, grausam zu ihren Kindern zu sein. Grausamkeit ist ein Produkt der Unwissenheit und des Hasses gegen sich selbst. Grausamkeit schützt den Sadisten vor der Erkenntnis, daß sein eigenes Wesen pervertiert ist.

In Hitler-Deutschland wurde von sexuell Perversen vom Typ eines Julius Streicher gefoltert. Seine Zeitschrift „Der Stürmer" war lange vor Errichtung der Konzentrationslager voll von widerlichen Perversionen. Aber viele Väter, die die sexuelle Perversität der Gefängnissadisten heftig ablehnen, halten ihre eigenen geringfügigeren Sadismen für etwas anderes. Zu Hause oder in der Schule Kinder zu schlagen ist grundsätzlich das gleiche, wie in Belsen Juden zu foltern. Wenn der Sadismus in Belsen sexuell war, dann dürfte er es auch in der Schule oder in der Familie sein.

Ich höre eine Mutter protestieren: „So ein Unsinn! Wollen Sie vielleicht sagen, ich zeige sexuelle Perversion, wenn ich Jimmy einen Klaps gebe, weil er die Vase von Großmama angefaßt hat?"

Meine Antwort lautet: „Ja, allerdings in einem geringfügigeren

Grad. Wenn Sie glücklich verheiratet sind und ein befriedigendes Geschlechtsleben haben, dann werden Sie Jimmy nicht schlagen. Schlagen ist ein buchstäblicher Haß gegen den Körper mit all seinen Bedürfnissen und Begierden. Wenn Sie Ihren eigenen Körper lieben, dann werden Sie Jimmys Körper keinen Schmerz zufügen wollen.«

Die Eltern können ihre Kinder schlagen, solange es ihnen gefällt, wenn sie keine Striemen hinterlassen, die man vor Gericht sehen kann. Unser Strafrecht ist eine lange Liste von Grausamkeiten, die als Gerechtigkeit getarnt ist.

Es ist schwieriger, mit geistiger als mit körperlicher Grausamkeit fertigzuwerden. Eine Gemeindeverordnung kann die Prügelstrafe in den Schulen abschaffen, aber kein Gesetz kann je einen Menschen erfassen, der geistige Grausamkeit verübt. Zynische oder boshafte Reden der Eltern können einem Kind unsagbaren Schaden zufügen. Wir alle kennen Väter, die ihre Söhne verspotten. *Du Tölpel, alles, was du anfaßt, machst du falsch!* Solche Männer äußern den Haß gegen ihre Frauen durch ständige Kritik. Und dann gibt es Frauen, die ihre Ehemänner und Kinder durch Einschüchterung und einen Strom von Beschimpfungen gängeln.

Eine besondere Form von geistiger Grausamkeit zeigt ein Vater, wenn er den Haß gegen seine Frau an seinen Kindern ausläßt.

Lehrer sind oft grausam durch ihren Hochmut und Sarkasmus. Sie möchten von ihren Schülern ein schallendes Gelächter ernten, wenn sie ein armes, verschüchtertes Kind quälen.

Kinder sind nie grausam, es sei denn, daß sie ein starkes Gefühl verdrängen mußten. Freie Kinder müssen so gut wie keinen Haß gegen sich selbst äußern. Sie hassen keine anderen Menschen und sind nicht grausam.

Das Leben jedes kleinen Tyrannen ist auf irgendeine Weise bedrängt worden. Oft handelt er gegen andere buchstäblich ebenso, wie man ihn behandelt hat. Jedes Schlagen macht ein Kind in seinen Wünschen oder Handlungen sadistisch.

Unterdrückte Kinder sind in ihren Späßen grausam. In Summerhill habe ich kaum erlebt, daß jemandem ein Streich gespielt worden ist. Die paar, die ich gesehen habe, wurden gewöhnlich von Neuankömmlingen aus Privatschulen ausgeheckt. Unmittelbar nach den Ferien, wenn die Kinder aus dem größeren Druck zu Hause zurückkehren, kommt es vor, daß sie Mitschüler hänseln — Fahrräder werden versteckt usw. –, doch dauern diese Perioden nicht länger als eine Woche. Im großen und ganzen ist der Humor Summerhills freundlich. Die Kinder erfreuen sich ja auch der Anerkennung und Liebe ihrer Lehrer. Kinder sind nämlich gut, wenn sie nicht hassen und Angst haben müssen.

Kriminalität

Viele Psychologen meinen, daß das Kind zwar weder gut noch böse, jedoch mit der Neigung zum Gutsein und zur Kriminalität geboren wird. Ich glaube, es gibt weder einen kriminellen Instinkt noch irgendeine natürliche Neigung zur Böswilligkeit im Kind. Kriminalität tritt bei einem Kind als pervertierte Liebe auf. Sie ist ein radikaler Ausdruck der Grausamkeit. Ihre Ursache ist ein Mangel an Liebe.

Eines Tages sang einer meiner Schüler, ein neunjähriger Junge, beim Spielen stillvergnügt vor sich hin: „Ich möchte meine Mutter umbringen." Sein Verhalten war unbewußt, denn er baute ein Boot und all sein bewußtes Interesse war auf diese Tätigkeit gerichtet. Tatsache ist jedoch, daß seine Mutter ihr eigenes Leben lebt, und er sie selten zu sehen bekommt. Sie liebt ihn nicht, und unbewußt weiß er das.

Doch dieser Junge, ein äußerst liebenswertes Kind, hat sein Leben nicht mit verbrecherischen Gedanken begonnen. Es ist immer die gleiche Geschichte: *Wenn ich nicht Liebe bekommen kann, so doch Haß.* Jeder Fall von Kriminalität bei Kindern kann auf zuwenig Liebe zurückgeführt werden.

Ein anderer Schüler, ebenfalls neun Jahre alt, hatte eine Giftphobie. Er hatte Angst, seine Mutter würde ihn vergiften. Wenn sie vom Tisch aufstand, beobachtete er jede ihrer Bewegungen. Und oft sagte er: „Ich weiß, was du jetzt tust. Du holst das Gift für mein Essen." Vermutlich handelte es sich um einen Fall von Projektion. Die Mutter schien seinem Bruder mehr Liebe zu schenken, und wahrscheinlich hatte der neurotische Junge Wachträume, in denen er Bruder und Mutter vergiftete. Seine Angst war wahrscheinlich die Angst vor der Strafe – *ich möchte sie vergiften, und vielleicht vergiftet sie nun mich aus Rache.*

Verbrechen sind ein deutlicher Ausdruck des Hasses. Das Studium der Kriminalität bei Kindern verwandelt sich in das Studium der

Ursachen, die ein Kind zum Haß veranlaßt haben. Es ist eine Frage des verletzten Ich.

Wir kommen nicht an der Tatsache vorbei, daß das Kind in erster Linie Egoist ist. Nichts anderes ist wichtig. Wird das Ich zufriedengestellt, dann haben wir das, was wir Gutsein nennen. Läßt man es verkümmern, dann haben wir Kriminalität. Der Verbrecher rächt sich an der Gesellschaft, weil sie ihm keine Liebe gezeigt und sein Ich verletzt hat.

Wenn die Menschen bereits mit einem kriminellen Trieb geboren würden, dann müßten aus den feinen Familien der Mittelklasse ebensoviele Verbrecher kommen wie aus den Armenvierteln. Aber wohlhabende Menschen können ihrem Ich besser Ausdruck verschaffen. Die Vergnügungen, die man mit Geld erkaufen kann, die verfeinerte Umwelt, Kultur und Standesbewußtsein, alles dient dem Ich. Unter den Armen ist das Ich verkümmert. Nur wenige arme Jungen können sich auszeichnen. Als Verbrecher, als Gangster oder wenigstens als Mensch, der andere schikaniert, kann man sich auf eine andere Art auszeichnen.

Viele Menschen glauben, daß schlechte Filme Menschen zu Verbrechern machen. Meiner Ansicht nach ist das kurzsichtig. Ich bezweifle sehr, daß je ein Film irgend jemanden verdorben hat. Sicher, ein Film kann den Jugendlichen auf eine bestimmte Methode hinweisen, doch war das Motiv zur Tat vorhanden, bevor der Film herauskam. Der Film macht das Verbrechen künstlerischer, doch kann er unmöglich jemanden zum Verbrechen bewegen, der nicht schon vorher verbrecherische Absichten gehabt hat.

Verbrechen ist in erster Linie eine Familienangelegenheit und dann eine Angelegenheit der Gemeinschaft. Die meisten von uns werden, wenn sie ehrlich sind, zugeben, daß sie in der Phantasie die ganze Familie umgebracht haben. Ich hatte eine Schülerin, die ihre Verwandten eines äußerst fürchterlichen Todes sterben ließ – besonders ihre Mutter.

Autorität und Eifersucht liegen vielen Mordgelüsten zugrunde. Kein Kind kann Autorität ertragen. Und da so viele Kinder zwischen vier und vierzehn gegängelt werden, wundere ich mich, daß es nicht mehr Mörder auf der Welt gibt.

Bei Kindern ist der Wille zur Macht das Verlangen, bewundert und geliebt zu werden. Das Kind bemüht sich, Bewunderung und Aufmerksamkeit zu erzwingen. Deshalb finden wir bei introvertierten, schüchternen und kontaktgehemmten Kindern kriminelle Gedanken. Das unbedeutende kleine Mädchen spinnt an schrecklichen Phantasiegebilden über einen plötzlichen Tod, wenn ihre hübsche Schwester vor Gästen tanzt.

Das extrovertierte Kind braucht nicht zu hassen. Es lacht, tanzt und redet, und die Anerkennung seines Publikums befriedigt sein Bedürfnis nach Bewunderung.

Das introvertierte Kind sitzt in einer Ecke und träumt von dem, was sein sollte. Der am meisten introvertierte Junge in meiner Schule beteiligt sich nicht an Gemeinschaftsabenden. Er tanzt nicht, singt nicht und tobt nicht mit anderen herum. In den Stunden mit mir erzählt er von einem wunderbaren Zauberer, der ihm dient. Er muß nur ein bestimmtes Wort aussprechen, und der Zauberer gibt ihm einen Rolls Royce. Eines Tages erzählte ich ihm eine Geschichte, in der alle Summerhill-Kinder als Schiffbrüchige auf einer Insel stranden. Die Geschichte schien ihm nicht zu gefallen. Ich forderte ihn auf, sie abzuändern. „Mach, daß ich als einziger gerettet werde!“ sagte er.

Wir sind alle mit diesem Mechanismus vertraut: Höherklettern auf Kosten der anderen. Es ist die Psychologie des Petzers. „Bitte, Tommy hat ein Schimpfwort gebraucht“, heißt: *Ich fluche nicht, ich bin ein braver Junge.*

Zwischen einem Menschen, der seine Rivalen in der Phantasie umbringt, und dem Verbrecher, der sie in Wirklichkeit tötet, besteht nur ein gradueller Unterschied. In dem Maße, wie wir nach Liebe hungern, sind wir alle potentielle Verbrecher. Ich pflegte mir zu schmeicheln, daß ich die Kinder von ihren kriminellen Phantasien durch meine psychologischen Methoden heile, doch glaube ich nun, daß diese Heilung der Liebe zuzuschreiben ist. Vorzugeben, daß ich einen neuen Schüler liebe, wäre albern, doch fühlt das Kind sich geliebt, weil ich sein Ich achte.

Wenn man einem Kind die Freiheit gibt, es selbst zu sein, benutzt man das beste Mittel gegen Kriminalität. Ich habe das vor vielen Jahren gelernt, als ich Homer Lanes *Kleines Commonwealth* besuchte. Lane gab kriminellen Kindern die Freiheit, sie selbst zu sein, und sie wurden gut. In den Slums können jugendliche Verbrecher ihr Ich nur durch antisoziales Verhalten befriedigen, das die Aufmerksamkeit der anderen erregt. Lane erzählte mir von seiner Beobachtung, daß manche jugendliche Verbrecher vor Gericht stolz um sich schauen. In der landwirtschaftlichen Gemeinschaft Homer Lanes fanden diese Jungen neue Werte, soziale Werte – das heißt, *gute* Werte. Für mich war die Farm in Dorset ein überzeugender Beweis dafür, daß es keinen ursprünglichen Willen zur Kriminalität gibt.

Ich muß an den neuen Jungen denken, der ausriß. Lane lief ihm nach und holte ihn ein. Der Junge, der an Schläge gewohnt war, hob schützend einen Arm. Lane lächelte und drückte ihm Geld in die Hand.

„Wofür?" stammelte der Junge.

„Nimm den Zug nach Hause", sagte Lane. „Du brauchst nicht zu gehen." Der Junge kehrte am gleichen Abend ins *Commonwealth* zurück.

Ich muß an diese Methode denken und dann an die strengen Methoden in den meisten Besserungsanstalten. Das Gesetz erzeugt Verbrechen. Die Gesetze zu Hause, die sich in den drohenden Befehlen des Vaters äußern, zügeln das Ego des Kindes. Und dieses Zügeln macht das Kind böse. Die Gesetze des Staates rufen nur die unbewußten Erinnerungen an die häusliche Bevormundung wieder wach.

Unterdrückung erzeugt Trotz, und der Trotz trachtet ganz natürlich nach Rache. Kriminalität ist Rache. Um das Verbrechen aus der Welt zu schaffen, müssen wir alles beseitigen, was ein Kind rachedurstig macht. Wir müssen dem Kind Liebe und Achtung erweisen.

Stehlen

Man muß zwei Arten von Stehlen unterscheiden: das Stehlen bei einem normalen und das Stehlen bei einem neurotischen Kind.

Ein natürliches, normales Kind wird stehlen. Es gibt einfach seinem Anschaffungsdrang nach oder, wenn es mit Freunden stiehlt, sucht das Abenteuer. Das Kind hat zwischen Mein und Dein noch keine Unterscheidung getroffen. Viele Summerhill-Kinder stehlen auf diese Art bis zu einem bestimmten Alter. Sie dürfen das.

Als ich mich mit einer Reihe von Lehrern über ihre Obstgärten unterhielt, erzählten sie mir, ihre Schüler nähmen die meisten Früchte. Nun haben wir in Summerhill einen großen Garten voller Bäume und Büsche, aber unsere Kinder stehlen selten Obst. Vor einiger Zeit wurden zwei Jungen vor der Schulversammlung beschuldigt, Obst geklaut zu haben. Es waren neue Schüler. Sobald ihr schlechtes Gewissen beseitigt war, interessierte sie Obststehlen nicht mehr.

In der Schule wird meistens gemeinsam gestohlen. Das deutet an, daß Abenteuerlust beim Stehlen eine wichtige Rolle spielt, aber nicht nur Abenteuerlust, sondern auch Angeberei, Wagemut, Führerschaft.

Selten nur tritt ein einsamer Gauner auf – immer ein verschlagener Junge mit einem Gesicht voll engelhafter Unschuld, dem vieles gelingt, weil es in Summerhill keine Petzer gibt, die ihn verraten würden. Man kann einen jungen Dieb nie an seinem Gesicht erkennen. Ich habe hier zum Beispiel einen Jungen mit einem so unschuldigen Lächeln und so klaren, blauen arglosen Augen, daß ich den Verdacht habe, er dürfte etwas über den Verbleib der Dose mit Obst wissen, die gestern Nacht aus der Schulspeisekammer verschwunden ist.

Ich habe jedoch viele Kinder, die mit dreizehn gestohlen haben, zu ehrlichen Staatsbürgern heranwachsen sehen. Kinder scheinen mehr Zeit zum Heranwachsen zu brauchen, als wir im allgemeinen glauben. Mit Heranwachsen meine ich die Entwicklung zu einem sozialen Wesen.

Das Kind ist in erster Linie Egoist – im allgemeinen bis zum Beginn der Pubertät. Bis zu diesem Zeitpunkt ist es ihm gewöhnlich nicht möglich, sich in andere hineinzuversetzen. Der Begriff von *Mein* und *Dein* ist ein Begriff der Erwachsenen; das Kind bekommt erst einen Sinn dafür, wenn es reif genug ist.

Wenn Kinder geliebt werden und frei sind, dann werden sie rechtzeitig gut und ehrlich. Das hört sich sehr einfach an, doch ich bin mir der vielen Schwierigkeiten bewußt, die in der Praxis auftauchen.

In Summerhill kann ich den Kühlschrank oder die Kasse nicht unverschlossen lassen. Auf den Schulversammlungen werden Schüler beschuldigt, den Koffer anderer aufgebrochen zu haben. Ein einziger Dieb kann die Gemeinschaft schloß- und schlüsselerpicht machen. Und es gibt wenig Gemeinschaften von Jugendlichen, in denen volle Ehrlichkeit herrscht. Vor fünfundfünfzig Jahren wagte ich nicht, im Studentenaufenthaltsraum der Universität ein Buch in der Manteltasche zu lassen. Und ich habe Gerüchte gehört, daß manche Parlamentsabgeordnete zögern, Wertsachen in Mänteln oder Aktenmappen zu lassen.

Es könnte sein, daß Ehrlichkeit eine erworbene Eigenschaft ist, die in der menschlichen Entwicklung erst spät mit dem Aufkommen des

Privateigentums aufgetreten ist. Furcht trägt möglicherweise am stärksten zur Ehrlichkeit bei. Nicht eine abstrakte Ehrlichkeit hält mich davon ab, bei meiner Einkommensteuererklärung zu schwindeln; es ist die Furcht, daß sich das Spiel nicht lohnt, daß die Bloßstellung durch eine Entdeckung Ruf, Arbeit und Heim zerstören würde.

Weil es Gesetze gegen alles und jedes gibt, muß man annehmen, daß sie wegen einer Tendenz zur Übertretung gemacht worden sind. In einem Land mit totalem Alkoholverbot würde es kein Gesetz geben, das Autofahren in betrunkenem Zustand verbietet. Die vielen Gesetze gegen Diebstahl, Raub, Betrug usw. in allen Ländern beruhen auf dem Glauben, daß die Menschen stehlen, wenn sie können. Und das stimmt.

Schließlich sind alle Erwachsenen mehr oder weniger unehrlich. Es gibt wenig Menschen, die nicht etwas durch den Zoll schmuggeln, und noch weniger, die nicht bei ihrer Einkommensteuererklärung schwindeln. Aber fast jeder ist wirklich aufgebracht, wenn sein Sohn einen Pfennig stiehlt.

Andererseits sind die meisten Menschen in ihren Beziehungen zu anderen ziemlich ehrlich. Es wäre ein leichtes, einen der silbernen Löffel der Gastgeberin in die Tasche gleiten zu lassen, wenn man wollte. Man denkt nicht daran, das zu tun, doch vielleicht denkt man daran, eine Rückfahrkarte, die der Schaffner zu lochen und einzusammeln vergaß, noch einmal zu verwenden. Erwachsene unterscheiden zwischen dem Einzelnen und der Organisation, ganz gleich, ob es sich um eine staatliche oder private handelt. Es ist in Ordnung, die Versicherung zu beschwindeln, aber verwerflich, wenn man den Krämer hereinlegt. Kinder treffen keine solchen Unterscheidungen. Sie klauen unterschiedslos bei Zimmerkameraden, Lehrern und Geschäften. Nicht alle Kinder stehlen, doch werden viele nichts dagegen haben, wenn sie von dem Gestohlenen etwas abbekommen. So findet man bei freien und glücklichen Kindern aus der Mittelklasse die gleiche Unehrlichkeit wie unter den Kindern der Armen.

Ich bin der Ansicht, daß Kinder stehlen, wenn sich dazu eine Gelegenheit bietet. Ich habe als Kind nicht gestohlen, weil ich gründlich abgerichtet war. Stehlen bedeutete eine gute Tracht Prügel, wenn es herauskam, und das ewige Höllenfeuer. Aber Kinder, die nicht so eingeschüchtert worden sind wie ich, stehlen selbstverständlich. Wenn das Kind jedoch mit Liebe großgezogen wird, wächst es mit der Zeit aus dem Stehlstadium hinaus und reift zu einem ehrlichen Menschen heran.

Die zweite Art des Stehlens, das aus Gewohnheit und unter einem Zwang erfolgt, zeigt an, daß das Kind an einer Neurose leidet. Ein neurotisches Kind stiehlt gewöhnlich aus Mangel an Liebe. Das Motiv ist unbewußt. Fast immer, wenn ein Kind hartnäckig stiehlt, fühlt es sich ungeliebt. Sein Stehlen ist ein symbolischer Versuch, etwas sehr Wertvolles zu bekommen. Ob nun Geld, Schmuck oder sonst irgend etwas gestohlen wird, immer handelt es sich um den unbewußten Wunsch, Liebe zu stehlen. Man kann diese Art von Stehlen nur behandeln, indem man dem Kind Liebe gibt. Wenn ich also einem Jungen Geld gebe, weil er meinen Tabak gestohlen hat, ziele ich auf sein unbewußtes Gefühl, nicht an seine bewußten Gedanken. Mag er denken, daß ich ein Narr bin, das ist nicht sehr wichtig. Was er fühlt, darauf kommt es an. Und er hat das Gefühl, daß ich sein Freund bin, daß ich ihn anerkenne, daß ich ihm Liebe statt Haß gebe. Früher oder später hört er auf zu stehlen, denn die Liebe, die er symbolisch in Form von Geld oder Gegenständen gestohlen hat, bekommt er jetzt freiwillig und braucht sie nicht mehr zu stehlen.

In diesem Zusammenhang möchte ich den Fall eines Jungen erwähnen, der immer die Fahrräder anderer Kinder benutzte. Vor der Schulversammlung wurde er beschuldigt, er habe „ständig die Vorschrift über Privateigentum verletzt, indem er die Fahrräder anderer Kinder benutzte". Der Urteilspruch: „Schuldig!" Strafe: „Die Gemeinschaft wird aufgefordert, zu sammeln und ihm ein Fahrrad zu kaufen." Die Gemeinschaft hat das Geld gesammelt.

Was die Belohnung für einen Dieb angeht, muß ich doch gewisse Einschränkungen machen. Wenn das Kind geistig auf einer niedrigen Stufe steht oder, schlimmer noch, wenn es emotional gehemmt ist, dann wird eine Belohnung nicht den gewünschten Effekt haben. Auch wenn es sehr eingebildet ist, wird eine symbolische Gabe nichts nützen. Bei meiner Arbeit mit Problemkindern habe ich festgestellt, daß fast jeder junge Dieb günstig reagiert, wenn ich ihn belohne. Mißerfolge hatte ich nur bei überaus wenigen, die man vielleicht bewußte Gauner nennen könnte und die einer Therapie oder der durch Belohnung getarnten Therapie nicht zugänglich waren.

Die Sache wird jedoch schwieriger, wenn das Stehlen sowohl auf einen Mangel an elterlicher Liebe als auf übermäßige Sexualverbote hindeutet. In diese Kategorie fällt die Kleptomanie, das nicht zu beherrschende Greifen nach etwas Verbotenem – Onanie. Diese Art des

Stehlens wird am besten dadurch behandelt, daß die Eltern ihren Fehler einsehen und noch einmal von vorn beginnen und dem Kind sagen, daß ihre Verbote falsch waren. Ein Lehrer kann Kleptomanie nicht ohne die Hilfe der Eltern heilen. Am besten hebt die Person, die das Verbot verhängt hat, es auch wieder auf.

Man schickte mir einmal einen sechzehnjährigen Jungen nach Summerhill, weil er ein schlimmer Dieb war. Als er am Bahnhof ankam, gab er mir die Fahrkarte, die sein Vater für ihn in London gekauft hatte: eine ermäßigte Fahrkarte für Kinder – sein Alter war also beim Fahrkartenkauf zu niedrig angegeben worden! Ich möchte die Eltern eines ständig unehrlichen Kindes auffordern, zunächst einmal sich selbst zu überprüfen und herauszufinden, was in ihrer Behandlungsweise ihr Kind unehrlich gemacht hat.

Die Eltern machen sich etwas vor, wenn sie schlechte Gesellschaft, Gangsterfilme, Mangel an elterlicher Aufsicht wegen Vatis Militärzeit usw. für die ständige Unehrlichkeit ihres Kindes verantwortlich machen. Diese Faktoren haben an sich so gut wie keinen Einfluß auf ein Kind, das in Bezug auf die Sexualität natürlich erzogen wurde und Liebe und Anerkennung gefunden hat.

Ich weiß nicht, welchen Nutzen junge Diebe daraus ziehen, wenn sie täglich oder wöchentlich Beratungsstellen für Kinder besuchen. Ich weiß nur, daß die Methoden in diesen Beratungsstellen nicht hart oder schlecht sind und sich die Sozialfürsorger dort sehr bemühen, ein Kind zu verstehen und ohne Moralisieren zu behandeln. Aber die Kinderpsychologen und Bewährungshelfer sehen ihre Bemühungen durch die Familie beeinträchtigt, in der das psychisch kranke Kind lebt. Ich vermute, daß sich nur dann ein Erfolg einstellt, wenn der Psychologe oder der Bewährungshelfer die Eltern dazu bewegt, ihr Kind anders zu behandeln. Denn jugendliche Diebe sind wie ein Ausschlag an der Jugend, äußere Anzeichen für einen kranken Körper, den kranken Körper unserer Gesellschaft. Alle Therapie kann nicht die Übel eines schlechten Zuhause oder eines Elendsviertels beseitigen.

Es ist nur zu wahr, daß die meisten Kinder im Alter von fünf bis fünfzehn eine nur auf den Kopf gerichtete Erziehung erhalten. Man beschäftigt sich kaum mit ihrem Gefühlsleben. Doch sind es emotionale Störungen, die ein neurotisches Kind zum Stehlen zwingen. Sein ganzes Wissen im Unterricht oder sein Mangel daran spielt beim Stehlen keine Rolle.

Es ist eine Tatsache, daß ein glücklicher Mensch nicht zwanghaft und ständig stiehlt. Im Falle eines beständigen Diebes sollte man sich immer fragen: Wie sieht seine Vergangenheit aus? War sein Zuhause glücklich? Haben seine Eltern ihm immer die Wahrheit gesagt? Hatte er wegen Onanie oder Religion Schuldgefühle? Warum hat er seine Eltern nicht geachtet? Hatte er das Gefühl, daß sie ihn nicht lieben? Sein Inneres muß eine Art Hölle sein, wenn es ihn zum Dieb werden ließ. Die Hölle, in die ihn manche unserer Richter schicken würden, wird dieser inneren Hölle ganz sicher nicht entgegenwirken.

Therapeutische Behandlung muß die Probleme eines jungen Diebes nicht zwangsläufig lösen. Sie könnte ihm natürlich viel helfen, ihn von manchen seiner Ängste und Haßgefühle befreien und seine Selbstachtung heben. Doch solange die Elemente des ursprünglichen Hasses in seiner Umwelt weiterbestehen, kann er jederzeit rückfällig werden. Letzten Endes würde die Behandlung seiner Eltern angebrachter sein.

Ich hatte einmal einen dicklichen Jungen, der auf der psychischen Stufe eines Drei- oder Vierjährigen stand. Er stahl in Geschäften. Ich beschloß, mit ihm in ein Geschäft zu gehen und in seinem Beisein zu stehlen (nachdem ich vorher das Einverständnis des Ladenbesitzers eingeholt hatte). Für diesen Jungen war ich Vater und Gott. Ich nahm an, daß die fehlende Anerkennung von seiten seines Vaters viel mit seinem Stehlen zu tun hatte. Meine Überlegung war, daß er sein Gewissen betreffs Stehlen revidieren müßte, wenn er seinen Vater-Gott stehlen sah. Ich erwartete von ihm nachdrücklichen Protest.

Ich kenne keine bessere Methode, ein neurotisches Kind von seinem Stehlen zu heilen, als die, es anzuerkennen. Neurose ist das Ergebnis eines Konfliktes zwischen Verboten und wirklichen Wünschen. Ich finde stets, daß die Schwächung dieses unrichtigen Gewissens das Kind glücklicher und besser macht. Beseitigt das schlechte Gewissen eines Jungen, und ihr werdet ihn von seinem Stehlen befreien!

Jugendkriminalität

Die Jugendkriminalität nimmt heutzutage so rohe Formen an – z. B. Überfälle mit Schlagringen und Schußwaffen –, daß die Obrigkeiten mit ihrer Weisheit am Ende sind und ihnen offenbar jedes Mittel recht ist. Die Presse berichtet über eine neue Verfahrensweise. Sie ist recht drastisch. Die Jugendlichen werden in Erziehungsanstalten eingewiesen, spartanischer Lebensweise und emsigem Drill unterworfen, Versäumnisse werden streng bestraft. Ein Bild, das ich sah, zeigt die Jungen, wie sie mit riesigen Klötzen auf der Schulter exerzieren. An diesen Orten der Unterdrückung scheint es keinerlei Rechte zu geben.

Ich räume ein, daß ein paar Monate dieser Hölle einige potentielle Übeltäter vielleicht abschrecken. Mit einer solchen Behandlung kommt man an die eigentlichen Ursachen, an die Wurzel des Übels aber überhaupt nicht heran. Schlimmer noch: sie bedeutet Haß für die Jugendlichen, und ihre Drastik führt nur dazu, daß die jungen Menschen die Gesellschaft ihr ganzes Leben hassen.

Homer Lane hat vor mehr als dreißig Jahren durch seine Arbeit in einem Besserungslager, dem er den Namen *Kleines Commonwealth* gab, bewiesen, daß jugendliche Gesetzesbrecher durch Liebe geheilt werden können – dadurch, daß man sich auf ihre Seite stellt. Lane brachte hartgesottene asoziale Jungen und Mädchen, die in London vor Gericht gestanden hatten und stolz auf ihren Ruf als Rabauken, Diebe und Gangster waren, in sein *Kleines Commonwealth*. Diese „Unverbesserlichen" fanden dort eine Gemeinschaft vor, die sich selbst regierte und in der man ihnen Liebe und Anerkennung entgegenbrachte. Allmählich wurden aus ihnen dann ehrliche, ordentliche Menschen, von denen viele zu meinen Freunden zählten.

Lane hatte eine geniale Art, mit den straffällig gewordenen Jugendlichen umzugehen. Er verstand sie. Er konnte sie heilen, weil er ihnen ständig Liebe und Verständnis entgegenbrachte. Lane suchte immer nach dem verborgenen Motiv einer Straftat. Er war davon überzeugt, daß jedem Verbrechen ein Wunsch zugrunde liegt, der ursprünglich gut gewesen ist. Er stellte fest, daß es keinen Zweck hat, mit den Kindern zu sprechen, daß vielmehr nur Taten zählen. Lane vertrat die Ansicht, das Kind müsse sich abreagieren, damit es von einem asozialen Zug befreit wird. Einer von Lanes Schützlingen, Jabez, sagte einmal im Zorn zu ihm, er möchte gern die Tassen und Untertassen auf dem Kaffeetisch kaputtschlagen. Lane gab ihm einen Feuerhaken und sagte, er solle sich nur ans Werk machen. Jabez machte sich tatsächlich daran. Am nächsten Tag aber kam er zu Lane und bat um einen Arbeitsplatz mit mehr Verantwortung und besserer Bezahlung. Lane fragte ihn, warum er denn mehr Geld verdienen wolle. Die Antwort: „Weil ich die Tassen und Untertassen bezahlen will!" Lanes Erklärung war, daß Jabez sich durch den Zerstörungsakt von einer ganzen Ladung innerer Konflikte und Hemmungen befreit hatte. Daß er zum ersten Mal in seinem Leben von einer Autoritätsperson aufgefordert worden war, etwas kaputtzumachen und auf diese Weise seinen Zorn loszuwerden, muß eine positive psychologische Wirkung auf ihn gehabt haben.

Die jugendlichen Gesetzesbrecher in Homer Lanes *Kleinem Commonwealth* kamen alle aus den schlimmsten Slums der Großstädte. Ich habe jedoch nie gehört, daß einer von ihnen später zum Gangstertum zurückkehrte. Ich bezeichne die Methode Lanes als Methode der Liebe. Die Methode des „Wir werden den Übeltäter schon klein kriegen!" nenne ich die Methode des Hasses. Haß hat noch nie jemanden von irgend etwas geheilt. Daraus schließe ich, daß die Methode des Hasses keinem jungen Menschen helfen wird, sich von asozialen Tendenzen zu befreien.

Trotzdem weiß ich sehr gut, daß ich als Richter, der mit einem hartgesottenen, widerspenstigen Übeltäter fertigwerden muß, nicht wüßte, was ich mit ihm machen sollte. Es gibt nämlich heute in England keine Besserungsanstalt von der Art des *Kleinen Commonwealth*, in die man ihn schicken könnte. Ich schäme mich, das sagen zu müssen. Lane ist 1925 gestorben, und die zuständigen staatlichen Stellen in England haben nichts von diesem bedeutenden Mann gelernt.

In den letzten Jahren bemühen sich jedoch unsere Bewährungshelfer aufrichtig, den jugendlichen Gesetzesbrecher zu verstehen. Auch den Psychiatern ist es trotz großer Widerstände von Seiten der Juristen gelungen, die Öffentlichkeit mit dem Gedanken vertrauter zu machen, daß die Jugendkriminalität nicht mit Schlechtigkeit, sondern eher mit Krankheit zu tun hat und unser Mitgefühl und Verständnis erfordert. Die Zeiten drehen in Richtung Liebe statt in Richtung Haß, in Richtung weg von blindwütiger moralischer Empörung. Diese Entwicklung vollzieht sich nur langsam. Aber auch eine langsam steigende Flut schwemmt Unrat weg, und mit der Zeit muß die Flut stärker werden.

Ich habe noch nie davon gehört, daß jemand durch Gewalt, Grausamkeit und Haß zu einem guten Menschen geworden wäre. In meinem langen Leben als Lehrer habe ich mit vielen schwer erziehbaren Kindern und jugendlichen Gesetzesbrechern zu tun gehabt. Ich habe gesehen, wie unglücklich und haßerfüllt diese Kinder sind, wie sie an Minderwertigkeitsgefühlen leiden und seelisch verstört sind. Mir gegenüber sind sie arrogant und respektlos, weil ich ein Lehrer, eine Vaterfigur, ein Feind bin. Ich habe ihren nervösen Haß, ihr Mißtrauen erlebt. Aber hier in Summerhill sind diese potentiellen Gesetzesbrecher ihre eigenen Herren, weil die Gemeinschaft sich selbst verwaltet. Sie können nach eigenem Gutdünken lernen und spielen. Wenn sie stehlen, werden sie dafür unter Umständen sogar belohnt. Nie wird ihnen gepredigt, nie wird ihnen Angst gemacht – weder vor diesseitiger noch vor jenseitiger Obrigkeit.

In wenigen kurzen Jahren werden diese jungen Menschen, die jetzt noch hassen, als glückliche, mit Gemeinschaftssinn begabte Wesen ins Leben hinausgehen. Soweit ich weiß, hat kein einziger Übeltäter, der sieben Jahre in Summerhill verbrachte, je einen Raub begangen oder ist wegen sonst etwas ins Gefängnis geschickt worden. Kein einziger hat sich zu einem asozialen Menschen entwickelt. Daß diese Kinder geheilt worden sind, ist nicht mir zuzuschreiben, sondern der Umgebung, in der sie lebten. Denn die Atmosphäre von Summerhill vermittelt Vertrauen, Sicherheit, Mitgefühl; es wird nicht getadelt, nicht verurteilt.

Kinder, die in Summerhill gewesen sind, werden nach dem Verlassen der Schule nicht zu Kriminellen, weil ihnen die Möglichkeit gegeben war, ihre Gangstertendenzen ohne Angst vor Strafen und Standpauken abzureagieren. Wir lassen sie aus einem Entwicklungsstadium ganz natürlich in das nächste hineinwachsen.

Wie ein erwachsener Krimineller auf Liebe reagieren würde, weiß ich ganz einfach nicht. Einen Gangster kann man, glaube ich, weder durch Belohnung fürs Stehlen noch durch Gefängnisstrafen heilen. Nur bei Kindern hat man wirklich gute Aussichten, mit einer liebevollen Behandlung Erfolge zu erzielen. Selbst ein Fünfzehnjähriger kann sich aber noch, wenn man ihm Freiheit gibt, aus einem Kriminellen zu einem guten Staatsbürger entwickeln.

Wir hatten in Summerhill einmal einen zwölfjährigen Jungen, der als asozial aus vielen Schulen hinausgeschmissen worden war. Bei uns wurde aus diesem Schüler ein glücklicher, schöpferischer, mitmenschlicher Junge. Zucht und Ordnung einer Besserungsanstalt hätten diesem Jungen den Rest gegeben. Wenn Freiheit sogar ein schon sehr heruntergekommenes Problemkind retten kann, was könnte sie dann erst bei Millionen sogenannter „normaler" Kinder bewirken, die durch die Familienautorität verdorben werden?

Der dreizehnjährige Tommy machte uns arge Schwierigkeiten. Er stahl und litt an Zerstörungswut. Einmal konnte er während der Ferien nicht nach Hause fahren. Wir behielten ihn da. Zwei Monate lang war er das einzige Kind in Summerhill. Er war ausgesprochen mitmenschlich. Wir brauchten weder Essen noch Geld vor ihm zu verschließen. Sobald aber seine Bande aus den Ferien zurückkam, führte er sie wieder an zum Sturm auf die Speisekammer. Das zeigt nur, daß ein Kind in der Gruppe und ein Kind allein zwei völlig verschiedene Menschen sind.

Lehrer, die in Besserungsanstalten unterrichten, haben mir erzählt, die antisozialen Jugendlichen hätten oft eine unterentwickelte Intelligenz. Ich würde dem hinzufügen: Sie sind auch psychisch unterentwickelt. Früher hielt ich jugendliche Kriminelle für besonders intelligente Kinder, deren schöpferische Energie in asozialem Verhalten zum Durchbruch kommen muß, weil sie keine positiven Ausdrucksmöglichkeiten hat. Wenn man ein solches Kind nur von seinen Hemmungen und vom Zwang befreit, dachte ich, dann wird es sich sehr wahrscheinlich als klug, schöpferisch, ja hochintelligent erweisen. Leider hatte ich unrecht, sehr unrecht. In jahrelanger Arbeit und in jahrelangem Zusammenleben mit jugendlichen Kriminellen habe ich erkannt, daß sie meistens unterdurchschnittlich sind. Ich weiß nur von einem solchen Jungen, der es im Leben zu etwas gebracht hat. Eine ganze Reihe wurde von ihrer asozialen Neigung und Unehrlichkeit geheilt und ging später geregelter Arbeit nach. Aus keinem aber wurde ein Gelehrter, ein begabter Künstler, ein Ingenieur oder eine talentierte Schauspielerin. Bei den meisten dieser eigensinnigen Kinder schien, wenn sie von ihren asozialen Tendenzen befreit waren, Ehrgeizlosigkeit und Apathie nachzubleiben.

Wenn ein Jugendlicher in einer schlechten Umwelt leben muß und die Eltern kein Verständnis für seine Probleme haben, kann er seine antisozialen Neigungen nicht abreagieren. Wenn Armut und Slums beseitigt werden und die Eltern über die Schwierigkeiten Jugendlicher besser Bescheid wissen, wird sich die Zahl der Insassen von Besserungsanstalten automatisch verringern.

Die Jugendkriminalität läßt sich schließlich nur beseitigen, wenn die Gesellschaft von ihrer moralischen Pflichtvergessenheit und der damit verbundenen amoralischen Gleichgültigkeit kuriert wird. Wir müssen uns für eine von zwei Möglichkeiten entscheiden, die deutlich vor uns liegen: die jugendlichen Rechtsbrecher entweder mit der Methode höllischen Hasses oder mit der der Liebe zu behandeln.

Lassen Sie uns einen Augenblick annehmen, ich sei Innenminister und hätte unbeschränkte Vollmachten auf dem Gebiet der Erziehung. Ich würde einen Rahmenplan, einen vorläufigen „Fünfjahresplan" für Schulen entwerfen.

Als Minister würde ich sofort alle sogenannten Besserungsanstalten abschaffen und durch Gemeinschaftserziehungskolonien ersetzen. Besondere Ausbildungsstätten hätten die nötigen Lehrer und Hausmütter heranzubilden. Jede Kolonie würde völlig autonom sein. Die Lehrer hätten keinerlei Vorrechte. Sie bekämen das gleiche Essen wie die Schüler. Die Kinder würden für alle Arbeit, die sie für die Schulgemeinschaft tun, bezahlt. Das Motto einer solchen Kolonie wäre Freiheit. Für Religion, Autoritätspersonen und Moralpredigten wäre dort kein Platz.

Die Religion würde ich deshalb ausschließen, weil sie redet, predigt, läutern will, unterdrückt. Religion postuliert Sünde, wo es keine gibt. Sie glaubt an Willensfreiheit, obwohl Kinder, die einem inneren Zwang unterworfen sind, keinen freien Willen haben.

An Stelle religiöser Beeinflussung würde ich die Beeinflussung durch Liebe setzen und alles Grausame und Ungerechte fernhalten. Dieses Ideal ließe sich nur verwirklichen, indem die jungen Menschen soviel wie möglich sich selbst überlassen blieben und von äußerem Zwang, von Haß und Bestrafung befreit würden. Ich weiß aus Erfahrung, daß dies der einzig gangbare Weg ist.

Die Lehrer würden dazu erzogen werden, sich den Kindern nicht überlegen zu fühlen, sondern mit ihnen auf einer Stufe zu stehen. Sie müßten alle falsche Würde, mit der sie sich zu ihrem Schutz umgeben haben, allen Sarkasmus ablegen. Sie würden keine Angst verbreiten. Es müßten Männer und Frauen von grenzenloser Geduld sein, die weit vorausschauen können und darauf vertrauen, daß ihre Arbeit schließlich zu Erfolgen führt.

Unsere heutige Gesellschaft würde zwar kein volles Liebesleben zulassen, das Zusammenleben der Geschlechter würde aber viele wertvolle Eigenschaften bei den Jugendlichen entwickeln: natürliche gute Manieren, Zärtlichkeit, die nötige Kenntnis des anderen Geschlechts, das Interesse an Pornographie würde nachlassen, das Gekicher hinter der vorgehaltenen Hand aufhören.

Die Lehrer würden sich vor allem durch die Fähigkeit auszeichnen, den Kindern Vertrauen entgegenzubringen, sie mit Achtung und nicht als Diebe und Rabauken zu behandeln. Gleichzeitig müßten sie natürlich realistisch sein und dem einzelnen nicht mehr zumuten, als er verkraften kann. Einem Dieb die Weihnachtskasse der Kolonie anvertrauen zu wollen würde zu weit gehen. Die Lehrer müßten sich darüber klar sein, daß Taten weit mehr zählen als Worte, und jeder Versuchung, Moral zu predigen, widerstehen. Sie müßten die *gesamte* Lebensgeschichte jedes jugendlichen Rechtsbrechers genau kennen.

Intelligenzprüfungen würden in der Kolonie nur eine untergeordnete Rolle spielen; denn sie liefern keine Anhaltspunkte für die eigentlichen Fähigkeiten des Kindes. Gefühle, schöpferische Kraft, Originalität und Phantasie können bei einer Intelligenzprüfung nicht genau beurteilt werden.

Die allgemeine Atmosphäre würde mehr der eines Krankenhauses als der einer Anstalt gleichen. Wie ein Arzt vor einem Patienten mit Syphilis nicht den moralischen Zeigefinger erhebt, so würden unsere Lehrer in der Schülerkolonie die Krankheit Jugendkriminalität nicht mit Moralpredigten behandeln. Die Kolonie unterschiede sich von einem Krankenhaus nur dadurch, daß normalerweise keine Medikamente, auch keine psychologischen, verabreicht werden. Die Heilung der Patienten würde sich allein als Folge der in der Umwelt herrschenden Liebe einstellen. Die Lehrer müßten auch Vertrauen in die Natur des Menschen haben. Natürlich würde ihre Behandlung nicht bei allen zum Erfolg führen. Die Unverbesserlichen würden aber nur eine winzige Minderheit sein, während die Mehrheit auf die Behandlung mit Liebe, Toleranz und Vertrauen reagieren würde.

Zyniker möchte ich an die Geschichte erinnern, die Homer Lane mit einem Jungen erlebte, den er vor einem Londoner Jugendgericht befragt hatte. Lane gab ihm einen größeren Geldschein, damit er seine Fahrt nach Hause bezahlen konnte. Er wußte, daß der Junge den Rest des Geldes auf Heller und Pfennig zurückgeben würde. Er tat es wirklich.

Ich möchte die Zyniker auch an den Gefängnisdirektor in Amerika erinnern, der einen Lebenslänglichen nach New York schickte, damit er dort neue Maschinen für die Schuhmacherwerkstatt des Gefängnisses kaufte. Der Häftling kam zurück und brachte eine genaue Liste der gekauften Maschinen mit. Der Gefängnisdirektor fragte ihn: „Warum haben Sie nicht die Gelegenheit beim Schopf ergriffen, um sich in New York aus dem Staub zu machen?“ Der Häftling kratzte sich hinter dem Ohr und sagte: „Weiß nicht, Direktor, vielleicht, weil Sie mir getraut haben!“

Gefängnisse und Strafen können dieses Vertrauen in den Menschen nicht ersetzen. Es zeigt dem gequälten Menschen, daß jemand ihm Liebe gibt statt Haß.

Heilung des Kindes

Die Heilung hängt mehr vom Patienten als vom Therapeuten ab. Psychotherapeutische Behandlung hat so oft keinen Erfolg, weil der Patient von Angehörigen mehr oder weniger gezwungen worden ist, hinzugehen. Wenn es z. B. einem Mann gelingt, seine widerstrebende Frau dazu zu bringen, sich analysieren zu lassen, geht sie doch nur widerwillig. *Ich bin meinem Mann so, wie ich bin, nicht gut genug. Er will, daß ich mich ändere, und mir paßt das nicht.*

Die Schwierigkeit ergibt sich bei dem jugendlichen Kriminellen, der in der Haft zur therapeutischen Behandlung gezwungen wird. Der Patient, ob jugendlich oder erwachsen, muß die Behandlung selbst wünschen, wenn sie erfolgreich sein soll.

Freiheit heilt die meisten Rechtsbrecher in der Kindheit, ohne daß es einer zusätzlichen Therapie bedarf. *Freiheit* – nicht Zügellosigkeit oder Sentimentalität. Psychopathen können dagegen mit Freiheit allein nicht kuriert werden. Auch Fälle von gehemmter Entwicklung sprechen auf Freiheit allein kaum an. In einer Internatsschule dagegen verfehlt sie ihre Wirkung nicht, vorausgesetzt, daß sie ständig herrscht.

Vor einigen Jahren hatte ich einen Jungen in Summerhill, der ein regelrechter Gauner und raffinierter Dieb war. Eine Woche nach seiner Ankunft erhielt ich einen Anruf aus Liverpool: „Mein Name ist X (ein bekannter Mann). Mein Neffe ist auf Ihrer Schule. Er hat mir geschrieben und gefragt, ob er ein paar Tage nach Liverpool kommen dürfe. Ist Ihnen das recht?“

„Natürlich“, sagte ich. „Er hat allerdings kein Geld. Wer bezahlt seine Fahrt? Vielleicht sollten Sie sich mit seinen Eltern in Verbindung setzen.“

Am nächsten Tag war die Mutter des Jungen am Telephon und sagte, Onkel Dick aus Liverpool habe angerufen. Sie und ihr Mann hätten nichts dagegen, daß Arthur nach Liverpool führe. Sie habe sich nach der Höhe des Fahrgeldes erkundigt. Die Fahrkarte koste 28 Schilling. Ich möchte Arthur doch bitte 50 Schilling geben. Beide Telephongespräche hatte Arthur von einem Münzfernsprecher im Ort selbst geführt. Er hatte die Stimme eines alten Onkels und die seiner Mutter so ausgezeichnet nachgemacht, daß ich darauf hereinfiel. Erst als er das Geld schon hatte, merkte ich, daß ich ihm auf den Leim gegangen war.

Ich besprach den Fall mit meiner Frau. Wir waren beide der Ansicht, daß es falsch wäre, das Geld von Arthur zurückzuverlangen; denn diese Art Behandlung kannte er seit Jahren. Meine Frau schlug vor, ihn zu belohnen, und ich stimmte ihr zu. Spät abends ging ich hinauf in sein Schlafzimmer und sagte lachend: „Du bist aber heute vom Glück verfolgt!"

„Das mögen Sie wohl sagen!" meinte er.

„Du hast mehr Glück, als du glaubst", sagte ich.

„Wieso?"

„Deine Mutter hat gerade noch einmal angerufen", sagte ich ungezwungen. „Sie sagte, sie habe sich mit dem Fahrgeld verrechnet. Die Fahrkarte kostet nicht achtundzwanzig, sondern achtunddreißig Schilling. Deswegen hat sie mich gebeten, dir zehn Schilling dazuzugeben." Ich warf ihm lässig einen Zehn-Schilling-Schein aufs Bett und ging, bevor er etwas sagen konnte.

Am nächsten Morgen fuhr er nach Liverpool, hinterließ aber einen Brief, der mir nach seiner Abfahrt ausgehändigt werden sollte. Der Brief fing an: „Lieber Neill, du bist doch ein größerer Schauspieler als ich!" Wochenlang fragte er mich, warum ich ihm noch zehn Schilling draufgegeben hätte.

Eines Tages gab ich ihm zur Antwort: „Was hast du eigentlich gedacht, als ich dir das Geld gab?" Er überlegte eine ganze Minute lang scharf und sagte dann langsam: „Wissen Sie, das war der größte Schock meines Lebens. Ich sagte mir: ‚Zum erstenmal in deinem Leben hält jemand zu dir!'" Dieser Junge war sich bewußt, daß er anerkennende Liebe gefunden hatte. In den meisten Fällen dauert es lange, bis den Kindern das klar wird. Manchmal erfassen sie nur ganz undeutlich die Wirkung der Therapie, und dann auch erst Monate später.

Früher, als ich noch viel mehr mit kriminellen Kindern zu tun hatte, belohnte ich sie immer wieder fürs Stehlen. Aber erst Jahre später, nachdem das Kind geheilt war, erkannte es, daß meine Billigung zur Heilung beigetragen hatte.

Wenn man mit Kindern zu tun hat, muß man sich der Tiefenpsychologie bedienen. Es geht darum, die verborgenen Motive ihres Verhaltens zu finden. Ein bestimmter Junge verhält sich asozial. Aber warum? Die Symptome sind unübersehbar, denn sie fallen einem auf die Nerven. Vielleicht tyrannisiert er andere, vielleicht stiehlt er, vielleicht ist er ein Sadist. Was sind die Gründe dafür? Der gereizte Lehrer tobt und straft und verdammt, aber wenn er sich ausgetobt hat, ist das Problem nach wie vor ungelöst. Wenn jetzt vielfach wieder nach strenger Zucht in den Schulen gerufen wird, so kann das nur dazu führen, daß Symptome behandelt werden. Erreicht wird damit nichts.

Ein Elternpaar bringt seine Tochter nach Summerhill. Das Mädchen lügt, stiehlt und ist unausstehlich. Die Eltern beschreiben mir eingehend alle Untugenden der Tochter. Es wäre ein nicht wiedergutzumachender Fehler, wenn ich dem Mädchen sagte, was die Eltern mir erzählt haben. Ich muß warten, bis es diese Dinge selbst durch sein Verhalten offenbart.

Vor Jahren hatten wir einmal ein schwer erziehbares Kind, dessen Eltern darauf bestanden, es von einem Psychiater untersuchen zu lassen. Ich fuhr also mit dem Jungen zu einem bekannten Facharzt in London. Eine halbe Stunde lang berichtete ich dem Arzt unter vier Augen genau über den Fall. Dann wurde der Junge hereingerufen. Der Arzt sagte finster: „Mr. Neill hat mir erzählt, du seist ein ganz übler Bursche." Das war *seine* Auffassung von Psychologie.

Solche Fälle falschen und unverständigen Verhaltens gegenüber Kindern erlebe ich immer wieder. So sagte ein Besucher zu einem Jungen in Summerhill, der wegen seiner geringen Größe einen Minderwertigkeitskomplex hatte: „Du bist aber nicht sehr groß für dein Alter!"

Ein anderer sagte zu einem Mädchen: „Deine Schwester ist sehr intelligent, findest du nicht auch?" Die Kunst des Umgangs mit Kindern könnte man definieren als die Kunst zu *wissen, was man nicht sagen darf.*

Andererseits muß man das Kind erkennen lassen, daß man sich nicht täuschen läßt. Ein Kind einfach immer weiter Briefmarken stehlen zu lassen hat keinen Sinn. Man muß es wissen lassen, daß man es merkt.

Unverzeihlich wäre es, wollte man sagen: „Deine Mutter hat mir erzählt, du stiehlst Briefmarken!" Wenn man dagegen sagt: „Ich weiß, daß du meine Marken genommen hast", ist das ganz etwas anderes.

Ich habe immer Bedenken, wenn ich an Eltern wegen ihres Kindes schreibe; ich befürchte nämlich, daß sie den Brief irgendwo herumliegen lassen, wenn das Kind in den Ferien zu Hause ist. Noch mehr Angst habe ich davor, daß sie ihm in einem Brief erzählen: „Neill hat uns geschrieben, daß du nicht zum Unterricht gehst und überhaupt nur dummes Zeug treibst." Wenn das passiert, kann das Kind nie wieder Vertrauen zu mir haben. Deshalb erzähle ich den Eltern meistens sowenig wie möglich, es sei denn, ich weiß, daß sie absolut vertrauenswürdig sind und wissen, worum es geht.

Mir unterläuft nur selten ein Fehler in der Behandlung der Kinder, weil ich aus langer Erfahrung gelernt habe, wie man mit ihnen umgehen muß. Es ist keine Sache der Geschicklichkeit oder eines besonderen Talents, sondern der Übung und möglicherweise der Fähigkeit, über Nebensächlichkeiten hinwegzusehen.

Bill, der erst kürzlich zu uns gekommen ist, hat einem anderen Jungen Geld gestohlen. Sein Opfer fragt mich: „Soll ich das bei der nächsten Schulversammlung zur Sprache bringen?"

Ohne nachzudenken, sage ich: „Nein, überlaß mir das." Nachher weiß ich dann auch, warum.

Bill ist noch nicht an Freiheit gewöhnt; er fühlt sich in seiner neuen Umgebung noch nicht zu Hause. Er bemüht sich so sehr, bei seinen Mitschülern beliebt zu sein und von ihnen anerkannt zu werden, daß er häufig etwas großspurig und prahlerisch auftritt. Wenn man die ganze Schulgemeinschaft wissen ließe, daß Bill gestohlen hat, würde das Angst und Schande bedeuten und er vielleicht mit Trotz und asozialem Verhalten reagieren. Seine Reaktion könnte aber auch anders aussehen. Wenn Bill in seiner vorigen Schule Anführer einer Bande und stolz auf seine geheimen Anschläge gegen die Lehrer war, dann würde er wegen einer öffentlichen Anklage nur triumphieren und sich damit brüsten, was für ein Mordskerl er doch sei.

In einem anderen Fall sagt ein Kind zu mir: „Ich werde in der Schulversammlung zur Sprache bringen, daß Mary meine Buntstifte gestohlen hat." Darüber mache ich mir keine Gedanken. Ich weiß ja, daß Mary seit zwei Jahren in Summerhill ist und eine Anklage in der Versammlung verkraften kann.

Ein dreizehnjähriger Junge kommt neu nach Summerhill. Er haßt von jeher allen Unterricht und faulenzt zunächst wochenlang. Dann langweilt er sich und fragt: „Soll ich zum Unterricht gehen?" Ich antworte darauf: „Das geht mich gar nichts an", denn der Junge muß selbst herausfinden, was ihn treibt. Einem anderen Kind würde ich auf die gleiche Frage vielleicht antworten: „Ja, ausgezeichneter Gedanke!", weil ich weiß, daß sein Leben in Elternhaus und Schule nach einem genauen Stundenplan ablief und es dadurch die Fähigkeit verloren hat, selbst Entscheidungen zu treffen. Bei einem solchen Kind muß ich warten, bis es allmählich wieder Selbstvertrauen kriegt. Ich denke aber gar nicht bewußt an diese Einzelheiten, wenn ich antworte.

Lieben bedeutet, zu einem Menschen zu halten. Liebe ist Anerkennung. Kinder begreifen den großen Unterschied zwischen Freiheit und Zügellosigkeit nur langsam. Aber mit der Zeit begreifen sie ihn fast immer.

Der Weg zum Glück

Freud hat nachgewiesen, daß jeder Neurose sexuelle Verdrängung zugrunde liegt. Ich sagte mir deshalb: „Ich werde eine Schule gründen, in der es keine sexuelle Verdrängung gibt." Freud sagte, das Unbewußte sei unendlich viel wichtiger als das Bewußte. Ich sagte mir deshalb: „In meiner Schule wird es keine Mißbilligung, keine Strafen, keine Moralpredigten geben. Wir werden jedes Kind seinen unbewußten Trieben folgen lassen."

Nur langsam wurde mir klar, daß die meisten Freudianer entweder nicht wußten, was Freiheit für das Kind bedeutet, oder nichts davon hielten. Sie verwechselten Freiheit mit Zügellosigkeit. Sie hatten Kinder behandelt, die nie sie selbst sein durften und daher keine Achtung vor der Freiheit anderer entwickeln konnten. Ich bin überzeugt, daß die Freudianer in ihrer Theorie über die Psychologie des Kindes von den Erfahrungen mit diesen seelisch verkorksten Kindern ausgingen.

Die Freudianer stellten fest, daß bei Kleinkindern die Analerotik eine große Rolle spielt. Ich habe das bei frei aufwachsenden Kleinkindern jedoch nicht feststellen können. Auch die von Freudianern diagnostizierte gemeinschaftsfeindliche Aggressivität scheint bei freien Kindern nicht zu bestehen.

Im Laufe der Zeit habe ich festgestellt, daß mein Bereich nicht Therapie, sondern Vorbeugung ist. Es hat Jahre gedauert, bis mir die Bedeutung dieser Tatsache ganz klar geworden ist und ich begriff, daß nicht die therapeutische Behandlung, sondern Summerhills freiheitliche Atmosphäre den Problemkindern half. Meine Hauptaufgabe besteht darin, einfach dazusitzen und all das zu billigen, was das Kind an sich selbst mißbilligt, das heißt, ich versuche, das dem Kind aufgepfropfte Gewissen, seinen Selbsthaß zu beseitigen. Ein Junge, der neu zu uns gekommen ist, flucht. Ich lächle und sage: „Mach ruhig weiter. Gegen Fluchen ist gar nichts einzuwenden." Das gleiche gilt für Onanieren, Lügen, Stehlen und andere Gewohnheiten, die gesellschaftlich verurteilt werden.

Vor einiger Zeit hatten wir einen kleinen Jungen in Summerhill, der mich mit Fragen geradezu überschüttete: „Was hast du für die Uhr bezahlt?" „Wieviel Uhr ist es?" „Wann ist die Schule aus?" Dieser Junge steckte voller Angst und hörte meine Antworten überhaupt nicht. Ich wußte, daß er die große Frage, die er eigentlich beantwortet haben wollte, nicht zu stellen wagte.

Eines Tages kam er in mein Zimmer und stellte wieder eine Menge Fragen. Ich gab keine Antwort, sondern las weiter in meinem Buch. Nach einem Dutzend Fragen blickte ich ganz zufällig auf und sagte: „Was hast du eben gefragt? Wo die kleinen Kinder herkommen?"

Er wurde ganz rot und stand auf. „Ich will gar nicht wissen, wo die kleinen Kinder herkommen!" sagte er, lief aus dem Zimmer und schlug die Tür hinter sich zu.

Zehn Minuten später kam er wieder. „Woher hast du deine Schreibmaschine? Was wird diese Woche im Kino gespielt? Wie alt bist du? *(Pause.)* Ach, verdammt noch mal, woher kommen denn nun die kleinen Kinder?"

Ich gab ihm genaue Auskunft. Er kam nie mehr wieder, um irgendwelche Fragen zu stellen.

Unrat beseitigen ist immer eine Plackerei. Solche Mühe kann nur durch die Freude aufgewogen werden, mit der man zusieht, wie ein unglückliches Kind glücklich und frei wird.

Die Kehrseite der Medaille zeigt sich, wenn man sich lange Zeit große Mühe mit einem Kind gegeben hat, ohne daß sich ein Erfolg einstellte. Ein Jahr lang beschäftigt man sich mit einem Kind, das stiehlt, und am Ende des Jahres glaubt man voller Freude, nun sei es geheilt. Aber dann hat es plötzlich einen Rückfall, und man möchte fast verzweifeln. Ich habe mir manchmal selbst auf die Schulter geklopft, und fünf Minuten später kam ein Lehrer und sagte: „Tommy hat schon wieder gestohlen!"

Aber Psychologie ist so etwas wie Golf. An einem Tag braucht man in einer Runde zweihundert Schläge, man flucht und zerbricht die Schläger – und trotzdem geht man am nächsten schönen Morgen mit neuer Hoffnung beseelt an das erste Schlagmal.

Wenn man einem Kind eine wichtige Wahrheit vermittelt oder wenn es einem seine Sorgen anvertraut, kommt es zu einer Übertragung, das heißt, das Kind überschüttet einen mit seinen Gefühlen. Wenn ich ein Kind über Geburt und Onanie aufgeklärt habe, ist die Übertragung besonders stark. In einem bestimmten Stadium kann die Übertragung auch eine negative Form annehmen; das ist dann eine Haßübertragung. Bei einem normalen Kind dauert diese negative Phase jedoch nicht lange, und es folgt ihr sehr schnell die positive. Bei Kindern schwindet die Übertragung schnell wieder. Das Kind vergißt mich sehr bald und wendet seine Gefühle anderen Kindern und Dingen zu. Da ich eine Vaterfigur bin, ist die Übertragung bei Mädchen natürlich stärker als bei Jungen. Ich kann aber nicht sagen, daß Mädchen immer eine positive Übertragung und Jungen immer eine negative entwikkeln; im Gegenteil, manches Mädchen richtet zeitweise einen richtig grimmigen Haß gegen mich.

Eine Zeitlang war ich in Summerhill Lehrer und Psychologe zugleich. Dann wurde mir langsam klar, daß ein Mensch nicht beide Rollen übernehmen kann. Ich habe die Rolle des Psychiaters aufgeben müssen; denn die meisten Schüler können nicht mit einem Lehrer arbeiten, der zugleich ihr Beichtvater ist. Sie sind dann gereizt und haben Angst vor meiner Kritik. Wenn ich die Zeichnung eines Kindes lobe, ruft das bei den anderen überdies Neid hervor. Der Seelenarzt sollte eigentlich gar nicht in der Schule wohnen, damit er mit dem Gemeinschaftsleben der Kinder überhaupt nichts zu tun hat.

Alle Richtungen der Psychologie erkennen die Hypothese des Unbewußten an, jene Theorie, nach der jeder verborgene Wünsche, geheime Liebe und geheimen Haß hat, deren er sich nicht bewußt ist. Charakter ist eine Verbindung von bewußtem und unbewußtem Verhalten.

Der jugendliche Einbrecher ist sich zwar bewußt, daß er an bestimmte Gegenstände oder Geld kommen will, aber er kennt nicht die tieferen Motive, die ihn gerade diesen Weg anstelle des gesellschaftlich gebilligten wählen lassen. Diese Motive sind verborgen, und darum können Moralpredigten und Strafen einen solchen Jungen nie heilen. Schelte gehen zum einen Ohr hinein und zum andern hinaus, und Strafen empfindet nur der Körper. An das unbewußte Motiv, das sein Verhalten steuert, kommt man mit Predigten und Strafen nicht heran.

Weil das so ist, kann auch Religion das Unbewußte eines Jungen nicht durch Predigten erreichen. Wenn der Geistliche mit dem Jungen jedoch auf eine nächtliche Diebestour ginge, würde dessen Selbsthaß, der die Ursache seines antisozialen Verhaltens ist, verschwinden. Würde der Geistliche gemeinsame Sache mit dem Jungen machen, so würde dieser langsam umdenken. Die Heilung von mehr als einem jungen Dieb in Summerhill hat damit angefangen, daß ich mit ihm gemeinsam die Hühner des Nachbarn gestohlen oder die Taschengeldkasse der Schule ausgeraubt habe. Taten reichen an das Unbewußte heran, wo Worte das nicht vermögen. Deswegen können die Probleme eines Kindes so oft durch Liebe und Anerkennung gelöst werden. Ich behaupte nicht, daß Liebe einen Fall von akuter Klaustrophobie oder von ausgeprägtem Sadismus heilt, doch können die meisten jungen Diebe, Lügner und Lümmel durch sie geheilt werden. Ich habe in der Praxis bewiesen, daß viele Kinder, für die es nur noch eine Zukunft im Gefängnis zu geben schien, durch Freiheit und Aufhebung der moralischen Zucht geheilt worden sind.

Wahre Freiheit in der Gemeinschaft, wie sie in Summerhill herrscht, scheint bei vielen das gleiche zu bewirken wie Psychoanalyse bei dem Einzelnen. Das Verborgene tritt zutage. Die Freiheit ist wie ein Hauch frischer Luft, der durch die Seele weht und sie von Haß gegen sich und andere reinigt.

Der Kampf um die Jugend ist erbarmungslos. Keiner kann dabei neutral bleiben. Wir müssen uns entweder für die eine oder für die andere Seite entscheiden: Zwang oder Freiheit, Disziplin oder Selbstbestimmung. Halbe Maßnahmen reichen nicht aus. Dafür ist die Situation zu ernst.

Eltern und Lehrer machen aus dem Kind entweder einen freien Menschen, der glücklich bei der Arbeit, glücklich als Freund und glücklich als Liebender ist, oder ein armseliges Bündel voller Konflikte, das mit sich und der Welt zerfallen ist.

Wie kann man Kinder glücklich werden lassen? Meine Antwort heißt: *Schaffen Sie allen Zwang ab! Geben Sie dem Kind die Möglichkeit, es selbst zu sein! Schubsen Sie es nicht herum! Belehren Sie es nicht! Halten Sie ihm keine Predigten! Erheben Sie es nicht zu etwas Höherem! Zwingen Sie das Kind zu nichts!* Vielleicht stimmen Sie nicht mit mir überein. Aber wenn Sie meine Antwort ablehnen, ist es an Ihnen, eine bessere zu finden.

VI *Probleme der Eltern*

Liebe und Haß

Das Kind bekommt sein Gewissen von der Mutter, vom Vater, von seinem Lehrer, seinem Geistlichen – von seiner Umwelt also. Wenn es unglücklich ist, so ist das die Folge des Konflikts zwischen Gewissen und menschlicher Natur oder, wie Freud sagen würde, zwischen dem Überich und dem Es.

Das Gewissen kann einen so vollkommenen Sieg davontragen, daß der Junge Mönch wird und der Welt und dem Fleisch völlig entsagt. In den meisten Fällen kommt es dagegen zu einem Kompromiß, der in der Redensart „Dem Teufel werktags dienen und Gott am Sonntag" teilweise Ausdruck findet.

Liebe und Haß sind keine Gegensätze. Das Gegenteil von Liebe ist Gleichgültigkeit. Haß ist verkehrte Liebe, Liebe, die keine Erfüllung gefunden hat. Haß enthält immer ein Element der Furcht. Das zeigt sich am Beispiel des Kindes, das seinen jüngeren Bruder haßt. Sein Haß beruht auf der Furcht, die Liebe der Mutter zu verlieren, und gleichzeitig auf der Furcht wegen seiner Rachegedanken gegen seinen Bruder.

Als die vierzehnjährige Ansi, ein widerborstiges schwedisches Mädchen, zu uns kam, versuchte sie nach mir zu treten, um mich zu ärgern. Ich diente ihr als Ersatz für ihren Vater, den sie haßte und fürchtete. Ansi hatte weder bei ihm auf dem Schoß sitzen dürfen, noch war ihr irgendwelche Liebe bezeigt worden. Die Liebe zu ihrem Vater hatte sich, da dieser nicht darauf reagierte, in Haß verkehrt. In Summerhill fand Ansi nun plötzlich einen neuen Vater, der nicht mit Strenge reagierte und vor dem sie sich nicht fürchtete. Daher brach der Haß aus ihr heraus. Daß sie am nächsten Tag außerordentlich lieb und zärtlich zu mir war, beweist, daß ihr Haß nichts anderes als verkehrte Liebe war.

Um die Bedeutung von Ansis aggressivem Verhalten mir gegenüber ganz zu verstehen, muß man zunächst einmal ihre Vorgeschichte, ihre verbogene Einstellung zur Sexualität kennen und verstehen. Ansi kam von einer Mädchenschule, an der die Schülerinnen in dunklen Ecken schmutzig und krankhaft über sexuelle Dinge tuschelten. Der Haß gegen ihren Vater hatte viel von dem Haß gegen die unterdrückende Erziehung in sexueller Beziehung an sich. Ihr Haß gegen die Mutter, von der sie oft bestraft worden war, war ebenso intensiv.

Nur wenige Eltern sind sich darüber klar, daß sie die Liebe des Kindes durch Strafen in Haß verkehren. Man kann den Haß eines Kindes nur schwer erkennen. Mütter, deren Kind nach einer Tracht Prügel besonders zärtlich ist, wissen nicht, daß es seinen Haß sofort wieder verdrängt hat. Aber verdrängte Gefühle sind nicht tot; sie schlafen nur.

Es gibt ein kleines Buch von Marcus mit dem Titel „Morals for the Young". Ich stelle öfter ein Experiment an, indem ich den Kindern daraus vorlese. Eine Strophe lautet:

Tommys Haus geriet in Brand.
Die Mutter den Tod in den Flammen fand.
Den Vater begrub ein fallender Balken.
Tommy konnte sich vor Lachen nicht halten.

Diese Strophe findet immer den größten Anklang. Einige Kinder lachen lauthals, wenn ich sie ihnen vorlese — sogar Kinder, die ihre Eltern lieben. Sie lachen wegen ihres verdrängten Hasses gegen die Eltern, von denen sie kritisiert, bestraft, geschlagen worden sind.

Gewöhnlich zeigt sich dieser Haß in Phantasien, die scheinbar in keinem Zusammenhang mit den Eltern stehen. Ein kleiner Junge, der seinen Vater über alles liebte, stellte sich gern vor, er sei auf Löwenjagd. Als ich ihn aufforderte, mir den Löwen zu beschreiben, kam er darauf, daß zwischen dem Löwen und seinem Vater ein Zusammenhang bestand.

Eines Morgens erzählte ich jedem Schüler einzeln die Geschichte meines eigenen Todes. Jedesmal leuchtete das Gesicht des jungen Zuhörers auf, wenn ich die Beerdigung beschrieb. Den ganzen Nachmittag waren sie guter Laune. Auch Geschichten über die Ermordung von Riesen sind bei Kindern immer beliebt, weil sie den Riesen wahrscheinlich mit Vater gleichsetzen.

Man sollte nicht bestürzt sein, wenn ein Kind seine Eltern haßt. Der Haß geht auf die Zeit zurück, in der das Kind egoistisch war. Kleine Kinder verlangen nach Liebe und nach Macht. Jedes zornige Wort, jede Ohrfeige, jede Kränkung bedeutet einen Entzug von Liebe und Macht. Jedesmal, wenn die Mutter schimpft, bedeutet das für das Kind: „Mutter liebt mich nicht." Jedes „Faß das nicht an!" vom Vater bedeutet: „Er ist mir im Weg. Wenn ich doch nur so groß wäre wie er!"

Ja, Kinder hassen ihre Eltern, aber dieser Haß ist längst nicht so gefährlich wie der Haß der Eltern gegen das Kind. Nörgeln, Wutanfälle, Prügel, Moralpredigten sind Haßreaktionen. Ein Kind, dessen Eltern einander nicht lieben, hat nur geringe Aussichten auf eine gesunde Entwicklung, weil solche Eltern Ärger und Enttäuschung immer am Kind auslassen.

Wenn ein Kind keine Liebe findet, sucht es dafür Haß. „Mutti sieht mich überhaupt nicht. Sie hat mich nicht gern. Sie liebt meine kleine Schwester. Ich werde schon dafür sorgen, daß sie sich um mich kümmert!" Dann macht es sich daran, die Möbel zu zertrümmern. Im Grunde beruhen alle Probleme im Verhalten des Kindes auf dem Mangel an Liebe. Strafe und Moralpredigten verstärken den Haß nur; das Problem beseitigen sie nicht.

Haß entsteht auch, wenn die Eltern ihre Kinder als Eigentum betrachten. Das Kind haßt solche Fesseln, verlangt aber gleichzeitig danach. Dieser Konflikt tritt manchmal als Grausamkeit in Erscheinung. Das Kind verdrängt den Haß gegen die Mutter, die das Kind mit allen Mitteln an sich fesseln will. Jedes Gefühl braucht aber ein Ventil, und das Kind tritt daher die Katze oder schlägt seine Schwester; denn das ist einfacher, als sich gegen die Mutter aufzulehnen.

Es ist schon zum Gemeinplatz geworden, daß wir an anderen hassen, was wir an uns selber hassen. Gemeinplatz hin, Gemeinplatz her – es stimmt. Den Haß, der uns als Kleinkind beigebracht wurde, geben wir an unsere eigenen Kinder weiter, und wenn wir ihnen noch so sehr unsere Liebe geben wollen.

Man sagt, wer nicht hassen könne, sei auch nicht fähig zu lieben. Mag sein. Mir fällt es schwer zu hassen. Und ich habe es nie fertiggebracht, die Kinder persönlich oder gar sentimental zu lieben. Das Wort *sentimental* läßt sich schwer definieren. Sentimental ist die Liebe, die aus einer Gans einen Schwan macht.

Robert war ein Brandstifter, ein Dieb, ein potentieller Mörder. Als ich ihn behandelte, übertrug er natürlich Haß und Liebe für seinen Vater auf mich. Eines Tages lief er, nachdem er sich mit mir unterhalten hatte, nach draußen und zertrat mit dem Absatz eine große Schnecke. Er erzählte mir das, und ich sagte, er solle mal eine Schnecke beschreiben. Er sagte: „Ein langes, häßliches, schleimiges Untier."

Ich gab ihm ein Stück Papier und bat ihn, das Wort Schnecke (snail) zu schreiben. Robert schrieb: „A Snail" – eine Schnecke.

„Sieh mal, was du geschrieben hast", sagte ich.

Plötzlich brach er in Gelächter aus, nahm den Bleistift und schrieb noch etwas darunter, so daß das Ganze so aussah:

A Snail
A. S. Neill.

Lächelnd sagte ich: „Du hättest nicht gedacht, daß ich das lange, häßliche, schleimige Untier bin, das du zertrampeln wolltest, oder?"

Bis dahin bestand keine Gefahr für den Jungen. Es war gut für ihn, sich bewußt zu machen, daß er mich haßte. Wenn ich dann aber gesagt hätte: „Ich war zwar die Schnecke, aber in Wirklichkeit haßt du gar nicht mich. Du haßt den Teil deiner selbst, den du mit mir gleichsetzt. Du selbst bist das schleimige Untier, das du umbringen willst. Du hast eine Eigenschaft in dir selbst töten wollen usw.", dann wäre das eine meiner Ansicht nach gefährliche Seelenbehandlung gewesen. Roberts „Aufgabe" ist es, mit Murmeln zu spielen und Drachen steigen zu lassen. Ich oder ein anderer Lehrer oder Arzt haben nur das Recht, Robert von Konflikten zu befreien, die ihn daran hindern.

Eltern, die von ihren Kindern Dankbarkeit erwarten, wissen nichts vom Wesen des Kindes. Kinder hassen es, anderen verpflichtet zu sein. Ich habe oft den Groll von Kindern gespürt, denen ich das Schulgeld erlassen oder beträchtlich ermäßigt hatte. Sie brachten mir mehr Haß entgegen als zwanzig zahlende Schüler. Shaw hat einmal gesagt: „Wir können uns nicht für andere opfern, ohne sie schließlich zu hassen."

Das stimmt. Und man kann noch hinzusetzen: Wir können uns nicht für andere opfern, ohne schließlich von ihnen gehaßt zu werden! Wer mit Freude gibt, erwartet keine Dankbarkeit. Eltern, die sie von ihren Kindern erwarten, werden immer enttäuscht.

Fassen wir zusammen. Jedes Kind empfindet Strafe als Haß, was ja auch stimmt. Und jede Strafe läßt es selber mehr und mehr hassen. Man braucht ja nur einen von den Verbohrten anzuschauen, die von sich selber sagen: „Ich halte die Prügelstrafe für das einzig richtige!" – er steckt immer bis zum Hals voll Haß. Ich kann nicht oft genug sagen: Haß erzeugt Haß, und Liebe erzeugt Liebe. Kein Kind ist jemals durch etwas anderes als Liebe vom Haß geheilt worden.

Verzogene Kinder

Das verzogene, betrogene, verdorbene Kind ist das Produkt einer verdorbenen Gesellschaft. In einer solchen Gesellschaft klammert es sich ängstlich ans Leben. Man hat ihm nicht Freiheit, sondern Zügellosigkeit gewährt. Es weiß gar nicht, was echte Freiheit ist: das Leben *lieben.*

Das verzogene, weil betrogene Kind ist sich selbst und der Umwelt lästig. Man kennt das von Eisenbahnfahrten: ein Kind tritt den anderen Fahrgästen auf die Füße, lärmt auf dem Korridor, achtet überhaupt nicht auf die Ermahnung der geplagten Mutter, ruhig zu sein; denn solche Ermahnungen überhört es schon seit langem.

Wenn das verzogene Balg größer wird, ergeht es ihm noch schlechter als dem Kind, das allzu strenger Disziplin unterworfen war. Das verwöhnte Kind ist schrecklich ichbezogen. Es wächst zu einem Menschen heran, der seine Kleidungsstücke übers ganze Schlafzimmer verstreut und erwartet, daß jemand für ihn aufräumt. Als Erwachsener holt er sich natürlich manche Abfuhr.

Das verzogene Kind ist oft ein Einzelkind. Da es keine Altersgenossen hat, mit denen es spielen und sich messen könnte, identifiziert es sich zwangsläufig mit den Eltern: Es möchte alles tun, was die Eltern tun. Diese halten das Kind ohnehin für ein Weltwunder, und aus Angst, seine Liebe zu verlieren, wenn sie ihm nicht in allem seinen Willen lassen, fördern sie noch seine vermeintliche Frühreife.

Manchmal finde ich eine solche Einstellung auch bei Lehrern. Sie verhätscheln ihre Schüler, weil sie ständig fürchten, ihre Beliebtheit einzubüßen. Damit kann man jedes Kind am besten verderben. Gute Lehrer und Eltern müssen größten Wert darauf legen, objektiv zu bleiben. Sie müssen ihre eigenen Komplexe aus dem Verhältnis zum Kind heraushalten. Ich gebe zu, daß das nicht einfach ist, denn allzuoft sind wir unseren eigenen Komplexen gegenüber blind. Eine unglückliche Mutter wird beispielsweise leicht ihren Sohn verziehen, weil sie dazu neigt, ihm eine falsche Liebe zu geben.

Ein verzogener Junge gibt uns immer alle Hände voll zu tun. Meine Frau wird von ihm bis zur Erschöpfung gebracht, weil sie der Mutterersatz ist. Er belästigt sie mit Fragen wie: „Wann ist die Schule zu Ende? Wieviel Uhr ist es? Kannst du mir etwas Geld geben?" Unterschwellig haßt er seine Mutter und will sie ärgern. Ein verzogenes Mädchen versucht sich immer an mir, denn ich bin der Ersatz für den Vater. In der Regel will es mich nicht zur Liebe, sondern zum Haß provozieren. Ein verzogenes Mädchen, das neu nach Summerhill kommt, versteckt meinen Federhalter oder sagt zu einem anderen Mädchen: „Du sollst zu Neill kommen!", während sie in Wirklichkeit will, daß *sie* zu Neill kommen sollte.

Verzogene Jungen und Mädchen treten gegen meine Tür oder stehlen meine Sachen, nur um mich zu einer Reaktion zu zwingen. Ein verwöhntes Kind kann es nicht ausstehen, plötzlich zu einer vielköpfigen Familie zu gehören. Es erwartet von mir und den Lehrern die gleiche nachgiebige Haltung, die es von seinen vernarrten Eltern gewöhnt ist.

Ein verwöhntes Kind bekommt meistens viel zuviel Taschengeld. Es tut mir oft in der Seele weh, wenn ich sehe, daß Eltern, denen ich wegen ihrer schlechten wirtschaftlichen Lage das Schulgeld erlassen oder zumindest herabgesetzt habe, ihren Kindern einen Pfundschein als Taschengeld schicken.

Man sollte einem Kind nicht alles geben, was es haben will. Im allgemeinen bekommen Kinder heutzutage viel zuviel, so daß sie es gar nicht mehr zu schätzen wissen, wenn man ihnen etwas schenkt. Eltern, die ihre Kinder mit Geschenken überhäufen, lieben sie häufig nicht. Sie möchten ihr Versagen kompensieren, indem sie ihre Elternliebe demonstrativ zur Schau stellen. Sie handeln damit ähnlich wie der Mann, der seine Frau betrogen hat und ihr nun großzügig einen Pelzmantel schenkt, den er sich eigentlich gar nicht leisten kann. Ich habe es mir zur Regel gemacht, meiner Tochter nicht jedesmal, wenn ich nach London fahre, etwas mitzubringen. Daher erwartet sie auch nicht jedesmal, wenn ich zurückkomme, etwas. Das verwöhnte Kind weiß die meisten Dinge, die ihm gegeben werden, nicht zu schätzen.

Wenn ein Kind ein neues chromglänzendes Fahrrad mit Gangschaltung bekommt und es schon nach drei Wochen die ganze Nacht im Regen stehen läßt, ist das immer ein verwöhntes Kind.

Ein verwöhntes Kind hat oft Eltern, die in ihm ihr zweites Leben sehen. *Ich habe nicht viel aus meinem Leben machen können, weil mir immer alle Knüppel zwischen die Beine geworfen haben. Mein Sohn aber soll jede Möglichkeit haben, den Erfolg zu erringen, der mir versagt blieb.* Aus solchen Motiven besteht dann ein Vater, der selbst nie Gelegenheit hatte, ein Instrument zu spielen, darauf, daß sein Sohn Klavierstunden nimmt. Eine Mutter, die ihre Karriere aufgegeben hat, um zu heiraten, schickt aus dem gleichen Grund ihre Tochter in die Ballettschule, obwohl sie viel zu plump dafür ist. Es gibt zahllose solche Eltern, die ihre Kinder zu einem Studium und Beruf zwingen, für die sich der Sohn oder die Tochter, wenn sie selbst zu sagen hätten, nie entscheiden würden. Was sollen die armen Eltern machen? Es ist schwer für einen Mann, der sich ein blühendes Textilgeschäft aufgebaut hat, wenn er plötzlich feststellen muß, daß sein Sohn Schauspieler oder Musiker werden möchte. Das kommt aber oft vor.

Dann gibt es auch noch das verwöhnte Kind, dessen Mutter einfach nicht will, daß es erwachsen wird. Muttersein ist eine Aufgabe, aber keine Lebensaufgabe. Den meisten Frauen ist das klar. Wie oft hört man aber trotzdem eine Mutter von ihrer Tochter sagen: „Sie wird viel zu schnell groß!"

Man darf Kinder nicht gegen die persönlichen Rechte anderer verstoßen lassen. Eltern, die ihre Kinder nicht verziehen wollen, *müssen* zwischen Freiheit und Zügellosigkeit unterscheiden.

Macht und Autorität

Bevor die Psychologie die Bedeutung des Unbewußten entdeckte, hielt man Kinder für vernünftige Wesen mit der Fähigkeit, Gutes oder Böses zu wollen. Der Verstand des Kindes war gleichsam eine leere Tafel, auf der ein gewissenhafter Lehrer nur zu schreiben brauchte.

Jetzt wissen wir, daß an einem Kind nichts Statisches ist; es ist im Gegenteil voll dynamischer Energie. Es strebt danach, seine Wünsche in Taten umzusetzen. Sein Wesen ist ichbezogen, und es versucht stets seine Kraft. Wenn in allem Sexualität ist, so liegt in allem zugleich auch immer das Streben nach Macht.

Kleinkinder finden anscheinend, daß sie ihrer Macht über die Umwelt am besten durch Lärm Ausdruck verleihen können. Die Reaktion Erwachsener auf den Lärm gibt dem Kind vielleicht eine übertriebene Vorstellung von der Bedeutung des Lärms. Vielleicht ist aber auch der Lärm an sich für das Kind schon wichtig.

Im Kinderzimmer wird der Lärm oft unterdrückt. Schon vorher aber ist durch die Sauberkeitserziehung etwas anderes unterdrückt worden. Wir können zwar nur vermuten, daß der Akt des Ausscheidens dem Kind ein Gefühl der Macht gibt. Wahrscheinlich hat aber dieser Akt für das Kind eine große Bedeutung, weil er sein erster Schöpfungsakt ist. Ich sage, daß wir alles nur vermuten können, weil niemand weiß, was ein ein- oder zweijähriges Kind fühlt oder denkt. Bei sieben- oder achtjährigen Kindern zeigt sich allerdings mitunter, daß sie bei der Ausscheidung starke Machtgefühle haben.

Eine normale Frau fürchtet sich vor einem Löwen. Eine neurotische Frau hat Angst vor einer Maus. Der Löwe ist eine tatsächliche Gefahr; die Maus dagegen tritt nur an die Stelle eines verdrängten Wunsches, den zu erkennen die Frau sich fürchtet. Auch Wünsche eines Kindes können durch Verdrängung in Ängste verwandelt werden. Viele Kinder haben nachts Angstzustände. Sie fürchten sich vor Gespenstern, Räubern oder dem schwarzen Mann. Unwissende Eltern glauben oft, daß an diesen Ängsten die Geschichten des Kindermädchens schuld sind. In Wirklichkeit geben solche Geschichten der Angst des Kindes nur Gestalt. Die Wurzel der Angst liegt in der Unterdrückung des sexuellen Interesses durch die Eltern. Das Kind hat geradeso Angst vor seinen geheimen Wünschen wie die Frau, die sich vor einer Maus fürchtet.

Nun braucht es sich bei der Verdrängung nicht immer um eine sexuelle zu handeln. Wenn ein Vater schreit: „Mach nicht solchen Lärm!“, kann sich das Interesse des Kindes am Lärmmachen in ein angstvolles Interesse am Vater verwandeln. Wenn die Wünsche des Kindes durchkreuzt werden, bekommt es Haß. Wenn ich einem intelligenten dreijährigen Jungen ein Spielzeug wegnehme, würde er mich umbringen, wenn er könnte.

Einmal saß ich mit Billie draußen in einem schwarz und orange gestreiften Liegestuhl. Für Billie bin ich natürlich eine Vaterfigur.

„Erzähl mir eine Geschichte", sagte Billie.

„Erzähl du mir eine!" gab ich zur Antwort.

Nein, er könne mir keine erzählen. Er bestand darauf, eine Geschichte von mir zu hören.

„Dann erzählen wir zusammen eine", sagte ich. „Ich fange an, und wenn ich aufhöre, machst du weiter. Also, es war einmal ein ..."

Billie sah sich meinen gestreiften Liegestuhl an und sagte: „Tiger." Ich wußte sofort, daß ich das gestreifte Tier war.

„Der Tiger lag vor unserer Schule am Straßenrand, als eines Tages ein Junge dort vorbeikam. Der Junge hieß ..."

„Donald", sagte Billie. Donald ist sein bester Freund.

„Da sprang der Tiger auf und ..."

„Fraß ihn", sagte Billie prompt.

„Da sagte Derrick: ‚Ich werde es nicht zulassen, daß der Tiger meinen Bruder auffrißt.' Damit schnallte er seinen Revolver um und ging auf die Straße. Der Tiger setzte zum Sprung an ..."

„Fraß ihn auf", erklärte Billie mit strahlendem Gesicht.

„Da wurde Neill wütend und sagte: ‚Ich werde doch den Tiger nicht meine sämtlichen Schüler auffressen lassen!' Er nahm seine beiden Revolver und ging hinaus. Der Tiger tat einen Sprung und ..."

„Fraß ihn auf, natürlich!"

„Billie sagte aber nun, so geht das nicht mehr weiter. Er bewaffnete sich mit seinen zwei Revolvern, seinem Schwert, seinem Dolch und seinem Maschinengewehr und machte sich auf den Weg. Der Tiger sprang und ..."

„Er tötete den Tiger", sagte Billie bescheiden.

„Ausgezeichnet!" rief ich. „Er tötete den Tiger, schleppte ihn bis vor die Tür, ging hinein und berief eine Schulversammlung ein. Einer von den Lehrern sagte vor der Versammlung: ‚Da Neill im Bauch des Tigers ist, brauchen wir einen neuen Schulleiter. Ich schlage vor ...'"

Billie senkte den Blick und sagte nichts.

„Ich schlage vor ..."

„Du weißt ganz genau, daß er mich vorgeschlagen hat", sagte Billie ärgerlich.

„So wurde Billie also Schulleiter von Summerhill", fuhr ich fort. „Und was tat er wohl als erstes?"

„Er ging in dein Zimmer und holte sich deine Drehbank und deine Schreibmaschine", sagte er ganz ungeniert und ohne zu zögern.

Ich möchte Ihnen noch eine Geschichte von Billie erzählen. Eines Tages sagte er zu mir: „Ich weiß, wo ich einen Hund bekommen kann, der noch größer ist als der von Vater." Sein Vater hatte zwei Skyeterrier.

„Wo?" fragte ich, aber er schüttelte den Kopf und wollte es mir nicht sagen.

„Welchen Namen willst du denn dem Hund geben?"

„Wasserschlauch", sagte Billie.

Ich gab ihm ein Stück Papier und sagte: „Zeichne mir doch mal einen Wasserschlauch."

Er zeichnete einen riesigen Phallus. Plötzlich fiel mir ein, daß ich irgendwo eine alte Fahrradpumpe hatte. Ich holte sie und zeigte Billie, wie er sie als Wasserspritze verwenden könne.

„Jetzt hast du einen größeren Wasserschlauch als dein Vater", sagte ich, und er lachte laut. Zwei Tage lang hatte Billie das größte Vergnügen daran, überall die Wasserspritze zu betätigen. Dann verlor er das Interesse an seinem Wasserschlauch.

Ist Billie ein sexueller Fall oder ein Fall von Macht? Ich glaube, bei ihm ging es um Macht. Sein Verlangen, den Tiger (mich) zu töten, war der gleiche Wunsch, den er empfand, als er zum erstenmal seinen Vater sah. Dieser Wunsch stand in keinem direkten Zusammenhang mit sexuellen Dingen. Und Billies Wunsch, einen größeren Phallus zu haben als sein Vater, entsprang seinem Streben nach Macht. Billies Phantasien sind Machtphantasien. Er erzählt seinen Schulkameraden oft großtuerische Geschichten darüber, wieviele Flugzeuge er gleichzeitig steuern kann. In all diesen Dingen zeigt sich Ichbezogenheit.

Ein unerfüllter Wunsch ist der Ausgangspunkt von Wachträumen. Jedes Kind möchte groß sein. Alles in seiner Umgebung erinnert es daran, daß es klein ist. Das Kind erobert seine Umwelt, indem es vor ihr flieht. Es läßt sich Flügel wachsen, mit denen es sich in eine Traumwelt erhebt. Dem Ehrgeiz, Lokomotivführer zu werden, liegt ein Machtmotiv zugrunde: Gewalt über einen dahinrasenden Zug zu haben, ist eines der besten Bilder von Macht.

Peter Pan ist bei Kindern nicht deswegen so beliebt, weil er nie erwachsen wird, sondern weil er fliegen kann und Piraten bekämpft. Bei Erwachsenen ist er beliebt, weil sie wieder Kinder sein möchten, sorgenfrei und ohne irgendwelche Verantwortung. Ein Junge aber will nie ein Junge bleiben. Das Verlangen nach Macht treibt ihn weiter.

Wenn die Neugier des Kindes und seine Freude am Lärm unterdrückt werden, wird seine natürliche Liebe zur Macht verformt. Jugendliche, deren Straftaten angeblich eine Folge allzu häufigen Kinobesuchs sind, versuchen nichts anderes, als ihr unterdrücktes Bedürfnis nach Macht zu befriedigen. Wie ich festgestellt habe, wird ein asozialer Junge, der vielleicht Anführer einer Bande von jugendlichen Einbrechern ist, meist zum Anhänger von Recht und Ordnung, wenn man ihm Freiheit gibt.

Ansi war in ihrer vorigen Schule Anführerin einer Bande von Übeltäterinnen und wurde von der Schule verwiesen. Zwei Tage nach ihrer Ankunft in Summerhill fing sie an, sich mit mir zu streiten, zunächst im Scherz, aber dann im Ernst. Ungefähr drei Stunden lang trat und biß sie mich und sagte immer wieder, sie werde mich schon noch so weit bringen, daß mir die Geduld riß. Ich ließ mich aber nicht aus der Ruhe bringen und blieb freundlich, auch wenn es mich einige Mühe kostete. Schließlich setzte sich einer unserer Lehrer hin und spielte gedämpfte Musik. Ansi beruhigte sich daraufhin. Ihr Angriff war zum Teil sexuell, aber noch mehr vom Kampf um Macht bestimmt — schließlich bin ich Schulleiter und repräsentiere Gesetz und Ordnung.

Für Ansi war das Leben in Summerhill einigermaßen verwirrend. Da es hier keine Gesetze gab, die sie hätte brechen können, fühlte sie sich wie ein Fisch auf dem Trockenen. Sie versuchte, ihre Mitschüler zu allen möglichen Untaten anzustiften, hatte aber nur bei den ganz Kleinen Erfolg. Sie wollte erneut zur Bandenführerin werden, um wieder die gewohnte Macht zu genießen. In Wirklichkeit liebte sie Gesetz und Ordnung, nur war in dem von Erwachsenen beherrschten Rechts- und Ordnungssystem kein Platz für Ansis Machtstreben. Deswegen entschied sie sich für die nächstbeste Lösung: Sie rebellierte gegen Gesetz und Ordnung.

Eine Woche nach ihrer Ankunft machte sich Ansi auf einer Schulversammlung über alles, worüber dort verhandelt wurde, lustig. „Ich stimme für die Gesetze“, sagte sie, „aber nur, damit ich sie brechen kann.“

Die Hausmutter erhob sich und erklärte: „Ansi hat bewiesen, daß sie nicht für Gesetze ist, die von allen befolgt werden. Ich schlage daher vor, alle Gesetze aufzuheben und die Anarchie auszurufen.“

Ansi schrie: „Hurra!“ Unter ihrer Führung marschierten die Schüler aus dem Raum. Sie hatte keine Schwierigkeiten, die anderen mitzureißen, weil die Kinder alle noch verhältnismäßig klein waren und noch kein soziales Bewußtsein entwickelt hatten. Ansi führte sie in die Werkstatt, wo sie sich mit Sägen bewaffneten, um, wie sie erklärten, alle Obstbäume zu fällen. Ich ging wie üblich in den Garten, um zu graben.

Zehn Minuten später kam Ansi zu mir und fragte sehr sanft: „Was müssen wir machen, um die Anarchie aufzuheben und wieder Gesetze einzuführen?"

„Ich kann dir keine Ratschläge geben", sagte ich.

„Können wir eine neue Schulversammlung einberufen?" fragte sie.

„Natürlich könnt ihr das, aber ich werde mich da nicht sehen lassen. Wir haben uns ja für die Anarchie entschieden." Sie ging, und ich setzte meine Gartenarbeit fort.

Kurz darauf kam sie wieder. „Die Kinder haben beschlossen, eine regelrechte Schulversammlung einzuberufen. Kommen Sie auch?"

„Eine regelrechte Schulversammlung?" fragte ich. „Ja, ich komme."

In der Schulversammlung war Ansi dann sehr ernsthaft, und wir konnten in Frieden unsere Gesetze verabschieden. Gesamtschaden während der Zeit, in der Anarchie herrschte: ein zersägter Garderobenständer.

Jahrelang hatte Ansi sich ein Vergnügen daraus gemacht, ihre Mitschülerinnen im Aufstand gegen die Autorität anzuführen. Das Rebellieren war ihr aber verhaßt, denn im Grunde war sie ein friedlicher Mensch. Sie haßte das Chaos. Aber Ansi hatte ein starkes Bedürfnis nach Macht. Nur wenn sie andere führen konnte, war sie glücklich. Wenn sie sich gegen ihren Lehrer auflehnte, so deswegen, um sich wichtiger zu machen als er. Sie haßte Vorschriften, weil sie die Macht, die Vorschriften machte, haßte. Sie identifizierte sich mit ihrer strafenden Mutter und behandelte andere sadistisch. Man kann nur annehmen, daß ihr Haß gegen jede Autorität sich objektiv gegen die mütterliche Autorität richtete, subjektiv aber gegen die beherrschende Mutter in ihr selbst. Solche Fälle von Machtstreben sind viel schwerer zu heilen als sexuelle Fälle. Durch welche Ereignisse und Einflüsse das Kind in sexueller Beziehung ein schlechtes Gewissen hat, läßt sich verhältnismäßig einfach zurückverfolgen, nicht so die tausend Vorfälle und Einflüsse, die das Kind zu einem sadistischen Machtmenschen gemacht haben.

Dabei fällt mir eines der Kinder ein, bei denen ich keinen Erfolg erzielen konnte. Als ich in Deutschland unterrichtete, wurde ein dreizehnjähriges slawisches Mädchen namens Maroslawa zu mir geschickt. Maroslawa haßte ihren Vater leidenschaftlich. Ein halbes Jahr lang machte sie mir das Leben an der Schule zur Hölle. In den Schulversammlungen griff sie mich häufig an. Bei einer Gelegenheit brachte sie den Antrag ein, mich wegen Unfähigkeit zu entlassen. Sie hatte Erfolg. Nach drei freien Tagen fing ich gerade an, Freude an einem Buch zu finden, das ich schrieb, als leider eine weitere Schulversammlung abgehalten und beschlossen wurde, mich zurückzuholen (mit einer Gegenstimme natürlich). Maroslawa sagte immer: „Ich kann es nicht ausstehen, wenn Leute hier den starken Mann spielen." Sie selbst war ein machthungriger Mensch mit einem ungeheuren Geltungsdrang. Als sie von der Schule wegging – ich hatte ihrer Mutter sagen müssen, daß ich sie nicht heilen könnte – und wir uns voneinander verabschiedeten, sagte ich freundlich: „Ich habe dir nicht viel geholfen, oder?"

„Wissen Sie auch, warum nicht?" fragte sie mit einem kühlen Lächeln. „Ich kann es Ihnen sagen. Am ersten Tag, als ich hier war, habe ich eine Kiste gezimmert, und Sie sagten, ich brauche zu viele Nägel. Von dem Augenblick an wußte ich, daß Sie genauso sind wie alle anderen Lehrer auf der Welt, einer, der den starken Mann spielt. Von da an konnten Sie mir unmöglich noch helfen."

„Du hast recht", sagte ich. „Auf Wiedersehen."

Haß ist vielleicht häufiger die Folge verhinderter Macht als die Folge unerfüllter Liebe. Den von Maroslawa ausgehenden Haß konnte man geradezu mit Händen greifen. Das Streben nach Macht ist ebensosehr eine weibliche wie eine männliche Eigenschaft. Ansi und Maroslawa suchten eindeutig Macht über Menschen zu erlangen.

Kinder unter acht Jahren sind nicht selbstsüchtig, sondern nur egoistisch. Bei einem sechsjährigen Jungen, der von seinem Vater zur Selbstlosigkeit erzogen und geschlagen wird, wenn er selbstsüchtig handelt, sind die Gewissensbisse zunächst ganz objektiv: *Ich muß meine Bonbons mit anderen teilen, wenn Vater dabei ist.* Dann aber setzt ein Prozeß der Identifizierung ein. Der Junge möchte so stark sein wie Vater – das Motiv der Macht. Er möchte genauso viel von der Mutter haben wie Vater. Er identifiziert sich mit diesem. Im Verlauf des Prozesses übernimmt er dessen Ansichten. Er wird zu einem kleinen Konservativen oder einem kleinen Liberalen. Er macht den Vater sozusagen zu einem Teil seines Inneren. Das Gewissen, das zunächst die Stimme des Vaters von außen war, wird nunmehr zur Stimme des Vaters aus dem eigenen Inneren. Auf diese Weise werden manche Leute Baptisten, Kalvinisten oder Kommunisten.

Mädchen, die als Kind geschlagen werden, schlagen später ihre Kinder. Wenn Kinder Schule spielen, ist das sehr aufschlußreich. Der Lehrer teilt fortwährend Prügel aus.

Der Wunsch des Kindes, erwachsen zu sein, ist ein Verlangen nach Macht. Schon durch die körperliche Größe eines Erwachsenen bekommt das Kind Minderwertigkeitsgefühle. Warum dürfen Erwachsene abends lange aufbleiben? Warum haben sie all die guten Sachen, die man selbst haben möchte: Schreibmaschinen, Autos, gute Werkzeuge, Uhren?

Meine Schüler machen sich ein Vergnügen daraus, ihr Gesicht einzuseifen, wenn ich mich rasiere. Auch das Verlangen, zu rauchen, ist hauptsächlich mit dem Wunsch, erwachsen zu sein, identisch. Vor allem Einzelkinder haben es schwer, Macht zu gewinnen, so daß Einzelkinder in der Schule besonders schwierig sind.

Einmal habe ich den Fehler gemacht, einen kleinen Jungen schon zehn Tage vor Beginn des Tertials in die Schule aufzunehmen, als die anderen Schüler noch in Ferien waren. Der Junge fühlte sich sehr wohl; er war immer bei den Lehrern, konnte sich im Lehrerzimmer aufhalten, hatte ein Schlafzimmer ganz für sich allein. Als dann die anderen Kinder kamen, wurde er antisozial. Vorher hatte er geholfen, Sachen zu reparieren; jetzt zerstörte er sie. Plötzlich durfte er kein Erwachsener mehr sein; er mußte sein Schlafzimmer mit vier anderen Jungen teilen; er mußte früh zu Bett gehen. Nachdem ich den heftigen Protest dieses Jungen gegen den Entzug seiner Vorrechte erlebte, habe ich mir vorgenommen, nie wieder einem Kind die Möglichkeit zu geben, sich mit Erwachsenen zu identifizieren.

Nur *unterdrücktes* Machtstreben ist vom Übel. Der Mensch ist gut. Er will lieben und geliebt werden. Haß und Rebellion sind nur verhinderte Liebe und verhinderte Macht.

Eifersucht

Eifersucht ist eine Folge des Besitzstrebens. Wenn die sexuelle Liebe das eigene Ich überschritte, müßte ein Mann, der seine Freundin einen anderen küssen sieht, sich freuen, weil sie glücklich ist. Sexuelle Liebe strebt aber danach, den anderen Menschen zu besitzen. Eifersuchtstragödien spielen sich da ab, wo einer der Beteiligten besonders stark nach Besitz strebt.

Weil es bei den Trobriandern keine erkennbare sexuelle Eifersucht gibt, können wir annehmen, daß Eifersucht ein Nebenprodukt unserer komplizierteren Kultur ist. Eifersucht entsteht aus der Verbindung von Liebe und Besitzstreben. Es ist schon oft bemerkt worden, daß ein eifersüchtiger Mann meist nicht den Nebenbuhler, mit dem seine Frau durchgebrannt ist, erschießt, sondern seine Frau. Wahrscheinlich will er damit seinen Besitz für jeden anderen unerreichbar machen. Das gleiche findet man bei einer Kaninchenmutter, die ihre Jungen frißt, wenn ein Mensch zu viel mit ihnen herumgespielt hat. Das unentwikkelte Ich will alles oder nichts; es kann nicht mit anderen teilen.

Eifersucht hat mehr mit Machtstreben zu tun als mit Sexualität. Sie ist die Reaktion des gekränkten Ichs. „Ich bin nicht die Hauptperson. Ich bin nicht Favorit. Ich muß hinter jemand anderem zurückstehen." Zumindest bei Sängern und Komikern, um nur zwei Beispiele zu nennen, läßt sich die Eifersucht psychologisch so erklären. Als Student habe ich mich oft mit Komikern angefreundet, indem ich einfach sagte, dieser oder jener andere Komiker sei unter aller Kritik.

Eifersucht enthält immer ein starkes Element der Angst, der Furcht, etwas zu verlieren. Die Opernsängerin haßt eine andere Primadonna, weil sie fürchtet, ihre eigene Beliebtheit beim Publikum könnte nachlassen. Es ist sogar möglich, daß Angst vor einer Einbuße an Ansehen viel häufiger Eifersucht erzeugt als alle Nebenbuhler der Welt.

In einer Familie mit mehreren Kindern hängt daher für das ältere Kind viel davon ab, ob es sich verstanden und geschätzt fühlen kann. Wenn das Kind durch Selbstbestimmung so selbständig geworden ist, daß es nicht dauernd die Anerkennung der Eltern suchen muß, dann wird es nicht so eifersüchtig auf den kleinen Bruder oder die kleine Schwester sein wie ein unfreies Kind, das immer an Mutters Schürze hängt und daher nie ganz selbständig wird. Das heißt aber nicht, daß die Eltern einfach zusehen und abwarten sollten, wie das ältere Kind auf das jüngere reagiert. Von Anfang an sollten sie vielmehr alles vermeiden, was die Eifersucht des größeren Kindes verstärken könnte. Es ist zum Beispiel nicht gut, wenn das Baby Besuchern mit offensichtlichem Stolz vorgeführt wird. Kinder jeden Alters haben ein sehr gut entwickeltes Gerechtigkeits- oder vielmehr Ungerechtigkeitsgefühl. Kluge Eltern werden daher darauf achten, das kleinere Kind nicht bevorzugt zu behandeln, wenn sich das auch nicht immer ganz vermeiden läßt.

Daß die Mutter dem Säugling die Brust gibt, kann dem älteren Bruder als Ungerechtigkeit erscheinen. Das muß aber nicht so sein, wenn er dem Stillalter auf natürliche Weise entwachsen durfte. Um zu gültigen Schlüssen über diese Fragen zu kommen, brauchte man noch sehr viel mehr Material. Ich habe keine Erfahrungen damit, wie ein frei erzogenes Kind auf die Ankunft eines Babys reagiert. Ich weiß auch nicht, ob nicht Eifersucht vielleicht ein dauernder Bestandteil des menschlichen Wesens ist.

In meinem langen Leben ist mir aufgefallen, daß viele Menschen sich noch als Erwachsene über Vorfälle in ihrer Kindheit erregen können, bei denen sie nach ihrer Ansicht ungerecht behandelt wurden. Besonders gut erinnern sich Erwachsene daran, daß sie als Kind für etwas bestraft worden sind, was der jüngere Bruder oder die jüngere Schwester getan hatte. „Mir wurde immer die Schuld gegeben!" sagt mancher Erwachsener, wenn er sich an seine Kindheit erinnert. Jedesmal, wenn bei einem Streit das Kleine weint, schimpft die beschäftigte Mutter das ältere Kind aus.

Der achtjährige Jim hatte die Angewohnheit, jeden Menschen, mit dem er zusammenkam, sofort zu küssen. Dabei saugte er allerdings mehr, als daß er küßte. Ich schloß daraus, daß Jim sich noch immer nicht von dem Saugbedürfnis eines Kleinkindes befreit hatte. Deshalb kaufte ich ihm eine Säuglingsflasche. Jeden Abend vor dem Schlafengehen trank Jim nun aus seiner Flasche. Die anderen Jungen brachen zunächst in schallendes Spottgelächter aus (und tarnten auf diese Weise ihr eigenes Interesse an der Flasche), wurden aber schon bald neidisch. Zwei Jungen forderten ebenfalls eine Flasche. Für die anderen war Jim plötzlich zum kleinen Bruder geworden, der das Alleinrecht an der Brust der Mutter hatte. Daraufhin kaufte ich für jeden eine. Daß die Jungen Flaschen haben wollten, beweist, daß sie noch das Bedürfnis hatten zu saugen.

Besonders beim Essen entstehen leicht Neid und Eifersucht. Wenn Gäste in Summerhill etwas Besonderes zu essen bekommen, werden sogar manche Lehrer neidisch, und wenn die Köchin einem der älteren Schüler Spargel gibt, hebt sofort das Maulreißen über Günstlingswirtschaft in der Küche an.

Vor einigen Jahren bekam eines der Kinder in Summerhill einen Werkzeugkasten geschickt. Die Schüler, deren Vater es sich nicht leisten konnten, ihnen gute Werkzeuge zu kaufen, wurden neidisch. Drei Wochen verhielten sie sich antisozial. Ein Junge lieh sich einen Hobel aus. Er wußte genau Bescheid mit Werkzeugen. Trotzdem entfernte er die Schneide aus dem Hobel, indem er mit einem Hammer gegen die scharfe Seite schlug. Der Junge sagte mir, er habe vergessen, wie man die Schneide aus einem Hobel herausnimmt. Sein Zerstörungsakt geschah bewußt oder unbewußt aus Eifersucht.

Manchmal ist es unmöglich, jedem Kind ein eigenes Zimmer zu geben. Jedes Kind sollte aber wenigstens eine kleine Ecke ganz für sich haben. In unseren Klassenzimmern in Summerhill hat jeder Schüler einen Tisch und ein kleines Eckchen, das er mit viel Freude nach seinem eigenen Geschmack gestaltet.

Die P. S. waren auch manchmal eine Quelle der Eifersucht. „Warum hat Mary P. S. bekommen und ich nicht?" Manchmal benahm sich ein Mädchen ganz bewußt und absichtlich sehr schlecht, um als schwer erziehbares Kind in den Genuß von P. S. zu kommen. Einmal zerschlug ein Mädchen eine Reihe von Fensterscheiben, und als es nach dem Grund gefragt wurde, antwortete es: „Neill soll mir P. S. geben!" Ein Mädchen, das sich so benimmt, hat meist das Gefühl, daß sein Vater sich nicht genügend um seine Tochter gekümmert hat.

Da Kinder ihre Probleme und Eifersüchteleien aus dem Elternhaus mit in die Schule bringen, habe ich vor den Briefen, die die Eltern an ihre Kinder schreiben, am meisten Angst. Einmal mußte ich an einen Vater schreiben: „Schicken Sie Ihrem Sohn bitte keine Briefe mehr, denn jedesmal, wenn Sie schreiben, verändert sich der Junge zu seinem Nachteil." Der Vater antwortete nicht auf diesen Brief, aber er schrieb auch nicht mehr an seinen Sohn. Etwa zwei Monate danach sah ich, daß der Junge wieder einen Brief von seinem Vater bekommen hatte. Ich ärgerte mich, sagte aber nichts. Noch am gleichen Tag, etwa gegen Mitternacht, hörte ich furchtbares Geschrei aus dem Schlafzimmer dieses Jungen. Ich rannte nach oben und kam noch gerade rechtzeitig an, um unsere kleine Katze davor zu bewahren, erdrosselt zu werden. Am nächsten Morgen ging ich wieder in das Zimmer des Jungen, um den Brief zu suchen. Ich fand ihn. Ein Satz lautete: „Tom (der jüngere Bruder) hat am Montag zu seinem Geburtstag von Tante Lizzie ein kleines Kätzchen geschenkt bekommen." Die Phantasien, die durch Eifersucht hervorgerufen werden, kennen in ihrer kriminellen Boshaftigkeit keine Grenzen. Das eifersüchtige Kind tötet in seinen Träumen alle, die es als Nebenbuhler betrachtet. Wir hatten einmal zwei Brüder in Summerhill. Als sie zum Beginn der Ferien nach Hause fuhren, geriet der ältere in regelrechte Angstzustände. Er sagte immer wieder: „Ich habe solche Angst, daß ich Fred unterwegs verliere." Er fürchtete, sein Wachtraum könne in Erfüllung gehen.

Ein elfjähriger Junge sagte einmal, als er von seinem jüngeren Bruder sprach, zu mir: „Nein, ich möchte nicht, daß er stirbt, aber wenn er auf eine sehr lange Reise ginge, nach Indien oder so, und erst als Erwachsener zurückkäm', das wäre gut!"

Jeder Schüler, der neu nach Summerhill kommt, ist etwa drei Monate lang dem unbewußten Haß seiner Mitschüler ausgesetzt. Denn in der Familie ist Haß die erste Reaktion des Kindes auf einen Neuankömmling. Das ältere Kind glaubt gewöhnlich, die Mutter kümmere sich überhaupt nur noch um das Baby, denn es schläft bei der Mutter und nimmt all ihre Aufmerksamkeit in Anspruch. Das Kind versucht oft, den verdrängten Haß gegen die Mutter durch übergroße Zärtlichkeit wettzumachen. Das ältere Kind haßt mehr als das jüngere, denn das jüngere ist nie Hahn im Korb gewesen. Die schlimmsten Fälle von Neurose, mit denen ich zu tun hatte, waren immer das Einzelkind oder das älteste Kind in einer Familie.

Ohne es zu wissen, schüren Eltern den Haß ihrer Kinder noch. „Aber Tom, dein kleiner Bruder würde sich nicht so anstellen, wenn er sich in den Finger geschnitten hat."

Ich weiß noch, daß mir als Junge immer ein anderer Junge als gutes Beispiel hingestellt wurde. Er war ein ausgezeichneter Schüler, immer auf der Sonnenseite, immer der Primus. Dann starb er, und ich kann mich erinnern, daß seine Beerdigung für mich recht angenehm war.

Lehrer haben manchmal mit der Eifersucht der Eltern zu kämpfen. Mehr als einmal habe ich einen Schüler verloren, weil die Eltern auf mich und Summerhill, für das ihr Kind Zuneigung empfand, eifersüchtig waren. Das ist verständlich. In einer freien Schule dürfen die

Kinder wirklich alles tun und lassen, was sie wollen, solange sie nicht gegen die von Schülern und Lehrern in der Schulversammlung verabschiedeten Gesetze der Gemeinschaft verstoßen. Es kommt oft vor, daß ein Kind in den Ferien nicht nach Hause fahren will, weil man sich dort den Beschränkungen des Elternhauses unterwerfen muß. Eltern, die nicht auf die Schule und ihre Lehrer eifersüchtig sind, behandeln ihre Kinder genauso wie wir in Summerhill. Sie vertrauen ihren Kindern und geben ihnen die Möglichkeit, sie selbst zu sein. Kinder solcher Eltern fahren gern nach Hause.

Zwischen Eltern und Lehrer braucht keine Rivalität zu herrschen. Wenn die Eltern durch despotische Befehle und Verbote die Liebe des Kindes in Haß verkehren, brauchen sie sich nicht zu wundern, wenn es anderswo Liebe sucht. Der Lehrer ist dann nur Ersatz für die Mutter oder den Vater. Das Kind bringt dem Lehrer seine Liebe entgegen, einfach weil er leichter zu lieben ist als der Vater.

Ich habe zahllose Väter kennengelernt, die ihren Sohn haßten, weil sie eifersüchtig auf ihn waren. Es waren Peter-Pan-Väter, die von ihrer Frau Mutterliebe erwarteten, den jungen Rivalen haßten und ihn oft brutal schlugen. Sie, Herr Vater, werden feststellen, daß sich Ihre Situation durch ein solches Familiendreieck kompliziert. Sobald Ihr Kind geboren ist, sind Sie gewissermaßen überflüssig geworden. Manche Frauen verlieren nach der Geburt ihres Kindes alles Interesse am Geschlechtsverkehr. Auf jeden Fall wird die Liebe Ihrer Frau nicht mehr Ihnen allein gehören. Sie sollten sich über diese Dinge im klaren sein, denn sonst kann es Ihnen passieren, daß Sie auf Ihr eigenes Kind eifersüchtig sind. Wir haben in Summerhill viele Kinder gehabt, die unter der Eifersucht entweder der Mutter oder des Vaters zu leiden hatten. Meist waren es Jungen, deren Väter eifersüchtig auf den Sohn waren und ihn daher sehr streng oder sogar brutal behandelten. Wenn ein Vater mit seinen Kindern um die Liebe der Mutter wetteifert, werden die Kinder mehr oder weniger zu Neurotikern.

Ich habe viele Mütter kennengelernt, die an ihrer Tochter all die Frische und Schönheit haßten, die sie selbst verloren hatten. Meist waren das Mütter ohne Interessen und Aufgabe, die in der Vergangenheit lebten und von den Eroberungen träumten, die sie vor vielen Jahren beim Tanz gemacht hatten.

Früher konnte ich mich ärgern, wenn zwei junge Dinger sich ineinander verliebten. Ich versuchte, meine Verärgerung mit der Furcht vor unangenehmen Folgen zu rationalisieren. Dann aber wurde mir klar, daß ich in Wirklichkeit eifersüchtig auf die Jugend war, und meine Gereiztheit und Befürchtungen schwanden.

Eifersucht auf die Jugend ist eine reale Angelegenheit. Ein siebzehnjähriges Mädchen erzählte mir einmal, daß ihre Lehrerin an der privaten Internatsschule, die es früher besucht hatte, die Brüste für so anstößig hielt, daß sie sie durch enges Schnüren verstecken mußten. Das ist gewiß ein Extremfall; er enthält aber in überspitzter Form eine Wahrheit, die wir gern vergessen möchten: das Alter – enttäuscht und voll verdrängter Wünsche – haßt die Jugend, weil es eifersüchtig ist.

Scheidung

Wodurch wird ein Kind neurotisch? In vielen Fällen liegt es daran, daß die Eltern einander nicht lieben. Das neurotische Kind sehnt sich nach Liebe, und in seinem Elternhaus gibt es keine. Es erlebt, wie sich seine Eltern anfauchen. Diese können sich alle Mühe geben, ihr Geheimnis zu verbergen, das Kind hat ein Gespür für die Atmosphäre. Es urteilt nicht so sehr nach dem, was es hört, als vielmehr nach dem, was es sieht. Kein Kind läßt sich durch Wörter wie „Schatz" und „Liebling" täuschen.

Mir sind unter anderem folgende Fälle untergekommen:

Fünfzehnjähriges Mädchen, Diebin. Mutter untreu. Kind wußte Bescheid.

Vierzehnjähriges Mädchen, unglücklich, Träumerin. Neurose soll darauf zurückgehen, daß es seinen Vater eines Tages mit seiner Geliebten sah.

Zwölfjähriges Mädchen. Haßte Gott und die Welt. Vater impotent. Mutter verbittert.

Achtjähriger Junge, Dieb. Eltern stritten ganz offen miteinander.

Neunjähriger Junge. Lebte in einer Phantasiewelt (hauptsächlich analerotischer Art). Eltern völlig zerstritten, versuchten es aber zu verheimlichen.

Vierzehnjähriges Mädchen, Bettnässerin. Eltern lebten getrennt.

Neunjähriger Junge. Unbeherrscht und zu Hause unerträglich. Lebte in grandioser Traumwelt. Mutter unglücklich verheiratet.

Ich weiß, wie schwierig es ist, ein Kind zu heilen, wenn in seinem Elternhaus keine Liebe existiert. Wenn eine Mutter mich fragt: „Was soll ich mit meinem Kind tun?", antworte ich oft: „Lassen Sie sich analysieren!"

Väter und Mütter haben mir oft gesagt, sie wollten sich nur wegen der Kinder nicht scheiden lassen. Für die Kinder wäre es aber oft besser, wenn solche Eltern sich scheiden ließen. Tausendmal besser! Ein Eheleben ohne Liebe bedeutet ein unglückliches Elternhaus. Eine solche Atmosphäre hat tödliche Wirkungen auf die Psyche des Kindes.

Hin und wieder ist mir aufgefallen, daß der kleine Sohn einer unglücklich verheirateten Frau seine Mutter haßt. Er quält sie in geradezu sadistischer Weise. Ein Junge, den ich kannte, kratzte und biß seine Mutter. In weniger extremen Fällen quält der Sohn die Mutter, indem er ständig ihre Aufmerksamkeit fordert. Nach der Ödipuskomplex-Theorie müßte es eigentlich anders sein. Der kleine Junge sieht seinen Vater als Rivalen an. Man sollte daher annehmen, daß in einem Fall, wo der Vater schon aus dem Rennen ausgeschieden ist, der Sohn als der Erfolgreichere besonders zärtlich zu der Mutter wäre. Statt dessen behandelt er seine Mutter häufig außergewöhnlich grausam.

Eine unglücklich verheiratete Mutter bevorzugt immer eines ihrer Kinder. Da ihr eheliche Liebe versagt ist, richtet sie einen Großteil ihrer Liebe auf eines ihrer Kinder. Liebe ist der wichtigste Faktor im Leben eines Kindes. Unglücklich verheiratete Eltern sind aber nicht in der Lage, ihren Kindern das richtige Maß an Liebe zu geben. Das Kind bekommt entweder zu wenig oder zu viel Liebe. Schwer zu sagen, welches das größere Übel ist.

Ein Kind, das keine Liebe bekommen hat, wird zu einem hassenden, gemeinschaftsfeindlichen Nörgler. Ein Kind, das mit Liebe überschüttet worden ist, wird zum Muttersöhnchen, zu einer verweichlichten, furchtsamen Seele, die immer bei der Mutter Schutz sucht. Die Mutter kann durch das Haus (Platzangst) symbolisiert werden oder durch die Kirche oder die Heimat.

Die Scheidungsgesetze interessieren mich nicht. Es gehört nicht zu meinen Aufgaben, Erwachsenen Ratschläge zu erteilen. Ich beschäftige mich aber mit Kindern, und ich muß den Eltern deshalb sagen, daß ein neurotisches Kind nur dann Aussicht auf Heilung hat, wenn sich die Zustände im Elternhaus ändern. Die Eltern müssen nötigenfalls den Mut haben einzusehen, daß ihr Einfluß auf das Kind schädlich ist.

Eine Mutter sagte mir einmal: „Wenn ich mein Kind zwei Jahre nicht sehe, werde ich es verlieren!"

„Sie haben es schon verloren", antwortete ich ihr, und das stimmte, denn zu Hause war das Kind nicht glücklich.

Ängstliche Eltern

Man könnte sagen, ängstliche Eltern sind Väter und Mütter, die nicht geben können – keine Liebe, keine Achtung, kein Vertrauen.

Kürzlich kam die Mutter eines Jungen, der noch nicht lange in Summerhill war, zu Besuch. Ein ganzes Wochenende lang machte sie ihrem Sohn das Leben sauer. Der Junge hatte keinen Hunger, aber sie stand hinter ihm und zwang ihn zum Essen. Er hatte eine Baumhütte gebaut und war völlig verschmutzt; sie zerrte ihn ins Haus, um ihn abzuschrubben. Er hatte sein Taschengeld für Eis ausgegeben, und sie hielt ihm einen Vortrag darüber, wie schädlich Eis für den Magen sei. Sie verbesserte ihn, als er mich mit „Neill" ansprach und befahl ihm, mich „*Mr.* Neill" zu nennen.

Ich sagte zu ihr: „Zum Teufel noch mal, warum haben Sie den Jungen in diese Schule gebracht, wenn Sie ein solches Theater mit ihm machen?"

Ganz naiv antwortete sie: „Warum? Weil ich möchte, daß er frei und glücklich ist. Ich möchte, daß aus ihm ein selbständiger Mensch wird, der durch keinerlei äußere Einflüsse verdorben ist."

„Ach so", sagte ich und steckte mir eine Zigarette an. Die Frau hatte keine Ahnung, daß sie ihren Jungen dumm und grausam behandelte, daß sie alle Ängste ihres unerfüllten Lebens auf ihn übertrug.

Was kann man dagegen tun? Nichts. Nichts, außer an ein paar Beispielen illustrieren, welchen Schaden Eltern mit ihrer Überängstlichkeit anrichten, und hoffen, daß von einer Million Eltern vielleicht einer sagen wird: „Daran habe ich noch nie gedacht! Ich dachte immer, ich hätte alles richtig gemacht. Vielleicht habe ich mich geirrt."

Einmal schrieb mir eine Mutter völlig aufgelöst: „Ich bin mit meinem Latein am Ende. Ich weiß einfach nicht mehr, was ich mit meinem zwölfjährigen Jungen machen soll. Er hat plötzlich angefangen, bei Woolworth alle möglichen Sachen zu stehlen. Bitte, bitte, sagen Sie mir, was ich tun soll!“ Das ist genauso, als wollte ein Mann, der seit zwanzig Jahren täglich eine Flasche Whisky trinkt, sich darüber beklagen, daß seine Leber kaputt ist. Es hätte wahrscheinlich keinen Sinn, ihm zu raten, das Trinken einzustellen. Daher rate ich gewöhnlich einer Mutter, die sich nicht mehr zu helfen weiß, weil sie ernste Schwierigkeiten mit ihrem Kind hat, einen Kinderpsychologen aufzusuchen oder zur nächsten Beratungsstelle zu gehen.

Ich könnte der verzweifelten Mutter natürlich auch sagen: „Liebe Frau, Ihr Junge stiehlt, weil er sich in seinem Elternhaus unbefriedigt und unglücklich fühlt. Wie wäre es, wenn Sie etwas dagegen täten?“ Die Frau würde aber nur ein schlechtes Gewissen bekommen, wenn ich das sagte. Selbst beim besten Willen wäre sie nicht in der Lage, die Umwelt des Jungen zu ändern, weil sie gar nicht wüßte, wie man das macht, und weil sie, auch wenn sie es wüßte, nicht die seelische Kraft hätte, ihren Plan auszuführen.

Unter Anleitung eines Psychotherapeuten könnte eine gutwillige Mutter gewiß etliches verändern. Der Psychologe würde ihr vielleicht raten, sich von ihrem ungeliebten oder abgekühlten Mann zu trennen oder die Schwiegermutter hinauszusetzen. Es würde ihm aber kaum gelingen, die Frau selbst, die besorgte, überängstliche Mutter, die Nörglerin, die moralinsaure Feindin alles Geschlechtlichen, zu ändern. Eine bloße Veränderung der äußeren Umstände hat allzu oft nur eine begrenzte Wirkung.

Ich weiß noch, wie ich einmal mit einer Frau sprach, die ihr siebenjähriges Mädchen nach Summerhill schicken wollte. Jede Frage, die sie mir stellte, zeugte von ängstlicher Besorgnis: „Wird jemand dafür sorgen, daß sie sich zweimal am Tag die Zähne putzt? Passen Sie auch auf, daß sie nicht auf die Hauptstraße geht? Bekommt sie jeden Tag Unterricht? Gibt ihr jemand jeden Abend ihre Medizin?“ Ängstliche Mütter machen ihre Kinder unbewußt zum Objekt ihrer eigenen ungelösten Probleme. Eine Mutter machte sich ständig Sorgen um die Gesundheit ihrer Tochter. Sie schrieb mir ständig lange Briefe mit allen möglichen Hinweisen, was das Kind essen oder vielmehr nicht essen dürfe, was es anziehen solle usw. Viele meiner Schüler hatten solche ängstlichen Eltern. Deren Ängstlichkeit überträgt sich immer auf die Kinder. Die Folge ist oft, daß sie hypochondrisch werden.

Martha hat einen kleinen Bruder. Die Eltern sind beide überängstlich. Ich höre, wie Martha im Garten ihren Bruder anschreit: „Lauf nicht durch die Pfütze – du kriegst ja ganz nasse Füße!" Oder: „Spiel nicht mit dem Sand – du machst deine neue Hose ganz dreckig!" Wenn ich sage: „Ich höre", dann ist das nicht ganz richtig. Ich müßte sagen: „Ich hörte", denn Martha benahm sich nur so, als sie neu in Summerhill war. Jetzt ist es ihr völlig gleichgültig, ob ihr Bruder wie ein Schornsteinfeger aussieht. Nur in der letzten Schulwoche kehrt ihre alte Ängstlichkeit zurück, weil sie dann schon daran denkt, daß zu Hause ständige Besorgnis herrscht.

Manchmal denke ich mir, daß Schulen mit strenger Disziplin teilweise deshalb so beliebt sind, weil die Kinder in den Ferien gern nach Hause fahren. Von den glücklichen Gesichtern der Kinder glauben die Eltern Liebe für das Elternhaus ablesen zu können, während es in Wirklichkeit nur Haß gegen die Schule ist. Das Kind hat die ganze Zeit die strengen Lehrer gehaßt und überschüttet jetzt die Eltern mit Liebe. Diesen psychologischen Mechanismus macht sich auch die Mutter zunutze, wenn sie zu ihrem Kind sagt: „Warte nur, bis Vater nach Hause kommt; der wird dich mal gründlich vornehmen!", denn damit verschiebt sie den Haß des Kindes von sich auf den Mann.

Ärzte und andere Akademiker sagen oft: „Ich schicke meinen Jungen auf eine gute Privatschule, damit er gutes Englisch spricht und Leute kennenlernt, die ihm später nützlich sein können." Sie setzen als selbstverständlich voraus, daß unsere gesellschaftlichen Werte weiterhin so bleiben, wie sie seit Generationen aussehen. Angst vor der Zukunft spielt bei Eltern eine sehr reale Rolle.

Eltern, die nach strenger Schuldisziplin verlangen, unterwerfen ihre Kinder auch zu Hause einer harten Zucht. Die Schule hat die Tradition des Elternhauses fortzusetzen, die Kinder ebenfalls kleinzuhalten, ihnen das Maul zu stopfen, sie unterwürfig zu machen, zu kastrieren. Außerdem soll die Schule sich mit dem Verstand des Kindes beschäftigen und sein Gefühlsleben, seinen Drang nach schöpferischem Tun einschränken. So richtet sie das Kind darauf ab, allen Bonzen und Diktatoren zu gehorchen. Die Angst, die einem schon in der Kinderstube eingeflößt wurde, wird durch die strenge Autorität der Lehrer, die nichts als ihrem Machttrieb frönen, weiter verstärkt. Die Durchschnittseltern sehen am Kind nur das Äußere, die Schuluniform, die angelernten Manieren, die Fußballbegeisterung, und freuen sich, daß ihr Söhnchen so eine gute Schulbildung bekommt. Es ist tragisch, mitansehen zu müssen, wie auf diesem vorsintflutlichen Altar sogenannter Erziehung und Bildung das junge Leben geopfert wird. Die strenge Schule will nichts als Unterdrückung – und die furchtsamen Eltern sind befriedigt.

Wie jede ichsüchtige Macht bemüht sich auch das Ich des Lehrers, die Kinder an sich zu binden. Was ist er doch für ein Götze! Immer steht er im Mittelpunkt. Er kommandiert, und die Kinder haben zu gehorchen. Er entscheidet über Recht und Unrecht. Fast immer redet nur er. In einer freien Schule gibt es kein Machtstreben. In Summerhill hat der Lehrer keine Möglichkeit, seinem Ich zu frönen, denn mit dem lautstärkeren Egoismus der Kinder kann er einfach nicht konkurrieren. Statt Achtung vor mir zu haben, nennen die Kinder mich daher oft einen Trottel oder einen blöden Hammel. Im allgemeinen sind das allerdings Kosenamen. In einer freien Schule ist Liebe der wichtigste Faktor. Welcher Ausdrücke man sich bedient, spielt eine untergeordnete Rolle.

Ein Junge aus ziemlich strengem, besorgtem Elternhaus kommt nach Summerhill. Hier steht ihm frei, zu tun und zu lassen, was er mag. Niemand kritisiert ihn. Niemand ermahnt ihn, sich gut zu benehmen. Niemand fordert ihn auf, brav zu sein und keinen Lärm zu machen. Daher ist Summerhill für ihn natürlich der Himmel auf Erden, denn der Himmel ist für ihn da, wo er sein Ich voll entfalten kann. Seine Freude darüber, daß er diese Entfaltungsmöglichkeiten hat, verbindet er sehr bald mit meiner Person; denn ich bin derjenige, der es ihm ermöglicht hat, frei zu sein. Ich bin für ihn der Pappi, wie sein Pappi sein sollte. Eigentlich liebt er mich gar nicht; denn Kinder lieben nicht, sie wollen geliebt werden. So denkt er sich, ohne diesen Gedanken zu formulieren: „Ich bin glücklich hier. Der alte Neill ist ganz in Ordnung. Der mischt sich nicht immer in alles ein. Er muß mich wohl sehr gern haben, denn sonst würde er mich herumkommandieren."

Dann kommen die Ferien. Der Junge fährt nach Hause. Dort leiht er sich Vaters Taschenlampe und läßt sie natürlich auf dem Klavier liegen. Vater schimpft. Dem Jungen wird klar, daß zu Hause keine Freiheit herrscht. Einer meiner Schüler sagte oft zu mir: „Meine Eltern sind etwas altmodisch, weißt du. Zu Hause habe ich nicht so viel Freiheit wie hier. Wenn ich wieder nach Hause fahre, werde ich meinem Vater und meiner Mutter zeigen, wie man's macht." Ich glaube, er hat seine Drohung wahr gemacht, denn er wurde dann auf eine andere Schule geschickt.

Viele meiner Schüler leiden an schwerer „Verwandtitis". Gerade jetzt hätte ich gute Lust, mir die folgenden Verwandten von Schülern vorzuknöpfen: zwei Großväter (fromm), vier Tanten (fromm und prüde), zwei Onkel (unfromm, aber moralinsauer). Einmal habe ich einem Elternpaar streng verboten, ihren Sohn den ins Höllenfeuer verliebten Großvater besuchen zu lassen; aber die sagten nur, daß ein so dramatischer Schritt unmöglich sei. Der arme Junge!

In einer freien Schule ist das Kind vor seinen Verwandten sicher. Ich halte sie jetzt immer fern. Vor zwei Jahren kam der Onkel eines Neunjährigen zu Besuch und machte einen Spaziergang mit seinem Neffen. Als der Junge zurückkam, warf er im Speisesaal mit Brot um sich. Ich sagte: „Der Ausflug scheint dir nicht bekommen zu sein. Worüber hat dein Onkel denn gesprochen?"

„Ach", sagte er leichthin, „der hat die ganze Zeit von Gott und der Bibel geredet!"

„Hat er nicht zufällig die Stelle zitiert, wo es heißt: ‚Laß dein Brot über das Wasser fahren?'" fragte ich, und der Junge lachte. Er hörte dann übrigens auf, Brot herumzuwerfen. Wenn sein Onkel jetzt in Summerhill aufkreuzt, ist sein Neffe „im Augenblick nicht verfügbar".

Im allgemeinen kann ich mich jedoch über die Eltern meiner Schüler nicht beklagen. Wir kommen glänzend miteinander aus. Die meisten sind in allem auf meiner Seite. Einige haben zwar schüchterne Zweifel, vertrauen mir aber trotzdem. Ich erkläre den Eltern immer ganz offen, worin meine Methoden bestehen, und fordere sie auf, sich dafür oder dagegen zu entscheiden. Die Eltern, die ganz auf meiner Seite stehen, haben keinen Grund zur Eifersucht. Ihre Kinder fühlen sich zu Hause genauso frei wie in der Schule und fahren gern nach Hause.

Schüler, deren Eltern Summerhill nicht uneingeschränkt vertrauen, mögen in den Ferien nicht nach Hause fahren. Die Eltern verlangen zu viel von ihnen. Sie sehen nicht ein, daß ein achtjähriges Kind sich hauptsächlich für sich selbst interessiert. Ein Kind in diesem Alter hat kein Gemeinschafts- oder Pflichtgefühl. In Summerhill kann es seiner Selbstsucht entwachsen, indem es sie lebt. Eines Tages entwickelt es dann Gemeinschaftsgefühl; denn die Achtung vor den Rechten und Meinungen anderer verändert seine Selbstsucht. Meinungsverschiedenheiten zwischen Schule und Elternhaus haben für das Kind katastrophale Folgen; denn es gerät in einen Konflikt: „Wer hat nun recht, die Eltern oder die Schule?" Eine wesentliche Voraussetzung für die gesunde Entwicklung und das Glück des Kindes ist, daß Schule und

Elternhaus den gleichen Standpunkt vertreten und das gleiche Ziel verfolgen.

Als einen Hauptgrund für Meinungsverschiedenheiten zwischen Eltern und Schule sehe ich Eifersucht an. Eine fünfzehnjährige Schülerin sagte einmal zu mir: „Wenn ich meinen Vater in Wut bringen will, brauche ich nur zu sagen: ‚Mr. Neill hat das und das gesagt!'“

Ängstliche Eltern sind oft auf jeden Lehrer eifersüchtig, den das Kind gern hat. Das ist natürlich: Kinder gelten ja als der Besitz der Eltern. Sie sind ihr Eigentum. Sie sind ein Teil des elterlichen Ichs.

Der Lehrer hat natürlich wie die Eltern menschliche Schwächen. Viele Lehrer haben selbst keine Kinder und adoptieren unbewußt ihre Schüler. Ohne zu wissen, was sie tun, versuchen sie, den Eltern das Kind zu „stehlen“. Jeder Lehrer sollte sich deshalb einer Psychoanalyse unterziehen. Die Analyse ist zwar kein Allheilmittel; denn ihre Möglichkeiten sind begrenzt, aber sie kann manches klären. Der größte Vorteil einer Analyse besteht wohl darin, daß sie es einem ermöglicht, andere besser zu verstehen, und einen gütiger macht. Allein aus diesem Grunde empfehle ich sie den Lehrern; denn es ist ihre Aufgabe, andere zu verstehen. Ein Lehrer, der analysiert worden ist, schreckt nicht davor zurück, seine Einstellung zum Kind zu erkennen, und indem er sie erkennt, kann er sie berichtigen.

Ein Elternhaus, das Ängste und Konflikte erzeugt, ist schlecht. Ein Kind, das von den besorgten Eltern in seiner Entwicklung zu schnell vorangetrieben worden ist, hegt leicht einen Groll. Unbewußt nimmt es sich vor, die Bemühungen der Eltern zu hintertreiben. Dagegen tritt ein Kind, das ohne Angst und Konflikte erzogen worden ist, dem Leben unerschrocken und bejahend gegenüber.

Elterliches Verstehen

Verstehen heißt, frei von Vorurteilen, von infantilen Einstellungen sein – oder vielmehr so weit wie möglich davon frei sein: Wer kann sich schon von den Folgen der Einflüsse befreien, denen er in seinen ersten Lebensjahren ausgesetzt war? Verstehen bedeutet auch hinter die Dinge sehen. Für Eltern ist das nicht leicht, weil ihre Gefühle mit im Spiel sind. In vielen Briefen, die ich bekomme, stehen Sätze wie:

„Was habe ich nur aus meinen Kindern gemacht!“ Zwischen Lehrer und Schüler besteht keine starke Gefühlsbindung; daher hat der Lehrer sehr viel bessere Möglichkeiten als die Eltern, Verständnis zu zeigen und das Kind zur Freiheit zu führen.

Manchesmal habe ich einem Vater schreiben müssen, aus seinem schwererziehbaren Sohn könne nichts werden, wenn nicht er, der Vater, einige seiner Methoden ändere. So habe ich z. B. Tommys Vater darauf aufmerksam machen müssen, daß es unmöglich ist, wenn Tommy, der in Summerhill rauchen darf, zu Hause eine Tracht Prügel bekommt, wenn er raucht. In anderen Fällen tritt an Stelle des Rauchens Fluchen, keine Schularbeiten machen usw.

Ich versuche nie, ein Kind gegen seine Eltern aufzuhetzen. Wenn sich ein Kind gegen seine Eltern stellt, dann liegt das an der Freiheit, die in Summerhill herrscht, und verständnislose Eltern können freiheitliche Erziehungsmethoden natürlich nicht begreifen und sind der Aufgabe, die ihnen ihr in Freiheit erzogenes Kind stellt, nicht gewachsen.

An einigen praktischen Beispielen möchte ich zeigen, wie das Verhältnis zwischen Eltern und Kind nicht aussehen sollte. Die Kinder, von denen ich in diesem Zusammenhang sprechen werde, sind in keiner Weise abnorm. Sie sind nur Opfer einer Umwelt, die sich einfach nicht bewußt ist, was ein Kind wirklich braucht.

Da ist zum Beispiel Mildred. Jedesmal, wenn sie aus den Ferien zurückkommt, ist sie streitsüchtig, gehässig und unehrlich. Sie schlägt die Türen hinter sich zu, beklagt sich über ihr Zimmer, über ihr Bett usw. Es dauert länger als ein halbes Tertial, bis man wieder mit ihr auskommen kann. Während der Ferien hat ihre Mutter, die den falschen Mann geheiratet hat, immerfort an ihr herumgenörgelt, und sie hat ihre Mutter auf die gleiche Art gequält. Ein solches Kind kann keine dauernde Zufriedenheit finden, und wenn die Freiheit in der Schule noch so groß ist. Wenn Mildreds Ferien besonders unangenehm waren, begeht sie anschließend immer kleine Diebereien. Einem solchen Mädchen bewußt zu machen, worin seine Schwierigkeiten bestehen, ändert noch nichts an der häuslichen Umgebung der Verständnislosigkeit, des Hasses und der Bevormundung. Manche Kinder können sich nicht einmal in Summerhill von dem Einfluß des Elternhauses lösen, wenn es ein Elternhaus ist, das keine Werte kennt und nicht weiß, was ein Kind denkt und fühlt. Leider kann man die Menschen nicht einfach Werte lehren.

Als der achtjährige Johnny aus den Ferien zurückkommt, sieht man ihm an, daß er nichts Gutes im Schilde führt. Er ärgert und tyrannisiert schwächere Mitschüler. Johnnys Mutter hat Vertrauen zu Summerhill, sein Vater dagegen ist ein pedantischer Zuchtmeister. Wenn der Vater befiehlt, muß der Junge springen. Johnny erzählt mir, daß sein Vater ihn des öfteren ohrfeigt. Was kann man da tun? Ich weiß es nicht.

Dem Vater eines anderen Jungen habe ich geschrieben: „Wenn Sie Ihren Sohn in irgendeiner Weise kritisieren, hat das katastrophale Folgen. Schreien Sie ihn nicht an und bestrafen Sie ihn vor allem nie!" Als dann der Junge in den Ferien nach Hause fährt, holt der Vater ihn am Bahnhof ab. Das erste, was er zu seinem Sohn sagt, ist: „Kopf hoch, Mann, halt dich gerade!"

Peters Mutter hatte ihrem Jungen 1 Penny für jede Nacht versprochen, in der er nicht ins Bett machte. Mein Gegenangebot hieß 3 Pence für jede Nacht, in der er sein Bett naß machte. Um zu verhindern, daß das Kind in Konflikt geriet, überredete ich die Mutter, ihr Angebot zurückzunehmen, bevor ich meines machte. Nun macht Peter zu Hause öfter ins Bett als in der Schule. Seine Neurose ist teilweise dadurch bedingt, daß er gern ein kleines Kind bleiben möchte, weil er auf seinen jüngeren Bruder eifersüchtig ist. Irgendwie spürt er, daß seine Mutter ihn kurieren will. Ich dagegen versuche ihm zu zeigen, daß es überhaupt keine Rolle spielt, wenn er ins Bett macht. Kurzum, die 3 Pence Belohnung sollen Peter dazu ermutigen, ein Baby zu bleiben, bis er genug davon hat und sich ganz von selbst davon freimacht. Solche Angewohnheiten weisen auf irgendeine Verdrängung hin. Sie mit Gewalt oder durch Bestechung beseitigen zu wollen, führt bei dem Kind zu Schuldgefühlen und zu einer gehässigen Moral. Lieber das Bett nässen als zum selbstgefälligen Moralisten werden!

Der kleine Jimmy kommt aus den Ferien zurück und erklärt: „In dieser Schulzeit werde ich keine einzige Stunde schwänzen!" Seine Eltern haben auf ihn eingewirkt, damit er die Aufnahmeprüfung für die höhere Schule besteht. Eine Woche lang erscheint er täglich zum Unterricht; dann läßt er sich einen ganzen Monat überhaupt nicht sehen. Das ist ein weiterer Beweis dafür, daß bloßes gutes Zureden nichts nützt. Es kann im Gegenteil sogar schaden.

Wie gesagt, bei all diesen Fällen handelt es sich nicht um schwer erziehbare Kinder. Diese Kinder wären völlig normal, wenn sie in einer vernünftigen Umwelt lebten und ihre Eltern mehr Verständnis besäßen.

Einmal hatte ich mit einem schwer erziehbaren Jungen zu tun, der unter falschen Erziehungsmethoden gelitten hatte. Ich sagte seiner Mutter, sie müsse den Schaden wiedergutmachen. Das versprach sie auch. Als sie ihren Sohn nach den Sommerferien zurückbrachte, fragte ich sie: „Haben Sie das Verbot aufgehoben?"

„Ja", antwortete sie.

„Gut! Was haben Sie dem Jungen gesagt?"

„Ich habe gesagt: ‚Es ist nicht schlimm, wenn du mit deinem Penis spielst, aber es ist dumm!'"

Damit hatte die Mutter ein Verbot aufgehoben und ein neues eingeführt. Der arme Junge blieb natürlich weiter gemeinschaftsfeindlich, unehrlich und voller Angst- und Haßgefühle.

Was ich gegen Eltern einzuwenden habe, ist, daß sie einfach nicht dazulernen wollen. Der Hauptteil meiner Arbeit scheint darin zu bestehen, ihre Fehler zu korrigieren. Mir sind Eltern sympathisch, die sich ihre Fehler ehrlich eingestehen und bereit sind zu lernen. Viele halten sich aber lieber an einen unnützen und sogar gefährlichen Kodex von Erziehungsregeln, als daß sie versuchen würden, sich den Bedürfnissen des Kindes anzupassen. Und dann sind sie noch auf mich eifersüchtig, weil das Kind an mir hängt!

Die Kinder lieben aber nicht so sehr mich als vielmehr die Tatsache, daß ich mich nicht in alles einmische. Für sie bin ich der Vater, den sie sich in ihren Wunschträumen vorgestellt haben, während ihr tatsächlicher Vater sie anschrie: „Mach nicht solchen Lärm!" Ich verlange weder gute Manieren noch eine gepflegte Ausdrucksweise. Ich frage sie nie, ob sie sich das Gesicht gewaschen haben. Ich verlange keinen Gehorsam, keine Achtung, keine Ehrfurcht. Kurzum, ich behandle Kinder mit dem Respekt, den Erwachsene für sich fordern. Schließlich ist eine Konkurrenz zwischen dem Vater und mir eigentlich gar nicht möglich. Die Aufgabe des Vaters besteht darin, den Unterhalt für seine Familie zu verdienen. Meine Aufgabe ist es, die Psyche des Kindes zu studieren und immer Zeit und Interesse für die Kinder zu haben. Wenn Eltern sich nicht mit der Kinderpsychologie auseinandersetzen wollen, um die Entwicklung ihres Kindes besser zu verstehen, müssen sie eben damit rechnen, das Nachsehen zu haben, und meist haben sie es auch.

Der Vater eines Mädchens schrieb einmal an seine Tochter in Summerhill: „Wenn deine Rechtschreibung nicht besser wird, brauchst du mir gar nicht mehr zu schreiben." Und das an ein Kind, von dem wir nicht genau wußten, ob es einen geistigen Defekt hatte oder nicht!

Mehr als einmal habe ich Eltern, die sich beschwerten, anbrüllen müssen: „Ihr Sohn ist ein Dieb und ein Bettnässer. Er ist asozial, unglücklich und leidet an Minderwertigkeitsgefühlen. Und dann kommen Sie und mäkeln, weil der Junge sich nicht Gesicht und Hände gewaschen hat, wenn er Sie am Bahnhof abholt!" Ich gerate nicht schnell in Zorn. Wenn aber ein Vater oder eine Mutter einfach nicht zwischen wichtig und unwichtig im Verhalten des Kindes unterscheiden können oder wollen, werde ich wütend. Das ist vielleicht der Grund dafür, daß man mich für elternfeindlich hält. Was für eine Freude ist es andererseits, wenn eine Mutter zu Besuch kommt, ihren verschmutzten und zerlumpten Jungen im Garten spielen sieht und mit strahlendem Gesicht sagt: „Sieht er nicht gut aus und glücklich?"

Ich weiß, wie schwierig das ist. Wir haben jeder unsere eigene Wertskala und messen andere mit unseren Maßstäben. Vielleicht sollte ich mich entschuldigen, weil ich ein fanatischer Kinderfreund bin und die Geduld verliere, wenn Eltern ihre Kinder nicht mit meinen Augen sehen. Wenn ich mich entschuldigte, wäre das aber Heuchelei; denn ich weiß, daß ich recht habe, soweit es Kinder betrifft.

Eltern, die das Verhältnis zu ihren Kindern verbessern wollen, sollten sich mal ein paar nüchterne Fragen stellen. Mir fallen auf Anhieb viele passende Fragen ein. *Bin ich dem Kind böse, weil ich mich heute früh mit meinem Mann (meiner Frau) gestritten habe? Liegt es vielleicht daran, daß unser Geschlechtsverkehr heute nacht unbefriedigend war? Oder daran, daß die Nachbarin gesagt hat, ich verwöhne das Balg? Oder daran, daß mein Vorgesetzter mich zurechtgestaucht hat?* Sich solche Fragen zu stellen kann sehr nützlich sein.

Die tiefen Lebensfragen, die sich aus der Erziehung ergeben und einem ein Leben lang anhängen, liegen leider unterhalb der Schwelle des Bewußtseins. Es ist höchst unwahrscheinlich, daß ein erzürnter Vater innehält und sich die komplizierte Frage stellt: *Erklärt sich mein Zorn über das Fluchen meines Jungen daraus, daß ich selbst eine strenge Erziehung genossen habe, daß man mich geschlagen und mir Moralpredigten gehalten hat, daß man mir Angst vor Gott und Respekt vor sinnlosen gesellschaftlichen Konventionen eingeflößt und meine Sexualität unterdrückt hat?* Darauf eine Antwort geben zu können setzt ein Maß an Selbstanalyse voraus, das über die Kräfte der meisten Menschen geht. Das ist sehr bedauerlich; denn die Antwort könnte manches Kind vor Neurosen und Unglücklichsein bewahren.

Der Satz aus der Bibel, wonach die Sünden der Väter die Kinder heimsuchen werden, wird seit Generationen lediglich im physischen Sinne verstanden. Auch ungebildete Menschen verstehen die Moral von Ibsens „Gespenster", worin der Sohn durch die Syphilis des Vaters zugrunde gerichtet wird. Nicht verstanden wird dagegen, daß Kinder sehr viel öfter durch die psychologischen Sünden der Väter zugrunde gerichtet werden. Für das Kind gibt es nur einen Ausweg aus dem Teufelskreis dieser von Generation zu Generation weitergegebenen Zerstörung: daß die Eltern sich dazu durchringen, ihm von Anfang an Freiheit zu gewähren.

Es muß betont werden, daß Selbstbestimmung den Eltern mehr abverlangt als ein Kodex feststehender Erziehungsmaßregeln. Mindestens zwei Jahre lang müssen die Eltern mehr Zeit opfern und auf mehr verzichten. Sie dürfen nicht nur mit dem Kind spielen, damit es sie liebt oder ihnen dankbar ist. Sie dürfen es nicht als Sehenswürdigkeit betrachten, die lachen und zeigen muß, was sie kann, wenn Verwandte zu Besuch kommen. Selbstbestimmung bedeutet für die Eltern viel Selbstlosigkeit. Ich betone das, weil ich junge Ehepaare kennengelernt habe, die in dem Glauben, Selbstbestimmung zu gewähren, das Kind dazu brachten, sich nach ihnen zu richten – und sei es nur, daß sie es an eine bestimmte Schlafenszeit gewöhnten, um abends ins Kino gehen zu können, oder ihm im späteren Alter Spielzeug gaben, das keinen Lärm machte, damit Vati ungestört sein Nickerchen halten konnte.

„Das können Sie uns aber nicht antun!" werden manche Eltern sagen. „Wir haben ja schließlich auch ein Recht im Leben!" Ich antworte: Nein, nicht in den ersten zwei oder sogar vier Lebensjahren Ihres Kindes. Die ersten Jahre muß man nichts als wachsam sein, weil die ganze Umwelt unfrei ist und einen zwingt, sich bewußt und intensiv für das Kind einzusetzen.

Eltern, die den ernsten Willen haben, ihre Kinder zu Selbstbestimmung und Freiheit zu führen, habe ich noch einige Ratschläge zu geben.

Säuglinge im Kinderwagen in den Garten zu stellen und sie dort vielleicht stundenlang allein zu lassen ist gefährlich. Niemand weiß, welch tödliche Angst und Einsamkeit ein Säugling vielleicht ertragen muß, wenn er plötzlich aufwacht, allein ist und nicht weiß, wo er ist. Wer Kinder bei solcher Gelegenheit hat schreien hören, kann sich eine gewisse Vorstellung davon machen, wie grausam solche unsinnigen Methoden sind.

Wenn Sie möchten, daß Ihr Kind ohne Neurose aufwächst, dürfen Sie unter gar keinen Umständen eine Scheidewand zwischen ihm und sich errichten. Sie müssen mit dem Kind spielen, und zwar *mit* ihm spielen in dem Sinne, daß Sie selbst ein Kind, Teil seines Lebens werden und sich seine Interessen zu eigen machen. Wenn Sie natürlich so töricht sind zu glauben, daß Sie sich damit etwas vergeben, so können Sie diese Aufgabe nicht erfüllen.

Es ist immer besser, wenn die Großeltern nicht mit den Kindern zusammen, sondern von ihnen getrennt wohnen. In der Regel wollen nämlich die Großeltern bestimmen, wie die Kinder erzogen werden sollen, oder sie verkorksen die Kinder, indem sie nur ihre guten oder nur ihre schlechten Seiten sehen. In dem falschen Elternhaus haben die Kinder vier Herren statt zwei. Selbst in einem vernünftigen Elternhaus sind die Großeltern eine Belastung, weil sie meistens versuchen, ihre antiquierten Ansichten über Kinder durchzusetzen. Sie verderben ein Kind oft dadurch, daß ihre Liebe zu sehr Besitzergreifung ist – besonders wenn die Großmutter, nachdem ihre eigenen Kinder erwachsen sind, keine richtigen Interessen mehr hat. Die dritte Generation gibt ihr die Möglichkeit, ihr Geschäft zum zweitenmal zu beginnen. Mit der Einbildung, daß ihre Tochter oder Schwiegertochter keine gute Mutter ist, reißt sie das Kommando an sich, so daß das Kind zwischen Mutter und Großmutter hin- und hergerissen wird und sich bald von beiden zurückzieht. Streit, ob nun zwischen Mutter und Großmutter oder Vater und Mutter, bedeutet für das Kind, daß keine Liebe im Hause herrscht. Auch wenn das Gezänk sich hinter seinem Rücken abspielt, läßt sich das Kind nicht täuschen. Es *fühlt,* ohne sich dessen bewußt zu sein, daß in seinem Elternhaus keine Liebe ist.

Auch die Frage, auf was für eine Schule das Kind gehen soll, kann problematisch sein. Ihre Frau will das Kind vielleicht auf eine fortschrittliche Schule mit Gemeinschaftserziehung schicken, und Sie selbst sind für die Volksschule. Das kann zu einem Konflikt führen. Die größten Schwierigkeiten zeigen sich möglicherweise dann, wenn einer von Ihnen katholisch ist. Für einen solchen Fall habe ich keine Ratschläge parat. Weltanschauliche oder religiöse Meinungsverschiedenheiten sind oft unüberwindbar. Ich kann nur sagen, daß die größten Schwierigkeiten, die ich bei Schülern erlebt habe, auf die Meinungsverschiedenheiten der Eltern über die Schulfrage zurückgingen. Einer meiner Schüler, dessen Vater gegen Summerhill war, aber um des lieben Friedens willen nachgegeben hatte, machte keine nennenswerten Fortschritte, weil sein Vater unsere Methoden ablehnte. Das ist für jedes Kind eine tragische Situation, denn es gewinnt nie die Sicherheit der Dauer, weil es immer fürchten muß, der Vater schicke es wieder auf eine Schule mit strenger Disziplin.

Mit einem gewissen Widerstreit zwischen Eltern und Lehrer muß man natürlich immer rechnen. Die Lehrer sind sich dessen bewußt, und manche Schulen versuchen, Eltern und Lehrer durch Elternsprechtage und Elternversammlungen in besseren Kontakt zu bringen. Das ist ausgezeichnet und sollte überall getan werden. Die Lehrer sollten sich aber klar sein, daß sie die Kinder nie so stark beeinflussen können, wie die Eltern das tun. Deshalb ist es hoffnungslos, ein Problemkind heilen zu wollen, wenn im Elternhaus weiterhin die Atmosphäre herrscht, die seine Probleme erzeugt hat.

Eltern müssen sich damit abfinden, daß ihre Kinder sich über kurz oder lang selbständig machen. Natürlich meine ich nicht, die Kinder sollten ihre Eltern verlassen und sie nie wiedersehen. Ich spreche vielmehr von *psychischer* Selbständigkeit. Die Kinder befreien sich von der Abhängigkeit, die sie als Kleinkind an das Elternhaus band. Natürlich versuchen Mütter gern, ihre Kinder weiterhin in Abhängigkeit zu halten. Ich kenne manches Mädchen, das im Elternhaus geblieben ist, um den Eltern im Alter beizustehen. In den meisten Fällen handelt es sich um Familien, die nicht glücklich sind.

Ein solches Mädchen ist psychisch gespalten. Einerseits möchte es das Elternhaus verlassen und sein eigenes Leben leben. Andererseits zwingt das Pflichtgefühl es, bei den Eltern zu bleiben. Dieser ständige Konflikt äußert sich gewöhnlich als Gereiztheit: *Natürlich liebe ich meine Mutter, aber sie ist manchmal so entsetzlich anstrengend!*

Tausende von Frauen verrichten heute die langweiligsten Arbeiten, die man sich vorstellen kann: Kochen, Abwaschen, Saubermachen, Bügeln, Staubwischen. Sie sind unbezahlte Haushälterinnen, und ihr Leben ist eintönig. Wenn die Kinder das Nest verlassen, hat die Mutter keine Aufgabe mehr. Sie ist einsam geworden; statt sie zu verurteilen, sollte man lieber Mitgefühl mit ihr haben. Sie strebt natürlich danach, sich ihre Aufgaben als Mutter so lange wie möglich zu erhalten, auch wenn die Kinder dabei, ohne daß sie das beabsichtigt, Schaden nehmen. Darum sollte jede verheiratete Frau einen Beruf haben, in den sie zurückgehen kann, wenn ihre Mutterrolle geendet hat.

Eltern sind wie Gott, wie ein eifersüchtiger Gott. Sie haben das gesetzlich verbriefte Recht zu sagen: „So und nicht anders will ich mein Kind formen!" Sie dürfen ihr Kind schlagen, es terrorisieren, ihm das Leben zur Hölle machen. Das Gesetz greift nur bei schwerer Körperverletzung ein. Gegen den seelischen Schaden, der bei den Kindern angerichtet wird, schreitet es überhaupt nicht ein. Das Tragische ist, daß Eltern immer glauben, alles, was sie tun, sei gut für das Kind.

Die Hoffnung der Menschheit gründet sich darauf, daß die Eltern tatsächlich im Interesse des Kindes handeln, indem sie Verständnis besitzen und sich auf die Seite des Kindes stellen, damit es sich zum freien Menschen entwickelt – frei in der Arbeit, im Wissen und in der Liebe. Wenn auch nur ein Vater oder eine Mutter erkennt, welch gewaltigen Einfluß – zum Guten oder Bösen – die Eltern auf ihre Kinder ausüben, ist dieses Buch nicht vergeblich geschrieben worden.

VII *Fragen und Antworten*

Allgemeine Fragen

Sie behaupten, die Menschheit sei lebensfeindlich. Was wollen Sie damit sagen? Ich bin nicht lebensfeindlich, und niemand von meinen Bekannten ist lebensfeindlich.

Ich habe zwei schreckliche Kriege erlebt und werde vielleicht einen noch schrecklicheren dritten erleben. In beiden Kriegen sind viele Millionen junger Menschen getötet worden. Als ich ein Junge war, starben in Südafrika Menschen für die Sache des Imperialismus. 1914/18 starben sie in einem „Krieg zur Beendigung aller Kriege". 1939/45 starben sie zur Zermalmung des Faschismus. Morgen könnten viele sterben, um den Kommunismus zu zerschlagen oder um ihm zum Sieg zu verhelfen. Die große Masse des Volkes ist also bereit, sich und ihre Kinder auf Befehl einer Zentralgewalt zu opfern – aus Gründen, die nichts mit ihrem Leben zu tun haben.

Wir sind lebensfeindlich und todesfreundlich, solange wir Bauern auf dem Schachbrett der Politiker, der Geldleute und Ausbeuter bleiben. Wir sind nur Bauern auf dem Schachbrett, weil man uns dazu abgerichtet hat, das Leben negativ zu betrachten, uns unterwürfig in die Unterdrückungsgesellschaft einzuordnen und bereitwillig für die Interessen unserer Herren zu sterben. Nur in Liebesromanen sterben die Menschen aus Liebe – in unserer Realität sterben sie für den Haß anderer.

Soviel über den Menschen in der Masse. Aber auch als einzelner ist er in seinem ganzen Dasein lebensfeindlich. Seine geschlechtliche Liebe ist meistens unbefriedigend; seine Vergnügungen sind billiger Selbstbetrug und Flucht vor der Wirklichkeit. Er hat strenge Moralprinzipien, das heißt, er hält ein ungezwungenes Leben für falsch oder zumindest für unvollkommen und erzieht seine Kinder dementsprechend.

Kein lebensbejahendes Kind bekäme jemals Gewissensbisse wegen der Sexualität, der Schule, wegen Gott oder guten Benehmens. Lebensbejahende Eltern und Lehrer schlagen ein Kind nicht. Lebensbejahende Staatsbürger würden unsere Strafgesetze und Hinrichtungen, unsere Bestrafung der Homosexuellen und die allgemeine Einstellung zur Unehelichkeit nicht tolerieren. Kein lebensbejahender Mensch setzt sich in die Kirche und behauptet, er sei ein erbärmlicher Sünder.

Ich möchte hier deutlich sagen, daß ich mich nicht für Libertinage einsetze. Man muß immer fragen: *Fügt, was Herr X tut, irgend jemandem Schaden zu?* Kann die Frage verneint werden, dann ist jeder, der sich über Herrn X erregt, lebensfeindlich.

Man kann an dieses Problem auch von der anderen Seite herangehen und auf die lebensbejahende Haltung junger Menschen hinweisen, die tanzen, wandern, spielen, ins Kino, ins Konzert, ins Theater gehen. Auch diese Argumentation ist stichhaltig; denn die Jugend strebt nach Lebensbejahung und ist so lebendig und optimistisch, daß sie sich auch dann vergnügt, wenn sie durch Autorität unterdrückt wird. Das Streben nach Lebensbejahung besteht auch später noch – aber der Erwachsene ist ambivalent: er sucht Vergnügen und fürchtet es zugleich.

Wenn ich von Lebensfeindlichkeit spreche, meine ich damit nicht Todessehnsucht. Lebensfeindlich sein bedeutet, das Leben mehr zu fürchten als den Tod. Es heißt, für Zwang, für Kirchenreligion, für Verdrängung, für Unterdrückung zu sein oder ihnen zumindest zu dienen.

Lassen Sie mich zusammenfassen: Lebensbejahung heißt Freude, Spiel, Liebe, interessante Arbeit, Hobbys, Lachen, Musik, Tanzen, Rücksicht auf andere und Vertrauen zum Menschen. Lebensfeindlichkeit ist gleichbedeutend mit Pflicht, Gehorsam, Unterwerfung durch Macht und Profit. Die Lebensfeindlichkeit hat noch immer in der Geschichte den Sieg davongetragen, und sie wird noch so lange die Oberhand behalten, wie die Jugend sich den heutigen Vorstellungen der Erwachsenen anpassen muß.

Glauben Sie nicht, daß die meisten Übel der Menschheit beseitigt sein werden, wenn die wirtschaftlichen Probleme von Millionen Menschen gelöst sind?

Es ist nicht sehr beruhigend, festzustellen, daß unsere Erziehung in Schule und Elternhaus das Leben der meisten Menschen kümmerlich macht. Natürlich muß auch die langweilige Arbeit in Geschäften und Büros getan werden. Vermeidbar ist aber, daß die Menschen ihren Schreibtisch oder ihren Ladentisch hassen und seelisch verkümmern und sich zum Ausgleich für ihr vertrocknetes Gefühlsleben an platte Filme, Hunderennen, Illustrierte und Sensationen halten müssen.

Millionäre mit Cadillacs sind nicht glücklicher als Gepäckträger, weil niemand Freude an wirtschaftlicher Sicherheit und Bequemlichkeit haben kann, der lebens- und liebesfeindlich ist. Reiche und Arme haben eines gemeinsam: in einer Welt aufgewachsen zu sein, die nichts von Liebe hält, Angst vor ihr hat und sie zum dreckigen Witz degradiert.

Viele Leute geben zu, daß die meisten Menschen unglücklich sind, behaupten aber, erst müßten alle wirtschaftlichen Probleme gelöst sein, ehe das Leben erfüllt, befriedigend und frei wird. Ich kann das nicht glauben. Was wir an wirtschaftlicher Freiheit bisher kennengelernt haben, ist nicht gerade ermutigend. Die wirtschaftliche Freiheit, die eine elektrisch betriebene Küche ermöglichte, hat nicht für größeres Glück und Wissen gesorgt. Alles, was sie bietet, ist größere Bequemlichkeit, und die wird nach kurzer Zeit als selbstverständlich hingenommen und verliert damit ihren psychologischen Wert.

Die bisherige Erziehung hat England zu einem materiell erfolgreichen Land gemacht und uns zu einem hohen Lebensstandard verholfen. Weiter reicht der Erfolg nicht. Im großen und ganzen sind die Menschen unglücklich. Nein, die Lösung der wirtschaftlichen Probleme allein wird die Welt niemals von Haß und Elend, von Verbrechen und Skandalen, von Neurosen und Krankheiten befreien.

Was soll man tun, wenn man unglücklich verheiratet ist?

Manche Eltern aus dem Kleinbürgertum suchen ihre Eheprobleme durch Psychoanalyse zu lösen, was oft zum Zusammenbruch der Ehe führt. Aber selbst wenn die Analyse erfolgreicher wäre, als sie gewöhnlich ist, könnten wir nicht die gesamte Menschheit analysieren. Psychotherapeutische Behandlung einzelner ist nur ein Tropfen auf dem heißen Stein; die Massen haben davon gar nichts.

Die Lösung für die Menschheit liegt in der richtigen Erziehung der Jugend, nicht in der Heilung Neurotiker. Ich muß gestehen, daß ich zur Lösung der heutigen Eheprobleme nichts beizutragen habe. Wenn Herr und Frau Brown in unglücklicher Ehe leben, weil sie in einer lebensfeindlichen Atmosphäre aufgewachsen sind, so kann man da gar nichts tun – hart, aber wahr.

Das klingt nach krassem Pessimismus. Wir können aber nur dann optimistisch sein, wenn wir mit unseren Kindern so umgehen, daß sie nicht mit Haß gegen das Leben und alles Sexuelle erfüllt sind. Jedesmal, wenn ich sehe, wie ein Kind geschlagen wird, wie man es belügt, wie man es zwingt, sich seiner Nacktheit zu schämen, stelle ich gepeinigt fest, daß dieses Kind später mal ein haßerfüllter Ehemann oder eine haßerfüllte Ehefrau sein wird.

Halten Sie es für wichtig, daß beide Ehepartner geistig auf dem gleichen Niveau stehen?

Die intellektuelle Seite der Ehe ist zweitrangig. Eine Ehe der Köpfe ist eine langweilige, kalte Angelegenheit. Eine Ehe der Herzen ist dagegen voll Wärme und beiderseitigem Geben. Man verliebt sich in einen Menschen ja nicht wegen seiner geistigen Fähigkeiten. Wenn die gegenseitige sexuelle Anziehung später nachläßt, können gemeinsame geistige Interessen ein Ehepaar dagegen glücklich machen. Die gleiche Art Humor ist vielleicht die beste Voraussetzung für eine lange glückliche Ehe.

Worin liegt die Ursache für die große Sorge, die sich viele Menschen wegen ihrer Arbeit machen, und warum begehen heute so viele junge Menschen Selbstmord?

Ich bezweifle, daß ein Kind sich jemals Sorgen wegen seiner Arbeit macht. Die offensichtlichen Sorgen des Kindes haben einen tieferen Grund. Fast immer entspringen sie Schuldgefühlen, von denen die Onanie begleitet ist. Kinder, die keine solchen Schuldgefühle haben, arbeiten gewöhnlich gut und fleißig.

Wilhelm Stekel hat gesagt: „Selbstmord ist der letzte sexuelle Akt." Wenn dem Kind das Onanieren verboten wird, haßt es seinen Körper und seine Seele; Selbstmord ist eine folgerichtige Reaktion. Wenn der Körper so widerwärtig ist, muß man sich von ihm befreien, und zwar je eher, desto besser.

Was halten Sie von Sozialfürsorgern?

Ich habe große Achtung vor diesen Menschen, die Familien in Slums besuchen, um den Problemkindern zu helfen. Sie leisten ausgezeichnete Arbeit. Geht ihre Arbeit aber tief genug?

Niemand erwartet von Sozialfürsorgern, daß sie die Eltern psychoanalysieren. Jeder weiß, daß ihre Arbeit beschwerlich ist. Sie können die Slums, die die Kinder asozial machen, ja nicht abschaffen. Sie können auch nicht unwissende Eltern ändern, die das Wachstum ihrer Kinder durch schlechte Ernährung hemmen und die Sexualität zu einem schmutzigen Abenteuer in dunklen Ecken werden lassen.

Die Sozialfürsorger sind Helden und Heldinnen. Sie bemühen sich, den Jugendlichen die Schwierigkeiten in einem armseligen Elternhaus überwinden zu helfen. Doch selbst wenn die Sozialfürsorger absolut überzeugt wären, daß Kinder Freiheit brauchen, wie könnten sie dieses Prinzip im Elendsviertel einführen? Könnten sie einer Mutter sagen: „Frau Green, Ihr Sohn stiehlt, weil sein betrunkener Vater ihn verprügelt, weil Sie ihn als Zweijährigen geschlagen haben, als er seinen Penis anfaßte, und weil Sie ihm nie Liebe gegeben haben"? Würde Frau Green das verstehen?

Ich behaupte nicht, daß diese Frau nicht umzuerziehen wäre, doch wäre dazu wohl mehr nötig als die Worte eines Sozialfürsorgers oder irgendeines anderen. Dieses Problem ist teilweise wirtschaftlicher Art. Man sollte zumindest einen Anfang machen, indem man die Elendsviertel beseitigt.

Über Summerhill

Wie kann ein Kind bei den Methoden Summerhills Willenskraft entwickeln? Wenn es tun und lassen kann, was es will, wie kann es dann Selbstbeherrschung lernen?

Ein Kind darf in Summerhill *nicht* tun und lassen, was es will. Seine eigenen Gesetze setzen ihm überall Schranken. Tun und lassen, was es will, kann es allein bei Dingen, die nur es selbst angehen. Es kann den ganzen Tag spielen, weil Arbeit und Lernen Dinge sind, die nur es selbst angehen. Doch darf es nicht im Klassenzimmer Trompete spielen, denn das würde andere stören.

Was ist überhaupt Willenskraft? Ich kann meinen Willen einsetzen, um das Rauchen aufzugeben, aber mit aller Willenskraft kann ich mich nicht dazu bringen, verliebt zu sein oder mich für Botanik zu interessieren. Niemand kann durch Willenskraft gut oder auch nur schlecht werden.

Ein starker Wille läßt sich nicht erlernen. Wenn man Kinder in Freiheit erzieht, werden sie ihrer selbst immer stärker bewußt, weil die Freiheit einen immer größeren Teil des Unbewußten bewußt werden läßt. Daher haben die meisten Summerhill-Kinder kaum Zukunftssorgen. Sie *wissen*, was sie wollen, und ich zweifle kaum daran, daß sie es auch erreichen werden.

Man sollte sich klarmachen, daß ein sogenannter schwacher Wille meistens anzeigt, daß der Betreffende seine Interessen nicht kennt. Ein schwacher Mensch, den man leicht dazu bewegen kann, Tennis zu spielen, obwohl er gar keine Lust dazu hat, hat gar keine Ahnung von seinen wirklichen Interessen. Ein Gesellschaftssystem mit Sklavendisziplin bestärkt solche Menschen nur in ihrer Schwäche und Nutzlosigkeit.

Lassen Sie es zu, daß ein Kind in Summerhill etwas Gefährliches tut?

Natürlich nicht. Viele Leute verstehen nicht, daß man Kindern Freiheit geben kann, ohne deswegen schon ein Trottel sein zu müssen. Die kleinen Kinder dürfen nicht selbst darüber entscheiden, wann sie schlafengehen wollen. Wir schützen sie vor Gefahren, die ihnen von Maschinen, Autos, Glasscherben und gefährlichen Gewässern drohen.

Man sollte einem Kind nie eine Verantwortung übertragen, für die es noch nicht reif ist. Man sollte aber auch wissen, daß viele Gefahren, in die ein Kind gerät, nur eine Folge falscher Erziehung sind. Einem Kind, das mit Feuer spielt, hat man eben noch nicht die Wahrheit über Feuer gesagt.

Leiden die Kinder in Summerhill an Heimweh?

Wenn eine unglückliche Mutter ihr Kind nach Summerhill bringt, klammert es sich weinend an sie und möchte wieder mit nach Hause. Die Mutter ärgert sich sogar, wenn das Kind nicht genügend schreit. Sie *will*, daß es Heimweh hat; denn je größer das Heimweh ist, um so mehr liebt das Kind sie. Oft ist das Kind schon fünf Minuten nach ihrer Abfahrt glücklich und zufrieden beim Spiel.

Es ist schwer zu sagen, warum ein Kind aus unglücklichem Elternhaus Heimweh hat, wenn es zur Schule kommt. Wahrscheinlich ist es wegen der Atmosphäre im Elternhaus überängstlich. Was, so fragt es sich, geht wohl in diesem Augenblick zu Hause vor? Die einleuchtendste Erklärung liegt wohl in der Tatsache, daß die unglückliche Mutter, da ihre Liebe zum Mann unerfüllt ist, zu viel Liebe und Haß auf die Kinder überträgt.

Heimweh ist meist ein Zeichen dafür, daß das Elternhaus nicht in Ordnung ist und in ihm starker Haß herrscht. Das heimkehrende Kind sehnt sich nicht nach der Liebe des Elternhauses, sondern nach seinem Zwist und seinem Schutz. Das hört sich paradox an, ist es aber nicht, wenn man bedenkt, daß das Kind um so mehr nach Schutz sucht, je unglücklicher das Familienleben ist. Ein solches Kind hat nirgends einen Halt und idealisiert den Ankerplatz, den es sein Zuhause nennt, sobald es woanders ist. Es sehnt sich nicht nach seinem tatsächlichen Elternhaus, sondern nach dem, das es sich *wünscht.*

Nehmen Sie zurückgebliebene Kinder in Ihre Schule auf?

Sicher. Es kommt natürlich darauf an, was Sie unter „zurückgeblieben“ verstehen. Kinder mit einem geistigen Defekt nehmen wir nicht auf. Ein Kind, das in der Schule zurückgeblieben ist, ist etwas anderes. Viele Kinder sind in der Schule zurückgeblieben, weil die Schule sie langweilt.

Unser Urteil darüber, ob ein Kind zurückgeblieben ist oder nicht, stützt sich nicht auf Prüfungen und Zensuren. In vielen Fällen bleibt das Kind einfach deshalb zurück, weil es einen unbewußten Konflikt hat und an Schuldgefühlen leidet. Wie kann ein Schüler sich für Rechnen oder Geschichte interessieren, wenn ihn unbewußt die Frage quält: „Bin ich böse oder nicht?“

Ich kann über dieses Problem aus eigener Erfahrung sprechen, weil ich als Junge einfach nicht lernen konnte. Meine Hosentaschen steckten voller Alteisen- und Messingstücke, und immer, wenn ich über meinen Büchern saß, schweiften meine Gedanken ab und wanderten zu meinem Spielzeug.

Ich habe selten einen zurückgebliebenen Jungen oder ein zurückgebliebenes Mädchen gesehen, die nicht das Zeug zu schöpferischer Arbeit gehabt hätten. Ein Kind nach seinen Fortschritten in der Schule zu beurteilen ist sinnlos und gefährlich.

Was geschieht, wenn ein Kind sich weigert, die von der Schulversammlung verhängte Geldstrafe zu zahlen?

Die Kinder weigern sich nie. Ich glaube allerdings, daß sie sich weigern würden, wenn sie das Gefühl hätten, ungerecht behandelt zu werden. Dem wird aber dadurch begegnet, daß die Kinder Einspruch gegen ein Urteil erheben können.

Sie sagen, die Kinder in Summerhill seien innerlich sauber. Was meinen Sie damit?

Innerlich sauber sein heißt, nicht schockiert werden können. Schokkiert sein bedeutet, daß man Verdrängungen hat, die das Interesse am Schockierenden erregen.

Im viktorianischen England waren Frauen schockiert, wenn sie das Wort „Bein" hörten, denn sie hatten ein abnormes Interesse an allem, was mit Beinen zu tun hat. Alles, was mit Beinen zusammenhing, hatte eine sexuelle Bedeutung und war daher verdrängt. In einer Atmosphäre wie in Summerhill, die frei von sexuellen Tabus ist und Sexualität nicht mit Sünde verbindet, besteht für die Kinder kein Anlaß, alles Sexuelle durch Tuscheln und obszöne Neugier in den Schmutz zu ziehen. Für unsere Kinder ist Sexualität etwas, über das man offen und frei sprechen kann.

Als unser siebenjähriger Willie nach dem ersten Tertial aus Summerhill zurückkam, benutzte er so viele Kraftausdrücke, daß unsere Nachbarn ihre Kinder nicht mit ihm spielen lassen wollten. Was soll ich tun?

Das ist traurig und schmerzvoll für Willie, aber sehen Sie sich die Sache einmal von der anderen Seite an! Wenn Ihre Nachbarn sich durch ein paar „verdammt" und „verflucht" schockieren lassen, leiden sie unter Verdrängungen und sollten schon deshalb nicht mit ihrem Sohn zusammenkommen.

Wie stehen die Kinder in Summerhill zum Kino?

Die Kinder sehen sich alle möglichen Filme an. Wir üben keine Zensur aus. Die Folge ist, daß die Kinder, wenn sie die Schule verlassen, in Bezug auf Filme ein kritisches Urteilsvermögen entwickelt haben. Häufig geht eines unserer älteren Kinder nicht in einen bestimmten Film, weil sich der Titel nicht interessant anhört. Die älteren Schüler, die filmische Meisterwerke aus Frankreich, Italien und Deutschland gesehen haben, stehen den Durchschnittserzeugnissen von Hollywood sehr kritisch gegenüber. Jungen im vorpubertären Alter langweilen sich in Liebesfilmen. Kim Novak bedeutet ihnen nichts.

Was tun Sie mit einem Kind, das Widerworte gibt?

Die Kinder in Summerhill geben nie Widerworte. Ein Kind gibt nur dann Widerworte, wenn es von einem aufgeblasenen Erwachsenen von oben herab behandelt wird. In Summerhill sprechen wir die Sprache der Kinder. Wenn sich ein Lehrer bei mir darüber beschwerte, daß ein Kind ihm Widerworte gegeben hat, würde ich wissen, daß er ein Blindgänger ist.

Was machen Sie, wenn ein Kind seine Medizin nicht nehmen will?

Das weiß ich nicht. Wir haben nie Kinder, die ihre Medizin nicht nehmen wollen. Die Kinder werden so ausgeglichen ernährt, daß Krankheit nicht zu unseren Schulproblemen gehört.

Kümmern sich die älteren Schüler um die jüngeren?

Nein, denn um die Kleineren braucht sich niemand zu kümmern, weil sie viel zu sehr mit ihren eigenen wichtigen Dingen beschäftigt sind.

Haben Sie schon mal farbige Schüler in Summerhill gehabt?

Ja, zwei. Soweit ich das beurteilen kann, nahmen die anderen Kinder von ihrer Hautfarbe überhaupt keine Notiz. Einer der beiden war ein Tyrann; die andern mochten ihn daher nicht. Der zweite war ein netter Bursche und bei seinen Mitschülern außerordentlich beliebt.

Gibt es in Summerhill Pfadfinder?

Nein. Ich glaube, unsere Jungen wären nicht damit einverstanden, jeden Tag eine gute Tat vollbringen zu müssen. Jeden Tag eine gute Tat tun – das schmeckt nach Hochmut. Vieles an der Pfadfinderbewegung ist gut. Mich stören aber ihr Streben nach moralischer Besserung und ihre spießbürgerlichen Vorstellungen von Gut und Böse und von Reinheit.

Ich habe mich in Summerhill nie über die Pfadfinder geäußert. Andererseits habe ich auch noch nie einen unserer Jungen ein Interesse an der Pfadfinderei bekunden hören.

Wie verhalten Sie sich bei einem Kind, das aus einem tiefreligiösen Elternhaus kommt? Lassen Sie es seine Religion ausüben?

Ja, das Kind kann seine Religion in Summerhill ausüben, ohne daß es irgendwelche unfreundlichen Bemerkungen von Lehrern oder Mitschülern zu befürchten hätte. Ich habe aber festgestellt, daß ein freies Kind nicht an Religion interessiert ist.

Einige Schüler gehen, wenn sie neu in Summerhill sind, ein paar Sonntage zum Gottesdienst, dann haben sie genug davon. Die Kirche ist ihnen zu langweilig. Nichts deutet darauf hin, daß Kinder von Natur aus eine Veranlagung zur Gottesverehrung haben. Wenn sie sich von dem Gefühl, sündig zu sein, befreit haben, beten sie auch nicht mehr.

Kinder aus frommem Elternhaus sind meist unaufrichtig und leiden an Verdrängung. Das ist unausbleiblich bei einer Religion, die ihre ursprüngliche Lebensbejahung aufgegeben und den Schwerpunkt auf Angst und Tod verlegt hat. Man kann einem Kind Gottesfurcht, aber keine Gottesliebe einflößen. Freie Kinder brauchen keine Religion; denn ihr Leben ist geistig schöpferisch.

Interessieren sich die Kinder von Summerhill für Politik?

Nein. Vielleicht liegt das daran, daß die Kinder aus der Mittelklasse kommen und nie erlebt haben, was Armut ist. Ich habe es mir zur Regel gemacht, den Lehrern einzuschärfen, daß sie die Kinder nicht politisch beeinflussen sollen. Politik und Religion sind Bereiche, in denen das Kind später, wenn es älter ist, selbst seine Entscheidung treffen muß.

Gibt es ehemalige Summerhill-Schüler, die Berufssoldaten geworden sind?

Bisher hat nur ein Junge diese Laufbahn eingeschlagen, und zwar bei der englischen Luftwaffe. Das Heer ist vielleicht zu unschöpferisch, als daß es Anziehungskraft auf junge Menschen haben könnte, die in Freiheit erzogen worden sind. Schließlich bedeutet Kampf Zerstörung. Schüler von Summerhill würden genauso bereitwillig wie andere junge Menschen ins Feld ziehen, aber wahrscheinlich würden sie genau wissen wollen, wofür sie kämpfen.

Ehemalige Schüler unserer Schule haben im Zweiten Weltkrieg bei den Streitkräften Dienst getan. Mehrere von ihnen sind gefallen.

Warum lassen Sie in Summerhill Jungen und Mädchen in getrennten Schlafzimmern schlafen?

Summerhill liegt in England, und wir können englische Gesetze und Vorschriften nicht außer acht lassen.

Über Kindererziehung

Glauben Sie, daß jede Mutter, die Ihr Buch liest oder Ihren Vortrag hört, ihr Kind anders und besser behandeln wird, weil sie dann besser Bescheid weiß? Kann man gestörten Kindern helfen, indem man ihren Eltern Wissen beibringt?

Eine Mutter, die ihr Kind als Besitz betrachtet, wird nach Lektüre dieses Buches vielleicht Gewissensbisse bekommen und sich zu rechtfertigen suchen: „Was soll ich denn machen? Ich möchte mein Kind nicht zugrunde richten. Sie haben leicht reden, wenn Sie Diagnosen stellen, aber wissen Sie denn ein Heilmittel?"

Die Mutter hat recht. Was ist das Heilmittel? Gibt es überhaupt eines? Die Frage wird oft gestellt.

Welches Heilmittel gibt es für eine Frau, deren Leben trostlos und voller Angst ist? Welches Heilmittel gibt es für Eltern, die keine Ahnung haben, was sie anrichten, aber ganz empört sind, wenn man auch nur vorsichtig andeutet, daß sie Fehler machen?

Nein, Wissen allein nützt nichts. Die Eltern müssen emotional fähig sein, dieses Wissen aufzunehmen, und sich der neuen Erkenntnis entsprechend verhalten können.

Warum reden Sie so viel davon, daß ein Kind glücklich sein muß? Gibt es überhaupt glückliche Menschen?

Diese Frage ist nicht leicht zu beantworten, wenn die Begriffe nicht klar sind. Natürlich ist niemand immer glücklich. Wir haben Zahnschmerzen, unglückliche Lieben, langweilige Arbeit.

Wenn „Glücklichsein" überhaupt eine Bedeutung hat, dann doch wohl die, daß man ein Gefühl des Wohlbefindens, der Ausgeglichenheit, der Übereinstimmung mit dem Leben hat. Das hat man aber nur, wenn man sich frei fühlt.

Freie Kinder haben einen offenen, furchtlosen Blick. Unfreie Kinder sehen eingeschüchtert, ängstlich, traurig aus.

Glück könnte als ein Zustand minimalster Unterdrückung definiert werden. In einer glücklichen Familie herrscht Liebe, in einer unglücklichen Spannung.

Wenn ich Glück für so wichtig halte, dann deshalb, weil ich Entfaltung für wichtig halte. Es ist besser, frei und zufrieden zu sein und nicht zu wissen, was ein Dezimalbruch ist, als Prüfungen zu bestehen und das Gesicht voller Pickel zu haben. Im Gesicht eines freien und glücklichen Jugendlichen habe ich noch nie Pickel gesehen.

Wie lange dauert es, bis ein Kind, das absolute Freiheit besitzt, die lebenswichtige Rolle der Selbstdisziplin erkennt? Erkennt es sie überhaupt?

Absolute Freiheit gibt es nicht. Wer einem Kind immer seinen Willen läßt, befindet sich auf einem gefährlichen Weg.

Kein Mensch ist ganz frei; denn er muß die Rechte anderer achten. Jeder aber sollte persönliche Freiheit genießen.

Um es konkret auszudrücken: Niemand hat das Recht, einen Jungen zum Lateinlernen zu zwingen, weil dieser das Recht hat, selbst zu entscheiden, was er lernen will. Doch wenn in einer Lateinstunde ein Junge Unfug treibt, sollten die anderen ihn hinauswerfen, weil er gegen ihre Freiheit verstößt.

Selbstdisziplin ist ein vager Begriff. Allzuoft ist damit nur die Unterwerfung der Jungen unter die Moralvorstellungen der Alten gemeint. Echte Selbstdisziplin beruht nicht auf Verdrängung und kritikloser Hinnahme. Sie ist Rücksichtnahme auf die Rechte und das Glück anderer und besteht darin, daß man mit anderen in Frieden zu leben sucht, indem man sie begreift.

Sind Sie wirklich der Ansicht, daß es richtig ist, einen Jungen, der von Natur faul ist, sich selbst zu überlassen, so daß er nur seine Zeit vergeudet? Wie bringen Sie einen arbeitsscheuen Jungen an die Arbeit?

Faulheit gibt es nicht. Ein sogenannter fauler Junge ist entweder körperlich krank, oder er interessiert sich nicht für die Dinge, mit denen er sich nach Ansicht Erwachsener beschäftigen sollte.

Ich habe noch nie erlebt, daß ein Kind unter zwölf Jahren faul war, wenn es nach Summerhill kam. Viele „faule“ Jungen werden von einer strengen Schule zu uns geschickt. Diese Jungen bleiben eine ganze Zeitlang „faul“, und zwar so lange, bis sie sich von ihrer Erziehung erholt haben. Ich zwinge sie nicht zu Arbeiten, die ihnen verhaßt sind. Wie Sie und ich werden auch diese Jungen später vieles tun müssen, was ihnen nicht gefällt. Wenn man ihnen aber im Spielalter Freiheit gibt, werden sie später besser mit Schwierigkeiten fertig. Soweit ich weiß, ist noch keinem ehemaligen Schüler von Summerhill der Vorwurf der Faulheit gemacht worden.

Halten Sie es für richtig, mit kleinen Kindern zu schmusen?

Als meine Tochter Zoë klein war, weinte sie jedesmal, wenn sie nur eine Tür schlagen hörte. Meine Frau nahm sie dann auf den Arm und hielt sie so, daß ihre Arme und Beine Bewegungsfreiheit hatten.

Wenn ein Kind das geringste Anzeichen von Steifheit erkennen läßt, sollten die Eltern so mit ihm spielen, daß es seine Muskeln frei bewegen kann. Bei Kindern im Alter von vier oder fünf tut ein kleiner Scheinkampf immer gute Wirkung. Ich muß natürlich verlieren. Lachen ist ein gutes Mittel zur körperlichen und seelischen Entspannung. Ein gesundes Baby lacht viel. Wenn man es kitzelt, lacht es meistens glücklich, und ... ja, hier muß ich eine Richtung der Kinderpsychologie erwähnen, die die Meinung vertritt, man dürfe ein Kind überhaupt nicht anfassen, weil man es sonst an den Vater oder die Mutter fixiert. Ich halte das für Unsinn. Es gibt für Eltern nicht den geringsten Grund, nicht mit ihren Kindern zu schmusen, sie zu kitzeln, zu streicheln und zu tätscheln.

Auf die lebensscheuen Psychologen, die alle Eltern davor warnen, ihre Kinder zu sich ins Bett zu nehmen oder sie zu kitzeln, sollte man nicht hören. Unbewußt steht ja hinter diesem Verbot, daß jeder körperliche Kontakt das Kind sexuell erregen könnte. Darin mag eine Gefahr liegen, aber nur dann, wenn die Eltern so neurotisch sind, daß sie dem körperlichen Kontakt mit dem Baby eine selbstische Freude abgewinnen. Ich schreibe aber für Leute, die mehr oder weniger normal sind, nicht für Eltern, die selbst noch Kleinkinder sind.

Was können fortschrittliche Eltern gegen die Aggressivität anderer Kinder tun?

Wenn Eltern ihren frei erzogenen Willie in die Volksschule schikken, wo er notgedrungen mit grausamen, aggressiven und gehässigen Kindern zusammenkommt, sollen sie ihn dann allein herausfinden lassen, daß er durch Haß und Gewalttätigkeit verletzt werden kann?

Als Peter drei Jahre alt war, erzählte mir sein Vater, er werde seinem Jungen das Boxen beibringen, damit er sich gegen den gewalttätigen Haß der anderen wehren könne. Der Vater hatte recht; denn in der sogenannten christlichen Welt gilt es nicht als Zeichen der Liebe, sondern der Feigheit, wenn man auch die andere Wange hinhält. Wenn wir nicht etwas Konkretes unternehmen, geraten unsere freien Kinder arg ins Hintertreffen.

Was halten Sie von Prügelstrafe?

Prügelstrafe ist vom Übel, weil sie dem Haß entspringt und grausam ist. Sie ist eine unbewußte sexuelle Perversion. In Schulen und Familien, in denen die Onanie unterdrückt wird, schlägt man auf die Hände – auf jenen Körperteil also, den man zum Onanieren braucht. In Jungenschulen, wo die Homosexualität unterdrückt wird, gibt es Stockschläge auf das Gesäß, das Objekt homosexueller Wünsche. Da die Religion das lasterhafte Fleisch haßt, ist die Prügelstrafe in religiösen Gegenden besonders beliebt.

Die Prügelstrafe beruht immer auf Projektion. Derjenige, der die Schläge austeilt, haßt sich selbst und projiziert seinen Haß auf das Kind. Die Mutter, die ihr Kind schlägt, haßt sich selbst und daher auch ihr Kind.

Der Lehrer, der in einer großen Klasse unterrichtet, schlägt allerdings weniger aus Haß als aus Bequemlichkeit. Das Schlagen in der Schule ließe sich am besten abschaffen, indem man die Klassen verkleinerte. Wäre die Schule ein Ort des Spiels, mit der Freiheit, zu lernen, wann man will, so würde das Schlagen sowieso aussterben. Lehrer, die ihre Sache verstehen, brauchen nicht Zuflucht zur Prügelstrafe zu nehmen.

Glauben Sie im Ernst, daß man Kinder am besten von schlechten Gewohnheiten befreit, indem man sie weiter ihren Lastern frönen läßt?

Laster? Wer sagt, daß es Laster sind?

Schlechte Gewohnheiten? Sie sprechen wahrscheinlich von Onanie?

Man kann eine Angewohnheit nicht dadurch beseitigen, daß man sie mit Gewalt bekämpft. Man kann dem Kind nur etwas abgewöhnen, indem man es sein Interesse abreagieren läßt. Wenn Kinder onanieren dürfen, onanieren sie viel weniger, als wenn es ihnen verboten worden ist.

Ein Kind, das geschlagen wird, braucht länger, bis es nicht mehr die Hosen vollmacht. Wenn ihm die Hände festgebunden werden, wird es zum pervertierten Onanierer auf Lebenszeit. „Schlechte Gewohnheiten" sind in Wirklichkeit keine, sondern ganz natürliche Neigungen. Die Bezeichnung „schlechte Gewohnheit" entspringt der Unwissenheit und dem Haß der Eltern.

Hebt eine richtige Erziehung im Elternhaus die falsche Behandlung in der Schule auf?

Im allgemeinen ja. Der Einfluß des Elternhauses ist stärker als der Einfluß der Schule. Wenn das Kind zu Hause keine Angst hat und nicht bestraft wird, wird es das falsche Verhalten der Lehrer nicht für richtig halten.

Die Eltern sollten ihren Kindern sagen, was sie von den falschen Methoden der Schule halten. Es ist absurd, daß Eltern häufig auch dann zu den Lehrern halten, wenn deren Dummheit grenzenlos ist.

Was halten Sie von Märchen und vom Weihnachtsmann?

Märchen sind bei Kindern sehr beliebt, und das ist ein ausreichender Grund, sie gutzuheißen.

Was den Weihnachtsmann angeht, so braucht man sich, glaube ich, keine Sorgen zu machen, denn die meisten Kinder kommen schnell dahinter. Es besteht aber ein Zusammenhang zwischen dem Weihnachtsmann und dem Storch. Eltern, die ihren Kindern den Weihnachtsmann einreden, belügen sie in der Regel auch über die Geburt.

Ich selbst erzähle Kindern nie vom Weihnachtsmann. Ich glaube, schon die Vierjährigen würden mich auslachen, wenn ich es versuchte.

Sie behaupten, schöpferische Tätigkeit sei besser als Besitz. Wenn Sie aber ein Kind etwas herstellen lassen, wird das Hergestellte zum Besitz, und das Kind überbewertet es. Was sagen Sie dazu?

Das Kind überbewertet das Geschaffene gerade nicht. Nach einem Tag oder einer Woche bedeutet es ihm nicht mehr viel. Kinder haben kein starkes Besitzstreben; sie lassen ihr neues Fahrrad im Regen stehen und ihre Kleidungsstücke achtlos herumliegen. Die Freude liegt im Schaffen. Ein wirklicher Künstler verliert das Interesse an seinem Werk, sobald es fertiggestellt ist. Kein Kunstwerk befriedigt seinen Schöpfer, denn er strebt nach Vollkommenheit.

Was würden Sie mit einem Kind tun, das nicht bei einer Sache bleiben kann? Es interessiert sich kurze Zeit für Musik, dann fürs Tanzen usw.

Ich würde nichts tun. So ist das nun einmal im Leben. Ich habe mich früher einmal für Fotografie, dann für Buchbinderei, dann für Holzarbeit, dann für Messingarbeiten interessiert. Das Leben ist voller bruchstückhafter Interessen. Jahrelang habe ich Federzeichnungen gemacht. Als mir klar wurde, daß ich ein zehntrangiger Künstler war, habe ich's aufgegeben.

Der Geschmack eines Kindes ist eklektisch. Es versucht alles einmal. Auf diese Weise lernt es. Unsere Jungen verbringen Tage damit, ein Boot zu bauen. Wenn uns dann ein Flieger besuchen kommt, lassen dieselben Jungen ihr halbfertiges Boot stehen und machen sich an den Bau von Flugzeugen. Wir sagen nie einem Kind, es müsse die angefangene Arbeit zu Ende führen. Wenn es das Interesse daran verloren hat, darf man es nicht zum Weitermachen drängen.

Soll man Kindern gegenüber sarkastische Bemerkungen machen? Glauben Sie, daß das den Humor des Kindes entwickelt?

Nein. Sarkasmus hat nichts mit Humor zu tun. Humor beruht auf Liebe, Sarkasmus auf Haß. Wenn man einem Kind gegenüber sarkastisch ist, fühlt es sich erniedrigt und minderwertig. Nur gehässige Lehrer und Eltern sind sarkastisch.

Mein Kind fragt mich ständig, was es tun und womit es spielen soll. Was soll ich antworten? Ist es falsch, ihm Anregungen zu geben?

Es ist gut, wenn das Kind jemanden hat, der es auf interessante Ideen bringt. Notwendig ist das aber nicht. Die beste Beschäftigung für ein Kind ist die, die es sich selbst sucht. In Summerhill bekommen die Kinder von den Lehrern nie Ratschläge, was sie tun sollen. Unsere Lehrer helfen einem Kind nur dann, wenn es wissen will, *wie* man dies oder jenes macht.

Halten Sie es für gut, Kindern als Liebesbezeugung Geschenke zu machen?

Nein. Liebe bedarf keiner äußeren Beweise. Trotzdem sollten die Kinder zu den üblichen Gelegenheiten Geschenke bekommen – zum Geburtstag, zu Weihnachten usw. Man darf nur keine Dankbarkeit erwarten oder fordern.

Mein Junge schwänzt die Schule. Was kann ich dagegen tun?

Wenn ich mich nicht täusche, ist die Schule langweilig, und der Junge will was zu tun haben.

Ganz allgemein läßt sich sagen: das Schwänzen beweist, daß die Schule zu wünschen übrigläßt. Wenn Sie können, schicken Sie Ihren Jungen auf eine andere Schule, in der es mehr schöpferische Tätigkeit, mehr Freiheit, mehr Liebe gibt.

Soll ich mein Kind zum Sparen anhalten, indem ich ihm eine Spardose gebe?

Nein. Ein Kind denkt nicht an morgen. Wenn es etwas größer ist und unbedingt einen bestimmten Gegenstand haben möchte, wird es von sich aus sparen und braucht nicht dazu angehalten zu werden.

Ich möchte noch einmal betonen, daß man einem Kind die erforderliche Zeit zur Entwicklung lassen muß. Viele Eltern versuchen, das Tempo zu beschleunigen und machen damit einen schrecklichen Fehler.

Helfen Sie einem Kind nie bei etwas, das es allein tun kann! Wenn es versucht, auf einen Stuhl zu steigen, helfen ihm vernarrte Eltern hinauf. Damit nehmen sie ihm seine größte Freude: die Freude daran, Schwierigkeiten selbst zu überwinden.

Was soll ich tun, wenn mein neunjähriger Sohn Nägel in die Möbel schlägt?

Nehmen Sie ihm den Hammer weg und sagen Sie ihm, die Möbel gehörten Ihnen und es ginge nicht, daß er Sachen beschädige, die ihm nicht gehören.

Wenn er dann noch nicht aufhört, liebe Frau, dann verkaufen Sie die Möbel und bezahlen mit dem Erlös einen Psychotherapeuten, der Ihnen zu der Erkenntnis verhilft, auf welche Weise Sie Ihren Jungen zu einem Problemkind gemacht haben. Kein freies, glückliches Kind hat das Verlangen, Nägel in Möbelstücke zu schlagen, es sei denn, die Möbel sind das einzige im Haus, das sich zum Nägeleinschlagen eignet.

Als nächstes sollten Sie dem Jungen Holz und Nägel geben, damit er, möglichst außerhalb des Wohnzimmers, nach Belieben hämmern kann. Wenn Söhnchen mit dem Holz nicht zufrieden ist und noch immer Nägel in die Möbel schlagen will, dann ist das ein Zeichen dafür, daß es Sie haßt und ärgern will.

Was macht man mit einem trotzigen und schmollenden Kind?

Weiß ich nicht. In Summerhill lerne ich kaum solche Kinder kennen. Ein freies Kind hat keinen Grund, trotzig zu sein. Am Trotz der Kinder sind immer die Erwachsenen schuld. Wenn Sie das Kind lieben, machen Sie es nicht trotzig. Ein trotziges Kind hat irgendwelchen Kummer. Ich würde versuchen festzustellen, was die Ursache dieses Kummers ist. Wahrscheinlich fühlt sich das Kind ungerecht behandelt.

Mein sechsjähriges Kind zeichnet obszöne Sachen. Was soll ich tun?

Ermuntern Sie es, weiterzumalen. Im übrigen sollten Sie Ihr Haus säubern; denn da Kinder von Natur aus nicht obszön sind, muß das Kind die Anregung von Ihnen bekommen haben.

Sie sehen etwas Schmutziges in den Zeichnungen des Kindes, weil Sie selbst eine obszöne Einstellung zum Leben haben. Ich kann mir nur vorstellen, daß die Zeichnungen vom Klo und den Geschlechtsorganen handeln. Sprechen Sie ganz selbstverständlich über diese Dinge, ohne Gut und Böse ins Spiel zu bringen, dann verliert Ihr Kind das Interesse daran bald ebenso wie an anderen Objekten, auf die sich das kindliche Interesse zeitweise richtet.

Warum lügt mein kleiner Junge so oft?

Wahrscheinlich ahmt er seine Eltern nach.

Meine beiden Kinder, ein fünfjähriger Junge und ein siebenjähriges Mädchen, zanken sich immer. Wie kann ich ihnen das abgewöhnen? Im Grunde haben sie einander furchtbar gern.

Haben sie das wirklich? Oder liebt die Mutter vielleicht das eine Kind mehr als das andere? Ahmen die Kinder möglicherweise Vater und Mutter nach? Haben sie Schuldgefühle wegen ihres Körpers? Bestrafen Sie sie? Wenn Sie diese Fragen alle mit „Nein“ beantworten können, dann sind die Streitereien nichts als der Versuch, aneinander die Kräfte zu messen.

Die Geschwister sollten aber auch mit anderen Kindern spielen, die keine Gefühlsbindungen an sie haben. Ein Kind muß sich an anderen messen können. Es kann sich nicht an seinen Geschwistern messen, weil da alle möglichen psychologischen Dinge im Weg stehen: Eifersucht, Begünstigung usw.

Wie kann ich meinem Kind das Daumenlutschen abgewöhnen?

Versuchen Sie das gar nicht; denn wenn es Ihnen gelänge, würden Sie das Kind wahrscheinlich zwingen, auf eine frühere Gewohnheit zurückzugreifen. Was macht es schon, wenn es am Daumen lutscht? Viele erfolgreiche Leute haben als Kinder Daumen gelutscht.

Daumenlutschen ist ein Zeichen dafür, daß das Kind noch nicht das Verlangen nach der Mutterbrust aufgeben konnte. Da man einem Achtjährigen nicht die Brust geben kann, bleibt nur die Möglichkeit, ihm möglichst viel Gelegenheit zu schöpferischem Tun zu verschaffen. Aber auch das hilft nicht immer. Ich habe schöpferische Schüler kennengelernt, die noch bis zur Pubertät den Daumen gelutscht haben.

Lassen Sie Ihr Kind in Ruhe.

Warum macht mein zweijähriges Kind all sein Spielzeug kaputt?

Sehr wahrscheinlich, weil es ein kluges Kind ist. Spielzeug ist meistens völlig unschöpferisch. Die Zerstörung verfolgt das Ziel, das Innere zu erforschen.

Nun kenne ich natürlich nicht die näheren Umstände dieses Falls. Wenn Sie das Kind durch Schläge und Moralpredigten zwingen, sich selbst zu hassen, zerschlägt es natürlich alles, was ihm in die Finger kommt.

Was läßt sich tun, um ein Kind zur Ordnung zu erziehen?

Warum wollen Sie es denn zur Ordnung erziehen? Die meisten schöpferischen Menschen sind unordentlich. Menschen, deren Zimmer und Schreibtische wahre Musterbeispiele der Ordnung sind, sind meistens ziemlich belanglos. Kinder bis zu neun Jahren sind gewöhnlich recht ordnungsliebend; zwischen neun und fünfzehn sind sie dann möglicherweise ziemlich unordentlich. Kinder sehen Unordnung einfach nicht. Später entwickeln sie soviel Ordnungssinn, wie nötig ist.

Unser zwölfjähriger Junge will sich nie waschen, bevor er zum Essen kommt. Was empfehlen Sie uns zu tun?

Halten Sie denn Waschen für so wichtig? Haben Sie schon einmal daran gedacht, daß Waschen bei Ihnen eine symbolische Handlung sein könnte? Könnte es nicht sein, daß Ihre Sorge um die körperliche Sauberkeit des Jungen nur eine Tarnung Ihrer Befürchtung ist, er könne innerlich unsauber sein?

Nörgeln Sie nicht an dem Jungen herum. Glauben Sie mir, Ihr Schmutzkomplex ist eine ganz subjektive Angelegenheit. Wenn Sie sich schmutzig fühlen, ist es klar, daß Sie zu großen Wert auf Sauberkeit legen.

Wenn Sie aber meinen, daß er unbedingt sauber zu Tisch erscheinen muß – vielleicht weil Tante Mary am Tisch sitzt, die ihrem sauberen Neffen eines Tages ein Vermögen vermachen möchte – nun gut, dann verbieten Sie ihm am besten, sich zu waschen.

Wie kann man ein fünfzehn Monate altes Kind vom Ofen oder Herd fernhalten?

Stellen Sie einen Ofenschirm davor. Das Kind muß aber Gelegenheit haben, sich wenigstens einmal leicht die Finger zu verbrennen, damit es weiß, was es mit dem Ofen auf sich hat.

Wenn ich meine kleine Tochter wegen Lappalien tadle, sagen Sie vielleicht, daß ich sie hasse. Das ist aber bestimmt nicht wahr.

Jedenfalls hassen Sie sich selbst. Kleinigkeiten sind stellvertretend für wichtige Dinge. Wenn Sie Ihr Kind wegen Lappalien tadeln, sind Sie eine unglückliche Frau.

In welchem Alter sollten Kinder Alkohol trinken dürfen?

Hier befinde ich mich auf unsicherem Boden, weil ich einen Alkoholkomplex habe. Ich trinke selbst gern mein Glas Bier, einen Whisky, ein Fläschchen Wein oder auch einen Likör. Mit anderen Worten, ich bin alles andere als ein fanatischer Abstinenzler. Trotzdem habe ich Angst vor Alkohol, weil ich als junger Mensch gesehen habe, wieviel Schaden er anrichten kann. Daher gebe ich Kindern keinen Alkohol.

Wenn meine kleine Tochter mein Pilsener oder meinen Whisky probieren wollte, ließ ich sie das tun. Beim Bier machte sie Grimassen und sagte: „Widerlich!“ Den Whisky bezeichnete sie zwar als „prima“, doch mehr als einen Schluck wollte sie davon nicht haben.

In Dänemark habe ich erlebt, daß frei erzogene Kleinkinder Curaçao trinken wollten. Sie bekamen ein ganzes Glas und leerten es bis auf den Grund; das reichte ihnen dann auch. Ich erinnere mich an einen Bauern, der an regnerischen und kalten Tagen seine Kinder im Ruderboot von der Schule abholte. Er hatte immer eine Flasche Whisky bei sich und gab jedem Kind einen Schluck. Mein Vater schüttelte traurig den Kopf und sagte: „Du wirst sehen, die werden alle zu Säufern!“ Tatsächlich wurden sie später alle Abstinenzler.

Jedes Kind wird früher oder später auf Alkohol neugierig. Nur Menschen, die mit dem Leben nicht fertig werden, trinken leicht zu viel.

Wenn mich ehemalige Schüler in Summerhill besuchen, feiern sie feuchtes Wiedersehen in der Wirtschaft des Ortes. Ich habe aber noch nie gehört, daß sich dabei einer besoffen hätte.

Natürlich ist es nicht konsequent, wenn ich in Summerhill starke alkoholische Getränke verbiete. Andere werden vielleicht sagen, daß die Kinder selbst herausfinden müssen, was es mit dem Alkohol auf sich hat.

Was tun Sie mit einem Kind, das nicht essen will?

Weiß ich nicht. In Summerhill kommt das nicht vor. Bei einem Kind, das nicht essen will, habe ich sofort den Verdacht, daß es sich gegen seine Eltern auflehnt. Uns sind ein paarmal Kinder geschickt worden, die nicht essen wollten; sie haben aber hier nie gefastet.

In einem schwierigen Fall würde ich die Möglichkeit bedenken, daß das Kind psychologisch noch in der Stillphase steckt, und versuchen, ihm die Flasche zu geben. Ich hätte auch den Verdacht, daß seine Eltern zu viel Theater um das Essen gemacht und das Kind gezwungen haben, Dinge zu essen, die es nicht mochte.

Über Sexualität

Wie würden Sie „Pornographie“ definieren?

Diese Frage ist nicht leicht zu beantworten. Ich würde Pornographie als obszöne Einstellung zur Sexualität und anderen natürlichen Funktionen definieren; ihr liegen immer Schuldgefühle zugrunde, wie man sie bei unterdrückten Schuljungen findet, die in dunklen Ecken die Köpfe zusammenstecken und feixen und sexuelle Ausdrücke an Häuserwände schreiben.

Die meisten Sexgeschichten sind pornographisch, und wer sie erzählt, rationalisiert meistens, wenn er vorgibt, das Gute an der Geschichte sei nicht ihre Zotigkeit, sondern ihr Witz und Humor. Wie die meisten

Um auf die Frage zurückzukommen: Sagen Sie dem Kind, Onanie habe nichts mit Sünde zu tun! Wenn Sie das Kind schon belogen und ihm erzählt haben, Onanie habe Krankheit, Wahnsinn usw. zur Folge, so haben Sie den Mut, ihm zu sagen, daß Sie es belogen haben! Nur dann wird ihm das Onanieren nicht mehr so wichtig sein.

Meine zwölfjährige Tochter liest gern schmutzige Bücher. Was soll ich dagegen tun?

Ich würde dem Mädchen so viele schmutzige Bücher geben, wie ich nur kaufen kann. Dann würde es sein Interesse abreagieren.

Warum ist Ihre Tochter so an Schmutzigem interessiert? Sucht sie vielleicht die Wahrheit über die Sexualität herauszufinden, die Sie ihr nie gesagt haben?

Würden Sie einen vierzehnjährigen Jungen zurechtweisen, weil er schmutzige Witze erzählt?

Natürlich nicht. Ich würde ihm welche erzählen, die besser sind als seine. Die meisten Erwachsenen erzählen solche Witze. Als Student habe ich meine besten Witze von einem Geistlichen bezogen. Interesse an sexuellen Dingen zu verurteilen ist eine Heuchelei und Scheinheiligkeit.

Schmutzige Witze sind eine direkte Folge sexueller Verdrängung. Sie sind das Ventil für alles, was sich infolge des Dogmas von der Sünde aufgestaut hat. Wenn alle Menschen frei wären, würde der schmutzige Witz eines fast natürlichen Todes sterben.

Wer soll die sexuelle Aufklärung der Kinder übernehmen, Eltern oder Lehrer?

Natürlich die Eltern.

Über Religion

Warum sind Sie gegen Religionsunterricht?

Unter anderem deshalb, weil streng religiös erzogene Kinder am ehesten neurotisch werden. Strenge religiöse Erziehung gibt der Sexualität eine übertriebene Bedeutung.

Religionsunterricht ist schädlich für die Psyche des Kindes, weil die meisten Frommen den Gedanken der Erbsünde akzeptieren. Sowohl die jüdische wie die christliche Religion hassen das Fleisch. Das herkömmliche Christentum bringt allzuoft die Kinder dazu, sich selbst abzulehnen. In Schottland wurde mir von frühester Kindheit an gesagt, ich sei in Gefahr, in die Hölle zu kommen.

Ein neunjähriger Junge aus einer guten englischen Kleinbürgerfamilie kam nach Summerhill. Zwischen mir und ihm entspann sich folgender Dialog.

„Wer ist der liebe Gott?"

„Weiß ich nicht. Aber wenn man lieb ist, kommt man in den Himmel, und wenn man böse ist, kommt man in die Hölle."

„Wie sieht es in der Hölle aus?"

„Ganz dunkel. Der Teufel ist böse."

„Ach so. Und wer kommt in die Hölle?"

„Böse Leute. Leute, die fluchen und andere ermorden."

Wann werden wir endlich einsehen, wie absurd es ist, Kindern solches Zeug beizubringen, Fluchen und Morden gleichzusetzen und beides ewiger Verdammnis für würdig zu erachten?

Als ich den Jungen aufforderte, mir Gott zu beschreiben, sagte er, er wisse nicht, wie Gott aussieht. Er versicherte jedoch, daß er ihn liebe. Wenn er behauptete, Gott zu lieben, den er nicht beschreiben konnte und nie gesehen hatte, benutzte er nur eine bedeutungslose, konventionelle Redewendung. In Wirklichkeit *fürchtete* er Gott.

Glauben Sie an Christus?

Vor einigen Jahren hatten wir den Sohn eines Laienpredigers als Schüler hier. Eines Sonntagabends waren wir alle beim Tanz. Der Vater des Jungen schüttelte den Kopf und sagte: „Neill, Ihre Schule ist herrlich, aber warum sind Sie so entsetzlich heidnisch?"

„Brown", antwortete ich ihm, „Sie verbringen Ihr Leben damit, den Leuten von Seifenkisten herunter zu predigen, wie sie erlöst werden können. Sie *reden* von Erlösung. Wir *leben* sie."

Nein, wir halten uns nicht bewußt an christliche Grundsätze; doch grob gesagt, ist Summerhill so ungefähr die einzige Schule in ganz England, in der die Kinder so behandelt werden, wie Christus es billigen würde. Kalvinistische Geistliche in Südafrika schlagen die ihnen anvertrauten Kinder, genauso wie katholische Priester. Wir in Summerhill geben den Kindern Anerkennung und Liebe.

Wie sollen Kinder etwas über Gott erfahren?

Wer ist Gott? Ich weiß es nicht. Für mich ist Gott das Gute in jedem von uns. Wenn Sie einem Kind etwas über ein Wesen erzählen, von dem Sie selbst nur vage Vorstellungen haben, dann schaden Sie dem Kind mehr, als Sie ihm nützen.

Würden Sie nicht auch sagen, daß Fluchen bedeutet, den Namen Gottes unnütz im Munde zu führen?

Kinder fluchen mit Ausdrücken, die sich auf die Geschlechtsorgane oder auf natürliche Körperfunktionen beziehen. Mit einem Frommen, der Gott zu einer heiligen Person macht und alles, was in der Bibel steht, wörtlich nimmt, kann man sich hierüber nur schwer unterhalten. Wenn Gott als ein Wesen der Liebe und nicht als ein Wesen des Hasses angesehen würde, käme niemand auf den Gedanken, seinen Namen zu verunehren. Blasphemie läßt sich nur abschaffen, wenn wir unsere Götter zu menschlichen und liebenden Wesen machen.

Über Psychologie

Ist es nicht unvermeidlich, daß alle Menschen als Neurotiker aufwachsen?

Die Antwort auf die Fragen, die Freud mit seinen Entdeckungen aufgeworfen hat, liegt in der Selbstbestimmung. Jeder Psychoanalytiker muß wenigstens dunkel wissen, daß sein Patient die vielen Stunden Psychoanalyse nicht brauchte, wenn er in seiner Kindheit ein Recht auf sich selbst gehabt hätte. Ich sage dunkel, weil nichts ganz sicher ist.

Vielleicht wird meine Tochter, die in Freiheit erzogen worden ist, eines Tages zum Psychoanalytiker gehen und zu ihm sagen: „Doktor, ich muß mich behandeln lassen. Ich leide an einem Vaterkomplex. Ich bin es leid, überall als Tochter von A. S. Neill vorgestellt zu werden. Die Leute erwarten viel zuviel von mir; sie meinen, ich müsse vollkommen sein. Der alte Mann ist jetzt tot, aber ich kann ihm nicht verzeihen, daß er mich in seinen Büchern zur Schau gestellt hat. Soll ich mich hier auf die Couch legen?" ... Man kann nie wissen.

Wie manifestiert sich der Haß eines Menschen gegen sich selbst?

Bei einem Kind zeigt sich der Selbsthaß in antisozialem Verhalten, Streitsucht, Gehässigkeit, Jähzorn, Zerstörungswut. Selbsthaß wird immer projiziert, d. h. gegen andere gerichtet.

Die Mutter eines unehelichen Kindes verurteilt gewöhnlich andere wegen ihrer losen Sitten. Ein Lehrer, der jahrelang versucht hat, das Onanieren zu überwinden, schlägt Kinder mit dem Stock. Die alte Jungfer, die ihren Geschlechtstrieb sublimiert, d. h. verdrängt hat, zeigt ihren Selbsthaß durch Verbitterung und Freude an Skandalgeschichten. Jede Form des Hasses ist Selbsthaß.

Die Judenverfolger sind Menschen, die sich selbst hassen. Man sieht das auch bei Farbigengesellschaften. Mulatten in Südafrika und Eurasier sind gegenüber den wirklichen Eingeborenen noch viel intoleranter als Weiße.

Sie sagen, man solle sich auf die Seite des Kindes stellen. Ist das nicht auch eine Methode, von dem Kind Besitz zu ergreifen?

Na und? Wenn es dem Kind hilft, spielt es keine Rolle, aus welchen Motiven man handelt.

Ich kenne ein achtjähriges Mädchen, das immer, wenn die Mutter dabei ist, stottert. Wie erklären Sie das?

Stottern ist oft ein Versuch, Zeit zu gewinnen, damit man sich nicht durch Reden verrät. Wenn mir nach einem Vortrag eine schwierige Frage gestellt wird, verberge ich meine Unwissenheit und Verwirrung, indem ich beginne: „Ja, ... eh, ... hm ..."

Das betreffende Kind scheint Angst vor seiner Mutter zu haben. Ich habe den Verdacht, daß die Mutter eine moralinsaure Frau ist.

Ein kleiner Junge, den ich erlebt habe, stotterte, weil er verheimlichen wollte, daß er onaniert hatte, und Schuldgefühle hatte. Dem Jungen konnte geholfen werden, indem man ihn davon überzeugte, daß Onanieren keine Sünde ist. Die Psychologie des Stotterns ist jedoch ein noch fast unerforschtes Gebiet.

Kann ein Mann seine Frau analysieren oder umgekehrt?

Unter gar keinen Umständen sollte jemand die psychologischen Probleme seiner Verwandten zu lösen versuchen. Ich habe Fälle erlebt, in denen ein Mann seine Frau oder eine Frau ihren Mann analysierte.

Diese Analysen waren immer erfolglos und manchmal ausgesprochen schädlich.

Eltern sollten auf keinen Fall ihre Kinder psychoanalytisch behandeln, gleichgültig welcher Methode sie sich bedienen.

Wie kommt es, daß so viele Erwachsene sagen, sie seien dem strengen Lehrer ihrer Kindheit dankbar?

Meist aus Eitelkeit. Wenn sich jemand bei einer Diskussion zu Wort meldet und erklärt: „Ich habe als Kind Prügel bekommen, und das hat mir verdammt gut getan!", sagt er damit praktisch: „Sehen Sie mich an! Ich bin trotz, ja wegen der Prügel in meiner Jugend ein erfolgreicher Mann geworden!"

Sklaven wollen keine Freiheit. Sie wissen Freiheit nicht zu schätzen. Auferlegte Disziplin macht Menschen zu Sklaven, zu Minderwertigen, zu Masochisten. Sie klammern sich an ihre Ketten.

Kann jeder Lehrer sich als Psychoanalytiker betätigen?

Leider nicht. Zunächst einmal muß er sich selbst analysieren lassen; denn wenn ihm sein eigenes Unbewußtes unbekanntes Gebiet ist, wird er mit der Erforschung der Kinderseele nicht weit kommen.

Über Unterricht

Sie sind gegen Latein und Mathematik. Wie soll sich denn nach Ihrer Meinung der Geist des Kindes entwickeln?

Ich weiß nicht, was „Geist" ist. Wenn Mathematiker und Lateiner große Geister sind, ist mir das noch nicht aufgefallen.

Hat Ihre Abneigung gegen höhere Mathematik zur Folge, daß Schüler von Summerhill nicht Mathematik studieren?

Ich spreche mit Kindern nie über Mathematik. Ich selbst mag Mathematik so gern, daß ich oft zum Spaß geometrische oder algebraische Aufgaben löse.

Mein Argument gegen die Mathematik ist, daß sie für Kinder zu abstrakt ist. Fast jedes Kind haßt Mathematik. Jeder Junge versteht zwar, was „zwei Äpfel" sind, aber nur wenige können sich etwas unter „x Äpfel" vorstellen.

Gegen Mathematik mache ich außerdem die gleichen Einwände wie gegen Latein und Griechisch. Was hat es für einen Sinn, einem Jungen, der später Autos repariert oder Strümpfe verkauft, quadratische Gleichungen beizubringen? Das ist Wahnsinn.

Sind Sie für Hausaufgaben?

Ich halte nicht einmal etwas von Schulstunden, es sei denn, die Kinder entscheiden sich freiwillig dafür. Kindern Hausaufgaben zu stellen ist ein schändlicher Brauch. Kinder hassen Hausaufgaben; das allein reicht aus, gegen Hausaufgaben zu sein.

Warum lernen einige Jungen nur dann, wenn man ihnen körperliche Schmerzen zufügt?

Ich glaube, ich könnte den Koran auswendig lernen, wenn ich wüßte, daß ich andernfalls Prügel bekäme. Allerdings würde ich auch bis an mein Lebensende den Koran, den Prügler und mich selbst hassen.

Was sollte eine Lehrerin tun, wenn ein Junge während des Unterrichts mit seinem Bleistift spielt?

Bleistift ist gleich Penis. Dem Jungen ist verboten worden, mit seinem Penis zu spielen. Therapie: Die Eltern müssen das Onanieverbot aufheben.